Physica-Lehrbuch

Basler, Herbert
Aufgabensammlung zur statistischen Methodenlehre und Wahrscheinlichkeitsrechnung
4. Aufl. 1991. 190 S.

Basler, Herbert
Grundbegriffe der Wahrscheinlichkeitsrechnung und Statistischen Methodenlehre
11. Aufl. 1994. X, 292 S.

Bloech Jürgen u. a.
Einführung in die Produktion
2. Aufl. 1993. XX, 410 S.

Dillmann, Roland
Statistik I
1990. XVIII, 270 S.

Dillmann, Roland
Statistik II
1990. XIII, 253 S.

Eilenberger, Guido
Finanzierungsentscheidungen multinationaler Unternehmungen
2. Aufl. 1987. 356 S.

Endres, Alfred
Ökonomische Grundlagen des Haftungsrechts
1991. XIX, 216 S.

Fahrion, Roland
Wirtschaftsinformatik
Grundlagen und Anwendungen
1989. XIII, 597 S.

Ferschl, Franz
Deskriptive Statistik
3. Aufl. 1985. 308 S.

Gabriel, Roland / Begau, Klaus / Knittel, Friedrich / Taday, Holger
Büroinformations- und -kommunikationssysteme
Aufgaben, Systeme, Anwendungen
1994. X, 148 S.

Gemper, Bodo B.
Wirtschaftspolitik
1994. XVIII, 196 S.

Hax, Herbert
Investitionstheorie
5. Aufl. korrigierter Nachdruck 1993. 208 S.

Huch, Burkhard
Einführung in die Kostenrechnung
8. Aufl. 1986. 299 S.

Huch, Burkhard u. a.
Rechnungswesen-orientiertes Controlling
Ein Leitfaden für Studium und Praxis
1992. XX, 366 S.

Kistner, Klaus-Peter
Produktions- und Kostentheorie
2. Aufl. 1993. XII, 293 S.

Kistner, Klaus-Peter
Optimierungsmethoden
Einführung in die Unternehmensforschung für Wirtschaftswissenschaftler
2. Aufl. 1993, XII, 222 S.

Kistner, Klaus-Peter und Steven, Marion
Produktionsplanung
2. Aufl. 1993, XII, 361 S.

Kistner, Klaus-Peter und Steven, Marion
Betriebswirtschaftslehre im Grundstudium
Band 1: Produktion, Absatz, Finanzierung
1994, XIV, 455 S.

Kraft Manfred u. a.
Statistische Methoden
2. Aufl. 1992, XII, 232 S.

Nissen, Hans Peter
Makroökonomie I
2. Aufl. 1992, XII, 232 S.

Peemöller, Volker und März, Thomas
Sonderbilanzen
1986. X, 182 S.

Schneeweiß, Hans
Ökonometrie
4. Aufl. 1990. 394 S.

Schulte, Karl Werner
Wirtschaftlichkeitsrechnung
4. Auf. 1986. 196 S.

Sesselmeier, Werner
Blauermel, Gregor
Arbeitsmarkttheorien
1990. X, 222 S.

Steven, Marion
Hierarchische Produktionsplanung
2. Aufl. 1994. X, 262 S.

Swoboda, Peter
Betriebliche Finanzierung
3. Aufl. 1994. 305 S.

Vogt, Herbert
Einführung in die Wirtschaftsmathematik
6. Aufl. 1988. 250 S.

Vogt, Herbert
Aufgaben und Beispiele zur Wirtschaftsmathematik
2. Aufl. 1988. 184 S.

Weise, Peter u. a.
Neue Mikroökonomie
3. Aufl. 1993. X, 506 S.

Zweifel, Peter und Heller, Robert H.
Internationaler Handel
Theorie und Empirie
2. Aufl. 1992, XXI, 403 S.

Herbert Basler

Grundbegriffe der Wahrscheinlichkeitsrechnung und Statistischen Methodenlehre

11., vollständig überarbeitete
und erweiterte Auflage

Mit 34 Aufgaben und Lösungen

Springer-Verlag Berlin Heidelberg GmbH

Dr. Herbert Basler
Institut für Angewandte Mathematik und Statistik
Universität Würzburg
Sanderring 2
D-97070 Würzburg

ISBN 978-3-7908-0785-1   ISBN 978-3-642-57982-0 (eBook)
DOI 10.1007/978-3-642-57982-0

Dieses Werk ist urheberrechtlich geschützt. Die dadurch begründeten Rechte, insbesondere die der Übersetzung, des Nachdruckes, des Vortrags, der Entnahme von Abbildungen und Tabellen, der Funksendungen, der Mikroverfilmung oder der Vervielfältigung auf anderen Wegen und der Speicherung in Datenverarbeitungsanlagen, bleiben, auch bei nur auszugsweiser Verwertung, vorbehalten. Eine Vervielfältigung dieses Werkes oder von Teilen dieses Werkes ist auch im Einzelfall nur in den Grenzen der gesetzlichen Bestimmungen des Urheberrechtsgesetzes der Bundesrepublik Deutschland vom 9. September 1965 in der Fassung vom 24. Juni 1985 zulässig. Sie ist grundsätzlich vergütungspflichtig. Zuwiderhandlungen unterliegen den Strafbestimmungen des Urheberrechtsgesetzes.

© Springer-Verlag Berlin Heidelberg 1989, 1994
Ursprünglich erschienen bei Physica-Verlag Heidelberg 1994

Die Wiedergabe von Gebrauchsnamen, Handelsnamen, Warenbezeichnungen usw. in diesem Werk berechtigt auch ohne besondere Kennzeichnung nicht zu der Annahme, daß solche Namen im Sinne der Warenzeichen- und Markenschutz-Gesetzgebung als frei zu betrachten wären und daher von jedermann benutzt werden dürften.

88/3111-5 4 3 2 1 – Gedruckt auf säurefreiem Papier

Vorwort zur 11. Auflage

„Das Konzept des Buches war und ist für Nicht-Mathematiker eine mathematisch saubere, aber soweit wie möglich von mathematischer Technik entlastete Einführung in die Wahrscheinlichkeitsrechnung und angewandte Mathematische Statistik zu bieten. Während der vorangegangenen Auflagen habe ich bemerkt, daß auch bei Mathematikern ein Bedürfnis nach einer solchen Einführung als einer Propädeutik für einschlägige rein mathematische Kurse besteht. Insbesondere diese Bindeglied-Funktion zwischen mathematischer Theorie und Anwendungen habe ich in der vorliegenden Auflage weiter auszubauen versucht, da ich beispielsweise beobachte, daß es Mathematik-Studenten, die an Kursen für Nicht-Mathematiker teilnehmen, oft nicht mehr möglich ist, die vermeintliche Kluft zwischen so einer Statistischen Methodenlehre und einer maßtheoretisch fundierten Wahrscheinlichkeitstheorie und Mathematischen Statistik zu überbrücken und den Zusammenhang zu sehen."

Diese Sätze aus dem Vorwort zur 7. Auflage charakterisieren auch das Ziel der vorliegenden 11. Auflage, die sich unterderhand zu einer Neufassung entwickelt hat, was auch in einem Mehrumfang von 54 Seiten zum Ausdruck kommt. Der Aufgabenteil enthält zwar statt 35 Aufgaben nur noch 34 Aufgaben (mit Lösungen), aber darunter 12 relativ umfangreiche neue Aufgaben. Dabei ist es mir nicht gelungen, das bei Studenten beliebte – an sich hinlänglich diskutierte – sogenannte „Drei-Türen-Problem" kommentarlos zu übergehen (S. 267f). Bei der Darstellung habe ich im Hinblick auf die Motivation der Lernenden verstärkt von der Möglichkeit Gebrauch gemacht, bei der Einführung abstrakter Begriffe der Wahrscheinlichkeitsrechnung bereits ihre Verwendbarkeit bei der späteren Behandlung handfester Fragestellungen der Statistik zu skizzieren. Ausdruck hierfür sind beispielsweise die neuen Abschnitte 1.3.3 (Gewinnsteigernde Tippstrategien und sog. Spiel-Systeme für das LOTTO) und vor allem 1.3.4 (Bedeutung der Urnenmodelle für die Schließende Statistik). Damit sollte es wohl möglich sein, für manche Zwecke – etwa an Gymnasien – das 1. Kapitel als eine propädeutische Stochastik zu lesen.

Hieraus geht hervor, daß mit diesem Buch nicht die Idee einer sogenannten programmierten Darstellung verfolgt wird. Dies scheint mir vertretbar, da der Mensch bezüglich seiner Reaktion auf Aus- und Überblicke wohl doch nicht in befriedigender Weise als Computer beschrieben werden kann. Die vorliegende Darstellung setzt dagegen darauf, daß strenge Begrifflichkeit und intensive Anschauung sich wechselseitig fördern gemäß der Formulierung *Kants*, daß Begriffe ohne Anschauung leer sind und Anschauung ohne Begriffe blind ist. (Einen exemplarischen Fall für dieses Verhältnis zwischen Begriff und Anschauung enthält Beispiel 3.1 (S. 147) zum Begriff einer Zufallsstichprobe.)

Die ursprüngliche Idee, für die 11. Auflage das Buch „im wesentlichen" textverarbeitet abschreiben zu lassen, habe ich angesichts der sich dabei ergebenen Möglichkeiten nicht durchgehalten – wobei wohl „im wesentlichen" ein neues Buch entstanden ist. Der benutzte Ausdruck von den sich „ergebenen Möglichkeiten" läßt sich präzisieren. Es waren vor allem das Engagement und das

Geschick, mit der Frau Sigrid Betz – Sekretärin am Institut für Angewandte Mathematik und Statistik – sich in das System LaTeX eingearbeitet hat und die Geduld, die sie aufgebracht hat, als ich den Nutzen erkannte, den moderne Textverarbeitung zu entfalten vermag, wenn man sie mit den herkömmlichen Methoden und ihren bewährten Hilfsmitteln (Kugelschreiber, Schere, Kleber, Papierkorb) kombiniert. Herzlichen Dank!

Würzburg, im März 1994 $\hfill$ Herbert Basler

Inhaltsverzeichnis

1	**Einführung des Wahrscheinlichkeitsbegriffs**	**1**
1.1	Einleitung: Anschauliche Beschreibung des Vorgehens	1
1.2	Axiomatische Definition der Wahrscheinlichkeit	5
	1.2.1 Das System der Ereignisse	6
	1.2.2 Das Axiomensystem von *Kolmogoroff*	8
	1.2.3 Die „Definition" von *Laplace*	10
1.3	Kombinatorische Wahrscheinlichkeiten	19
	1.3.1 Kombinatorische Hilfsmittel	19
	1.3.2 Berechnung von *Laplace*-Wahrscheinlichkeiten	26
	1.3.3 Gewinnsteigernde Tippstrategien und sog. Spiel-Systeme für das LOTTO	39
	1.3.4 Bedeutung der Urnenmodelle für die Schließende Statistik	44
	1.3.5 Rechtfertigung der Zufallsstichproben-Definition für die beiden Urnenmodelle	50
1.4	Interpretation von Wahrscheinlichkeiten	55
	1.4.1 Einige Folgerungen aus den *Kolmogoroff*schen Axiomen	55
	1.4.2 Unabhängigkeit von Ereignissen und Versuchen	58
	1.4.3 Das *Bernoulli*sche Gesetz der großen Zahlen	65
1.5	Bedingte Wahrscheinlichkeiten	70
	1.5.1 Zur Bedeutung der *Bayes*schen Formel	81
2	**Zufällige Variable**	**85**
2.1	Zufällige Variable und Verteilungsfunktion	85
2.2	Erwartungswert und Streuung	92
	2.2.1 Deutung von Erwartungswert und Streuung einer zufälligen Variablen als Mittelwert und Streuung einer Grundgesamtheit	103
2.3	Spezielle Verteilungsfunktionen	106
	2.3.1 Binomialverteilung	106
	2.3.2 Hypergeometrische Verteilung	110
	2.3.3 *Poisson*-Verteilung	112
	2.3.4 Normalverteilung	115
	2.3.4.1 Einführung des Verteilungsmodells *Normalverteilung*	115

		2.3.4.2	Bedeutung des Verteilungsmodells *Normalverteilung*	122

	2.4	Korrelation	134

3 Statistische Methodenlehre — 142

- 3.1 Stichproben 142
  - 3.1.1 Stichproben aus endlichen Grundgesamtheiten 142
  - 3.1.2 Stichproben aus beliebigen Grundgesamtheiten 144
- 3.2 Parameterschätzung 152
- 3.3 Konfidenzintervalle 157
  - 3.3.1 Konfidenzintervall für den Mittelwert einer normalverteilten Grundgesamtheit 157
  - 3.3.2 Konfidenzintervall für eine unbekannte Wahrscheinlichkeit 161
- 3.4 Testen von Hypothesen (Signifikanztests) 165
  - 3.4.1 Das allgemeine Schema eines Signifikanztests 166
  - 3.4.2 Testen von Hypothesen über den Mittelwert einer Grundgesamtheit (*Gauß*-Test und *t*-Test) 174
    - 3.4.2.1 Die Gütefunktion eines Tests 185
    - 3.4.2.2 Optimalitätseigenschaften von *Gauß*-Test und *t*-Test 189
    - 3.4.2.3 Subjektive Wahrscheinlichkeiten für die Richtigkeit einer Testentscheidung 192
  - 3.4.3 Der Zeichentest 194
    - 3.4.3.1 Gütefunktion und Optimalitätseigenschaften des Zeichentests 199
  - 3.4.4 Der Vorzeichen-Rangtest von *Wilcoxon* 203
  - 3.4.5 Der Zwei-Stichprobentest von *Wilcoxon* 213
  - 3.4.6 Vergleich der Mittelwerte von zwei Grundgesamtheiten (*t*-Test für zwei unabhängige Stichproben) 222
  - 3.4.7 Unabhängigkeitstests mit Hilfe von Korrelationskoeffizienten 226
    - 3.4.7.1 Unabhängigkeitstest mit Hilfe des Korrelationskoeffizienten von *Bravais* 226
    - 3.4.7.2 Unabhängigkeitstest mit Hilfe des Rang-Korrelationskoeffizienten von *Spearman* 227
    - 3.4.7.3 Äquivalenz des Unabhängigkeitstests von *Spearman* mit einem Chi-Quadrat-Test in einer Vier-Felder-Tafel 232
  - 3.4.8 Chi-Quadrat-Tests 236
    - 3.4.8.1 Testen hypothetischer Wahrscheinlichkeiten . . 237
    - 3.4.8.2 Vergleich mehrerer unbekannter Wahrscheinlichkeiten 241
    - 3.4.8.3 Unabhängigkeitstests in Kontingenztafeln . . . 246
  - 3.4.9 Der Exakte Test von *Fisher* und eine nicht-randomisierte Verbesserung *Fisher 2* 249

3.4.10 Zur Existenz sog. Glückspilze und anderer parapsychologischer Phänomene – ein Beispiel 255

Lösungen der Aufgaben   **262**

Tabellen   **282**

Literaturverzeichnis   **288**

Namen- und Sachverzeichnis   **289**

Kapitel 1

Einführung des Wahrscheinlichkeitsbegriffs

1.1 Einleitung: Anschauliche Beschreibung des Vorgehens

Sowohl aus dem wissenschaftlichen Experiment als auch aus sonstiger Erfahrung kennt jeder Vorgänge, die wiederholt unter einem konstanten Komplex von Bedingungen ablaufen, ohne durch diese fixierten bzw. überhaupt fixierbaren Bedingungen hinsichtlich ihres Ablaufs bereits eindeutig determiniert zu sein. Jedoch ist es eine jedem vertraute Erfahrungstatsache, daß sich trotz zufälliger Schwankungen, z.B. beim Ausgang eines Glücksspiels, „auf lange Sicht" eine gewisse Stabilität im zufälligen Geschehen zeigt. So werden etwa Skatspieler erwarten, daß der Anteil der Spiele (= relative Häufigkeit), bei denen ein bestimmter Spieler alle vier Buben erhält, bei hinreichend vielen Spielen immer in der Nähe eines festen, für alle Spieler übereinstimmenden Zahlenwertes liegen wird. (Anders meinende Skatspieler setzen sich dem Verdacht aus, abergläubisch zu sein.) Einen solchen „Grenzwert", um den sich die relativen Häufigkeiten eines bestimmten, zufallsabhängigen Ergebnisses in langen Beobachtungsreihen zu gruppieren scheinen, meint man, wenn man naiv von der „Wahrscheinlichkeit" eines dem sogenannten Zufall unterworfenen Ereignisses spricht.[1]

Der dieser vagen Vorstellung von der „Wahrscheinlichkeit" eines Ereignisses zugrundeliegende kollektive Erfahrungsbestand soll nun mittels eines exakten mathematischen Begriffs *Wahrscheinlichkeit* erfaßt werden. Dazu ist es zunächst erforderlich, den Definitionsbereich des naiven Wahrscheinlichkeitsbegriffs – die dem Zufall unterworfenen „Ereignisse" – in einem mathematischen Modell zu repräsentieren. Diese modellmäßige Darstellung des Definitionsbereichs für *Wahrscheinlichkeit* soll jetzt anhand einiger einfacher Beispiele für *Versuche mit zufälligem Ausgang* vorbereitet und erläutert werden:

---

[1] Die hier angedeutete Erfahrungstatsache kann man als *empirisches Gesetz der großen Zahlen* bezeichnen.

Beispiel 1.1 *Ein Wurf mit einem Würfel*
Es ist naheliegend, diesen Versuch durch die überhaupt möglichen Versuchsergebnisse (die sechs verschiedenen Augenzahlen) modellmäßig zu kennzeichnen, also etwa durch die sechs verschiedenen Symbole ω_1, ω_2, ω_3, ω_4, ω_5 und ω_6. Der einfacheren Schreibweise halber kann man selbstverständlich auch die natürlichen Zahlen 1, 2, 3, 4, 5, 6 als solche Symbole verwenden. Die Menge dieser sogenannten **Elementarereignisse** wird üblicherweise mit dem großen griechischen Buchstaben Ω (Omega) bezeichnet, weshalb vorstehend auch indizierte kleine griechische Buchstaben ω (Omega) verwendet wurden. Will man die Elemente einer Menge Ω einzeln aufzählen, so ist es üblich, sie in geschweifte Klammern zu setzen, also für Beispiel 1.1:

$$\Omega_1 = \{\omega_1, \omega_2, \omega_3, \omega_4, \omega_5, \omega_6\} \tag{1.1}$$

oder wie bereits angedeutet

$$\Omega_1 = \{1, 2, 3, 4, 5, 6\},$$

wobei der Index 1 bei Ω lediglich auf die Nummer des Beispiels hinweisen soll. □

Generell beginnt die mathematische Beschreibung und Erfassung eines zufallsabhängigen Geschehens mit folgendem ersten Schritt:

Erster Schritt der Modellbildung: **Für jeden** „*Versuch*" **mit zufälligem Ausgang (= zufälliges Geschehen) wird eine Menge Ω von Elementarereignissen so festgelegt, daß jedes dieser Elementarereignisse als ein möglicher Versuchsausgang interpretiert werden kann. Dabei soll Ω so gewählt werden, daß bei jeder Durchführung des** „*Versuchs*" **der Ausgang durch eines und nur eines dieser Elementarereignisse gekennzeichnet wird.**

Hierbei sind also Elementarereignisse *mathematische Objekte* im mathematischen Modell, die *Sachverhalte der realen Welt*, nämlich Versuchsausgänge, beschreiben oder kennzeichnen.

Elementarereignisse werden beim Aufbau der Theorie eine ganz analoge Rolle spielen wie z.B. *Punkte* beim Aufbau der euklidischen Geometrie, nämlich die Rolle innermathematisch undefinierter *Grundbegriffe*.

Das Wort „*Versuch*" wird hier in einem sehr weiten Sinne gebraucht. Es ist der Fall eingeschlossen, daß der „*Versuch*" in der *Beobachtung* eines zufallsabhängigen Geschehens, z.B. des Wetters oder eines Wirtschaftsablaufs, besteht und also gar kein Versuch im Sinne eines geplanten Experimentes ist.

Anhand der folgenden Beispiele wird dieser erste Schritt der Modellbildung konkretisiert:

Beispiel 1.2 *Ein Wurf mit zwei Würfeln*
Hier kennzeichnet man jeden möglichen Versuchsausgang zweckmäßigerweise durch ein aus den Symbolen $1, 2, \ldots, 6$ gebildetes Paar, wobei die erste Zahl des Paares die Augenzahl des ersten Würfels und die zweite Zahl des Paares die

1.1. ANSCHAULICHE BESCHREIBUNG DES VORGEHENS

Augenzahl des zweiten Würfels symbolisieren möge; also ist

$$\Omega_2 = \{(1,1), (1,2), (1,3), ..., (6,6)\}$$

oder in knapperer Schreibweise

$$\Omega_2 = \{(a,b) : 1 \leq a \leq 6,\ 1 \leq b \leq 6\} \qquad (1.2)$$

(lies: Ω_2 besteht aus den Paaren (a,b) mit der Eigenschaft, daß sowohl a als auch b ganze Zahlen zwischen 1 und 6 sind). □

Bereits anhand dieses schlichten Beispiels einer Modellierung eines Sachverhalts der Realität läßt sich die Kraft solcher abstrakten Mathematischen Modelle auf folgende Weise andeuten: Die Menge (1.2) von Elementarereignissen läßt sich nämlich deuten als Spezialfall eines außerordentlich anwendungsträchtigen Urnenmodells, bei dem aus einer Urne mit sechs Elementen zwei Elemente *zufällig und mit Zurücklegen* herausgegriffen werden (s. Beispiel 1.8(b), S. 26). Dieses Urnenmodell wiederum hat zusätzlich auch insofern zentrale begriffliche Bedeutung in der Stochastik, als eine naheliegende Verallgemeinerung dieses Modells zu der grundlegenden Begriffsbildung der Mathematischen Statistik führt, nämlich zum Begriff einer (**unabhängigen**) **Zufallsstichprobe** (s. Definition 3.1, S. 146).

Beispiel 1.3 *Messen einer physikalisch-technischen Größe*

Das Experiment bestehe darin, daß für eine physikalisch-technische Meßgröße ein Meßwert ermittelt wird, z.B. ein Meßwert für die Temperatur eines Körpers, für das Gewicht eines von einer Abfüllmaschine gefüllten Paketes, für die Lebensdauer eines Exemplars eines bestimmten Glühlampentyps, etc.

Als Elementarereignisse, die die möglichen Versuchsausgänge (= möglichen Ergebnisse der Messung) kennzeichnen, kann man hier idealisierend alle reellen Zahlen wählen, also

Ω_3 = Menge der reellen Zahlen.

Die offenkundige Tatsache, daß bei keinem realen Meßvorgang tatsächlich alle reellen Zahlen zwischen $-\infty$ und $+\infty$ als mögliche Meßwerte praktisch in Frage kommen, wird im Laufe der weiteren Modellierung solcher Sachverhalte in der Form erfaßt werden, daß manche Bereiche der Zahlengeraden mit der „Wahrscheinlichkeit" Null belegt werden. Die jeden realen Meßvorgang stark idealisierende Wahl von Ω_3 erweist sich für den weiteren Aufbau der Theorie jedenfalls als zweckmäßig. □

Beispiel 1.4 *Schießen auf eine Schießscheibe*

Als Menge Ω_4 der Elementarereignisse kann man hier etwa die (unendliche) Menge der geometrischen Punkte der Scheibe ansehen. □

Die Beispiele zeigen: **Ein Versuch kann modellmäßig durch eine Menge Ω beschrieben werden, deren Elemente als mögliche Versuchsausgänge gedeutet werden und Elementarereignisse heißen. Die Ausführung des Versuchs bedeutet im Modell, daß ein bestimmtes Element ω aus Ω „gezogen" wird.**

Dabei ist es meistens nicht von praktischem Interesse zu wissen, wie groß die Aussichten sind, daß ein ganz spezielles Elementarereignis eintritt bzw. „gezogen" wird (s. Beispiele 1.3 und 1.4) sondern nur, ob das den speziellen Versuchsausgang kennzeichnende „gezogene" ω zu einer bestimmten Teilmenge von Ω gehört oder nicht. So ist es etwa in Beispiel 1.3 interessant, ob ω in einem vorgegebenen Intervall $[a, b]$ liegt oder nicht, d.h., ob ω zu der Teilmenge

$$E = \{\omega : a \leq \omega \leq b\} \quad \text{gehört oder nicht;}$$

kürzer: ob

$$\omega \in E \quad \text{gilt oder ob} \quad \omega \notin E \quad \text{gilt.}$$

Im Beispiel 1.4 interessiert vielleicht nur, innerhalb welches der zwölf sogenannten Ringe der Schießscheibe der den Versuchsausgang kennzeichnende Punkt ω liegt, d.h., zu welcher dieser zwölf Teilmengen (hier Teilgebiete) von Ω_4 das „gezogene" ω gehört.

Als letztes derartiges Beispiel diene die Teilmenge $E = \{2, 4, 6\}$ von Ω_1 aus Beispiel 1.1. Statt der Ausdrucksweise „das den Versuch kennzeichnende Elementarereignis ω gehört zu E" kann man hier natürlich anschaulicher formulieren: „Es ist das Ereignis «gerade Augenzahl» eingetreten", oder kürzer und verallgemeinerungsfähiger: **„Das Ereignis E ist eingetreten"**. In dieser plausiblen Formulierung wird also offenbar eine Teilmenge E von Ω als Ereignis bezeichnet und damit das Wort „Ereignis" aus der natürlichen Sprache zu einem mathematischen Begriff präzisiert.

Verallgemeinernd nennt man deshalb geeignete Teilmengen E von Ω **Ereignisse**. Ihre Gesamtheit stellt den geeigneten Definitionsbereich für den mathematischen Wahrscheinlichkeitsbegriff dar. Dies bedeutet: *Ereignisse* sind mathematische Objekte, die solche Sachverhalte der Realität beschreiben, die man auch in der natürlichen Sprache als „Ereignisse" bezeichnen kann. Dabei benutzt man stets folgende präzise **Sprechweise**:
Man sagt
„das Ereignis E ist eingetreten"

genau dann, wenn der betreffende Versuch durchgeführt wurde und sein Ausgang gemäß dem *ersten Schritt der Modellbildung* durch ein Elementarereignis ω gekennzeichnet wird, für das $\omega \in E$ gilt. Andernfalls sagt man „E ist nicht eingetreten".

Es sei hier schon erwähnt, daß es zweckmäßig ist, auch die Menge Ω selbst und die leere Menge $\emptyset$ (= Teilmenge, die kein Element enthält) als spezielle Teilmengen von Ω aufzufassen und als Ereignisse zu bezeichnen. Gemäß der soeben festgelegten Sprechweise nennt man Ω das **sichere Ereignis** und $\emptyset$ das **unmögliche Ereignis**.

Die Aufgabe, „Wahrscheinlichkeit" mathematisch zu definieren, wird also darin bestehen, jedem Ereignis E (= Teilmenge von Ω) eine geeignete Zahl $W(E)$ zuzuordnen, die **Wahrscheinlichkeit des Ereignisses** E heißen soll, d.h., man sucht eine auf der Menge der Ereignisse derart definierte Funktion W, daß die einzelnen Funktionswerte sinnvollerweise Wahrscheinlichkeiten heißen dürfen. Eine solche Funktion W mit noch zu präzisierenden wünschenswerten Eigenschaften nennt man ein **Wahrscheinlichkeitsmaß**.

Aufgabe 1.1: Man gebe eine anschauliche Beschreibung des Ereignisses $E = \{(a,b): a + b > 10\}$ aus Beispiel 1.2.

1.2 Axiomatische Definition der Wahrscheinlichkeit

Für den Fall, daß die Menge Ω der die möglichen Versuchsausgänge modellmäßig kennzeichnenden Elementarereignisse nur aus abzählbar[2] vielen (also z.B. endlich vielen) Elementen besteht, könnte man ohne weitere Vorbereitungen die Eigenschaften formulieren, die man von einer Funktion, deren Funktionswerte Wahrscheinlichkeiten heißen sollen, fordern muß; denn in diesem Fall kann man *jede* Teilmenge von Ω als Ereignis auffassen, und es ist dann immer noch möglich, Funktionen zu finden, die jedem Ereignis eine Zahl als Wahrscheinlichkeit zuordnen. Besitzt hingegen Ω mehr als abzählbar viele Elemente (wie etwa bei den obigen Beispielen 1.3 und 1.4), so ist die Menge aller Teilmengen gewissermaßen derart groß, daß eine für *jede* dieser Teilmengen definierte Funktion mit den erforderlichen Eigenschaften nicht mehr existiert (dies liegt hauptsächlich an der wichtigsten, als Axiom 3 bezeichneten Eigenschaft der *Total-Additivität*). Man muß deshalb gegebenenfalls die *Menge aller Teilmengen* von Ω zu einem brauchbaren Definitionsbereich für Wahrscheinlichkeiten, d.h. zu einem geeigneten System der Ereignisse, reduzieren. Diejenigen Eigenschaften, die das System der Ereignisse nach dieser Reduktion jedenfalls immer noch besitzen muß, werden im folgenden Abschnitt 1.2.1 behandelt.

Dies bedeutet: Beschränkte man sich beim Aufbau der Wahrscheinlichkeitsrechnung auf die mathematische Beschreibung von Versuchen mit z.B. nur endlich vielen Elementarereignissen – was mancherorts im Stochastik-Unterricht an Schulen üblich, aber im Hinblick auf praxisrelevante Anwendungen nicht vertretbar ist – so könnte man in trivialer Weise definieren: „Jede Teilmenge E von Ω heißt ein Ereignis". Für den nachfolgenden Abschnitt 1.3 (Kombinatorische Berechnung von Wahrscheinlichkeiten) reicht diese triviale Definition von Ereignis aus, jedoch nicht für die im vorliegenden Abschnitt 1.2 angestrebte Einführung des allgemeinen Wahrscheinlichkeitsbegriffs.

Die bereits erwähnte Unmöglichkeit, stets das System **aller** Teilmengen als *System der Ereignisse* zu wählen, ist der zentrale Grund für die Nicht-Trivialität des Aufbaus der Wahrscheinlichkeitstheorie und Ursache für ihren historisch späten Abschluß (*A. N. Kolmogoroff*: Grundbegriffe der Wahrscheinlichkeitsrechnung, Berlin, 1933).

Der sehr eilige und hauptsächlich am „Ausrechnen" von Wahrscheinlichkeiten „interessierte" Leser kann die beiden folgenden Abschnitte zunächst übergehen und sogleich mit 1.3 beginnen.

---

[2] Man nennt eine Menge abzählbar, wenn sich die Gesamtheit ihrer Elemente mit Hilfe der natürlichen Zahlen 1,2,3,... durchnumerieren läßt.
Bereits die Menge der reellen Zahlen zwischen 0 und +1 (darstellbar als die Menge der Punkte des Einheitsintervalls der Zahlengeraden) ist nicht mehr abzählbar; denn es läßt sich leicht zeigen: jede denkbare Durchnumerierung läßt unendlich viele dieser reellen Zahlen aus.

1.2.1 Das System der Ereignisse

Es seien E_1 und E_2 Teilmengen von Ω. E_1 und E_2 lassen sich gemäß der Mengenlehre u.a. auf folgende Weisen jeweils zu einer neuen Teilmenge von Ω verknüpfen.

1. **Vereinigung** von E_1 und E_2:
   Die Teilmenge, die aus allen denjenigen Elementen ω aus Ω besteht, die zu E_1 *oder* E_2 gehören, d.h. zu mindestens einer der beiden vorgelegten Mengen gehören („oder" wird also hier nicht wie häufig umgangssprachlich im Sinne von *entweder – oder* gebraucht), heißt *Vereinigung von E_1 und E_2* und wird mit dem Symbol $E_1 \cup E_2$ bezeichnet.
   In der nachfolgend stets verwendeten kürzeren Schreibweise lautet diese Definition:
   $$E_1 \cup E_2 = \{\omega : \omega \in E_1 \quad \text{oder} \quad \omega \in E_2\}$$
   heißt *Vereinigung von E_1 und E_2*.

2. **Durchschnitt** von E_1 und E_2:
   $$E_1 \cap E_2 = \{\omega : \omega \in E_1 \quad \text{und} \quad \omega \in E_2\}$$
   heißt *Durchschnitt von E_1 und E_2*.

3. **Komplement** einer Menge:
   $$\mathcal{C}E_1 = \{\omega : \omega \notin E_1\}$$
   heißt *Komplement von E_1*.

Man veranschauliche sich diese Operationen mit Mengen unbedingt geometrisch anhand einer Skizze, indem man für Ω etwa die Punkte eines Papierblattes nimmt und als Teilmengen E_1 und E_2 z.B. sich überlappende Gebiete wählt (s.Abb. 1).

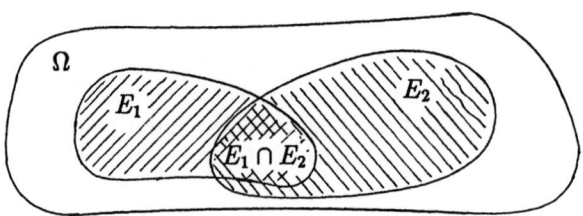

Abb. 1: Vereinigung $E_1 \cup E_2$ und Durchschnitt $E_1 \cap E_2$ zweier Teilmengen E_1, E_2 einer Menge Ω

Es sei noch angefügt, daß Vereinigung und Durchschnitt von beliebig vielen Teilmengen $E_1, E_2, E_3, \ldots$ analog wie oben definiert und mit $\bigcup_i E_i$ bzw. $\bigcap_i E_i$ bezeichnet werden. $\bigcup_i E_i$ besteht also aus genau den Elementen von Ω, die zu mindestens einer der vorgelegten Teilmengen gehören und $\bigcap_i E_i$ entsprechend aus den Elementen, die zu jeder dieser Teilmengen E_i gehören; genauer schreibt man z.B. $\bigcap_{i=1}^{3} E_i$ als Abkürzung für $E_1 \cup E_2 \cup E_3$.

Nun soll verdeutlicht werden, was diese Mengenoperationen anschaulich bedeuten, wenn man die Teilmengen E_1 und E_2 von Ω als Ereignisse auffasst. Zunächst sei daran erinnert (s.S. 4), daß das *durch die Teilmenge E von Ω dargestellte Ereignis E genau dann eintritt, wenn das den Versuchsausgang kennzeichnende Elementarereignis ω aus der Teilmenge E stammt*, d.h. die Formulierung „**das Ereignis E (= Teilmenge von Ω) ist eingetreten**" *ist nichts anderes als eine suggestiv gewählte abkürzende Sprechweise für den Sachverhalt, daß der betreffende Versuch durchgeführt wurde und sein Ausgang im Modell durch ein Elementarereignis ω gekennzeichnet ist, das zur Teilmenge E gehört*. Mithin tritt beispielsweise $E_1 \cup E_2$ genau dann ein, wenn jenes ω zu E_1 gehört *oder* zu E_2 gehört, d.h. wenn das Ereignis E_1 eintritt *oder* das Ereignis E_2 eintritt. Folglich liegt es nahe, das Ereignis $E_1 \cup E_2$ als das Ereignis „E_1 oder E_2" zu bezeichnen. Analog bedeutet das Eintreten von $E_1 \cap E_2$, daß sowohl E_1 als auch E_2 eintritt, d.h. E_1 und E_2 *gleichzeitig* eintreten. Also kann man das Ereignis $E_1 \cap E_2$ als das Ereignis „E_1 und E_2" oder auch als „E_1 und E_2 gleichzeitig" bezeichnen. Entsprechend kann man $\mathcal{C}E$ als „Nicht-E" bezeichnen.

Zur Veranschaulichung mögen die Teilmengen $E_1 = \{1, 3, 5\}, E_2 = \{2, 4\}$ von Ω_1 aus Beispiel 1.1 (Würfeln mit einem Würfel) dienen; E_1 ist also – anschaulich formuliert – das Ereignis, „eine ungerade Augenzahl zu würfeln", während E_2 das Ereignis bedeutet, „die Augenzahlen 2 *oder* 4 zu werfen". In diesem Fall ist
$$E_1 \cup E_2 = \{1, 2, 3, 4, 5\}, \text{ also das Ereignis „keine 6 zu würfeln",}$$
und
$$E_1 \cap E_2 = \emptyset, \text{ also das „unmögliche Ereignis",}$$
während $\mathcal{C}E_1$ das Ereignis „keine ungerade Augenzahl zu würfeln", bedeutet. Wie man sieht, sind mit E_1 und E_2 auch die Ereignisse $E_1 \cup E_2, E_1 \cap E_2$ und $\mathcal{C}E_1$ von Interesse, d.h. mit E_1 und E_2 sollten sinnvollerweise auch $E_1 \cup E_2, E_1 \cap E_2$ und $\mathcal{C}E_1$ zum Definitionsbereich für Wahrscheinlichkeit gehören.

Ein System von Teilmengen von Ω (man nennt eine Menge von Mengen ein System), das u.a. diese Forderung erfüllt, erhält einen besonderen Namen in der folgenden

Definition 1.1
Ein nicht-leeres System S von Teilmengen einer Menge Ω heißt σ-Algebra, falls mit E stets auch das Komplement $\mathcal{C}E$ zu S gehört und mit abzählbar vielen Teilmengen $E_1, E_2, E_3, \ldots$ auch deren Vereinigung $\bigcup_i E_i$ sowie deren Durchschnitt $\bigcap_i E_i$ zu S gehören.

Man sieht sofort, daß eine σ-Algebra S (Sigma-Algebra) stets die schon oben als *Ereignisse* bezeichneten speziellen Teilmengen $\emptyset$ und Ω enthält: denn S enthält nach Voraussetzung wenigstens ein Element E; da dann auch $\mathcal{C}E$ zu S gehört, so gehören wegen $E \cup \mathcal{C}E = \Omega$ und $E \cap \mathcal{C}E = \emptyset$ auch Ω und $\emptyset$ zu S.

In einer σ-Algebra S von Teilmengen von Ω hat man endgültig den geeigneten Definitionsbereich für Wahrscheinlichkeit gefunden. Die in Definition 1.1 ausgesprochene Forderung, daß nicht nur Vereinigung und Durchschnitt von je zwei Teilmengen sondern sogar von *abzählbar* vielen Teilmengen wieder zu S gehören sollen, erweist sich bei der weiteren mathematischen Entwicklung der Theorie als erforderlich. Es folgen nun zwei besonders wichtige Beispiele für σ-Algebren:

1. Beispiel: **System aller Teilmengen von** Ω (= sog. Potenzmenge von Ω)

Da man die leere Menge $\emptyset$ und Ω selbst mit zu den Teilmengen von Ω zählt, so ist trivialerweise das spezielle System, das aus allen Teilmengen von Ω besteht, eine σ-Algebra. Wie schon bemerkt, kann diese σ-Algebra aller Teilmengen von Ω immer dann als Definitionsbereich für Wahrscheinlichkeit dienen, falls Ω höchstens abzählbar viele Elemente besitzt.

2. Beispiel: **Sigma-Algebra der** *Borel*-**Mengen**

Es bestehe Ω aus der Menge der reellen Zahlen (vgl. Beispiel 1.3). Von praktischem Interesse sind hier vor allem die Intervalle, die ja spezielle Teilmengen von Ω sind; denn man möchte doch etwa in Beispiel 1.3 die Wahrscheinlichkeit dafür definieren können, daß der Meßwert der interessierenden Meßgröße in ein bestimmtes Intervall fällt. D.h.: Wenigstens alle Intervalle sollten zu einer σ-Algebra gehören, die als geeigneter Definitionsbereich für die einzuführende „Wahrscheinlichkeit" in Frage kommt.

Man kann nun zeigen: es gibt außer dem *System aller Teilmengen* von Ω noch weitere Systeme von Teilmengen von Ω, die ebenfalls σ-Algebren sind. Unter diesen σ-Algebren sind nach der eben gemachten Bemerkung nur diejenigen σ-Algebren interessant, zu denen neben anderen Teilmengen jeweils sämtliche Intervalle gehören. Unter diesen σ-Algebren gibt es eine kleinste: die σ-Algebra der sog. *Borel*-Mengen. Auf dieser σ-**Algebra der** *Borel*-**Mengen** sind einerseits noch Wahrscheinlichkeitsmaße definierbar (vgl. die Abschnitt 1.2.1 vorangestellten Bemerkungen). Andererseits genügt es jedoch vom Standpunkt einer mit dem Ziel der Beschreibung der Wirklichkeit zu entwickelnden Wahrscheinlichkeitstheorie völlig, diesen *Borel*-Mengen Wahrscheinlichkeiten zuzuordnen, denn die Struktur von Mengen reeller Zahlen, die keine *Borel*-Mengen mehr sind, darf unter diesem Gesichtspunkt als pathologisch bezeichnet werden. Ein Beispiel einer solchen „pathologischen" Menge reeller Zahlen (eine sogenannte *nicht-meßbare* Teilmenge der reellen Zahlen) findet der stärker mathematisch interessierte Leser z.B. bei *I. P. Natanson*: Theorie der Funktionen einer reellen Veränderlichen, S. 84, Berlin, 1961).

Die grundlegende Bedeutung der σ-Algebra der *Borel*-Mengen für den Aufbau einer anwendungsorientierten Wahrscheinlichkeitstheorie wird erst am Schluß von Abschnitt 2.1 vollständig verdeutlicht werden können.

1.2.2 Das Axiomensystem von *Kolmogoroff*

Es seien E_1 und E_2 Teilmengen von Ω mit $E_1 \cap E_2 = \emptyset$. In suggestiv gewählter Ausdrucksweise sagt man: „**die Ereignisse** E_1 **und** E_2 **schließen sich gegenseitig aus**".

1.2. AXIOMATISCHE DEFINITION DER WAHRSCHEINLICHKEIT

Angenommen, ein bestimmtes Wahrscheinlichkeitsmaß ordnete nun diesen Ereignissen die Wahrscheinlichkeiten $W(E_1)$ und $W(E_2)$ zu. Wie groß müßte dann $W(E_1 \cup E_2)$, also die Wahrscheinlichkeit sein, daß wenigstens eines der beiden Ereignisse eintritt? Zur Veranschaulichung dieser Frage deute man sich E_1 und E_2 vielleicht als (sich nicht überlappende) Gebiete auf einer Schießscheibe (Beispiel 1.4). Bedenkt man, daß nach dem bereits in der Einleitung formulierten Ziel die Wahrscheinlichkeit $W(E)$ eines Ereignisses E – machte man nur „hinreichend" viele Versuche – praktisch den Anteil (= relative Häufigkeit des Ereignisses E) derjenigen Versuche an der Anzahl der überhaupt durchgeführten Versuche angeben soll, bei denen E eintritt, und nimmt man außerdem noch hinzu, daß sich bei sich gegenseitig ausschließenden Ereignissen E_1, E_2 die Häufigkeit des Ereignisses „E_1 oder E_2" stets additiv aus der Häufigkeit von E_1 und der Häufigkeit von E_2 zusammensetzt, so ist klar, daß sinnvollerweise gelten muß

$$W(E_1 \cup E_2) = W(E_1) + W(E_2). \tag{1.3}$$

Ganz naiv ausgedrückt: die Aussichten für das Eintreten des Ereignisses „E_1 oder E_2" setzen sich additiv aus den Aussichten für das Eintreten der einzelnen Ereignisse zusammen, falls E_1 und E_2 sich *gegenseitig ausschließende Ereignisse* darstellen. Neben zwei anderen, unmittelbar einleuchtenden Eigenschaften wird die Eigenschaft (1.3) in einer etwas erweiterten Form in der folgenden, auf *Kolmogoroff* zurückgehenden Definition von Wahrscheinlichkeit axiomatisch gefordert.

Definition 1.2
Es sei S eine σ-Algebra von Teilmengen einer Menge Ω. Eine Funktion W, die jedem Element E des Mengensystems S eine reelle Zahl $W(E)$ zuordnet, heißt **Wahrscheinlichkeitsmaß** *und $W(E)$ die* **Wahrscheinlichkeit** *des Ereignisses E, falls folgende Axiome erfüllt sind:*

Axiom 1: *Es ist $0 \leq W(E) \leq 1$ für jedes E aus S.*

Axiom 2: *Es ist $W(\Omega) = 1$.*

Axiom 3: *Für je abzählbar viele Elemente $E_1, E_2, \ldots$ aus S gilt*
$W(E_1 \cup E_2 \cup \ldots) = W(E_1) + W(E_2) + \ldots$
falls $E_i \cap E_j = \emptyset$ für alle $i \neq j$ ist, d.h., falls sich die Ereignisse $E_1, E_2, \ldots$ paarweise gegenseitig ausschließen.

Das Tripel (Ω, S, W) heißt ein **Wahrscheinlichkeitsraum**.

Zunächst soll nun diese Definition konkretisiert werden durch Spezialisierung auf den Fall, daß Ω aus nur endlich vielen Elementen besteht. Unter einer für viele konkrete Probleme plausibel erscheinenden, praktisch bewährten und auf *Laplace* zurückgehenden Annahme, kann man nämlich ein Wahrscheinlichkeitsmaß zahlenmäßig festlegen. In 1.3 werden sodann rechnerische Hilfsmittel aus der Kombinatorik zur Verfügung gestellt und mit ihrer Hilfe solche *Laplace*-Wahrscheinlichkeiten für viele besonders interessante und praktisch wichtige Beispiele von *Versuchen mit zufälligem Ausgang* numerisch berechnet.

1.2.3 Die „Definition" von *Laplace*

In diesem Abschnitt soll vorausgesetzt werden, daß Ω aus nur endlich vielen Elementarereignissen besteht; ihre Anzahl werde mit m bezeichnet; d.h. es sei

$$\Omega = \{\omega_1, \omega_2, \ldots, \omega_m\}.$$

Wie bereits in den einleitenden Bemerkungen zum Abschnitt 1.2 (Axiomatische Definition der Wahrscheinlichkeit) ausgeführt, kann man in diesem Falle als Definitionsbereich S des in Definition 1.2 eingeführten Wahrscheinlichkeitsmaßes W stets das *System aller Teilmengen* von Ω wählen. Deshalb soll im vorliegenden Abschnitt stets gelten: *Jede Teilmenge E von Ω ist ein Ereignis.*

Bei vielen konkreten Versuchen (s. etwa Beispiele 1.1 und 1.2) erscheinen nun alle Elementarereignisse in gewisser Weise „gleichberechtigt", genauer: man kann keinen Grund erkennen, weshalb irgendeines der Elementarereignisse bei häufiger Durchführung des Versuchs hinsichtlich der Häufigkeit seines Eintreffens gegenüber anderen bevorzugt oder benachteiligt sein sollte. Dies ist bei den sechs möglichen Seiten eines „korrekt gearbeiteten" Würfels der Fall oder auch bei dem folgenden, für viele praktische Probleme als Modell dienenden Urnenversuch: Aus einer Urne, die m verschiedene (numeriert zu denkende) Kugeln enthält, wird „auf gut Glück"[3] eine Kugel herausgegriffen. Wenn hierbei ω_i das Elementarereignis bedeutet, die Kugel Nr.i zu erhalten, so erscheint die Annahme sinnvoll, daß die sämtlichen m Elementarereignisse „gleichwahrscheinlich" sind. Deshalb wird nachfolgend die bereits von *Laplace* (1749-1827) seinem angeblichen Definitionsversuch für Wahrscheinlichkeit zugrundegelegte *Annahme* gemacht: es sei

$$W(\{\omega_1\}) = W(\{\omega_2\}) = \ldots = W(\{\omega_m\}), \qquad (1.4)$$

d.h. allen einelementigen Ereignissen wird die gleiche Zahl – sie wird nachfolgend mit p bezeichnet – als Wahrscheinlichkeit zugeordnet; oder in etwas legerer Sprechweise: *alle Elementarereignisse seien gleichwahrscheinlich.* Diese sog. *Laplace*-Bedingung (1.4) legt die Wahrscheinlichkeitswerte für jedes Ereignis E numerisch fest, gemäß dem

Satz 1.1 *(Satz von Laplace)*
Besteht die Menge Ω der Elementarereignisse aus endlich vielen Elementarereignissen für die die Laplace-Voraussetzung (1.4) der Gleichwahrscheinlichkeit erfüllt ist, so besitzt die Wahrscheinlichkeit eines Ereignisses E stets den Wert

$$W(E) = \frac{|E|}{|\Omega|}, \qquad (1.5)$$

---

[3]Die aus der natürlichen Sprache stammende Floskel „auf gut Glück" wird später durch den Begriff *zufällig* bzw. *zufällig herausgegriffen* mathematisch präzisiert werden. Würde man anstelle dieser Floskel hier das Wort „zufällig" verwenden, so könnte dieses Wort hier jedenfalls nur in einem sozusagen „abitursaufsatzfähigen" Sinne gemeint sein und nicht im Sinne des erst noch einzuführenden mathematischen Begriffs *zufällig* (s.S. 17).

1.2. AXIOMATISCHE DEFINITION DER WAHRSCHEINLICHKEIT

wobei $|E|$ die Anzahl der Elemente der Teilmenge E und $|\Omega|$ die Anzahl der Elemente von Ω bezeichnet.

Beweis

Ω ist in der Form

$$\Omega = \{\omega_1\} \cup \{\omega_2\} \cup \ldots \cup \{\omega_m\}$$

als Vereinigung aller einelementigen Ereignisse darstellbar, die sich trivialerweise paarweise gegenseitig ausschließen. Also folgt nach Axiom 3 und Voraussetzung (1.4)

$$W(\Omega) = W(\{\omega_1\}) + W(\{\omega_2\}) + \ldots + W(\{\omega_m\}) = m \cdot p \qquad (1.6)$$

und also wegen $W(\Omega) = 1$

$$p = \frac{1}{m} = \frac{1}{|\Omega|}. \qquad (1.7)$$

Da ferner für ein beliebiges Ereignis E – es möge aus k Elementarereignissen, etwa den Elementarereignissen mit den Indizes $i_1, i_2, \ldots, i_k$ bestehen – die Darstellung

$$E = \{\omega_{i_1}\} \cup \{\omega_{i_2}\} \cup \ldots \cup \{\omega_{i_k}\} = \bigcup_j \{\omega_{i_j}\}$$

möglich ist, so folgt nach Axiom 3

$$W(E) = W\left(\bigcup_j \{\omega_{i_j}\}\right) = W(\{\omega_{i_1}\}) + W(\{\omega_{i_2}\}) + \ldots + W(\{\omega_{i_k}\}) = k \cdot p.$$

Hieraus folgt wegen $k = |E|$ mit Hilfe von (1.7) die behauptete Aussage (1.5). ♣

Weil E genau dann eintritt, wenn der Versuchsausgang durch ein zur Teilmenge E gehörendes Elementarereignis gekennzeichnet ist, so nennt man gelegentlich die Elemente von E auch „die für das Ereignis E günstigen Elementarereignisse" im Gegensatz zu den überhaupt „möglichen Elementarereignissen", deren Gesamtheit Ω ist. Damit läßt sich die Aussage (1.5) des *Laplace*schen Satzes – die man auch als **Laplacesche Formel** bezeichnet – auf folgende Weise anschaulich formulieren:

Wahrscheinlichkeit eines Ereignisses $E =$

$$= \frac{\textit{Anzahl der für E günstigen Elementarereignisse}}{\textit{Anzahl aller möglichen, gleichwahrscheinlichen Elementarereignisse}}. \qquad (1.8)$$

Wie man sieht, stellt (1.8) bzw. (1.5) die präzise Formulierung der sog. *Laplace*schen „**Definition**" dar, die vorgibt, die Wahrscheinlichkeit eines Ereignisses könne als der Quotient aus der Zahl der günstigen Fälle und der Zahl der möglichen Fälle definiert werden. Natürlich ist aber eine Definition der Wahrscheinlichkeit, bei der man schon vorher wissen muß, daß verschiedene

Ereignisse die gleiche Wahrscheinlichkeit besitzen, keine oder wenigstens keine befriedigende Definition. Wollte jemand die Aussage (1.8) bzw. (1.5) als Definition von Wahrscheinlichkeit (im Sinne einer Einführung eines Wahrscheinlichkeitsbegriffs) auffassen, so wäre dieser Definitionsversuch zirkelhaft, weil in diese „Definiton" der Begriff Gleich-Wahrscheinlichkeit bereits eingeht. Insofern manche Autoren trotzdem mit Hilfe von (1.8) bzw. (1.5) eine Wahrscheinlichkeit definieren, so sollte damit folgendes gemeint sein: Man geht selbstverständlich von dem in Definition 1.2 eingeführten *Kolmogoroff*schen Wahrscheinlichkeitsbegriff aus und ordnet mittels (1.8) bzw. (1.5) jedem Ereignis E lediglich einen Wahrscheinlichkeitswert *numerisch* zu, nämlich den Wert $\frac{|E|}{|\Omega|}$, den man als die *Laplace*-**Wahrscheinlichkeit** von E bezeichnet. Das so mittels (1.8) bzw. (1.5) numerisch festgelegte Wahrscheinlichkeitsmaß nennt man das *Laplace*sche Wahrscheinlichkeitsmaß oder kurz *Laplace*-**Maß**; d.h. die erwähnten Autoren nennen die auf diese Weise eingeführte Bezeichnung (= Namensgebung) für ein bestimmtes, numerisch festgelegtes Wahrscheinlichkeitsmaß in der Menge der nach der *Kolmogoroff*schen Definition 1.1 möglichen Wahrscheinlichkeitsmaße eine Definition.

Demgegenüber soll in der vorliegenden Darstellung zum Ausdruck kommen, daß man mittels der *Laplace-Bedingung* (1.4) *als einer Modellannahme* ein Wahrscheinlichkeitsmaß numerisch festlegen kann, dessen numerische Werte man mit Hilfe des *Laplace*schen Satzes 1.1 berechnen kann. Solche mit Hilfe dieses Satzes berechneten *Laplace*-Wahrscheinlichkeiten liefern genau insoweit realitätsbezogene, zutreffende Aussagen, als sich die *Laplace*-Annahme (1.4) für den betreffenden *„Versuch" mit zufälligem Ausgang* empirisch bewährt, d.h. die Frage, ob für einen konkreten „Versuch" die *Laplace*-Annahme zutrifft bzw. ob das *Laplace*-Maß ein angemessenes mathematisches Modell für diesen „Versuch" liefert, kann grundsätzlich nur empirisch aufgrund von „Versuchsergebnissen" überprüft werden. Dazu werden in Kapitel 3 (Grundbegriffe der Statistischen Methodenlehre) zunächst „Versuchsergebnisse" als *Ergebnisse von Zufallsstichproben* präzisiert und sodann in 3.4 (Testen von Hypothesen) und insbesondere in 3.4.8.1 (Testen hypothetischer Wahrscheinlichkeiten) statistische Testverfahren zur Überprüfung solcher Modellannahmen behandelt.

Zur Verdeutlichung für stärker begrifflich interessierte Leser noch folgende Ergänzung: Die *Kolmogoroff*sche Definition 1.2 läßt für die mathematische Modellierung jedes „Versuchs" zunächst unendlich viele Wahrscheinlichkeitsmaße zu. Dies kann man bereits anhand des einfachen „Versuchs" *ein Wurf mit einem realen Würfel* folgendermaßen konkretisieren: Man ordne zunächst den sechs einelementigen Ereignissen $\{\omega_1\}, \ldots, \{\omega_6\}$ (s. Beispiel 1.1) beliebige reelle Zahlen $p_1, \ldots, p_6$ zu, die lediglich die trivialen Bedingungen $0 \leq p_i \leq 1$ für $i = 1, \ldots, 6$ und $p_1 + \ldots + p_6 = 1$ erfüllen. Als Wahrscheinlichkeit $W(E)$ für ein beliebiges Ereignis E (= beliebige Teilmenge von Ω) benutze man sodann die Summe aus denjenigen p_i, die den Elementarereignissen ω_i aus E zugeordnet sind, also z.B. $W(\{\omega_1, \omega_3, \omega_5\}) = p_1 + p_3 + p_5$. Wie man leicht nachprüft, erfüllt jede der so definierten unendlich vielen Funktionen W die drei *Kolmogoroff*schen Axiome aus Definition 1.2, d.h. es gibt unendlich viele verschiedene Wahrscheinlichkeitsmaße, die als zulässige Mathematische Modelle für die

1.2. AXIOMATISCHE DEFINITION DER WAHRSCHEINLICHKEIT 13

Modellierung eines konkreten, realen Würfels mathematisch in Frage kommen. Die Bestimmung eines angemessenen, zutreffenden Modells heißt, unter diesen unendlich vielen zulässigen Wahrscheinlichkeitsmaßen, ein geeignetes numerisch zu bestimmen. (Leser, die sich die Möglichkeit zu einem unbefangenen Umgang mit dem Wort *Wahrheit* bewahrt haben, können auch so sagen: Die Aufgabe der Statistik besteht darin, aus den unendlich vielen mathematisch zulässigen Wahrscheinlichkeitsmaßen das „wahre" Wahrscheinlichkeitsmaß zu bestimmen, das den betreffenden *Versuch* korrekt beschreibt.) Die *Laplace*-Annahme (1.4) hat sich jedenfalls zur numerischen Festlegung geeigneter Wahrscheinlichkeitsmaße insofern historisch gesehen außerordentlich bewährt, als für viele Versuche (z.B. für die nachfolgenden Urnenversuche) *Laplace*-Maße befriedigende Modelle geliefert haben, die oftmals erfolgreich empirisch überprüft wurden.

Anhand der nachfolgenden drei Beispiele 1.5 bis 1.7 von sog. *Laplace*-Versuchen, bei denen die *Laplace*-Annahme (1.4) als zutreffend unterstellt wird, werden jetzt (*Laplace*-)Wahrscheinlichkeiten mit Hilfe des *Laplace*schen Satzes 1.1 berechnet und zwar ohne Zuhilfenahme kombinatorischer Hilfsmittel beim Abzählen der Anzahlen $|E|$ und $|\Omega|$ in der *Laplace*schen Formel (1.5). Kombinatorische Hilfsmittel werden hierfür erst im nächsten Abschnitt 1.3 zur Verfügung gestellt.

Beispiel 1.5
Die Wahrscheinlichkeit, beim Würfeln mit einem *Laplace*-Würfel (s. Beispiel 1.1) eine gerade Augenzahl zu erhalten, ergibt sich mit Hilfe der *Laplace*schen Formel (1.5) wie folgt:

$$W(\text{„gerade Augenzahl"}) = W(\{2,4,6\}) = \frac{|\{2,4,6\}|}{|\Omega|} = \frac{3}{6} = \frac{1}{2}.$$

□

Beispiel 1.6
Es sei die Wahrscheinlichkeit zu berechnen, bei dem *Laplace*-Versuch des Würfelns mit zwei Würfeln eine Augensumme größer als zehn zu erhalten.
Zur modellmäßigen Beschreibung des Versuchs verwendet man hier zweckmäßig (s. Beispiel 1.2)

$$\Omega = \{(a,b) : 1 \leq a \leq 6, 1 \leq b \leq 6\},$$

wobei (a,b) bedeutet: der erste Würfel zeigt die Augenzahl a und der zweite Würfel die Augenzahl b.
Demnach ist nach (1.5)

$$W(\text{„Augensumme größer als 10"}) = W(\{(a,b) : a+b > 10\}) =$$

$$= \frac{|\{(a,b) : a+b > 10\}|}{|\Omega|}.$$

Es bleibt also nur die Aufgabe, die Anzahl der Elemente von Ω und die der Teilmenge $E = \{(a,b) : a+b > 10\}$ „abzuzählen". Dies kann natürlich prinzipiell dadurch geschehen, daß man sich alle Elementarereignisse explizit aufschreibt, ihre

Anzahl $|\Omega|$ ohne irgendwelche Hilfsmittel direkt abzählt („Ein-Finger-Methode") und schließlich bei jedem dieser Elementarereignisse nachsieht, ob es zur Teilmenge E gehört oder nicht, d.h. jeweils nachsieht, ob die Summe der das Paar bildenden Zahlen größer als zehn ist oder nicht. Allerdings läßt sich wenigstens $|\Omega|$ sofort eleganter ermitteln, indem man sich vorstellt, man schriebe sämtliche Elementarereignisse in der Weise auf, daß man zunächst nur die erste Stelle der möglichen Paare ausfüllte – man hat dafür die sechs Möglichkeiten $(1,...),(2,...),(3,...),(4,...),(5,...),(6,...)$ – und sodann jede dieser sechs Eröffnungszeilen für die Liste aller Elementarereignisse dadurch vervollständigte, daß man jeweils die zweite Stelle auf die sechs möglichen Arten ausfüllte. Wie man sieht, liefert dieses sehr verallgemeinerungsfähige und häufig benutzte **Abzählverfahren**

$$|\Omega| = 6 \cdot 6 = 36. \tag{1.9}$$

Da man sich ferner sofort überzeugt, daß E nur aus den Elementen (6,6), (6,5) und (5,6) besteht, also $|E| = 3$ ist, so ergibt sich die gesuchte *Laplace*-Wahrscheinlichkeit zu

$$W(E) = \frac{3}{36} = \frac{1}{12}.$$

Die gelegentlich auftauchende Frage, warum man denn bei der Bildung der die Elementarereignisse darstellenden Paare in Beispiel 1.6 auf die Reihenfolge achte, also z.B. (6,5) und (5,6) unterscheide, ist mit dem Hinweis zu beantworten, daß man andernfalls sicherlich keine Elementarereignisse erhielte, für die die *Laplace*sche Gleichwahrscheinlichkeitsannahme zuträfe. Denn bezeichnete etwa das Symbol [5,6] den Versuchsausgang, daß irgendeiner der Würfel die „Fünf" und der andere die „Sechs" zeigt, so wäre [5,6] gegenüber dem analog definierten [6,6] „bevorzugt": nur unter der Bedingung, daß bereits der erste Würfel die Sechs zeigt, kann nämlich noch [6,6] eintreten; die Wahrscheinlichkeit dafür ist 1/6; die Wahrscheinlichkeit, daß unter dieser Bedingung [5,6] eintritt, ist jedoch ebenfalls 1/6, obwohl doch [5,6] darüber hinaus auch eintreten kann, wenn der erste Würfel nicht die Sechs zeigt, sondern die Fünf. Auf die soeben angeführte Überlegung wird sicherlich jeder Leser selbst geführt, wenn er sich vorstellt, daß er in einer Wette auf eines der beiden abgeänderten Elementarereignisse in eckigen Klammern [5,6] oder [6,6] setzen sollte: er würde sicherlich auf [5,6] setzen. Hingegen findet niemand rationale Gründe, die dafür sprechen (5,6) gegenüber (6,6) beim Wetten zu bevorzugen. □

Beispiel 1.7 *Grundaufgaben für zwei Urnenmodelle*
Eine Urne enthalte drei weiße und zwei schwarze Kugeln. Aus dieser Urne werden zwei Kugeln „auf gut Glück" herausgegriffen (s. Fußnote, S. 10) und zwar

(a) indem man die beiden Kugeln *zugleich* herausnimmt („**Ziehen ohne Zurücklegen**").

(b) indem man zunächst eine Kugel herausgreift, ihre Farbe notiert und wieder zurücklegt und danach erst die zweite Kugel **unter den gleichen Bedingungen** wie die erste zieht („**Ziehen mit Zurücklegen**").

1.2. AXIOMATISCHE DEFINITION DER WAHRSCHEINLICHKEIT

Man berechne die *Laplace*-Wahrscheinlichkeit, genau zwei weiße Kugeln zu ziehen. (Für beliebige Werte der Urnenparameter werden diese *Grundaufgaben* in Beispiel 1.8 behandelt.)

Lösung: Man denke sich die Kugeln numeriert; dabei mögen etwa die drei weißen Kugeln die Nummern 1, 2, 3 und die zwei schwarzen Kugeln die Nummern 4 und 5 erhalten haben.

Zu 1.7(a): **Ziehen ohne Zurücklegen**
Für die vorliegende Fragestellung spielt die Reihenfolge der gezogenen Kugeln keine Rolle. (Die eventuelle Beachtung der Reihenfolge verdoppelte nur die Anzahl der Elementarereignisse, ohne Änderung der Gleichwahrscheinlichkeit aller Elementarereignisse und ohne die Lösung der Grundaufgabe zu beeinflussen, s. auch „Vorbemerkung zu Aufgabe 4*" in der „Aufgabensammlung", *Basler* (1991).) Man kann deshalb den Versuch durch

$$\Omega = \{[1,2],[1,3],[1,4],[1,5],[2,3],[2,4],[2,5],[3,4],[3,5],[4,5]\} \quad (1.10)$$

beschreiben, wobei das Elementarereignis $[a, b]$ bedeutet: man erhält die Kugeln mit den Nummern a und b.
Bei den hier gewählten Symbolen der Form $[a, b]$ (d.h. zwei in eckige Klammern gestellte Zahlen, die Nummern von Urnenelementen bedeuten) kommt es also im Hinblick auf den beschriebenen Sachverhalt (= Versuchsausgang, bei dem die beiden Elemente Nr.a und Nr.b gezogen wurden) nicht auf die Reihenfolge an, in der die beiden Elemente Nr.a und Nr.b erhalten wurden. Deshalb ist es bei der Schreibweise eines Symbols für diesen Versuchsausgang gestattet zu vereinbaren, daß man die Nummern a und b in der natürlichen Reihenfolge aufschreibt, also $[a, b]$ mit $a < b$. Beispielsweise bedeutet $[2, 4]$: „Es wurden die Elemente Nr.2 und Nr.4 erhalten". D.h. es bleibt ganz offen, ob das Elementarereignis $[2, 4]$ in der Weise realisiert wurde, daß die beiden Elemente *auf ein Mal* (= „gleichzeitig") herausgegriffen wurden – so daß eine Reihenfolge gar nicht feststellbar war – oder ob die beiden Elemente zeitlich nacheinander in einem *1. Zug* und einem *2. Zug* herausgegriffen wurden. In knapperer Schreibweise lautet dann (1.10):

$$\Omega = \{[a, b] : 1 \leq a < b \leq 5\},$$

oder verallgemeinerungsfähiger

$$\Omega = \{[i_1, i_2] : 1 \leq i_1 < i_2 \leq 5\} \quad (1.10')$$

wobei $[i_1, i_2]$ bedeutet: Man hat beim Herausgreifen (ohne Zurücklegen) von zwei Elementen aus einer Urne mit den Elementen Nr.1,...,Nr.5 die Elemente Nr.i_1 und Nr.i_2 erhalten.
Wegen der obigen Vereinbarung, daß die drei weißen Kugeln bei der gedachten Numerierung die „kleinen Zahlen" 1, 2, 3 als Nummern erhalten haben, wird das interessierende Ereignis „man erhält 2 weiße Kugeln" durch die Teilmenge

$$E = \{[i_1, i_2] : 1 \leq i_1 < i_2 \leq 3\} = \{[1, 2], [1, 3], [2, 3]\}$$

modellmäßig beschrieben. Da triviales Abzählen („Ein-Finger-Methode") $|E| = 3$ und $|\Omega| = 10$ ergibt, so erhält man die gesuchte *Laplace*-Wahrscheinlichkeit (1.5) in der Form

$$W(\text{„2 weiße Kugeln"}) = W(\{[i_1, i_2] : 1 \leq i_1 < i_2 \leq 3\}) = 3/10 = 0,30.$$

Zu 1.7(b): **Ziehen mit Zurücklegen**
Bei der Festlegung einer geeigneten Menge Ω von Elementarereignissen hat man gemäß den Erläuterungen am Schluß von Beispiel 1.6 auf die Reihenfolge der gezogenen Kugeln zu achten, weil andernfalls die *Laplace*sche Gleichwahrscheinlichkeitsannahme nicht sinnvoll wäre. D.h. man benutzt sinnvollerweise

$$\Omega = \{(1,1),(1,2),\ldots,(1,5),(2,1),\ldots,(5,5)\} \qquad (1.11)$$

bzw. in verallgemeinerungsfähigerer Form

$$\Omega = \{(i_1, i_2) : 1 \leq i_1 \leq 5, 1 \leq i_2 \leq 5\}, \qquad (1.11')$$

wobei (i_1, i_2) das Elementarereignis bedeutet, daß die erste gezogene Kugel (1. Zug) die Nummer i_1 und die zweite gezogene Kugel (2. Zug) die Nummer i_2 trägt.

Die Anzahl der Elemente von Ω erhält man sofort mit Hilfe des **Abzählverfahrens**, das zu (1.9) führte, zu

$$|\Omega| = 5 \cdot 5 = 25$$

und analog

$$|\{(i_1, i_2) : 1 \leq i_1 \leq 3, 1 \leq i_2 \leq 3\}| = 3 \cdot 3 = 9.$$

Damit ergibt sich die gesuchte *Laplace*-Wahrscheinlichkeit als

$$W(\text{„2 weiße Kugeln"}) = W(\{(i_1, i_2) : 1 \leq i_1 \leq 3, 1 \leq i_2 \leq 3\}) = 9/25 = 0,36.$$

Man verdeutliche sich die Notwendigkeit, beim Ziehen mit Zurücklegen auf die Reihenfolge der gezogenen Kugeln zu achten, vielleicht noch einmal am Beispiel einer Urne mit nur zwei Kugeln, aus der zwei Kugeln mit Zurücklegen gezogen werden. Man muß (1,2) und (2,1) unbedingt unterscheiden, da sonst [1,2] gegenüber (1,1) oder (2,2) bevorzugt wäre; denn [1,2] könnte in jedem Falle noch eintreten, unabhängig davon, welches Ergebnis der erste Zug auch liefert; dies ist bei (1,1) und (2,2) natürlich nicht der Fall. (Man vergleiche die Bemerkungen am Schluß von Beispiel 1.6.) □

Grundlegende Begriffsbildungen anhand der beiden Urnenmodelle des Beispiels 1.7: **Zufallsstichprobe, zufällige Variable.**

Beispiel 1.7 ist ein Spezialfall der folgenden allgemeinen Urnenmodelle:

Aus einer Urne, die unter N Elementen genau M Elemente enthält, die durch eine bestimmte, interessierende Eigenschaft A ausgezeichnet sind, werden n Elemente *„auf gut Glück"* als sog. *„Stichprobe"* herausgegriffen und zwar durch

1.2. AXIOMATISCHE DEFINITION DER WAHRSCHEINLICHKEIT

(a) Ziehen ohne Zurücklegen (Z.o.Z.).

(b) Ziehen mit Zurücklegen (Z.m.Z.).

In dieser Stichprobe vom Umfang n werde jeweils die Anzahl der durch die Eigenschaft A ausgezeichneten Elemente ermittelt und im Falle (a) mit ξ und im Falle (b) mit η bezeichnet. Offensichtlich sind ξ und η Größen, die je nach Versuchsausgang einen der möglichen Werte $0, 1, 2, \ldots, n$ annehmen können. Man kann sie deshalb in einem noch nicht streng-mathematisch gemeinten Sinne als „Zufallsgrößen" bezeichnen. Als **Grundaufgabe** für diese beiden Urnenmodelle wird in der vorliegenden Darstellung die Aufgabe bezeichnet, die Wahrscheinlichkeit dafür zu bestimmen, daß diese „Zufallsgrößen" ξ und η jeweils einen vorgebbaren Wert m annehmen ($m = 0, 1, \ldots, n$). Die gesuchte Wahrscheinlichkeit, daß z.B. ξ einen vorgegebenen Wert m annimmt, kann man in suggestiver, leicht „lesbarer" Schreibweise mit „$W(\xi = m)$" bezeichnen. Analoge Bedeutung hat „$W(\eta = m)$". Im vorangehenden Beispiel 1.7 wurde diese Grundaufgabe für folgenden Spezialfall behandelt: Die Urnenparameter N, M, n wurden zu $N = 5, M = 3, n = 2$ gewählt und für m war der Wert 2 vorgegeben, so daß als Grundaufgaben die Wahrscheinlichkeiten „$W(\xi = 2)$" und „$W(\eta = 2)$" zu berechnen waren.

Anhand dieses Spezialfalles sollen jetzt die bisher lediglich anschaulich gemeinten Ausdrücke „2 Elemente *auf gut Glück* herausgreifen" (= Ziehen einer Stichprobe vom Umfang $n = 2$), „Zufallsgröße" ξ bzw. η (= Anzahl ausgezeichneter Elemente in der Stichprobe *ohne Zurücklegen* bzw. *mit Zurücklegen*) und „$W(\xi = m)$" sowie „$W(\eta = m)$" mathematisch präzisiert werden.

Von der anschaulich formulierten Forderung, daß die $n = 2$ Stichprobenelemente „auf gut Glück" herausgegriffen werden sollen, wurde bei der Berechnung der gesuchten Wahrscheinlichkeiten offensichtlich bereits dahingehend Gebrauch gemacht, daß alle möglichen Versuchsausgänge – die modellmäßig im Falle Z.o.Z. durch 10 Elementarereignisse der Form $[i_1, i_2]$ und im Falle Z.m.Z. durch 25 Elementarereignisse der Form (i_1, i_2) beschrieben wurden – als *gleichwahrscheinlich* behandelt wurden, d.h. der Ausdruck „auf gut Glück herausgreifen", der der natürlichen Sprache entstammt (s. Fußnote, S. 10), wird mit Hilfe der *Laplace-Bedingung* (1.4) der Gleichwahrscheinlichkeit aller Elementarereignisse zu einem mathematischen Begriff präzisiert, den man *zufälliges Herausgreifen* bzw. *Ziehen einer* **Zufalls-Stichprobe** nennt. Dies bedeutet, man wird für beliebige Werte der Urnenparameter folgende Definition formulieren und verwenden können:

Gilt für die beiden Urnenmodelle **Ziehen ohne Zurücklegen** *und* **Ziehen mit Zurücklegen** *bzgl. der jeweiligen Menge von Elementarereignissen die Laplace-Bedingung (1.4) der Gleichwahrscheinlichkeit aller Elementarereignisse, so nennt man das jeweilige Herausgreifen von n Elementen* **Ziehen einer Zufallsstichprobe** *(ohne Zurücklegen bzw. mit Zurücklegen)* **vom Umfang n**. *Dabei ist die jeweilige Menge der Elementarereignisse für beliebige Werte der Urnenparameter N, M, n analog zu bilden wie im Spezialfall des Beispiels 1.7, nämlich analog zu (1.10') bzw. zu (1.11').*

Die bisher lediglich vage-anschaulich eingeführte „Zufallsgröße" ξ nimmt für jeden möglichen Versuchsausgang – in Beispiel 1.7 modellmäßig gekennzeichnet durch ein Elementarereignis der Form $[i_1, i_2]$ – eine Zahl als Wert an, nämlich die Anzahl ausgezeichneter Elemente in der Zufallsstichprobe vom Umfang $n = 2$, d.h. ξ läßt sich deuten und präzisieren als eine Funktion, die jedem der zehn Elementarereignisse aus (1.10) eine der Zahlen 0, 1 oder 2 als Wert zuordnet, z.B. erhält das Elementarereignis $[1, 2]$ den ξ-Wert 2, d.h. es ist $\xi([1,2]) = 2$, da nämlich die Numerierung der $N = 5$ Elemente der Urne so vereinbart wurde, daß die $M = 3$ ausgezeichneten Elemente die „kleinen Zahlen" 1, 2, 3 als Nummern erhielten. In der folgenden vollständigen Wertetabelle der Funktion ξ ist für jedes der $|\Omega| = 10$ Elemente des Definitionsbereichs der Funktion ξ der zugehörige Funktionswert $\xi(\omega)$ darunterstehend eingetragen:

Elementar-ereignis (s.(1.10))	[1,2]	[1,3]	[1,4]	[1,5]	[2,3]	[2,4]	[2,5]	[3,4]	[3,5]	[4,5]
ξ-Wert	2	2	1	1	2	1	1	1	1	0

(1.12)

Eine solche Funktion, die jedem Elementarereignis eine reelle Zahl als Wert zuordnet, heißt eine **zufällige Variable**. Offenbar können die vorangehend anschaulich eingeführten „Zufallsgrößen" ξ und η als *zufällige Variable* gedeutet werden. (Zur Übung erstelle man analog zur vorstehenden vollständigen Wertetabelle von ξ die vollständige Wertetabelle von η für den Spezialfall $N = 5$, $M = 3$, $n = 2$.) Wird bei einer konkreten Durchführung eines Versuchs sein Ausgang durch ein bestimmtes Elementarereignis ω gekennzeichnet, dem eine zufällige Variable ξ den Funktionswert $\xi(\omega)$ zuordnet, so bezeichnet man $\xi(\omega)$ als eine **Realisation** der zufälligen Variablen ξ.

Mit Hilfe des Begriffs *zufällige Variable* lassen sich jetzt auch besonders interessante *Ereignisse* elegant beschreiben, z.B. das Ereignis „man erhält beim Herausgreifen von 2 Elementen 2 ausgezeichnete Elemente (= 2 weiße Kugeln)" in Beispiel 1.7(a); denn dieses Ereignis besteht genau aus denjenigen Elementarereignissen, denen gemäß der Wertetabelle (1.12) der ξ-Wert 2 zugeordnet ist; d.h. dieses Ereignis wird beschrieben durch die Teilmenge

$$\{\omega : \xi(\omega) = 2\} = \{[1,2], [1,3], [2,3]\}.$$

Die **Grundaufgaben** für die beiden Urnenmodelle lassen sich somit folgendermaßen formulieren:
Zu bestimmen sind für die beiden Urnenmodelle die Wahrscheinlichkeiten

$$W(\{\omega : \xi(\omega) = m\}) \quad \text{und} \quad W(\{\omega : \eta(\omega) = m\})$$

für $m = 0, 1, \ldots, n$.
Wie man sieht, lassen sich die oben eingeführten suggestiven Bezeichnungen $W(\xi = m)$ und $W(\eta = m)$ deuten als Abkürzungen für die vorstehenden, mathematisch präzise definierten Ausdrücke. Für den Spezialfall des Beispiels 1.7(a)

liest man aus der Wertetabelle (1.12) die vollständige Lösung der Grundaufgabe
für $m = 0, 1, 2$ ab zu

$$W(\xi = 0) = \frac{1}{10}, \quad W(\xi = 1) = \frac{6}{10}, \quad W(\xi = 2) = \frac{3}{10}.$$

Die Bezeichnung *Grundaufgaben* für Urnenaufgaben dieser speziellen Struktur wurde im vorliegenden Buch aus folgendem didaktischen Grund gewählt: Einerseits interessieren bei praxisrelevanten Anwendungen der Urnenmodelle in der Regel nur Ereignisse, die mit Hilfe geeigneter zufälliger Variabler beschrieben werden können, z.B. in der Form $\{\omega : \xi(\omega) = m\}$ oder auch $\{\omega : \xi(\omega) \leq m\}$. Andererseits gibt es aber auch interessante Ereignisse (= Teilmengen von Ω), die sich nicht in solcher Weise mit Hilfe der zufälligen Variablen ξ bzw. η darstellen lassen, so daß bei einer diesbezüglichen Urnenaufgabe die eingängigen Lösungsformeln der *Grundaufgaben* – die in Beispiel 1.8 hergeleitet werden – nicht nur nichts nützen, sondern einen Lösungsweg zu einer solchen Nicht-Grundaufgabe für Lernende gelegentlich verstellen können. Ein Beispiel einer Urnenaufgabe, die sich nicht als eine Grundaufgabe deuten läßt, wird als Beispiel 1.11 (Geburtstagsaufgabe) vorgeführt.

Der hier gewählte Weg, bereits anhand des numerisch trivialen Urnenbeispiels 1.7 – zu dessen Behandlung keinerlei rechentechnische Hilfsmittel erforderlich waren – abstrakte Grundbegriffe wie *zufällige Variable* und *Zufallsstichprobe* propädeutisch einzuführen, hat das didaktische Ziel, begrifflich bedingte Schwierigkeiten für den Lernenden freizuhalten von solchen Schwierigkeiten, die mit der Verwendung kombinatorischer Hilfsmittel hinzukommen können.

Die beiden Urnenmodelle liegen der Behandlung von sehr vielen praktischen Problemen zugrunde. Man deute sich beispielsweise die Kugeln der Urne als die einzelnen Stücke einer Warenlieferung, unter denen sich eine gewisse Anzahl schlechter Stücke ($\triangleq$ ausgezeichnete Elemente) befindet und die herauszugreifenden Kugeln als eine Stichprobe aus dieser Lieferung. Will man allerdings dabei die Wahrscheinlichkeit eines praktisch belangvollen Ereignisses E bestimmen, so ist es wegen der dann auftretenden größeren Zahlen in aller Regel praktisch nicht mehr möglich, $W(E)$ durch explizites Abzählen der Anzahlen $|E|$ und $|\Omega|$ (gemäß der „Ein-Finger-Methode") zu berechnen. Deshalb werden im folgenden Abschnitt Hilfsmittel aus der Kombinatorik zur Verfügung gestellt, die dieses Abzählen erleichtern.

1.3 Kombinatorische Berechnung von Wahrscheinlichkeiten

1.3.1 Kombinatorische Hilfsmittel

Es seien irgendwelche n Elemente ($n \geq 1$) gegeben. Zunächst soll die Anzahl der Möglichkeiten berechnet werden, die es gibt, diese n Elemente in verschiedenen Reihenfolgen nebeneinander anzuordnen. Für diese Anzahl sogenannter

Permutationen von n Elementen wird in der folgenden Definition das Symbol $n!$ (gesprochen: n-Fakultät) eingeführt.

Definition 1.3
*Es bezeichne $n!$ die Anzahl der **Permutationen** von $n \geq 1$ Elementen. Ferner sei $0! = 1$.*

Die Zusatzdefinition $0! = 1$ wird sich sogleich als zweckmäßig erweisen; sie ist erlaubt, da durch die voranstehende inhaltliche Definition das Symbol $n!$ sinnvollerweise nur für $n \geq 1$ festgelegt ist.

Da man ein einziges Element nur auf eine Weise anordnen kann, ist $1! = 1$. Für $n = 2$ Elemente e_1 und e_2 gibt es offensichtlich die Permutationen

$$e_1, e_2 \quad \text{und} \quad e_2, e_1, \quad \text{also} \quad 2! = 2.$$

Jede dieser beiden zweielementigen Permutationen kann durch Hinzufügen eines dritten Elementes e_3 auf die drei jeweils möglichen Plätze zu drei nunmehr dreielementigen Permutationen vervollständigt werden:

$$\mathbf{e_3}, e_1, e_2 \quad e_1, \mathbf{e_3}, e_2 \quad e_1, e_2, \mathbf{e_3}$$
$$\text{und}$$
$$\mathbf{e_3}, e_2, e_1 \quad e_2, \mathbf{e_3}, e_1 \quad e_2, e_1, \mathbf{e_3},$$

also ist $3! = 2 \cdot 3 = 6$.

Analog erhält man
$$4! = 3! \cdot 4 = 24$$
und so fort. Allgemein gilt

Satz 1.2
Für $n \geq 1$ ist stets $n! = 1 \cdot 2 \cdot 3 \cdot \ldots \cdot n$.

Beweis

1. Schritt: Für $n = 1$ ist der Satz trivialerweise richtig.

2. Schritt: Angenommen, der Satz wäre für ein beliebiges $k \geq 1$ richtig, d.h. es wäre

$$k! = 1 \cdot 2 \cdot 3 \cdot \ldots \cdot k. \qquad (1.13)$$

Dann könnte jede dieser $k!$ k-elementigen Permutationen durch Hinzufügen eines $(k+1)$-ten Elementes e_{k+1} auf die jeweils möglichen $k+1$ Plätze zu $k+1$ nunmehr $(k+1)$-elementigen Permutationen vervollständigt werden, d.h. es wäre

$$(k+1)! = k! \cdot (k+1)$$

und wegen der Annahme (1.13) folglich

$$(k+1)! = 1 \cdot 2 \cdot 3 \cdot \ldots \cdot (k+1).$$

1.3. KOMBINATORISCHE WAHRSCHEINLICHKEITEN 21

Der Satz ist also für $n = k + 1$ bewiesen, sobald nur seine Richtigkeit für $n = k$ feststeht. Da jedoch für $n = 1$ die Richtigkeit des Satzes bereits unter 1. festgestellt wurde, folgt hieraus die Richtigkeit des Satzes für $n = 2, 3, \ldots$ und damit für jede natürliche Zahl $n \geq 1$ nach dem Beweisprinzip der sogenannten *vollständigen Induktion*. ♣

Schon bei der Behandlung des Urnenmodells in Beispiel 1.7(a) wurde als Anzahl der möglichen Elementarereignisse die Anzahl der verschiedenen Möglichkeiten benötigt, die es gibt, aus fünf Elementen zwei Elemente herauszugreifen, wobei die Reihenfolge, in der die beiden Elemente gezogen wurden, nicht beachtet werden mußte. Direktes Abzählen ergab für diese Anzahl von Möglichkeiten den Wert 10.

Definition 1.4
*Es bezeichne $\binom{n}{k}$ die Anzahl der verschiedenen Möglichkeiten, aus n verschiedenen Elementen k verschiedene Elemente ($1 \leq k \leq n$) herauszugreifen, ohne bei den herausgegriffenen Elementen auf ihre Reihenfolge zu achten.
Ferner sei $\binom{n}{0} = 1$ für jedes ganzzahlige $n \geq 0$ und $\binom{n}{k} = 0$ für $k > n$.*

Es sei noch erwähnt, daß man diese mit dem Symbol $\binom{n}{k}$ (gesprochen: n über k) bezeichnete Anzahl der verschiedenen Möglichkeiten, aus n Elementen k Elemente ohne Beachtung ihrer Reihenfolge herauszugreifen, auch die *Anzahl der Kombinationen von n Elementen zur k-ten Klasse ohne Wiederholung* nennt. Aus später ersichtlichen Gründen nennt man $\binom{n}{k}$ auch einen **Binomialkoeffizienten**.
Numerische Werte für diese Binomialkoeffizienten erhält man mit Hilfe der beiden folgenden Lehrsätze.

Satz 1.3
Für $0 \leq k \leq n$ gilt stets

$$\binom{n}{k} = \frac{n!}{(n-k)! \cdot k!} \, . \tag{1.14}$$

Beweis
Das Herausgreifen der k Elemente aus den n Elementen kann in folgender Weise erfolgen: Man stellt sich sämtliche Permutationen der n Elemente nacheinander aufgeführt vor und greift aus jeder dieser $n!$ Permutationen die ersten k Elemente heraus. Dabei hat man jedoch jede der gewünschten Kombinationen von k Elementen in allen $k!$ möglichen Reihenfolgen erhalten, von denen jeweils nur eine einzige zu zählen ist; d.h. es verbleiben zunächst $\frac{n!}{k!}$ Möglichkeiten. Aber auch jede feste Reihenfolge der jeweils herausgegriffenen k ersten Elemente erhält man bei diesem Verfahren mehrfach, und zwar jede so oft wie man die zurückbleibenden $n - k$ Elemente noch untereinander permutieren kann,

also $(n-k)!$ mal. Damit erhält man die gesuchte Anzahl von Kombinationen zu $\frac{n!}{k!}$ dividiert durch $(n-k)!$, also zu (1.14).

Darüber hinaus hat man zu prüfen, ob (1.14) auch in den Fällen $k = 0$ und $k = n$ gilt. Da jedoch in Definition 1.3 vorsorglich $0! = 1$ gesetzt worden war, ist die rechte Seite von (1.14) in diesen Fällen für jedes ganzzahlige $n \geq 0$ stets 1; also gilt (1.14) wegen Definition 1.4 auch in diesen Fällen. ♣

Für die numerische Berechnung von $\binom{n}{k}$ ist es zweckmäßig (1.14) durch Kürzen zu vereinfachen. Damit erhält man:

Satz 1.4
Für $0 < k \leq n$ ist stets
$$\binom{n}{k} = \frac{n \cdot (n-1) \cdot \ldots \cdot (n-k+1)}{1 \cdot 2 \cdot \ldots \cdot k}. \tag{1.15}$$

Beweis
$$\binom{n}{k} = \frac{n!}{k! \cdot (n-k)!} =$$
$$= \frac{n \cdot (n-1) \cdot \ldots \cdot (n-k+1) \cdot (n-k) \cdot (n-k-1) \cdot \ldots \cdot 1}{k! \cdot (n-k) \cdot (n-k-1) \cdot \ldots \cdot 1} =$$
$$= \frac{n(n-1) \cdot \ldots \cdot (n-k+1)}{1 \cdot 2 \cdot \ldots \cdot k}.$$

♣

Als **Merkregel** für diesen Satz kann dienen, daß sowohl im Zähler als auch im Nenner von (1.15) genau k Faktoren stehen. Die in Beispiel 1.7(a) benötigte Anzahl der Elementarereignisse (die in diesem Beispiel durch direktes Abzählen mittels der „Ein-Finger-Methode" bestimmt wurde) ergibt sich jetzt so:

$$\binom{5}{2} = \frac{5 \cdot 4}{1 \cdot 2} = 10.$$

Als sehr nützlich für das Rechnen mit dem Symbol $\binom{n}{k}$ erweist sich ferner

Satz 1.5
Für $0 \leq k \leq n$ ist stets
$$\binom{n}{k} = \binom{n}{n-k} \tag{1.16}$$

sowie
$$\binom{n}{k} + \binom{n}{k+1} = \binom{n+1}{k+1}. \tag{1.17}$$

1.3. KOMBINATORISCHE WAHRSCHEINLICHKEITEN

Beweis
Formt man sowohl die linke als auch die rechte Seite von (1.16) gemäß (1.14) um, so erhält man in beiden Fällen $\frac{n!}{k! \cdot (n-k)!}$ und (1.16) ist bewiesen. Unter wiederholter Anwendung von (1.14) ergibt sich (1.17) wie folgt:

$$\binom{n}{k} + \binom{n}{k+1} = \frac{n!}{k! \cdot (n-k)!} + \frac{n!}{(k+1)!(n-k-1)!} =$$

$$= \frac{n! \cdot (k+1)}{k! \cdot (k+1) \cdot (n-k)!} + \frac{n! \cdot (n-k)}{(k+1)! \cdot (n-k-1)! \cdot (n-k)} =$$

$$= \frac{n! \cdot (k+1) + n! \cdot (n-k)}{(k+1)! \cdot (n-k)!} = \frac{n! \cdot k + n! + n! \cdot n - n! \cdot k}{(k+1)! \cdot (n-k)!} =$$

$$= \frac{n! \cdot (1+n)}{(k+1)! \cdot (n-k)!} = \frac{(n+1)!}{(k+1)!(n-k)!} = \binom{n+1}{k+1}.$$

♣

Die Richtigkeit von (1.16) sieht man übrigens anschaulich so: Jeder Möglichkeit, aus n Elementen k verschiedene Elemente herauszugreifen, entspricht genau eine Möglichkeit, $(n-k)$ Elemente herauszugreifen (man braucht hierfür nur die $n-k$ „liegengelassenen" Elemente zu wählen); also ist die Anzahl der Möglichkeiten, $(n-k)$ Elemente herauszugreifen, genauso groß wie k Elemente herauszugreifen (bzw. liegenzulassen).

Man sieht, daß (1.16) nur deshalb auch für $k = n$ richtig ist, weil in Definition 1.4 vorsorglich $\binom{n}{0} = 1$ gesetzt wurde.

Eine anschauliche Anwendung von (1.17): *Pascalsches Dreieck*
Man denke sich die $\binom{n}{k}$ in der Weise in einem Dreiecksschema angeordnet, daß $\binom{n}{k}$ den $(k+1)$-ten Platz in der $(n+1)$-ten Reihe erhält; also

$$\binom{0}{0}$$

$$\binom{1}{0} \qquad \binom{1}{1}$$

$$\binom{2}{0} \qquad \binom{2}{1} \qquad \binom{2}{2}$$

$$\vdots$$

$$\binom{n}{0} \quad \cdots \quad \binom{n}{k} \qquad \binom{n}{k+1} \quad \cdots \quad \binom{n}{n}$$

$$\binom{n+1}{0} \qquad \cdots \qquad \binom{n+1}{k+1} \qquad \cdots \qquad \binom{n+1}{n+1}$$

$$\vdots$$

Wie man sieht, besagt (1.17), daß – bis auf die beiden äußeren Schrägreihen des Schemas – jeder dieser Binomialkoeffizienten die Summe der beiden über ihm stehenden Werte darstellt. Da nun die in den beiden äußeren Schrägreihen stehenden Binomialkoeffizienten sämtlich den Wert 1 haben, so kann man das ganze sog. *Pascalsche Dreieck* auszufüllen beginnen, indem man immer je zwei benachbarte Zeilenwerte addiert und den Summenwert in das darunterliegende Feld der nächsten Zeile einträgt:

$$
\begin{array}{ccccccccccc}
 & & & & & 1 & & & & & \\
 & & & & 1 & & 1 & & & & \\
 & & & 1 & & 2 & & 1 & & & \\
 & & 1 & & 3 & & 3 & & 1 & & \\
 & 1 & & 4 & & 6 & & 4 & & 1 & \\
1 & & 5 & & 10 & & 10 & & 5 & & 1 \\
 & & & & & \vdots & & & & &
\end{array}
$$

Den Wert von $\binom{5}{2}$ etwa liest man als $(2+1)$-Wert und der $(5+1)$-ten Zeile zu 10 ab.

Als Anwendungen dieser kombinatorischen Hilfsmittel sollen zunächst zwei Beispiele vorgeführt werden, die noch nicht unmittelbar für die Berechnung von Wahrscheinlichkeiten von Bedeutung sind.

1. Kombinatorische Anwendung: *Beweis des binomischen Satzes*

Es sei der binomische Ausdruck $(a+b)^n$ auszurechnen.

Um das Produkt $(a+b)^n$ auszumultiplizieren, hat man auf alle möglichen Weisen aus jedem der n Faktoren entweder das a oder das b auszuwählen und diese n Glieder jeweils miteinander zu multiplizieren und die Ergebnisse aufzuaddieren. Man kann etwa damit beginnen, aus jedem Faktor das a zu nehmen, was a^n ergibt und sodann etwa nur aus $(n-1)$ Faktoren das a und aus dem verbleibenden Faktor das b zu wählen; man erhält dann jeweils $a^{n-1} \cdot b^1$. Allgemein erhält man Summanden der Form $a^{n-\nu} \cdot b^\nu$, wobei $\nu = 0, 1, 2, \ldots, n$ sein kann. Bis auf die beiden Summanden $a^n \cdot b^0 = a^n$ und $a^0 \cdot b^n = b^n$ treten dabei jedoch alle diese Summanden mehrfach auf, und zwar der Summand $a^{n-\nu} \cdot b^\nu$ sooft wie es möglich ist, aus den vorhandenen n Faktoren $(a+b)$ diejenigen ν Faktoren auszuwählen, aus denen man das b zur Multiplikation heranzieht. Wegen Definition 1.4 ist dies auf $\binom{n}{\nu}$ verschiedene Arten möglich. Folglich ist

$$
\begin{aligned}
(a+b)^n &= a^n + \binom{n}{1} a^{n-1} b^1 + \binom{n}{2} a^{n-2} b^2 + \ldots + \binom{n}{n} b^n = \\
&= \binom{n}{0} a^n b^0 + \binom{n}{1} a^{n-1} b^1 + \ldots + \binom{n}{\nu} a^{n-\nu} b^\nu + \ldots + \binom{n}{n} a^0 b^n,
\end{aligned}
$$

1.3. KOMBINATORISCHE WAHRSCHEINLICHKEITEN

oder mit Hilfe des zur Abkürzung verwendeten Summenzeichens[4]:

$$(a+b)^n = \sum_{\nu=0}^{n} \binom{n}{\nu} a^{n-\nu} b^{\nu}. \qquad (1.18)$$

Wie man sieht, tritt $\binom{n}{k}$ tatsächlich als Koeffizient beim binomischen Satz (1.18) auf und die Bezeichnung **Binomialkoeffizient** für den in Definition 1.4 rein kombinatorisch eingeführten Ausdruck $\binom{n}{k}$ ist berechtigt.

2. Kombinatorische Anwendung: *Berechnung der Anzahl der Teilmengen einer endlichen Menge*

Es sei eine beliebige m-elementige Menge vorgelegt, etwa $\Omega = \{\omega_1, \omega_2, \ldots, \omega_m\}$. Die Anzahl aller möglichen Teilmengen von Ω soll auf folgende Weise bestimmt werden: Man zählt nacheinander die Anzahl der 0-elementigen, der 1-elementigen, der 2-elementigen ... bis m-elementigen Teilmengen und addiert die so erhaltenen Anzahlen zur gesuchten Gesamtanzahl auf.

Man verdeutliche sich dieses Vorgehen zunächst im Spezialfall $m = 3$: Die Anzahl der 0-elementigen Teilmengen ist 1, da die leere Menge $\emptyset$ die einzige 0-elementige Teilmenge ist. Weiter gibt es die drei 1-elementigen Teilmengen $\{\omega_1\}, \{\omega_2\}$ und $\{\omega_3\}$ sowie die drei 2-elementigen Teilmengen $\{\omega_1, \omega_2\}, \{\omega_1, \omega_3\}$ und $\{\omega_2, \omega_3\}$. Schließlich stellt $\Omega = \{\omega_1, \omega_2, \omega_3\}$ die einzige 3-elementige Teilmenge dar. Somit ergibt sich die Anzahl aller Teilmengen einer 3-elementigen Menge zu

$$1 + 3 + 3 + 1 = 8.$$

Allgemein wird die Anzahl der μ-elementigen Teilmengen von Ω gegeben durch die Anzahl der verschiedenen Möglichkeiten, aus den m Elementen von Ω eben μ Elemente herauszugreifen, sie ist also $\binom{m}{\mu}$. Folglich ergibt sich die gesuchte Anzahl aller Teilmengen zu

$$\binom{m}{0} + \binom{m}{1} + \binom{m}{2} + \ldots + \binom{m}{m}.$$

Diese Summe stellt aber gerade die rechte Seite von (1.18) dar, wenn man dort $a = b = 1$ und $n = m$ setzt; also ist wegen (1.18)

$$\binom{m}{0} + \binom{m}{1} + \binom{m}{2} + \ldots + \binom{m}{m} = (1+1)^m = 2^m. \qquad (1.19)$$

Damit ist gezeigt:

Die Anzahl aller Teilmengen einer m-elementigen Menge beträgt 2^m.

---

[4]Wie aus (1.18) im Vergleich mit der vorangehenden Formelzeile hervorgeht, bedeutet das die rechte Seite dieser Gleichung bildende Symbol die Summe aller derjenigen Ausdrücke, die man aus dem neben dem Summenzeichen $\sum$ stehenden Ausdruck $\binom{n}{\nu} a^{n-\nu} b^{\nu}$ dadurch gewinnt, daß man für den unterhalb des Zeichens $\sum$ angegebenen sog. *Summationsbuchstaben* ν nacheinander alle ganzzahligen Werte zwischen den gekennzeichneten *Summationsgrenzen* 0 und n einsetzt.

Man beachte, daß hiernach beim Versuch *Würfeln mit zwei Würfeln* (s. Beispiel 1.6) das *System der Ereignisse* (= System aller Teilmengen) wegen $|\Omega| = 36$ bereits $2^{36} = 68.719.476.736$ Elemente enthält.

1.3.2 Berechnung von *Laplace*-Wahrscheinlichkeiten

In diesem Abschnitt wird vorausgesetzt, daß Ω aus nur *endlich vielen gleichwahrscheinlichen Elementarereignissen* besteht. Unter dieser Voraussetzung läßt sich die Wahrscheinlichkeit jedes Ereignisses E mit Hilfe der *Laplace*schen **Formel** (1.5) bzw. (1.8) berechnen. Solche, unter der praktisch bewährten *Laplace*schen Annahme (1.4) berechneten Wahrscheinlichkeiten werden als *Laplace-Wahrscheinlichkeiten* bezeichnet. Zur numerischen Berechnung der *Laplace*-Wahrscheinlichkeit eines Ereignisses E hat man nach (1.5) bzw. (1.8) die Anzahl $|E|$ der Elemente von E sowie die Anzahl $|\Omega|$ der überhaupt möglichen Elementarereignisse „abzuzählen", wie das bei der Behandlung der Beispiele 1.5, 1.6 und 1.7 bereits ausgeführt wurde. Es wird sich jetzt darum handeln, dieses „Abzählen" mit den Hilfsmitteln der Kombinatorik abzukürzen.

Das wichtigste Beispiel hierfür ist die Verallgemeinerung der bereits behandelten, numerisch trivialen (aber begrifflich inhaltsreichen) Urnenaufgaben des Beispiels 1.7, nämlich

Beispiel 1.8
Grundaufgaben für die Urnenmodelle **Ziehen ohne Zurücklegen** *und* **Ziehen mit Zurücklegen**

Eine Urne enthalte unter N Kugeln genau M durch eine Eigenschaft A ausgezeichnete Kugeln ($0 \leq M \leq N$). Aus dieser Urne werden n Kugeln ($1 \leq n \leq N$) *zufällig* herausgegriffen, und zwar

(a) *ohne Zurücklegen* (Z.o.Z.),

(b) *mit Zurücklegen* (Z.m.Z.),

d.h., man greift eine Kugel *zufällig* heraus, notiert, ob sie die Eigenschaft A hat und legt sie wieder in die Urne zurück und zieht die nächste Kugel **unter den gleichen Bedingungen** wie die erste, etc.

Unter den dabei erhaltenen n Elementen – die eine Zufallsstichprobe vom Umfang n darstellen – sei

ξ *die Anzahl der durch die Eigenschaft A ausgezeichneten Elemente (in dieser Zufallsstichprobe) im Falle Z.o.Z.*

und

η *die Anzahl der durch die Eigenschaft A ausgezeichneten Elemente (in dieser Zufallsstichprobe) im Falle Z.m.Z.*

Als **Grundaufgaben** für die beiden Urnenmodelle berechne man zunächst für den Spezialfall $N = 10, M = 4, n = 3$ numerische Werte für die (*Laplace-*) Wahrscheinlichkeiten

$$W(\xi = m) \quad \text{und} \quad W(\eta = m)$$

1.3. KOMBINATORISCHE WAHRSCHEINLICHKEITEN

für $m = 0, 1, 2, 3$. Sodann berechne man diese Wahrscheinlichkeiten für beliebige Werte der Urnenparameter N, M, n für $m = 0, 1, \ldots, n$. (Zur Bedeutung dieser *Grundaufgaben*: Nach der systematischen Einführung des Begriffs *Wahrscheinlichkeitsverteilung* bzw. *Verteilungsfunktion* werden sich diese Urnen-Grundaufgaben deuten lassen als Herleitung der *hypergeometrischen Verteilung* und der *Binomialverteilung*.)

Lösungen der *Grundaufgaben* des Beispiels 1.8: Für beide Urnenmodelle denke man sich die N Kugeln mit den natürlichen Zahlen $1, 2, \ldots, N$ als Nummern durchnumeriert und zwar so, daß die M ausgezeichneten Elemente die „kleinen Zahlen" $1, 2, \ldots, M$ als Nummern erhalten.

Da man im Falle Z.o.Z. die Reihenfolge der gezogenen Kugeln nicht beachten muß (s. Beispiel 1.7(a)), so benutzt man im Spezialfall $N = 10, n = 3$ als Menge Ω_a der Elementarereignisse (analog zu (1.10) bzw. (1.10')) die Menge der Tripel $[i_1, i_2, i_3]$, die sich aus den $N = 10$ Nummern $1, 2, \ldots, 10$ (ohne Beachtung der Reihenfolge) bilden lassen, d.h. es ist für $N = 10, n = 3$

$$|\Omega_a| = \binom{10}{3} = \frac{10 \cdot 9 \cdot 8}{1 \cdot 2 \cdot 3} = 120 \tag{1.20}$$

und für beliebige Urnenparameter N, n

$$|\Omega_a| = \binom{N}{n}. \tag{1.20'}$$

Im Falle Z.m.Z. benutzt man im Spezialfall $N = 10, n = 3$ (analog zu (1.11) bzw. (1.11')) als Ω_b die Menge der Tripel (i_1, i_2, i_3), wobei jede der drei Stellen dieses Tripels jeweils mit den Nummern $1, 2, \ldots, 10$ besetzt werden kann, d.h. nach dem *Abzählverfahren*, das zur Herleitung von (1.9) benutzt wurde, ist für $N = 10, n = 3$

$$|\Omega_b| = 10 \cdot 10 \cdot 10 = 10^3 = 1000 \tag{1.21}$$

und für beliebige Urnenparameter N, n

$$|\Omega_b| = N^n. \tag{1.21'}$$

In der gleichen Weise erhält man beispielsweise für das *Ereignis* „man erhält in der Stichprobe vom Umfang 3 keine ausgezeichnete Kugel" ($\hat{=}$ man erhält für ξ bzw. für η den Wert 0) die Anzahl seiner Elementarereignisse im Falle Z.o.Z. zu

$$|\{\omega : \xi(\omega) = 0\}| = \binom{6}{3} = \frac{6 \cdot 5 \cdot 4}{1 \cdot 2 \cdot 3} = 20,$$

da dieses Ereignis aus denjenigen $[i_1, i_2, i_3]$ besteht, die aus den sechs nicht-ausgezeichneten Kugeln bzw. den sechs „großen Nummern" $5, 6, \ldots, 10$ gebildet werden können – und im Falle Z.m.Z. zu

$$|\{\omega : \eta(\omega) = 0\}| = 6 \cdot 6 \cdot 6 = 6^3 = 216,$$

da dieses Ereignis aus denjenigen (i_1, i_2, i_3) besteht, bei denen an jeder der drei Stellen dieses Tripels jeweils eine der sechs „großen Nummern" stehen darf. (Die soeben genutzte Möglichkeit, Ereignisse mit Hilfe der *zufälligen Variablen* ξ und η elegant zu beschreiben, wurde in Beispiel 1.7 anhand der Wertetabelle (1.12) ausführlich dargestellt.)

Da die n Kugeln jeweils *zufällig* herausgegriffen werden sollen – was bereits im Anschluß an Beispiel 1.7 dahingehend mathematisch präzisiert wurde, daß sowohl für Ω_a als auch für Ω_b jeweils die *Laplace-Bedingung* (1.4) der Gleichwahrscheinlichkeit aller Elementarereignisse gelten soll – so ergeben sich wegen (1.20) und (1.21) die gesuchten Wahrscheinlichkeiten mit Hilfe der *Laplace*schen Formel (1.5) zu

$$W(\text{„keine ausgezeichnete Kugel bei Z.o.Z."}) = W(\xi = 0) = \frac{20}{120} = 0{,}167$$

und

$$W(\text{„keine ausgezeichnete Kugel bei Z.m.Z."}) = W(\eta = 0) = \frac{216}{1000} = 0{,}216.$$

Als Vorbereitung zur weiteren Behandlung des Beispiels 1.8, sollen zunächst die verwendeten Mengen Ω_a und Ω_b der Elementarereignisse exakt beschrieben werden. Die Menge Ω_a ist für $n = 3$ die Menge der Tripel $[i_1, i_2, i_3]$ – wobei wegen der Unerheblichkeit der Reihenfolge der gezogenen Nummern i_1, i_2, i_3 in der Sache bei der Festlegung des Symbols für diesen Versuchsausgang die natürliche Reihenfolge $i_1 < i_2 < i_3$ vereinbart werden darf und vereinbart wird, d.h. analog zu (1.10) bzw. (1.10') ist

$$\Omega_a = \{[i_1, i_2, i_3] : 1 \leq i_1 < i_2 < i_3 \leq 10\}, \qquad (1.22)$$

und für beliebige Urnenparameter

$$\Omega_a = \{[i_1, \ldots, i_n] : 1 \leq i_1 < \ldots < i_n \leq N\}. \qquad (1.22')$$

Für Z.m.Z. besteht für $n = 3$ die Menge Ω_b der Elementarereignisse aus den Tripeln (i_1, i_2, i_3), wobei jede der drei Komponenten i_1, i_2, i_3 eine der $N = 10$ Nummern $1, \ldots, 10$ sein darf; d.h. analog zu (1.11) bzw. (1.11') ist

$$\Omega_b = \{(i_1, i_2, i_3) : 1 \leq i_j \leq 10 \text{ für } j = 1, 2, 3\} \qquad (1.23)$$

und für beliebige Urnenparameter

$$\Omega_b = \{(i_1, \ldots, i_n) : 1 \leq i_j \leq N \text{ für } j = 1, \ldots, n\}. \qquad (1.23')$$

Nach diesen Vorbereitungen folgt die weitere Behandlung des Beispiels 1.8 für *Ziehen ohne Zurücklegen*:

Das zunächst interessierende Ereignis $\{\omega : \xi(\omega) = 1\}$ besteht für $N = 10, M = 4, n = 3$ aus denjenigen $[i_1, i_2, i_3]$, bei denen die erste Komponente i_1 (die wegen der festgelegten natürlichen Reihenfolge der drei Komponenten die kleinste der

1.3. KOMBINATORISCHE WAHRSCHEINLICHKEITEN

Zahlen i_1, i_2, i_3 ist) eine der $M = 4$ „kleinen Nummern" $1, \ldots, 4$ ist – wofür es also $\binom{4}{1} = 4$ Möglichkeiten gibt – während die übrigen Komponenten i_2, i_3 aus den $N - M = 6$ „großen Nummern" $5, \ldots, 10$ stammen – wofür es $\binom{6}{2}$ Möglichkeiten gibt. Damit beträgt die Anzahl der Elementarereignisse des Ereignisses „man erhält genau 1 ausgezeichnete Kugel bei Z.o.Z." $\binom{4}{1} \cdot \binom{6}{2}$ (vgl. Abzählverfahren zu (1.9)) bzw. in strenger Schreibweise

$$|\{\omega : \xi(\omega) = 1\}| =$$
$$= |\{[i_1, i_2, i_3] : 1 \leq i_1 \leq 4; 5 \leq i_j \leq 10 \text{ für } j = 2, 3\}| = \binom{4}{1} \cdot \binom{6}{2} = 60.$$

Wegen (1.20) ist also

$$W(\xi = 1) = \frac{\binom{4}{1} \cdot \binom{6}{2}}{\binom{10}{3}} = \frac{60}{120} = 0,500.$$

Analog erhält man für $N = 10, M = 4, n = 3$

$$W(\xi = 2) = \frac{\binom{4}{2} \cdot \binom{6}{1}}{\binom{10}{3}} = \frac{36}{100} = 0,300$$

$$W(\xi = 3) = \frac{\binom{4}{3} \cdot \binom{6}{0}}{\binom{10}{3}} = \frac{4}{120} = 0,033.$$

Für beliebige numerische Werte der Urnenparameter N, M, n erhält man auf diese Weise als Lösung der **Grundaufgabe** für das Urnenmodell *Ziehen ohne Zurücklegen*:

Die Laplace-Wahrscheinlichkeit dafür, daß man in einer **Zufallsstichprobe ohne Zurücklegen** *vom Umfang n (aus einer Urne, die unter N Elementen genau M ausgezeichnete Elemente enthält) genau m ausgezeichnete Elemente erhält, beträgt*

$$W(\xi = m) = \frac{\binom{M}{m} \cdot \binom{N-M}{n-m}}{\binom{N}{n}} \quad \text{für } m = 0, 1, \ldots, n. \quad (1.24)$$

Zur Übung überzeuge man sich davon, daß (1.24) für $N = 10, M = 4, n = 3$ die vorangehend erhaltenen numerischen Werte für $W(\xi = m)$ für $m = 0, 1, \ldots, 3$ ergibt.

Wie anschaulich plausibel muß unter den „hier gegebenen Voraussetzungen" $W(\xi = 0) + W(\xi = 1) + \ldots + W(\xi = n) = 1$ sein – was zur *Rechenkontrolle* dienen kann. „Hier gegebene Voraussetzungen" läßt sich präzisieren zu: Die Ereignisse $\{\omega : \xi(\omega) = 0\}, \ldots, \{\xi(\omega) = n\}$ bilden ein sog. **vollständiges Ereignissystem**, d.h. die Vereinigung dieser Ereignisse ist Ω und je zwei dieser Ereignisse schließen sich gegenseitig aus. Für ein solches vollständiges Ereignissystem läßt sich leicht beweisen (s.Satz 1.8), daß die Summe der Wahrscheinlichkeiten seiner Ereignisse 1 ist.

Die Z.o.Z.-Grundaufgabenlösung (1.24) stellt die quantitative mathematische Beschreibung eines „Zufallsgesetzes" dar, nämlich wie die Wahrscheinlichkeit von insgesamt 1 auf die möglichen Werte $0, 1, 2, \ldots, n$ der Zufallsgröße ξ *verteilt* ist. Das durch (1.24) festgelegte *Verteilungsgesetz* bezeichnet man als *hypergeometrische Verteilung* und drückt dies kurz so aus: **ξ ist verteilt nach der hypergeometrischen Verteilung $H(N; n; p)$**, wobei p den Anteil M/N ausgezeichneter Elemente der Urne bezeichnet.

Als Abschluß von Beispiel 1.8 folgt die weitere Behandlung der Grundaufgabe für *Ziehen mit Zurücklegen*:

Für $N = 10, M = 4, n = 3$ wurde $W(\eta = 0)$ bereits eingangs berechnet. Jetzt soll für diesen Spezialfall nur noch die Berechnung von $W(\eta = 2)$ exemplarisch so ausführlich vorgeführt werden, daß dabei auch die Lösung der Grundaufgabe für beliebige Werte der Urnenparameter N, M, n sichtbar wird.

Das interessierende Ereignis $E = \{\omega : \eta(\omega) = 2\}$ (= „man erhält genau 2 ausgezeichnete Elemente") besteht aus allen denjenigen Elementarereignissen, bei denen genau zwei der drei durchgeführten Züge «ausgezeichnet» ergeben, d.h. E ist die Vereinigung aus folgenden drei Ereignissen – die man Sub-Ereignisse von E nennen kann – mit den suggestiv gewählten Bezeichnungen:

$E_{1,2}$ = „genau der 1. Zug und der 2. Zug ergeben «ausgezeichnet»",
$E_{1,3}$ = „genau der 1. Zug und der 3. Zug ergeben «ausgezeichnet»",
$E_{2,3}$ = „genau der 2. Zug und der 3. Zug ergeben «ausgezeichnet»".

Die Anzahlen der Elementarereignisse dieser drei (Sub-)Ereignisse erhält man mit dem wichtigen **Abzählverfahren**, das zu (1.9) (s.S. 14) führte, zu

$$|E_{1,2}| = 4 \cdot 4 \cdot 6 = 96; \quad |E_{1,3}| = 4 \cdot 6 \cdot 4 = 96; \quad |E_{2,3}| = 6 \cdot 4 \cdot 4 = 96,$$

d.h. jedes dieser drei (Sub-)Ereignisse besteht aus

$$M^2 \cdot (N - M)^1 = 4^2 \cdot 6^1 = 96$$

Elementarereignissen der Form (i_1, i_2, i_3).

Die hier durch explizites Hinschreiben aller möglichen Sub-Ereignisse von E erhaltene Anzahl von drei solchen Sub-Ereignissen erhält man systematisch und verallgemeinerungsfähig so: aus den $n = 3$ Zügen ($\stackrel{\wedge}{=}$ die drei Komponenten von (i_1, i_2, i_3)) sind auf alle möglichen Weisen diejenigen $m = 2$ Züge festzulegen, die «ausgezeichnet» ergeben sollen, wofür es $\binom{n}{m} = \binom{3}{2} = 3$ verschiedene Möglichkeiten gibt.

Da sich $E_{1,2}, E_{1,3}, E_{2,3}$ paarweise gegenseitig ausschließen, ist also $|E| = \binom{3}{2} \cdot 96 = 288$ und man erhält die gesuchte (*Laplace-*)Wahrscheinlichkeit von E wegen $|\Omega_b| = 10^3 = 1000$ mit der *Laplace*schen Formel (1.5) zu

$$W(E) = W(\eta = 2) = \frac{\binom{3}{2} \cdot 4^2 \cdot 6^1}{1000} = 0,288.$$

1.3. KOMBINATORISCHE WAHRSCHEINLICHKEITEN

Für beliebige Urnenparameter erhält man analog

$$W(\eta = m) = \frac{\binom{n}{m} \cdot M^m \cdot (N-M)^{n-m}}{N^n} = \binom{n}{m} \cdot \frac{M^m \cdot (N-M)^{n-m}}{N^m \cdot N^{n-m}} =$$

$$= \binom{n}{m} \cdot \left(\frac{M}{N}\right)^m \cdot \left(1 - \frac{M}{N}\right)^{n-m}.$$

Setzt man zur Abkürzung

$$p = \frac{M}{N}, \qquad (1.25)$$

so erhält man die Lösung der **Grundaufgabe** für das Urnenmodell *Ziehen mit Zurücklegen* in folgender Form:

> *Die Laplace-Wahrscheinlichkeit dafür, daß man in einer* **Zufallsstichprobe mit Zurücklegen** *vom Umfang n (aus einer Urne, in der der Anteil ausgezeichneter Elemente p ist) genau m ausgezeichnete Elemente erhält, beträgt*
>
> $$W(\eta = m) = \binom{n}{m} p^m (1-p)^{n-m} \quad \text{für} \quad m = 0, \ldots, n. \qquad (1.26)$$

Diese Z.m.Z.-Grundaufgabenlösung (1.26) stellt die mathematische Beschreibung eines „Zufallsgesetzes" dar (wie dies bereits für die Z.o.Z.-Grundaufgabenlösung (1.24) erläutert wurde), nämlich wie die Wahrscheinlichkeit von insgesamt 1 auf die möglichen Werte $0, 1, 2, \ldots, n$ der Zufallsgröße η verteilt ist. Man bezeichnet das durch (1.26) festgelegte *Verteilungsgesetz* als die *Binomialverteilung* und drückt dies kurz so aus: η **ist verteilt nach der Binomialverteilung** $Bi(n; p)$.

Vergleich der Lösungen der Grundaufgaben für *Ziehen ohne Zurücklegen* und *Ziehen mit Zurücklegen*:

Die Lösung (1.26) für Z.m.Z. ist in folgender Hinsicht „einfacher" als die Lösung (1.24) für Z.o.Z.: Die Lösung für Z.m.Z. hängt (bei vorgegebenem m) nur von zwei Parametern, nämlich n und p ab und nicht wie (1.24) von drei Parametern N, M, n. Dieses Ergebnis war anschaulich zu erwarten, denn durch das jeweilige Zurücklegen des gezogenen Elements werden für alle n Züge stets exakt *die gleichen Bedingungen* hergestellt, daß nämlich vor jedem Zug der Anteil ausgezeichneter Elemente in der Urne p ist bzw. die Wahrscheinlichkeit für «ausgezeichnet» bei jedem Zug p beträgt. Dafür spielt es keine Rolle, ob sich z.B. der Wert $p = 0,1$ aus $N = 100$ Millionen, $M = 10$ Millionen oder aus $N = 10, M = 1$ ergibt. Demgegenüber verändert sich bei *ohne Zurücklegen* der Anteil ausgezeichneter Elemente von Zug zu Zug. Da jedoch diese Veränderung geringfügig ist, sobald n relativ klein zu N ist – was etwa bei demoskopischen

Stichproben aus einer Bevölkerung regelmäßig der Fall ist – so ist plausibel, daß sich numerisch zeigt: Ist die

$$\text{Faustregel} \qquad n < \frac{N}{10} \qquad (1.27)$$

erfüllt, so kann bei der Auswertung von Zufallsstichproben ohne Zurücklegen anstelle von (1.24) approximativ die numerisch wesentlich „einfachere" (= bequemere) Z.m.Z.-Lösung (1.26) verwendet werden. Nach Einführung des Begriffs *Verteilungsfunktion* wird dies folgendermaßen formuliert werden:
Falls die Faustregel (1.27) erfüllt ist, so kann für viele praktische Zwecke mit ausreichender Approximationsgenauigkeit die auf (1.24) basierende Verteilungsfunktion der hypergeometrischen Verteilung $H(N; n; p)$ mittels der auf (1.26) basierenden Verteilungsfunktion der Binomialverteilung $Bi(n; p)$ approximiert werden. □

Hinweis für eilige Leser: Angesprochene Leser unter den Lernenden neigen nach meiner Erfahrung zu der Auffassung, daß u.a. die vorgeführte liebevoll-ausführliche Herleitung der Lösungen zu den beiden Urnen-**Grundaufgaben** für „ihre Zwecke" nicht relevant seien, weil sie die Richtigkeit und Wichtigkeit der „fertigen Formeln" (1.24) und (1.26) auch ohne Herleitung bereitwillig glauben und sich auf probate Assoziations-Schemata verlassen, wie z.B. „Urne – Ziehen mit Zurücklegen – (Binomial-)Formel (1.26)". Solche Leser unterstellen jedoch eine prinzipielle Gutartigkeit potentieller Aufgabenstellungen – eine Annahme, die noch nicht einmal für einschlägige Prüfungsklausuren durchgängig berechtigt sein muß. Als belegender Hinweis hierzu wird im folgenden nach zwei Grundaufgaben-Beispielen für die beiden Urnenmodelle eine Urnenaufgabe behandelt, die sich als Nicht-Grundaufgabe erweist, also trotz Z.m.Z. sich einer Lösung mittels der Z.m.Z.-Formel (1.26) entzieht. Insoweit, als auch Klausuraufgabensteller solche nicht-gutartigen Aufgaben(-Teile) einstreuen, so sollten Betroffene darin die Bemühung sehen, der allseitigen Forderung nach Realitätsbezug der akademischen Lehre nachzukommen und davon ausgehen, daß der Aufgabensteller die um sich greifende Ansicht teilt, gemäß der möglicherweise auch die Realität uns Aufgaben stellt, die nicht mit „fertigen Formeln" zu lösen sind.

Bereits im Anschluß an die noch ohne kombinatorische Hilfsmittel behandelten, numerisch trivialen Urnen-Grundaufgaben des Beispiels 1.7 wurde der Begriff *Zufallsstichprobe* propädeutisch eingeführt (s.S. 17). Als definierende Eigenschaft für *Zufallsstichprobe* wurde für die Mengen Ω_a und Ω_b der Elementarereignisse für die beiden Urnenmodelle (Z.o.Z. und Z.m.Z.) jeweils die *Laplace*sche Gleichwahrscheinlichkeitsbedingung (1.4) verwendet. Diese Mengen Ω_a und Ω_b wurden für beliebige Urnenparameter aus didaktischen Gründen erst während der Behandlung der allgemeinen Urnen-Grundaufgaben des vorangehenden Beispiels 1.8 mathematisch präzise beschrieben in (1.22') und (1.23'), so daß erst jetzt die bisher bereits verwendete Definition in voller Allgemeinheit formuliert werden kann.

Definition 1.5
Gilt für die beiden Urnenmodelle Ziehen ohne Zurücklegen und Ziehen mit Zurücklegen bezüglich der Mengen der Elementarereignisse

1.3. KOMBINATORISCHE WAHRSCHEINLICHKEITEN   33

$$\Omega_a = \{[i_1, \ldots, i_n] : 1 \leq i_1 < i_2 < \ldots < i_n \leq N\}$$

– wobei $[i_1, \ldots, i_n]$ den Versuchsausgang beschreibt, daß die Kugeln Nr.$i_1, \ldots, i_n$ herausgegriffen werden –

und
$$\Omega_b = \{(i_1, \ldots, i_n) : 1 \leq i_j \leq N \text{ für } j=1, \ldots, n\}$$

– wobei $(i_1, \ldots, i_n)$ den Versuchsausgang beschreibt, daß beim j-ten Zug ($j = 1, \ldots, n$) Kugel Nr.i_j herausgegriffen wird –

jeweils die Laplace-Bedingung (1.4) der Gleichwahrscheinlichkeit der $|\Omega_a| = \binom{N}{n}$ bzw. der $|\Omega_b| = N^n$ Elementarereignisse, so heißen diese (Laplace-)Versuche des Herausgreifens von n Kugeln aus einer Urne mit N Kugeln **Ziehen einer Zufallsstichprobe ohne Zurücklegen** bzw. **mit Zurücklegen** *vom Umfang n.*

Ausführungen zur Rechtfertigung dieser Definition folgen in Abschnitt 1.3.5 (S. 50), insbesondere in Beispiel 1.13 (S. 50).

In den folgenden drei Beispielen werden wahrscheinlichkeitstheoretische Anwendungen der beiden Urnenmodelle vorgeführt: in Beispiel 1.9 (LOTTO) eine Grundaufgabe für Z.o.Z. und in Beispiel 1.10 (Gesetz der großen Zahlen) eine Grundaufgabe für Z.m.Z.; Beispiel 1.11 (Geburtstagsaufgabe) ist eine Anwendung des Modells Z.m.Z., die sich nicht als eine Grundaufgabe erweist. Die für die sogenannte Schließende Statistik grundlegende Bedeutung der beiden Urnenmodelle wird im Abschnitt 1.3.4 aufgezeigt.

Beispiel 1.9 *LOTTO „6 aus 49" – eine Urnen-Grundaufgabe (Z.o.Z.)*
Für das Zahlen-LOTTO „6 aus 49" berechne man die Wahrscheinlichkeit, mit einer Tippreihe bei einer Ausspielung genau m „Richtige" (= m Treffer) zu erzielen für $m = 3, 4, 5, 6$. Ferner berechne man die Wahrscheinlichkeit, mit einer Tippreihe irgendeinen Gewinn (= mindestens 3 „Richtige") zu erhalten.

<u>Hinweise zu den Spielbedingungen:</u> Das Glücksspiel Zahlen-LOTTO „6 aus 49" besteht darin, daß der Teilnehmer auf einem Tippschein von den Zahlen 1 bis 49 genau sechs Zahlen durch Ankreuzen kennzeichnet und für die Teilnahme an der Gewinnausspielung 1 DM als Einsatz entrichtet. Bei der Ausspielung werden mit Hilfe einer technischen Apparatur (= Lotto-Trommel) zunächst sechs sogenannte Gewinnzahlen ermittelt. Ein Gewinn wird auf jeden Tippschein ausgezahlt, der mindestens drei Treffer enthält, d.h. auf dem mindestens drei der sechs Gewinnzahlen angekreuzt wurden. Schließlich wird aus den verbleibenden 43 Nicht-Gewinnzahlen eine sogenannte Zusatzzahl zufällig gezogen. Sie dient dazu, in der Gruppe der Gewinne mit genau fünf Treffern diejenigen als „5 Treffer mit Zusatzzahl" auszuzeichnen, bei denen die angekreuzte Nicht-Gewinnzahl die Zusatzzahl ist. Seit Dezember 1992 wird mit Hilfe dieser Zusatzzahl auch die bis dahin benutzte Gewinnklasse „3 Richtige" in „3 Richtige mit Zusatzzahl" und „3 Richtige ohne Zusatzzahl" aufgespalten. Ferner wurde mit dieser Spielplanänderung eine sogenannte Superzahl eingeführt, die in

einem zusätzlichen Ziehungsvorgang aus den zehn Ziffern $0, 1, \ldots, 9$ zufällig gezogen wird und folgende Bedeutung für Tippreihen mit „6 Richtigen" hat: Stimmt die Superzahl mit der Endziffer der Tippschein-Nummer überein, so wird diese Tippreihe der Gewinn-Klasse I ($=$ 6 Richtige mit Superzahl) zugeordnet. Insgesamt sind nach dem am 2.12.1992 eingeführten Spielplan für das Samstag-LOTTO folgende sieben Gewinn-Klassen definiert:

Klasse I	($=$ 6 Richtige mit Superzahl),
Klasse II	($=$ 6 Richtige ohne Superzahl),
Klasse III	($=$ 5 Richtige mit Zusatzzahl),
Klasse IV	($=$ 5 Richtige ohne Zusatzzahl),
Klasse V	($=$ 4 Richtige),
Klasse VI	($=$ 3 Richtige mit Zusatzzahl),
Klasse VII	($=$ 3 Richtige ohne Zusatzzahl).

Im vorliegenden Beispiel 1.9 werden also nur folgende vier Wahrscheinlichkeiten berechnet:

W(6 Richtige)	$=$	W(„Klasse I oder Klasse II")
W(5 Richtige)	$=$	W(„Klasse III oder Klasse IV")
W(4 Richtige)	$=$	W(Klasse V)
W(3 Richtige)	$=$	W(Klasse VI oder Klasse VII).

Die zur Bestimmung der einzelnen Gewinn-Wahrscheinlichkeiten für die Gewinn-Klassen I,...,VII noch erforderlichen Berechnungen werden in Beispiel 1.15 erfolgen.

Lösung zu Beispiel 1.9: Der reale Sachverhalt „Ziehen der 6 Gewinnzahlen und Feststellen, wieviele dieser Gewinnzahlen auf die vorgelegte Tippreihe als sogenannte ‚Richtige' fallen", kann mit Hilfe eines Urnenmodells *Ziehen ohne Zurücklegen* (Beispiel 1.8(a)) mit den Parameterwerten $N = 49, M = 6, n = 6$ in folgender Weise modelliert werden:

die $N = 49$ Elemente der Urne werden interpretiert als die Zahlen $1, 2, \ldots, 49$ auf einem Tippschein,

die $M = 6$ ausgezeichneten Elemente der Urne werden interpretiert als die 6 getippten Zahlen der vorgelegten Tippreihe,

die $n = 6$ Elemente einer Z.o.Z.-Zufallsstichprobe werden interpretiert als die 6 mittels der Lotto-Trommel „gezogenen" Gewinnzahlen.

Bezeichnet man wieder (wie in Beispiel 1.8(a)) die „Zufallsgröße" «Anzahl ausgezeichneter Elemente in der Zufallsstichprobe» mit ξ, so erweist sich die Berechnung der gesuchten Wahrscheinlichkeiten, daß auf eine Tippreihe 6, 5, 4 oder 3 Richtige fallen, als eine *Grundaufgabe*, deren allgemeine Lösung (1.24) für den vorliegenden Spezialfall folgende Wahrscheinlichkeiten ergibt:

1.3. KOMBINATORISCHE WAHRSCHEINLICHKEITEN 35

$$W(6 \text{ Richtige}) = W(\xi = 6) =$$

$$= \frac{\binom{6}{6} \cdot \binom{43}{0}}{\binom{49}{6}} = \frac{1}{13.983.816} = 7,15 \cdot 10^{-8}$$

$$W(\text{genau 5 Richtige}) = W(\xi = 5) =$$

$$= \frac{\binom{6}{5} \cdot \binom{43}{1}}{\binom{49}{6}} = \frac{258}{13.983.816} = 1.84 \cdot 10^{-5}$$

$$W(\text{genau 4 Richtige}) = W(\xi = 4) =$$

$$= \frac{\binom{6}{4} \cdot \binom{43}{2}}{\binom{49}{6}} = \frac{13.545}{13.983.816} = 0,00097$$

$$W(\text{genau 3 Richtige}) = W(\xi = 3) =$$

$$= \frac{\binom{6}{3} \cdot \binom{43}{3}}{\binom{49}{6}} = \frac{246.820}{13.983.816} = 0,01765.$$

Die Wahrscheinlichkeit, mit einer Tippreihe *irgendeinen Gewinn* zu erzielen, beträgt somit

$$W(\xi \geq 3) = \frac{1 + 258 + 13.545 + 246.820}{13.983.816} = \frac{260.624}{13.983.816} = 0,0186.$$

□

Beispiel 1.10
Zum Gesetz der großen Zahlen – eine Urnen-Grundaufgabe (Z.m.Z.)

Es sei E ein Ereignis mit $W(E) = 1/2$, also etwa das Ereignis, bei einem Wurf mit einem *Laplace*-Würfel eine gerade Augenzahl zu werfen. Der *Laplace*-Würfel werde n-mal **unter den gleichen Bedingungen** geworfen und dabei die Häufigkeit $h_n(E)$ des Eintretens von E ermittelt.

Es ist dann $r_n(E) = \frac{h_n(E)}{n}$ die *relative Häufigkeit* von E bei diesen n Versuchen. Man berechne folgende Wahrscheinlichkeiten:

(a) $W(0,45 < r_{10}(E) < 0,55)$, d.h. die Wahrscheinlichkeit dafür, daß die relative Häufigkeit von E bei 10 Versuchen zwischen 0,45 und 0,55 liegt.

(b) $W(0,45 < r_{100}(E) < 0,55)$, d.h. die Wahrscheinlichkeit dafür, daß die relative Häufigkeit von E bei 100 Versuchen zwischen 0,45 und 0,55 liegt.

Lösung: Dieser Aufgabe kann das Urnenmodell 1.8(b) zugrunde gelegt werden: $h_n(E)$ werde interpretiert als Anzahl *ausgezeichneter* Elemente, die man erhält, wenn man aus einer Urne, die unter $N = 2$ Elementen genau ein *ausgezeichnetes* Element ($M = 1$) enthält, n Elemente *zufällig* und *mit Zurücklegen* herausgreift. (Die Tatsache, daß sich n Wiederholungen eines bestimmten Versuches als n-maliges Ziehen mit Zurücklegen aus einer Urne deuten lassen, wird in 1.4.2 dadurch ausgedrückt werden können, daß die n Wiederholungen *statistisch unabhängig* sein sollen.)

Da die absolute Häufigkeit $h_{10}(E)$ nur die Werte $0, 1, \ldots, 10$ annehmen kann, so kann die relative Häufigkeit nur die Werte $0; 0,1; 0,2; \ldots; 1$ annehmen, und es ist also $W(0,45 < r_{10}(E) < 0,55) = W(r_{10}(E) = 0,5) = W(h_{10}(E) = 5)$, d.h. die Berechnung der gesuchten Wahrscheinlichkeit erweist sich als eine *Grundaufgabe*, deren allgemeine Lösung (1.26) für den vorliegenden Spezialfall $n = 10$, $p = 1/2$, $m = 5$

$$W(0,45 < r_{10}(E) < 0,55) = W(h_{10}(E) = 5) = \binom{10}{5} \cdot \left(\frac{1}{2}\right)^5 \cdot \left(1 - \frac{1}{2}\right)^{10-5} =$$

$$= \frac{\binom{10}{5}}{2^{10}} = 0,246$$

ergibt. Analog ist

$$W(0,45 < r_{100}(E) < 0,55) = W(45 < h_{100}(E) < 55) =$$

$$= \left(\binom{100}{46} + \binom{100}{47} + \ldots + \binom{100}{54}\right) \cdot \left(\frac{1}{2}\right)^{100},$$

was sich wegen der Symmetrieeigenschaft (1.16) der Binomialkoeffizienten vereinfacht zu

$$W(0,45 < r_{100}(E) < 0,55) =$$

$$= \left(2\binom{100}{46} + 2\binom{100}{47} + 2\binom{100}{48} + 2\binom{100}{49} + \binom{100}{50}\right) \cdot \left(\frac{1}{2}\right)^{100}.$$

Die numerische Berechnung kann – abgesehen von der Benutzung geeigneter Computer-Programme oder einer noch einzuführenden Approximationsmöglichkeit – unter Verwendung einer Tafel der *Logarithmen der Fakultäten* (s.S. 282) auch relativ bequem „per Hand" erfolgen, indem man die fünf Summanden einzeln logarithmisch berechnet.

Für den ersten Summanden erhält man

$$lg\left(2 \cdot \binom{100}{46} \cdot \left(\frac{1}{2}\right)^{100}\right) = lg2 + lg(100!) - lg(46!) - lg(54!) - 100 \cdot lg2 =$$

$$= 0,3010 + 157,9700 - 57,7406 - 71,3633 - 100 \cdot 0,301030 = 0,0641 - 1$$

1.3. KOMBINATORISCHE WAHRSCHEINLICHKEITEN 37

und also
$$2 \cdot \binom{100}{46} \cdot \left(\frac{1}{2}\right)^{100} = 0,116.$$

Insgesamt erhält man auf diese Weise

$$W(0,45 < r_{100}(E) < 0,55) = 0,116 + 0,133 + 0,147 + 0,156 + 0,080 = 0,632.$$

Wie anschaulich zu erwarten, ist also die Wahrscheinlichkeit, daß die relative Häufigkeit des Ereignisses E bei n Versuchen zwischen 0,45 und 0,55 liegt, für $n = 100$ bedeutend größer als für $n = 10$. Mit Hilfe der bereits erwähnten Approximationsmöglichkeit wird sich diese Wahrscheinlichkeit für $n = 1000$ bereits zu 0,998 ergeben (s. Lösung zu Aufgabe 2.12).

Diese numerischen Ergebnisse weisen auf folgenden allgemeinen Satz hin: *Bei hinreichend vielen (unabhängigen) Wiederholungen eines Versuches wird die Wahrscheinlichkeit dafür, daß die relative Häufigkeit $r_n(E)$ eines Ereignisses E nur vorgebbar wenig von der Wahrscheinlichkeit $W(E) = p$ dieses Ereignisses abweicht, beliebig groß*; d.h. es gilt

$$\lim_{n \to \infty} W(p - \epsilon < r_n(E) < p + \epsilon) = 1, \tag{1.28}$$

wobei ϵ eine beliebige positive reelle Zahl sein darf. Im vorliegenden Beispiel war $p = 1/2$ und $\epsilon = 0,05$. Dieses sog. *Gesetz der großen Zahlen* wird in Kapitel 1.4 noch ausführlich behandelt. Es sei jedoch bereits an dieser Stelle bemerkt, daß dieses aus den *Kolmogoroffschen Axiomen* als Lehrsatz ableitbare Gesetz der großen Zahlen (1.28) gerade die schon in der Einleitung und bei der Aufstellung des *Kolmogoroffschen* Axiomensystems leitende Erfahrungstatsache wiedergibt, nach der bei hinreichend häufiger Wiederholung eines Versuches der Anteil (= relative Häufigkeit) der Versuche, bei denen ein bestimmtes Ereignis E eintritt, praktisch immer in der Nähe einer festen Zahl zu liegen scheint. Diese Erfahrungstatsache über Sachverhalte der realen Welt kann man, im Unterschied zu dem im mathematischen Modell gültigen Lehrsatz (1.28), als **empirisches Gesetz der großen Zahlen** bezeichnen. □

Beispiel 1.11 „*Geburtstagsaufgabe*" – *eine Nicht-Grundaufgabe (Z.m.Z.)*
Eine Gesellschaft von 24 Personen sei hinsichtlich der Geburtstage dieser Personen „zufällig" zusammengesetzt. Wie groß ist die Wahrscheinlichkeit, daß mindestens zwei Personen dieser Gesellschaft am selben Tage Geburtstag haben?

Lösung: Zur Beantwortung dieser Frage kann man sich die 24 Geburtstage modellmäßig dadurch festgelegt denken, daß man 24 Kugeln *zufällig und mit Zurücklegen* aus einer Urne mit 365 numerierten Kugeln zieht und eine gezogene Kugel Nr.i als i-ten Tag der 365 Tage des Jahres interpretiert. Es ist dann die

Wahrscheinlichkeit zu bestimmen, daß bei den 24 Zügen wenigstens eine Kugel mehr als einmal gezogen wird.

Die möglichen Versuchsausgänge werden hier also durch 365^{24} Elementarereignisse der Gestalt $(i_1, i_2, \ldots, i_{24})$ beschrieben, wobei die $i_j (j = 1, 2, \ldots, 24)$ unabhängig voneinander jeweils die Nummern $1, 2, \ldots, 365$ annehmen dürfen (s. (1.23')). Die Anzahl der für dieses Ereignis „günstigen Fälle" bestimmt man in diesem Fall zweckmäßig, indem man von 365^{24} die Anzahl jener Elementarereignisse abzieht, bei denen die 24 Züge 24 *verschiedene* Kugeln erbringen. Die Anzahl derjenigen Elementarereignisse $(i_1, i_2, \ldots, i_{24})$, bei denen sämtliche $i_j (j = 1, 2, \ldots, 24)$ verschiedene Nummern sind, zählt man so ab: für die Besetzung der ersten Stelle, also für i_1, gibt es 365 Möglichkeiten; die zweite Stelle kann jedoch bei jeder dieser 365 aufzuschreiben begonnenen Elementarereignisse nur noch mit den 364 vom jeweiligen i_1 verschiedenen Nummern besetzt werden; für die Besetzung der dritten Stelle, also für i_3, stehen nur noch 363 Nummern zur Verfügung usw. Insgesamt hat man also $365 \cdot 364 \cdot 363 \cdot \ldots \cdot 342$ „ungünstige" Elementarereignisse. Die Wahrscheinlichkeit, daß wenigstens zwei der 24 Züge dieselbe Kugel erbringen, ist also

$W(\text{mindestens 2 Personen haben am selben Tage Geburtstag}) =$

$$= \frac{365^{24} - 365 \cdot 364 \cdot \ldots \cdot 342}{365^{24}} = 1 - \frac{365 \cdot 364 \cdot \ldots \cdot 342}{365^{24}} = 0,54.$$

Die analogen Wahrscheinlichkeiten für Gesellschaften von 23 und 22 Personen ergeben sich zu 0,51 und 0,48, d.h., eine Gesellschaft muß aus mindestens 23 Personen bestehen, damit die Wahrscheinlichkeit für einen Doppel-Geburtstag größer als $1/2$ ist.

Wie bereits angekündigt, stellt diese Z.m.Z.-Urnenaufgabe keine *Grundaufgabe* dar, die mit Hilfe der Grundaufgaben-Lösungsformel (1.26) gelöst werden kann. Dies liegt daran, daß sich hier das interessierende Ereignis „mindestens ein Doppel-Geburtstag" nicht in der Form „die Anzahl ausgezeichneter Kugeln unter $n = 24$ mit Zurücklegen herausgegriffenen Kugeln beträgt m" beschreiben läßt.

Das benutzte Urnenmodell beschreibt allerdings die ursprüngliche Aufgabe insofern nicht ganz korrekt, als entgegen diesem Modell in der Wirklichkeit für den Geburtstag einer *zufällig* herausgegriffenen Person nicht alle 365 Tage des Jahres gleichwahrscheinlich sind: es ist vielmehr eine wohl auch ohne nähere Untersuchungen einleuchtende Erfahrungstatsache, daß die Geburtenhäufigkeit gewissen jahreszeitlichen Schwankungen unterliegt. Anschaulich ist jedoch plausibel, daß bei Berücksichtigung dieses „Saison-Effektes" die zu bestimmende Wahrscheinlichkeit nur noch höher als der manchem wohl ohnehin schon unerwartet hoch erscheinende Wert von 0,54 ausfiele. (In einer Gesellschaft von z.B. 24 Wildkaninchen – bei denen der angedeutete Saisoneffekt zweifellos viel deutlicher ist als bei Homo sapiens – wäre die Wahrscheinlichkeit für einen Doppel-Geburtstag viel größer als im benutzten Modell.) Analoges gilt für die eventuelle Berücksichtigung von Schaltjahren. □

1.3.3 Gewinnsteigernde Tippstrategien und sog. Spiel-Systeme für das LOTTO

Bei der Modellierung des LOTTOs „6 aus 49" in Beispiel 1.9 (S. 33) wurde ausschließlich von einer Modellannahme über den technischen Ziehungsvorgang der Gewinnzahlen Gebrauch gemacht, nämlich von der Annahme, daß die sechs aus der Lotto-Trommel rollenden Gewinnzahlen eine Zufallsstichprobe ohne Zurücklegen aus den $N = 49$ Zahlen der Trommel darstellen, d.h. sämtliche $\binom{49}{6}$ = 13.983.816 möglichen Gewinnzahlen-Kombinationen (= Elementarereignisse) werden als gleichwahrscheinlich vorausgesetzt. Diese Modellannahme stellt die mathematische Formulierung dafür dar, daß die Gewinnzahlen-Ziehung, anschaulich gesprochen, korrekt erfolgt. (Zur Frage der Berechtigung dieser Modellannahme, s. Lösung zu Aufgabe 1.9, S. 265.) Insbesondere brauchte also nicht vorausgesetzt zu werden, daß das Spieler-Kollektiv alle $\binom{49}{6}$ Möglichkeiten, einen Tippschein auszufüllen, mit gleicher Wahrscheinlichkeit wählt und alle beteiligten Tippreihen unabhängig voneinander gewählt werden. Zwar würden sich aufgrund dieser Annahme über das Spielverhalten (= **reines Zufallsspieler-Modell**) die gleichen Gewinn-Wahrscheinlichkeiten wie in Beispiel 1.9 ergeben – aber diese Verhaltensannahme läßt sich für bisherige Spieler-Kollektive empirisch als exorbitant verletzt erweisen, was sogleich noch ausführlich zu erläutern sein wird. Dies bedeutet:

Die in Beispiel 1.9 (sowie im späteren Beispiel 1.18) berechneten Wahrscheinlichkeiten dafür, mit einer beliebig gewählten Tippreihe einen Gewinn in einer bestimmten Gewinn-Klasse zu erzielen, stellen reine **Maschinenparameter** *dar, deren numerische Werte weder vom Verhalten des Spieler-Kollektivs abhängen noch durch irgendwelche individuellen Tippstrategien verändert werden können.*

Hieraus ergeben sich Konsequenzen für die Existenz sog. **Spiel-Systeme**, mit denen versucht wird, die Gewinn-Wahrscheinlichkeiten zu beeinflussen:

Die Möglichkeiten einer System-Konstruktion sollen zunächst exemplarisch anhand eines Spielers erläutert werden, der sich mit sieben Tippreihen an einer Ausspielung zu beteiligen gedenkt. Die für einen solchen Spieler „organisatorisch" gesehen bequemste Möglichkeit ist, das vom Lotto offerierte sogenannte „Vollsystem 6 aus 7" zu benutzen, bei dem er auf einem speziellen System-Tippschein sieben sogenannte Wahlzahlen anzukreuzen hat, und er sodann mit denjenigen $\binom{7}{6} = 7$ Tippreihen an der Ausspielung teilnimmt, die aus den sieben Wahlzahlen gebildet werden können.

Offensichtlich führt dieses „Vollsystem" im Gewinnfalle dazu, daß man in einer einzigen Ausspielung bis zu sieben Gewinne erzielen kann – z.B. gewinnt jede der sieben Tippreihen, falls alle sechs Gewinnzahlen in die Menge der sieben Wahlzahlen fallen. Dies liegt natürlich daran, daß sich die Tippreihen des „Vollsystems" weitgehend überlappen. Wählt der Spieler als Alternative zu diesem „Vollsystem" sieben *total verschiedene* Tippreihen, d.h. solche sieben Tippreihen, daß je zwei dieser Tippreihen höchstens zwei Zahlen gemeinsam haben, so kann der Spieler höchstens einen Gewinn erzielen. Anschaulich wird man sofort vermuten, daß dieser Nachteil gegenüber dem „Vollsystem" bezüglich der Anzahl erzielbarer Gewinne mit einem Vorteil bei der Gewinn-Wahrscheinlichkeit verbunden sein wird. Dies läßt sich sofort bestätigen: Die Wahrscheinlichkeit, mit sieben *total verschiedenen* Tippreihen einen Gewinn zu erzielen, beträgt nach dem Additivitäts-Axiom 3 das 7-fache der Gewinn-Wahrscheinlichkeit bei einer Tippreihe, nämlich $7 \cdot \frac{260.624}{13.983.816} = 7 \cdot 0,01864 = 0,1305$. Dieser Wert stellt trivialerweise das Maximum der Gewinn-Wahrscheinlichkeit für 7-elementige Systeme dar. Für das „Vollsystem" erhält man die Wahrscheinlichkeit für (mindestens) einen Gewinn als Wahrscheinlichkeit dafür, daß von den $n = 6$ *zufällig* gezogenen Gewinnzahlen mindestens drei aus der Menge der $M = 7$ Wahlzahlen stammen, also mit Hilfe der Z.o.Z.-Grundaufgabenlösung (1.24) zu

$$\frac{\binom{7}{3} \cdot \binom{42}{3} + \binom{7}{4} \cdot \binom{42}{2} + \binom{7}{5} \cdot \binom{42}{1} + \binom{7}{6} \cdot \binom{42}{0}}{\binom{49}{6}} = \frac{432.824}{13.983.816} = 0,0310;$$

d.h. die Gewinn-Wahrscheinlichkeit ist bei sieben *total verschiedenen* Tippreihen um den Faktor 4,2 größer als beim „Vollsystem".

Anschaulich formuliert bedeutet dies: Das „Vollsystem" ist für risikofreudige Spieler geeignet, während das System „7 total verschiedene Tippreihen" eine Art Sicherheitsstrategie repräsentiert, die die Gewinn-Wahrscheinlichkeit maximiert. Die durchschnittliche Anzahl der in einer Ausspielung erzielbaren Gewinne erweist sich jedoch für beide Systeme als identisch und ist allgemein systemunabhängig. Dies läßt sich folgendermaßen mathematisch präzisieren. (Die dabei verwendeten Begriffe *Erwartungswert* und *Varianz* einer Zufallsgröße werden erst in Abschnitt 2.2 eingeführt. Für ein inhaltliches Verständnis des Folgenden reicht es jedoch, wenn man sich den *Erwartungswert* als einen „durchschnittlichen Wert" der betreffenden Zufallsgröße veranschaulicht und unter *Varianz* eine Maßzahl dafür versteht, „wie stark die Werte dieser Zufallsgröße um ihren Erwartungswert streuen".): Der Erwartungswert der Zufallsgröße „Anzahl Gewinne in einer Ausspielung" hängt nicht von der Anordnung der Tippreihen (= System) ab, sondern nur von der Anzahl der Tippreihen (Beweis in Beispiel 2.5, S. 102). Lediglich die Varianz dieser Zufallsgröße ist systemabhängig. Für das obige „Vollsystem" beträgt sie 0,5515, während sie für das System „7 total verschiedene Tippreihen" nur den Wert 0,1134 besitzt (s. „Aufgabensammlung", *Basler* (1991), Lotto-Aufgabe 5, S. 180-187).

Insgesamt kann man damit im Hinblick auf die Konstruktion eines sog. *Spiel-Systems* für eine beliebige Anzahl n von Tippreihen feststellen: Da der Erwartungswert (anschaulich: „durchschnittlicher" Wert) der Zufallsgröße „Anzahl der Gewinne bei einer Ausspielung unter den n System-Tippreihen" für alle denkbaren Systeme mit n Tippreihen gleich ist, also systemunabhängig ist, so kann nur die Varianz dieser Zufallsgröße durch System-Konstruktion beeinflußt werden. Das dabei stillschweigend unterstellte Ziel aller System-Konstrukteure wird wohl sein, diese Varianz zu minimieren und zwar durch möglichst geringe Überlappung der n Tippreihen und damit einhergehenden, möglichst großen Gewinn-Wahrscheinlichkeiten. (Maximierung der Varianz anzustreben, würde wohl von niemandem als sinnvoll empfunden, da es zur Folge

1.3. KOMBINATORISCHE WAHRSCHEINLICHKEITEN 41

hätte, n identische Tippreihen als Spiel-System zu wählen, nämlich maximale Überlappung.) Dabei ist von vornherein klar, daß durch geschicktes Anordnen der n Tippreihen (mit dem Ziel möglichst geringer Überlappung) für die Gewinn-Wahrscheinlichkeiten der einzelnen Gewinn-Klassen höchstens das n-fache der betreffenden Gewinn-Wahrscheinlichkeiten für *eine* Tippreihe erreichbar ist, die im Beispiel 1.9 (und Beispiel 1.15) berechnet wurden. Diese Obergrenzen für die Gewinn-Wahrscheinlichkeiten der einzelnen Klassen – die reine Maschinenparameter sind – können dann erreicht werden, wenn n so klein ist, daß es möglich ist, n *total verschiedene* Tippreihen zu finden (wie vorangehend für $n = 7$), die dann sozusagen das Ideal-System darstellen. Erfolgt die System-Konstruktion z.B. nur im Hinblick auf Maximierung der Wahrscheinlichkeit für *6 Richtige*, so ist die Konstruktion eines Ideal-Systems ebenfalls trivial; denn jede beliebige Anordnung von n Tippreihen maximiert diese Wahrscheinlichkeit unter der einzigen hinreichenden Bedingung, daß die n Tippreihen alle verschieden gewählt werden.

Die hiermit gewonnene Einsicht kann man folgendermaßen zusammenfassen: Geht man davon aus, daß man bei der Anordnung von n Tippreihen zu einem sogenannten System offenkundige Überlappungen der Tippreihen vermeidet – wie sie bei den sog. „Vollsystemen" vorliegen – so läßt sich die Gewinn-Wahrscheinlichkeit durch geschicktes Anordnen der n Tippreihen (System-Konstruktion) nicht mehr wesentlich beeinflussen bzw. vergrößern; denn die entscheidende Einflußgröße auf die Gewinn-Wahrscheinlichkeit und die einzige Einflußgröße auf die durchschnittliche Anzahl der Gewinne ist die Anzahl n der Tippreihen des Systems. Dies läßt im Hinblick auf eine Vergrößerung von n für viele Spieler die Beteiligung an einer Spielgemeinschaft attraktiv erscheinen. Das konsequente Endziel des leitenden Prinzips (Vergrößerung der Gewinn-Wahrscheinlichkeiten und Minimierung der Varianz der Anzahl der Gewinne) muß dabei wohl eine Spielgemeinschaft sein, die „6 Richtige" mit Wahrscheinlichkeit 1 erzielt und die genannte Varianz auf Null reduziert. Dieses Ideal-System läßt sich trivial realisieren, indem man sämtliche $\binom{49}{6} = 13.983.816$ verschiedenen Tippreihen als Spiel-System wählt. Die Problematik des die System-Konstruktion leitenden Prinzips wird dabei in der Form sichtbar, daß eine solche Spielgemeinschaft mit Wahrscheinlichkeit 1 nur rund 50% der Einsatzsumme als „Gewinn"-Summe zurückerhält.

Solche kritischen Überlegungen zur Konstruktion sogenannter Spiel-Systeme (zur Beeinflussung der Gewinn-Wahrscheinlichkeiten) werden gelegentlich auch von Mathematikern vorschnell dahingehend interpretiert, daß beim Lotto durch geschickte Anordnung der Tippreihen kein wesentlicher Vorteil zu erzielen sei, d.h. daß gar keine Spiel-Systeme oder wenigstens keine „rentablen" Spiel-Systeme möglich seien – weil das Lotto kein Geschicklichkeitsspiel sondern ein reines Glücksspiel sei. Im Sinne einer generellen Aussage ist diese Ansicht jedoch unhaltbar; denn es sind **gewinnsteigernde Tippstrategien** möglich, die auf empirischen Informationen über das Tippverhalten des jeweiligen realen Spieler-Kollektivs basieren.

Im Hinblick auf einen Existenznachweis solcher Tippstrategien habe ich die

Ergebnisse von 1264 Lotto-Ausspielungen aus 25 Jahren statistisch ausgewertet und zwar ausschließlich die lotterie-amtlich publizierten Angaben über die Anzahl der jeweils beteiligten Tippreihen und die Anzahlen der Gewinne in den einzelnen Gewinn-Klassen (s. Anhang: „Empirische Untersuchung über das Spielverhalten der Lotto-Teilnehmer einschließlich möglicher Konsequenzen für rationale Tippstrategien", S. 148-190 der „Aufgabensammlung", *Basler* (1991)).

Dabei zeigt sich sofort: Die empirische Verteilung der Anzahlen der Gewinne weicht exorbitant von derjenigen („theoretischen") Verteilung ab, nach der die Anzahl der Gewinne verteilt sein müßte, falls das Spielverhalten durch das **reine Zufallsspieler-Modell** korrekt beschrieben würde, d.h., falls die n an einer Ausspielung beteiligten Tippreihen aus der Menge der $N = 13.983.816$ möglichen Tippreihen *zufällig und unabhängig* voneinander als Zufallsstichprobe mit Zurücklegen herausgegriffen würden. (Ein solcher Nachweis wird exemplarisch in Beispiel 1.14 geführt.) Die Erklärung dafür ist, daß die Spieler-Kollektive (des untersuchten Zeitraumes von 25 Jahren) einem stark ausgeprägten Konsensverhalten folgen. Beispielsweise wird die Zahl 19 hochsignifikant bevorzugt in Tippreihen eingebaut – man kann sie deshalb als eine Konsenszahl bezeichnen. Demgegenüber erweisen sich etwa die Zahlen 20, 1, 47, 41, 46, 45 als Antikonsenszahlen, d.h. sie werden beim Ausfüllen der Tippreihen von den Spielern hochsignifikant vernachlässigt. Die triviale Vermutung ist natürlich, daß Tippstrategien, die Antikonsenszahlen beim Aufbau der Tippreihen bevorzugen, den Gewinn zu steigern vermögen, weil im Gewinnfalle solche Antikonsenszahlen zu überhöhten Gewinnquoten für die unterdurchschnittlich vielen Gewinner führen. Diese Vermutung läßt sich mathematisch präzisieren und in folgender Form als zutreffend erweisen: Beteiligt sich ein Spieler an einer Ausspielung mit nur einer Tippreihe, die er dadurch festlegt, daß er eine der genannten Antikonsenszahlen fest in seine Tippreihe einbaut, z.B. die Zahl 45, und die übrigen 5 zu tippenden Zahlen aus den restlichen 48 Lottozahlen zufällig herausgreift (= Zufallsstichprobe ohne Zurücklegen), so ist der Erwartungswert der Zufallsgröße „Gewinn-Ausschüttung auf eine Tippreihe" (= Gewinn-Erwartung) bereits *signifikant* größer als der „Normalwert" von 50% des Einsatzes – er ist ca. 30% erhöht gegenüber dem „Normalwert".

Die naheliegende und interessante Frage nach der Gewinn-Erwartung des „Super-Tips", der aus den obigen sechs Antikonsenszahlen besteht, läßt sich auf einer so schmalen empirischen Basis, wie sie die untersuchte Stichprobe von „nur" 1264 Ausspielungen darstellt, nicht solide beantworten; denn hätte diese Tippreihe schon einmal sechs Richtige erzielt, so wäre der statistische Schätzwert für die Gewinn-Erwartung extrem hoch und sonst extrem niedrig, d.h. die Varianz der Schätzfunktion für die Gewinn-Erwartung ist viel zu groß, so daß keine solide Schätzung möglich ist. Allerdings erscheint es hoch plausibel, daß Tippreihen, die ausschließlich aus Antikonsenszahlen gebildet werden (z.B. aus den 10 am deutlichsten vom jeweiligen Spieler-Kollektiv vernachlässigten Zahlen), durch Kumulierung bzw. Potenzierung des nachgewiesenen Effektes von ca. 30% Erhöhung der Gewinn-Erwartung (durch Berücksichtigung einer einzigen Antikonsenszahl) sogar zu Gewinn-Erwartungen führen, die den Einsatz übersteigen. Natürlich stehen solche Aussagen im Hinblick auf ihre praktische Nutzanwendung unter dem Vorbehalt, daß sich das kollektive Spielverhalten nicht signifikant verändert, z.B. weil es durch Informationen – wie die hier vorgelegten – gestört wird.

Auf die geschilderte Möglichkeit von *gewinnsteigernden Tippstrategien* setzt inzwischen mit massiver Werbung für ihre Lotto-Spielgemeinschaften die Firma FABER. Sie gibt an, sie habe „mit Hilfe von modernsten Computer-Analysen und einer Spitzen-Programmierlogik" „alle 13.983.816 möglichen Lottoreihen extrem analysiert" und „übriggeblieben ist der FABER-Lottoreihen-Superpool für ein Hochquotenspiel der Extraklasse". (Mit welchen Methoden und aufgrund welcher Daten die Firma FABER ihre Analysen durchgeführt hat, ist mir nicht bekannt und ist wohl auch ein sogenanntes Betriebsgeheimnis („Formel im Panzerschrank").)

Wie vorangehend gezeigt, muß man auch aus wissenschaftlicher Sicht ein solches „Hochquotenspiel" für möglich halten und zwar im Sinne einer signifikant erhöhten Gewinn-Erwartung gegenüber dem Normalwert von 50% des Spieleinsatzes. Ob dies allerdings für ein konkretes Spieler-Kollektiv zu einer bestimmten Zeit tatsächlich zutrifft, ist eine rein empirisch zu klärende Frage, die sich prinzipiell nicht durch Berufung auf die Analysen früherer Ausspielungen beantworten läßt. Dies gilt um so mehr, als gerade die Kenntnis solcher Analysen des Spielverhaltens das aktuelle Spielverhalten verändern könnte. Ein solcher empirischer Erfolgsnachweis für einen angeblichen Lottoreihen-Superpool könnte in praktisch akzeptabler Form (die nicht notwendig statistisch signifikant sein müßte) in trivialen Angaben darüber bestehen, wie hoch die Summe der auf den Pool entfallenen Gewinne relativ zur erforderlichen Einsatzsumme für jedes abgelaufene Jahr war – vorausgesetzt die Gewinnsumme wäre tatsächlich deutlich höher ausgefallen als 50% der Einsatzsumme. Von der Firma FABER werden meines Wissens solche Angaben nicht gemacht.

Umfangreiche Analysen über das Spielverhalten von Lottospielern haben bisher (in Deutschland) grundsätzlich allein auf den bereits erwähnten lotterie-amtlich publizierten Ergebnissen über die Lotto-Ausspielungen zu beruhen; d.h. Konsensbereiche und Antikonsensbereiche von Lottozahlen bzw. Tippreihen können auf der Basis dieser Ausspielungsergebnisse nur indirekt mit Hilfe statistischer Verfahren *geschätzt* werden. Dies liegt daran, daß das bei der Bearbeitung der abgegebenen Tippscheine in den Lotterieverwaltungen potentiell zugängliche Wissen über das Spielverhalten – nämlich wie oft jede der möglichen Tippreihen bei jeder Ausspielung tatsächlich getippt wurde (= vollständige Konsensordnung) – nach den Angaben der staatlichen Lotterieverwaltungen als unzulässiges sogenanntes **Insider-Wissen** nicht ermittelt wird. Dieses (potentielle) Insider-Wissen über das Spielverhalten wäre nach den vorangehend skizzierten und in meiner „Aufgabensammlung" detailliert dargestellten Ergebnissen über *gewinnsteigernde Tippstrategien* besonders für Spielgemeinschaften von beträchtlichem Nutzen. Sein Wert ist sicherlich in Millionenbeträgen zu bemessen.

Diskussionen über eventuellen Mißbrauch dieses Insider-Wissens werden wohl stets in die Forderung münden, dieses Wissen in geeigneter Form öffentlich zugänglich zu machen.

1.3.4 Bedeutung der Urnenmodelle für die Schließende Statistik

Eine Grundsituation der Statistik ist die folgende: Von einer Menge von N realen Objekten interessiert, wie groß die unbekannte Anzahl M derjenigen Objekte ist, die durch eine bestimmte Eigenschaft A ausgezeichnet sind, kurz: es interessiert der unbekannte Anteil $p = \frac{M}{N}$ der ausgezeichneten Elemente in dieser Grundgesamtheit von N Elementen, z.B. der Anteil p derjenigen Personen an einer Wahlbevölkerung, die eine Präferenz für die Partei A haben. In methodisch trivialer Weise läßt sich der numerische Wert des Parameters p im Rahmen der **Deskriptiven Statistik** bestimmen, indem man bei jedem einzelnen Element dieser sog. *Grundgesamtheit* feststellt, ob es die Eigenschaft A besitzt oder nicht (= Totalerhebung). Eine Aufgabe der **Schließenden Statistik** liegt vor, wenn nur jedes Element einer n-elementigen Teilmenge der Grundgesamtheit – die man eine Stichprobe vom Umfang n nennt – hinsichtlich des Vorliegens von A untersucht wird und auf der Basis dieser Stichprobenerhebung *Informationen über den numerischen Wert des Parameters p (induktiv) zu „erschließen"* sind. Der sozusagen direkte Weg solcher Informationsgewinnung besteht plausiblerweise darin, den in der Stichprobe ermittelten empirischen Anteil der Elemente mit A (= relative Häufigkeit von A in der Stichprobe) als Schätzwert für p zu verwenden ($\stackrel{\wedge}{=}$ sog. Hochrechnung).

Ein anderer Weg der Gewinnung von Informationen über p durch „Schließen von der Stichprobe auf die Grundgesamtheit" besteht darin, aufgrund des Stichprobenergebnisses lediglich gewisse interessierende Aussagen (= Hypothesen) über der Wert von p zu überprüfen (= zu testen), z.B. die Hypothese, daß der Wähleranteil p der Partei A zum Stichprobenzeitpunkt noch den gleichen Wert p_0 aufweist, der für die Partei A bei der letzten Wahl – die eine Totalerhebung darstellt – ermittelt wurde.

Eine suggestive Idee, sicherzustellen, daß die Ergebnisse dieses prinzipiell problematischen „Schließens" von der Stichprobe auf die Grundgesamtheit immer „stimmen", ist die naive Vorstellung, man könne eine *repräsentative* Stichprobe in dem Sinne definieren und ziehen, daß die Stichprobe ein verkleinertes, maßstabsgetreues Bild von der Grundgesamtheit (im Hinblick auf die interessierende Eigenschaft A) darstellt. Ein solcher Definitionsversuch einer *repräsentativen* Stichprobe ist natürlich sinnlos, weil man ja zur Überprüfung der Repräsentativität die Zusammensetzung der Grundgesamtheit bereits kennen müßte, d.h. der Wert von p dürfte gar nicht unbekannt sein.

Offensichtlich läßt sich die geschilderte Grundsituation der Schließenden Statistik mit Hilfe der beiden Urnenmodelle modellieren: Denkt man sich die N realen Objekte der Grundgesamtheit durch die N Kugeln einer Urne repräsentiert, so stellen die Definitionen einer *Zufallsstichprobe ohne Zurücklegen* und einer *Zufallsstichprobe mit Zurücklegen* für die beiden Urnenmodelle (s. Definition 1.5, S. 32f) Modellierungen und mögliche Präzisierungen der geschilderten konkreten Stichprobenerhebung dar. Damit wird die naive Frage, ob die Ergebnisse des „Schließens" von der Stichprobe auf die Grundgesamtheit immer

1.3. KOMBINATORISCHE WAHRSCHEINLICHKEITEN

„stimmen" oder die Frage nach dem „Grad der Vertrauenswürdigkeit" in die Ergebnisse dieses (induktiven, problematischen) „Schließens" einer mathematischen Behandlung zugänglich. Bezeichnet nämlich ξ bzw. η (wie bei der bisherigen Behandlung der beiden Urnenmodelle) die Anzahl der durch die Eigenschaft A ausgezeichneten Elemente in einer Zufallsstichprobe ohne Zurücklegen bzw. mit Zurücklegen, so läßt sich der skizzierte direkte Weg der Informationsgewinnung über p, nämlich der des *Schätzens* von p, jetzt auf folgende Weise im Modell formulieren: Die zufällige Variable $\frac{\xi}{n}$ bzw. $\frac{\eta}{n}$ (anschaulich: die relative Häufigkeit von «ausgezeichnet» in der betreffenden Zufallsstichprobe vom Umfang n) repräsentiert im Modell das **Schätz-Verfahren** für p, während die bei einer konkret durchgeführten Stichprobenerhebung erhaltene *Realisation* (s.S. 18) von $\frac{\xi}{n}$ bzw. $\frac{\eta}{n}$ einen **Schätz-Wert** für p liefert; d.h. die betreffende zufällige Variable modelliert ein „Meßverfahren" für p. Jede Frage nach der Genauigkeit oder dem „Grad der Vertrauenswürdigkeit" solchen „Schließens von einer Stichprobe auf die Grundgesamtheit" ist jetzt sinnvoll formulierbar als eine Frage nach mathematischen Eigenschaften der zufälligen Variablen $\frac{\xi}{n}$ bzw. $\frac{\eta}{n}$. (Nicht sinnvoll wäre die Frage „wie genau" ein bereits erhaltener *Schätz-Wert* für p ist, da man zu ihrer Beantwortung den „wahren" Wert von p offensichtlich bereits kennen müßte.) Mit Hilfe der für zufällige Variable noch einzuführenden Begriffe **Erwartungswert** und **Streuung** (= Standardabweichung) wird präzisiert werden können, daß die beiden Schätzverfahren „durchschnittlich" den korrekten Wert von p erbringen und wie stark die Werte dieser Schätzverfahren um den „wahren" Wert von p streuen. Die so erhältlichen Genauigkeitsangaben werden in Abschnitt 3.3.2 in praxisgerechter, leicht „lesbarer" Form mit Hilfe eines sog. *Konfidenzintervalls* für p (zu einer vorgebbaren *Vertrauenswahrscheinlichkeit* von z.B. 95%) formuliert werden können.

Für den skizzierten anderen Weg der Informationsgewinnung über p, nämlich den Weg des Testens von Hypothesen über p, soll die „Genauigkeitsfrage" für das „Schließen von einer Stichprobe auf die Grundgesamtheit" anhand des folgenden Beispiels präzisiert und beantwortet werden.

Beispiel 1.12
Erforderlichkeit der Urnen-Grundaufgabenlösungen für die Schließende Statistik

Es sei p der numerisch unbekannte Anteil der Wähler einer Partei A in einer bestimmten Wahlbevölkerung (= Grundgesamtheit). Jedes von drei demoskopischen Instituten versucht aufgrund einer eigenen Stichprobenerhebung *statistisch nachzuweisen*, daß über p die *Hypothese $p < 1/2$* zutrifft. Die Stichprobenergebnisse der drei Institute lauten:

Institut 1: 41 A-Wähler in einer Stichprobe von $n = 100$ Wählern,

Institut 2: 44 A-Wähler in einer Stichprobe von $n = 100$ Wählern,

Institut 3: 475 A-Wähler in einer Stichprobe von $n = 1000$ Wählern.

Offensichtlich darf jedes der drei Institute mit einer gewissen vagen Berechtigung folgendermaßen induktiv „schließen": „Da der A-Wähler-Anteil in der Stichprobe kleiner als 1/2 ist, so wird wohl auch der (unbekannte) A-Wähler-Anteil p in der Grundgesamtheit kleiner als 1/2 sein und also die Zielhypothese $p < 1/2$ zutreffen".

Nachfolgend soll für jeden dieser drei induktiven „Schlüsse" bzw. für das zu dem jeweiligen „Schluß" führende Entscheidungsverfahren der Grad seiner Vertrauenswürdigkeit mathematisch erfaßt werden. Dabei soll vorausgesetzt werden, daß die drei Stichproben jeweils Zufallsstichproben darstellen.

Lösung: Es bezeichne ξ_n die Anzahl der A-Wähler in einer Zufallsstichprobe ohne Zurücklegen vom Umfang n. Ferner werde die Gegenhypothese zu der Zielhypothese $p < 1/2$ als Nullhypothese bezeichnet und in der Form

$$H_0 : p \geq 1/2$$

geschrieben.

Damit lassen sich die drei induktiven „Schlüsse" als Entscheidungen auffassen, die vom jeweiligen Institut mit Hilfe des folgenden *Entscheidungs-Verfahrens* (= *Test-Verfahren*) getroffen werden:

Entscheidungsverfahren von Institut 1 (= Test 1):
Die Nullhypothese $H_0 : p \geq 1/2$ wird für falsch erklärt (= wird abgelehnt) zugunsten der Zielhypothese $p < 1/2$, falls bei einer konkreten Stichprobenerhebung die zufällige Variable ξ_{100} höchstens den Wert 41 annimmt; kurz:
H_0 wird genau dann abgelehnt, falls $\xi_{100} \leq 41$ ausfällt.

Entscheidungsverfahren von Institut 2 (= Test 2):
$H_0 : p \geq 1/2$ wird genau dann abgelehnt, falls $\xi_{100} \leq 44$ ausfällt.

Entscheidungsverfahren von Institut 3 (= Test 3):
$H_0 : p \geq 1/2$ wird genau dann abgelehnt, falls $\xi_{1000} \leq 475$ ausfällt.

Für den Test 1 ist in Abbildung 2 seine sog. **Ablehnregion** (= Kritische Region) in der Skala der möglichen Werte der zufälligen Variablen ξ_{100} – die man als Prüf- oder *Testgröße* dieses Tests bezeichnet – fett gekennzeichnet:

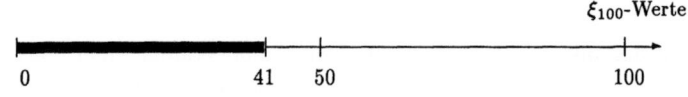

Abb. 2: Skala der möglichen Werte der Testgröße ξ_{100} des Tests 1

Offensichtlich kann bei jedem der drei Verfahren die eventuell getroffene Aussage „H_0 wird abgelehnt" (= „H_0 ist falsch") objektiv falsch sein, z.B. kann bei Test 1 die Ablehnvorschrift $\xi_{100} \leq 41$ erfüllt werden, obwohl H_0 richtig ist, also $p \geq 1/2$ ist. Die Wahrscheinlichkeit für das Auftreten dieser Fehlentscheidung (= Fehler 1. Art) wird offensichtlich dann am größten, wenn $p = 1/2$ ist. (Denn:

1.3. KOMBINATORISCHE WAHRSCHEINLICHKEITEN

Man sieht anschaulich sofort, daß jede Vergrößerung des wahren A-Wähler-Anteils p gegenüber dem Wert $p = 1/2$ die Wahrscheinlichkeit für das Ablehnerereignis $\xi_{100} \leq 41$ verkleinert.) Die Wahrscheinlichkeit $W(\xi_{100} \leq 41 | p = 0,5)$ für das Auftreten dieser Fehlentscheidung für den Fall, daß $p = 0,5$ ist, bezeichnet man als die **Irrtumswahrscheinlichkeit** des Tests 1.

Berechnung der Irrtumswahrscheinlichkeiten $\alpha_1, \alpha_2, \alpha_3$ der Tests 1, 2, 3:
Da unterstellt werden kann, daß die benutzten Stichprobenumfänge $n = 100$ und $n = 1000$ relativ klein zum Umfang N der Wahlbevölkerung sind (s. Faustregel (1.27)), so ist ξ_n mit ausreichender Approximationsgenauigkeit nach der Binomialverteilung $Bi(n; p)$ verteilt, d.h. $W(\xi_n = m)$ kann für $m = 0, 1, \ldots, n$ mit Hilfe der Z.m.Z.-Formel (1.26) berechnet werden.
Damit erhält man die Irrtumswahrscheinlichkeit des Tests 1 zu:

$$\alpha_1 = W(\xi_{100} \leq 41 | p = 0,5) = \binom{100}{0} 0,5^0 \cdot 0,5^{100} +$$

$$+ \binom{100}{1} 0,5^1 \cdot 0,5^{99} + \ldots + \binom{100}{41} 0,5^{41} \cdot 0,5^{59} = 0,0443.$$

Hinweise zur numerischen Rechnung:
Der angegebene Wert kann natürlich mit Hilfe eines Computer-Programms (z.B. auf einem programmierbaren Taschenrechner) berechnet werden aber auch in einer Tabelle zur Binomialverteilung $Bi(100; 0,5)$ – die man in statistischen Tafelwerken finden kann – abgelesen werden. Wichtiger für die Praxis ist jedoch folgende **Approximationsmöglichkeit** der *Binomialverteilung*:

Ist η eine nach der Binomialverteilung $Bi(n; p)$ verteilte zufällige Variable, so gilt für praktische Zwecke mit ausreichender Approximationsgenauigkeit

$$W(\eta \leq m) \approx \Phi\left(\frac{m - np + 0,5}{\sqrt{np(1-p)}}\right) \quad \text{für } m = 0, 1, \ldots, n, \tag{1.29}$$

falls die Faustregel

$$np(1-p) \geq 9 \tag{1.29'}$$

erfüllt ist. Dabei ist $\Phi(x)$ die im Anhang (S. 283) für nicht-negative x-Werte tabellierte Funktion, deren Werte man für beliebige negative x-Werte mittels der Symmetrieformel

$$\Phi(-x) = 1 - \Phi(+x) \tag{1.30}$$

erhält.

Die hier als eine Hilfsfunktion erscheinende Funktion Φ wird sich in Abschnitt 2.3.4 als Verteilungsfunktion der normierten Normalverteilung erweisen. Dort wird sich (1.29) (mit = anstelle von ≈) als eine Grenzwertaussage für $n \to \infty$ ergeben. Die Rechtfertigung der Verwendung dieser Grenzwertaussage als Approximationsformel (1.29) für endliche n hat dabei prinzipiell über umfangreiche numerische Vergleiche der beiden Seiten von (1.29) zu erfolgen, deren Ergebnis ist, daß die beiden Seiten von (1.29) für praktische Zwecke ausreichend gut übereinstimmen, falls $np(1-p) \geq 9$ ist. Damit bleibt keine logische Herleitungslücke, wenn man die Approximation (1.29) bereits vor Einführung der Normalverteilung verwendet.

Die approximative Berechnung der Irrtumswahrscheinlichkeit α_1 des Tests 1 mittels (1.29) und (1.30) ergibt:

$$\alpha_1 = W(\xi_{100} \leq 41 | p = 0,5) \approx \Phi\left(\frac{41 - 50 + 0,5}{\sqrt{25}}\right) =$$

$$= \Phi(-1,70) = 1 - \Phi(1,70) = 1 - 0,9554 = 0,0446.$$

Die Irrtumswahrscheinlichkeit α_2 des Entscheidungsverfahrens von Institut 2 (= Test 2) erhält man analog:

$$\alpha_2 = W(\xi_{100} \leq 44 | p = 0,5) = \ldots = 0,1356$$

und mittels (1.29)

$$\alpha_2 \approx \Phi\left(\frac{44 - 50 + 0,5}{5}\right) = \Phi(-1,10) = 0,1357.$$

Da für $n = 1000$ die Approximation (1.29) noch wesentlich genauer ist als für $n = 100$, so ist es sinnvoll, die Irrtumswahrscheinlichkeit α_3 des Tests 3 lediglich approximativ zu berechnen als

$$\alpha_3 = W(\xi_{1000} \leq 475 | p = 0,5) \approx \Phi(-1,55) = 0,0606.$$

Die damit für die Entscheidungsverfahren der drei Institute erhaltenen Irrtumswahrscheinlichkeiten von rund 4%, 14% und 6% stellen Verfahrensparameter dar, die den Grad der „Berechtigung" quantitativ erfassen, mit dem das jeweilige Verfahren zu der Aussage gelangt „die Nullhypothese wird abgelehnt" – und zwar in folgender Weise: je kleiner die Irrtumswahrscheinlichkeit, desto größer der Grad dieser „Berechtigung" oder „Vertrauenswürdigkeit". (Im Hinblick auf die bequemere Formulierung dieses Zusammenhangs bezeichnet man 1-Irrtumswahrscheinlichkeit als Sicherheitswahrscheinlichkeit.) Diesen so präzisierten Grad der „Vertrauenswürdigkeit" eines Verfahrens „überträgt" man in der Weise auf eine mit Hilfe des Verfahrens getroffene Aussage, daß man bei jedem erhaltenen einzelnen Testergebnis sozusagen an die Irrtumswahrscheinlichkeit des Testverfahrens „erinnert", mit dessen Hilfe das Testergebnis erhalten wurde, etwa in der Form „die Nullhypothese kann abgelehnt werden (bzw. nicht abgelehnt werden) **bei Zugrundelegung einer Irrtumswahrscheinlichkeit von ...**".

Daß dieser so eingeführte „Vertrauensparameter" der naiven Anschauung zugängliche Beziehungen korrekt erfaßt, sieht man beim Vergleich der Ergebnisse von Institut 1 und Institut 2: Da unter sonst gleichen Bedingungen Institut 1 weniger A-Wähler ermittelt hat als Institut 2, ist anschaulich von vornherein klar, daß Ergebnis 1 die Zielhypothese $p < 1/2$ besser stützt als Ergebnis 2.

1.3. KOMBINATORISCHE WAHRSCHEINLICHKEITEN

Diese anschauliche Beziehung wird durch die Beziehung $\alpha_1 < \alpha_2$ zwischen den Irrtumswahrscheinlichkeiten α_1 und α_2 korrekt wiedergegeben. Die der bloßen Anschauung nicht zugängliche Beziehung zwischen den Ergebnissen 1 und 3 ist inzwischen durch numerische Rechnung geklärt: Wegen $\alpha_1 = 0,0443 < \alpha_3 = 0,0606$ stützt Ergebnis 1 den induktiven „Schluß", gemäß dem die Nullhypothese $H_0 : p \geq 1/2$ abgelehnt werden kann und die Zielhypothese $p < 1/2$ zutrifft, von allen drei Ergebnissen am besten.

Eine standardisierte Formulierung dieses Ergebnisses ist die folgende: *Aufgrund des Stichprobenergebnisses 1 kann $H_0 : p \geq 1/2$ bei Zugrundelegung einer Irrtumswahrscheinlichkeit von 4,43% abgelehnt werden.* Lehnte man $H_0 : p \geq 1/2$ aufgrund des Ergebnisses 2 bzw. des Ergebnisses 3 ab, so hätte man Irrtumswahrscheinlichkeiten von 14% bzw. 6% zu akzeptieren.

Im Rahmen der allgemeinen Behandlung des Testens von Hypothesen in Abschnitt 3.4 wird die für jedes der drei Entscheidungsverfahren soeben berechnete Irrtumswahrscheinlichkeit als diejenige Irrtumswahrscheinlichkeit bezeichnet werden, die das betreffende Institut zu akzeptieren hätte, falls es aufgrund seines Stichprobenergebnisses die Nullhypothese $H_0 : p \geq 1/2$ ablehnte. Wie weitestgehend üblich und sinnvoll, werden dort für solche zu akzeptierenden Irrtumswahrscheinlichkeiten Obergrenzen vorgegeben. Die vom jeweiligen Anwender festzulegenden gebräuchlichsten Werte für diese Obergrenzen sind 0,001, 0,01 und 0,05. Bestimmt man beispielsweise für die Obergrenze $\alpha = 0,05$ die Ablehnregion für $H_0 : p \geq 1/2$ für $n = 100$ (vgl. Abb. 2), so lautet die Testvorschrift dieses Tests zu der vorgegebenen Irrtumswahrscheinlichkeit von 5%:

Die Nullhypothese $H_0 : p \geq 1/2$ kann genau dann bei Zugrundelegung einer Irrtumswahrscheinlichkeit von 5% abgelehnt werden (zugunsten der Alternativhypothese $H_1 : p < 1/2$), falls $\xi_{100} \leq 41$ ausfällt.

Begründung: Wegen der vorangehend berechneten Wahrscheinlichkeit $W(\xi_{100} \leq 41|p = 0,5) = \alpha_1 = 0,0443 < 0,05$ ist der Bereich $0, 1, \ldots, 41$ eine bei $\alpha = 0,05$ zulässige Ablehnregion, die wegen

$$W(\xi_{100} \leq 42|p = 0,5) = \ldots = 0,0666 > 0,05$$

nicht vergrößert werden kann. □

Bei der skizzierten mathematischen Behandlung des „Schließens von Stichproben auf Grundgesamtheiten" wurde stillschweigend die objektivistische Interpretation der Wahrscheinlichkeit W als relative Häufigkeit in „langen Versuchsreihen" unterstellt, die erst nach dem Beweis des *Bernoulli*schen Gesetzes der großen Zahlen (= Satz 1.11) gerechtfertigt wird. Demgegenüber läßt sich auf der Grundlage einer sogenannten subjektivistischen Wahrscheinlichkeitsinterpretation das „Schließen von Stichproben auf Grundgesamtheiten" auf andere Weise mathematisch erfassen. Dieser subjektivistische Weg wird in 1.5.1 (Zur Bedeutung der *Bayes*schen Formel) skizziert. Auch dieser Weg zeigt die Bedeutung der Urnenmodelle für die Schließende Statistik, denn auch er basiert auf den Urnen-Grundaufgabenlösungen (1.24) bzw. (1.26).

1.3.5 Rechtfertigung der Zufallsstichproben-Definition für die beiden Urnenmodelle

Bei der mathematischen Behandlung des „Schließens von Stichproben auf Grundgesamtheiten" in Beispiel 1.12 wurde bei der Definition und Berechnung des Verfahrensparameters *Irrtumswahrscheinlichkeit* entscheidend von den Urnen-Grundaufgabenlösungen (1.24) und (1.26) Gebrauch gemacht, also davon, daß die Anzahlen ξ bzw. η ausgezeichneter Elemente in einer Zufallsstichprobe ohne Zurücklegen bzw. mit Zurücklegen nach der hypergeometrischen Verteilung $H(N; n; p)$ bzw. der Binomialverteilung $Bi(n; p)$ verteilt sind. Diese Grundaufgabenlösungen waren eine Folge der Zufallsstichproben-Definitionen 1.5, bei denen die *Laplace*sche Gleichwahrscheinlichkeitsbedingung für die jeweilige Menge der Elementarereignisse als definierende Eigenschaft verwendet wurde.

Eine naheliegende Frage ist, ob das damit erreichte Ziel einer jeden denkbaren Zufallsstichproben-Definition – nämlich das „Schließen von Stichproben auf Grundgesamtheiten" hinsichtlich seiner „Vertrauenswürdigkeit" quantitativ beurteilen zu können – auch mittels einer anderen Zufallsstichproben-Definition erreicht werden kann. Hierzu glauben manche Autoren, anstelle der *Laplace*-Bedingung als definierender Eigenschaft, folgende höchst anschauliche Eigenschaft verwenden zu können: „Alle N Elemente der Grundgesamtheit sollen (bei jedem der beiden Ziehungsverfahren) die gleiche Wahrscheinlichkeit besitzen, in eine Stichprobe vom Umfang n zu gelangen." Diese Bedingung soll kurz als „Stichprobenbedingung" bezeichnet werden. Es läßt sich leicht beweisen (s. Aufgabe 5 der „Aufgabensammlung", *Basler* (1991)), daß die Zufallsstichproben-Definition 1.5 für beide Urnenmodelle diese „Stichprobenbedingung" erfüllt, d.h. aus der *Laplace*-Bedingung folgt die „Stichprobenbedingung". Im nachfolgenden Beispiel 1.13 wird jedoch gezeigt, daß umgekehrt aus der „Stichprobenbedingung" nicht die *Laplace*-Bedingung folgt und die „Stichprobenbedingung" als definierende Eigenschaft für Zufallsstichproben völlig untauglich ist, weil aus ihr die Grundaufgabenlösungen (1.24) und (1.26) nicht hergeleitet werden können. Darüber hinaus wird noch gezeigt, daß die „Stichprobenbedingung" auch keine andere Lösung dieser Grundaufgaben determiniert.

Beispiel 1.13 *Rechtfertigung der Zufallsstichproben-Definition 1.5*

Von den $N = 4$ Elementen Nr.1,...,Nr.4 einer Urne sind genau die $M = 2$ Elemente Nr.1 und Nr.2 durch eine Eigenschaft A ausgezeichnet. Aus dieser Urne werde eine *Stichprobe* ohne Zurücklegen vom Umfang $n = 2$ gezogen und darin die Anzahl ξ der Elemente mit A ermittelt. Ist diese Stichprobe eine *Zufallsstichprobe*, d.h. gilt für die $\binom{4}{2} = 6$ Elementarereignisse die *Laplace*-Bedingung, so ist ξ nach der hypergeometrischen Verteilung $H(4; 2; 0,5)$ verteilt (s. Grundaufgabenlösung (1.24)). Im folgenden sollen neben dem durch die *Laplace*-Bedingung festgelegten *Laplace*-Maß W noch zwei Nicht-*Laplace*-Maße W_1 und W_2 untersucht werden, die durch die nachfolgend unter jedem der sechs Elementarereignisse angegebenen W_1- und W_2-Werte festgelegt sind:

1.3. KOMBINATORISCHE WAHRSCHEINLICHKEITEN

$$\Omega = \{[1,2], [1,3], [1,4], [2,3], [2,4], [3,4]\}$$

W_1-Wert :	0	0,1	0,4	0,4	0,1	0
W_2-Wert :	0,1	0,1	0,3	0,3	0,1	0,1.

Man zeige:

(a) Die *Laplace*-Bedingung und die „Stichprobenbedingung" („alle $N = 4$ Elemente besitzen die gleiche Wahrscheinlichkeit in die Stichprobe zu gelangen") sind nicht äquivalent.

(b) Aus der „Stichprobenbedingung" läßt sich nicht herleiten, daß ξ nach der hypergeometrischen Verteilung $H(4; 2; 0, 5)$ verteilt ist.

(c) Aus der „Stichprobenbedingung" läßt sich keine (eindeutige) Lösung der *Grundaufgabe* herleiten, z.B. besitzt die Wahrscheinlichkeit, daß ξ den Wert 0 annimmt, keinen eindeutig bestimmten Wert.

Lösung: Es sei E_i für $i = 1, 2, 3, 4$ das Ereignis „Element Nr. i gelangt in die Stichprobe". Diese vier Ereignisse bestehen aus folgenden Teilmengen von Ω:

$$E_1 = \{[1,2], [1,3], [1,4]\}, \qquad E_3 = \{[1,3], [2,3], [3,4]\},$$
$$E_2 = \{[1,2], [2,3], [2,4]\}, \qquad E_4 = \{[1,4], [2,4], [3,4]\}.$$

Da die vier Ereignisse jeweils aus drei Elementarereignissen bestehen, so besitzt die *Laplace*-Wahrscheinlichkeit für alle vier Ereignisse den gleichen Wert, nämlich $\frac{3}{6} = 0, 5$; d.h. für den vorliegenden Spezialfall ist gezeigt: *Laplace*-Bedingung $\Longrightarrow$ „Stichprobenbedingung". (Wie bereits erwähnt, läßt sich diese Aussage auch für beliebige Werte der Urnenparameter N, M, n leicht beweisen.)
Die Berechnung der W_1-Wahrscheinlichkeiten ergibt (mit Hilfe des Additions-Axioms 3 aus Definitions 1.2):

$$W_1(E_1) = 0 + 0, 1 + 0, 4 = 0, 5, \qquad W_1(E_3) = 0, 1 + 0, 4 + 0 = 0, 5,$$
$$W_1(E_2) = 0 + 0, 4 + 0, 1 = 0, 5, \qquad W_1(E_4) = 0, 4 + 0, 1 + 0 = 0, 5,$$

d.h. auch das Nicht-*Laplace*-Maß W_1 erfüllt die „Stichprobenbedingung". Damit ist (a) gezeigt, nämlich

„Stichprobenbedingung" $\not\Rightarrow$ *Laplace*-Bedingung.

Ebenso rechnet man nach, daß auch die W_2-Wahrscheinlichkeit die „Stichprobenbedingung" erfüllt.
Das Ereignis $\{\omega : \xi(\omega) = 0\}$ besteht ersichtlich aus der einelementigen Teilmenge $\{[3, 4]\}$, d.h. sein W_1-Wert ist 0, sein W_2-Wert 0,1 während seine *Laplace*-Wahrscheinlichkeit $\frac{1}{6}$ beträgt (Anwendung der Grundaufgabenlösung (1.24) oder triviale Anwendung des Satzes von *Laplace* im vorliegenden Fall). Da die W_1-Wahrscheinlichkeit und die W_2-Wahrscheinlichkeit beide die „Stichprobenbedingung" erfüllen, so ist gezeigt: Aus der „Stichprobenbedingung" läßt sich weder die hypergeometrische Verteilung herleiten, noch irgendein anderes Verteilungsgesetz. □

Die im vorangehenden Beispiel für das Urnenmodell Ziehen ohne Zurücklegen gezeigten Aussagen gelten analog auch für Ziehen mit Zurücklegen (s. Aufgabe 6* der „Aufgabensammlung"); d.h. die „Stichprobenbedingung" ist als definierende Eigenschaft für Zufallsstichproben in jeder Hinsicht untauglich. Darüber hinaus läßt sich beweisen (s. **Metrika** 26 (1979), S. 219-236, Satz 1): *Für das Urnenmodell Ziehen ohne Zurücklegen ist die Laplace-Voraussetzung sogar äquivalent damit, daß die Anzahl «ausgezeichneter» Elemente in einer Stichprobe „stets" nach der hypergeometrischen Verteilung verteilt ist.*

Damit ist die Zufallsstichproben-Definition 1.5 umfassend gerechtfertigt. Für *Ziehen mit Zurücklegen* wird in Beispiel 1.19 („Zugweise Stichprobenbedingung") eine zur Definition 1.5 äquivalente Form angegeben.

Abschließend ein konkretes Beispiel dafür, daß nicht jede *Stichprobe*, deren Ergebnis zufallsabhängig, also „zufällig" im Sinne der natürlichen Sprache ist, eine *Zufallsstichprobe* im Sinne der Definition 1.5 ist.

Beispiel 1.14 *Eine Nicht-Zufallsstichprobe*

Sei η die Anzahl derjenigen unter den n an einer Ausspielung des LOTTOs „6 aus 49" beteiligten Tippreihen, auf die irgendein Gewinn fällt. Da die Wahrscheinlichkeit, mit einer Tippreihe einen Gewinn zu erhalten, für jede beliebige Tippreihe stets $p = \frac{260.624}{13.983.816} = 0,0186$ beträgt (s. Beispiel 1.9) und p ein *reiner Maschinenparameter* ist, dessen Wert weder vom Tippverhalten des betreffenden Spielers noch vom Tippverhalten des Spieler-Kollektivs abhängt (s.S. 39), so läßt sich η deuten als Anzahl ausgezeichneter Elemente in einer mit Zurücklegen gezogenen *Stichprobe vom Umfang n* aus einer Urne, die unter $N = 13.983.816$ Elementen genau $M = 260.624$ Elemente enthält, die durch die Eigenschaft «Gewinn-Tippreihe» ausgezeichnet sind. Wäre diese Stichprobe eine *Zufallsstichprobe* ($\stackrel{\wedge}{=}$ reines Zufallsspieler-Modell, S. 42), so wäre η nach der Binomialverteilung $Bi(n;p)$ verteilt (s. Grundaufgabenlösung (1.26)). Wie jedoch bereits in 1.3.3 (Gewinnsteigernde Tippstrategien und sog. Spiel-Systeme für das LOTTO) ausgeführt, weicht die empirische Verteilung der Gewinne-Anzahl η bei realen Ausspielungen exorbitant von dieser „theoretischen" Verteilung $Bi(n;p)$ ab; d.h. die Stichprobe der n an *einer Ausspielung beteiligten Tippreihen* ist *keine Zufallsstichprobe* im Sinne der Definition 1.5. In der hierzu zitierten Untersuchung von 1264 Lotto-Ausspielungen aus 25 Jahren wird dieser statistische Nachweis mit Hilfe eines geeigneten Testverfahrens (χ^2-Test als Anpassungstest) exemplarisch vorgeführt u.a. anhand der Ausspielung vom 16.2.1991 bei der es unter 102.438.205 beteiligten Tippreihen 1.737.668 Gewinn-Tippreihen gab.

Dieser Nachweis läßt sich an dieser Stelle auch ohne Benutzung eines standardisierten Testverfahrens in folgender Form führen – analog zu den in Beispiel 1.12 (S. 45) propädeutisch benutzten Testverfahren: Bereits rein anschaulich sieht man, daß am 16.2.1991 die Anzahl der Gewinn-Tippreihen unerwartet klein ausgefallen ist; denn jeder wird bei einem Anteil von $p = 0,0186$ Gewinn-Tippreihen in der Modellurne diesen Anteil von Gewinn-Tippreihen auch ungefähr unter den an der Ausspielung tatsächlich beteiligten n Tippreihen „erwarten", also

1.3. KOMBINATORISCHE WAHRSCHEINLICHKEITEN

ungefähr $102.438.205 \cdot 0,0186 = np = 1.909.197$ Gewinn-Tippreihen. (Dieser anschauliche „durchschnittliche" Wert wird in 2.2 mit Hilfe des Begriffs *Erwartungswert* von η erfaßt und präzisiert und in Beispiel 2.5 berechnet.) Da nun der tatsächlich beobachtete η-Wert „deutlich" kleiner als dieser „erwartete" Wert ausgefallen ist, so lautet die Frage, ob diese Abweichung mit der Hypothese vereinbar ist, daß das Spielverhalten des Spieler-Kollektivs vom 16.2.1991 durch das reine Zufallsspieler-Modell korrekt beschrieben werden kann. Träfe diese Nullhypothese H_0 zu, so müßte η nach der Binomialverteilung $Bi(n;p)$ verteilt sein und die Wahrscheinlichkeit $W(\eta \leq 1.737.668|H_0)$ für das Auftreten einer solchen Abweichung ergibt sich unter der Annahme des Zutreffens von H_0 mit Hilfe der Approximation (1.29) zu (vgl. Berechnung der Irrtumswahrscheinlichkeit α_1 in Beispiel 1.12)

$$W(\eta \leq 1.737.668|H_0) \approx \Phi\left(\frac{1.737.668 - 1.909.197 + 0,5}{\sqrt{1.873.613,9}}\right) =$$

$$= \Phi(-125,3) = 1 - \Phi(+125,3) = 0,0000;$$

d.h. das Ausspielungsergebnis ist mit der Nullhypothese H_0 praktisch nicht vereinbar – oder unter Benutzung der in Beispiel 1.12 eingeführten Formulierung eines Testergebnisses: Die Nullhypothese, daß das Spielverhalten durch das *reine Zufallsspieler-Modell* korrekt beschrieben wird, kann bei Zugrundelegung einer Irrtumswahrscheinlichkeit von 0,0000 abgelehnt werden.

Bei der angeführten Untersuchung von 1264 Ausspielungen erhält man, daß bei 1243 dieser Ausspielungen diese Zufallsspielerhypothese jeweils bei Zugrundelegung einer Irrtumswahrscheinlichkeit von 0,1% abgelehnt werden kann. Für Leser, die mit dem Testen von Hypothesen bereits vertraut sind, sei angefügt, daß der dabei angewendete χ^2-Test natürlich ein zweiseitiger Test ist, der sowohl auf Abweichungen vom Erwartungswert nach unten und nach oben reagiert; d.h. die vorangehend berechnete zu akzeptierende Irrtumswahrscheinlichkeit von 0,0000 wäre eigentlich noch zu verdoppeln gewesen. □

In 3.1.2 (Stichproben aus beliebigen Grundgesamtheiten) wird gezeigt (s. Beispiel 3.1, S. 147): Trotz des Ergebnisses von Beispiel 1.14 kann man die an einer Lotto-Ausspielung beteiligten n Tippreihen deuten als eine Zufallsstichprobe im Sinne einer verallgemeinerten Definition, auf deren Basis man die vom betreffenden Spieler-Kollektiv „benutzte" Konsensordnung schätzen kann, z.B. die Wahrscheinlichkeit, mit der das Kollektiv die Tippreihe 1, 2, 3, 4, 5, 6 verwendet oder eine Tippreihe mit der Konsenszahl 19 (vgl. S. 42f).

Die Behandlung weiterer Beispiele sei dem Leser mit den folgenden Übungsaufgaben empfohlen, deren Lösungen zur Überprüfung der eigenen Ergebnisse am Schluß des Buches angegeben sind. Die mit einem Stern gekennzeichneten Aufgaben bieten einen etwas gehobenen Schwierigkeitsgrad und sollen nicht unbedingt als Prüfstein für ein Minimalverständnis dienen. Im übrigen sei auf die in derselben Reihe wie das vorliegende Buch erschienene „Aufgabensammlung", *Basler* (1991) hingewiesen. Auf einzelne Aufgaben dieser Sammlung wird nach jeder Aufgabengruppe des vorliegenden Buches verwiesen.

Aufgabe 1.2: Ein Betrieb erhält des öfteren Lieferungen von 200 bestimmten Einzelteilen. Die Lieferbedingungen gestatten höchstens einen Ausschußanteil von 5% in jeder Lieferung; bei höherem Ausschußanteil darf die Lieferung auf Kosten des Lieferanten zurückgeschickt werden.

Mit welcher Wahrscheinlichkeit würde eine gerade noch zulässige Lieferung, d.h. eine Lieferung mit genau 5% Ausschuß, zurückgeschickt, falls der Betrieb nach folgendem statistischen Prüfplan vorginge: Es werden 20 Stücke der Lieferung zufällig und *ohne Zurücklegen* herausgegriffen und geprüft. Falls sich unter diesen 20 geprüften Stücken mehr als ein schlechtes Stück befindet, so wird die Lieferung ohne weitere Überprüfung zurückgeschickt. Wie groß wäre die gesuchte Wahrscheinlichkeit, wenn man die Stichprobe *mit Zurücklegen* zöge?

Aufgabe 1.3: Ein Skatspiel von 32 Karten sei bereits ausgeteilt und Spieler A habe festgestellt, daß er keinen Buben erhalten hat. Man berechne die Wahrscheinlichkeit der folgenden Ereignisse:

E_0 : es liegt kein Bube im Skat.

E_1 : es liegt genau ein Bube im Skat.

E_2 : es liegen zwei Buben im Skat.

Welche Kontrolle der Ergebnisse ist möglich?

Aufgabe 1.4*: Eine Urne enthalte $N = 10$ numerierte Elemente Nr.1,...,10. Wie aus dem nachfolgenden Schema im einzelnen zu ersehen, besitzen gewisse dieser Elemente die Eigenschaften A, B und C.

Nr.1	Nr.2	Nr.3	Nr.4	Nr.5	Nr.6	Nr.7	Nr.8	Nr.9	Nr.10
A	A	A	A	A	C	C	C		
	B	B							

Aus dieser Urne werde eine Zufallsstichprobe *mit Zurücklegen* vom Umfang $n = 3$ gezogen, worin ξ_X die Anzahl der Elemente mit der Eigenschaft X bezeichne; z.B. sei also $\xi_{A \cap B}$ die Anzahl derjenigen Elemente in der Stichprobe, die beide Eigenschaften A und B gleichzeitig besitzen.

Man berechne die *Laplace*-Wahrscheinlichkeiten der folgenden zehn Ereignisse

$E_1 = \{\xi_A = 0\}$, $\qquad E_6 = \{\xi_B = 0, \xi_C = 1\}$,

$E_2 = \{\xi_A + \xi_B = 0\}$, $\qquad E_7 = \{\xi_B = 1, \xi_C = 0\}$,

$E_3 = \{\xi_A + \xi_B + \xi_C = 0\}$, $\qquad E_8 = \{\xi_B + \xi_C = 1\}$,

$E_4 = E_1 \cap E_2$, $\qquad E_9 = E_7 \cup E_8$,

$E_5 = E_1 \cap E_2 \cap E_3$, $\qquad E_{10} = \{\xi_A + \xi_C = 1\}$.

Aufgabe 1.5: Es werde angenommen, daß eine gewisse Warenlieferung 10% Ausschuß enthält.

1. Wie groß ist die Wahrscheinlichkeit, daß sich unter fünf zufällig *mit Zurücklegen* herausgegriffenen Stücken mindestens ein schlechtes Stück befindet?

2. Wieviele Stücke muß man wenigstens (mit Zurücklegen) zufällig herausgreifen, damit man mit mindestens 90% Wahrscheinlichkeit wenigstens ein schlechtes Stück erhält?

Aufgabe 1.6: Aus einer Urne, die unter $N = 5$ Elementen genau $M = 3$ durch eine bestimmte Eigenschaft ausgezeichnete Elemente enthält, wird eine *Zufallsstichprobe ohne Zurücklegen* vom Umfang $n = 2$ gezogen.

1. Wieviele Elementarereignisse hat man bei der wahrscheinlichkeitstheoretischen Behandlung dieses Versuches zu betrachten? (Dabei soll die Menge der Elementarereignisse so gewählt werden, daß die *Laplace*sche Gleichwahrscheinlichkeitsannahme für diese Menge sinnvoll erscheint.)
2. Wieviele verschiedene Ereignisse gibt es?
3. Wieviele Ereignisse gibt es, die die (*Laplace*-)Wahrscheinlichkeit 1/2 besitzen?

Weitere Aufgaben: Nr.1, 2 bis Teil d, 3 bis Teil c, 4* bis Teil b, 7a, 8, 9, 10, 11, 12 bis Teil b, 13, 14, 20, 21*, 78 der „Aufgabensammlung", *Basler* (1991).

Aufgaben, die auch mit Hilfe des Urnenmodells Ziehen mit Zurücklegen behandelt werden können, sind nach Abschnitt 1.4.2 angegeben. Sie erscheinen dort als Übungsbeispiele zur Modellierung konkreter Sachverhalte mit Hilfe des Unabhängigkeitsbegriffs.

1.4 Interpretation von Wahrscheinlichkeiten

In diesem Unterkapitel 1.4 soll die bereits seit der Einleitung angestrebte Möglichkeit, die Wahrscheinlichkeit eines Ereignisses E zu interpretieren, als die relative Häufigkeit von E in einer „langen" Reihe von Wiederholungen des betreffenden Versuchs, gerechtfertigt werden mit Hilfe des in 1.4.3 zu beweisenden *Bernoullischen Gesetzes der großen Zahlen* (Satz 1.11). (Stillschweigend hat jeder Leser sicherlich jede der inzwischen berechneten *Laplace*-Wahrscheinlichkeiten zur Veranschaulichung in diesem Sinne interpretiert, z.B. die Wahrscheinlichkeit, von mehr als 50% für einen Doppel-Geburtstag in einer Gesellschaft von nur 23 Personen in Beispiel 1.11.) Da der Satz von *Bernoulli* eine Folgerung aus den *Kolmogoroff*schen Axiomen ist, so sollen vorbereitend in 1.4.1 zunächst einige andere wichtige Folgerungen aus diesen Axiomen exemplarisch hergeleitet werden. Sodann wird in 1.4.2 der zur präzisen Formulierung des *Bernoullischen* Satzes erforderliche und allgemein wichtige Begriff der statistischen Unabhängigkeit sowohl für Ereignisse als auch für Versuche eingeführt.

1.4.1 Einige Folgerungen aus den *Kolmogoroff*schen Axiomen

Als einfachstes Beispiel soll bewiesen werden

Satz 1.6
Für jedes Ereignis E gilt

$$W(E) = 1 - W(\mathcal{C}E).$$

Beweis
Es ist stets $E \cup CE = \Omega$ (in Worten: daß E *oder* Nicht-E eintritt, stellt das sichere Ereignis dar.) Da sich ferner E und CE gegenseitig ausschließen, so ist nach Axiom 3
$$W(E) + W(CE) = W(\Omega).$$
Hieraus folgt wegen Axiom 2 die behauptete Aussage in der Form
$$W(E) + W(CE) = 1.$$

♣

Da nach der Definition 1.1 angefügten Bemerkung die leere Menge $\emptyset$ zu jeder σ-Algebra von Teilmengen von Ω gehört, so ist also auch $\emptyset$ ein Ereignis, d.h. Satz 1.6 gilt auch im Spezialfall $E = \emptyset$ und lautet dann
$$W(\emptyset) = 1 - W(C\emptyset) = 1 - W(\Omega) = 0$$
d.h. die Wahrscheinlichkeit des unmöglichen Ereignisses ist 0.

(Unter dem Stichwort „zufällige Variable vom stetigen Typ" wird sich noch zeigen, daß es außer $\emptyset$ noch weitere Ereignisse gibt, die ebenfalls die Wahrscheinlichkeit 0 besitzen, s. (2.50).)

Satz 1.7 *(Siebformel)*
Für je zwei beliebige Ereignisse E_1 und E_2 gilt stets
$$W(E_1 \cup E_2) = W(E_1) + W(E_2) - W(E_1 \cap E_2).$$

Beweis
Schließen sich E_1 und E_2 gegenseitig aus, d.h. ist $E_1 \cap E_2 = \emptyset$, so lautet wegen $W(\emptyset) = 0$ die Behauptung des Satzes
$$W(E_1 \cup E_2) = W(E_1) + W(E_2);$$
sie ist wegen Axiom 3 erfüllt.

Allgemein beweist man, daß sich die Vereinigung $E_1 \cup E_2$ stets auf folgende Weise als Vereinigung von zwei sich gegenseitig ausschließenden Ereignissen darstellen läßt:
$$E_1 \cup E_2 = E_1 \cup (CE_1 \cap E_2). \tag{1.31}$$

Die Gleichheit der die beiden Seiten von (1.31) bildenden Mengen beweist man, indem man zeigt: jedes Element von $E_1 \cup E_2$ gehört auch zu $E_1 \cup (CE_1 \cap E_2)$ und umgekehrt:
Sei also zunächst ω ein beliebiges Element aus $E_1 \cup E_2$.

1. Fall: $\omega \in E_1$ (gelesen: ω ist ein Element aus E_1).
Hier ist trivialerweise $\omega \in E_1 \cup (CE_1 \cap E_2)$.

1.4. INTERPRETATION VON WAHRSCHEINLICHKEITEN

2. Fall: $\omega \in \mathcal{C}E_1$ und $\omega \in E_2$.
In diesem Fall ist also $\omega \in \mathcal{C}E_1 \cap E_2$ und folglich auch $\omega \in E_1 \cup (\mathcal{C}E_1 \cap E_2)$.
Analog überzeugt man sich, daß aus $\omega \in E_1 \cup (\mathcal{C}E_1 \cap E_2)$ stets $\omega \in E_1 \cup E_2$ folgt, und (1.31) ist bewiesen.
Da ersichtlich die beiden Teilmengen E_1 und $\mathcal{C}E_1 \cap E_2$ kein Element gemeinsam haben, sich also gegenseitig ausschließen, so kann man Axiom 3 auf (1.31) anwenden und erhält

$$W(E_1 \cup E_2) = W(E_1) + W(\mathcal{C}E_1 \cap E_2). \tag{1.31'}$$

Schließlich beweist man noch

$$(\mathcal{C}E_1 \cap E_2) \cup (E_1 \cap E_2) = E_2, \tag{1.32}$$

indem man sich wieder überlegt, daß jedes Element der Menge E_2 zur Menge der linken Seite von (1.32) gehört und umgekehrt.
Wegen $(\mathcal{C}E_1 \cap E_2) \cap (E_1 \cap E_2) = \emptyset$ folgt mittels Axiom 3 aus (1.32)

$$W(\mathcal{C}E_1 \cap E_2) + W(E_1 \cap E_2) = W(E_2). \tag{1.32'}$$

Eliminiert man aus (1.31') und (1.32') noch $W(\mathcal{C}E_1 \cap E_2)$, so ist Satz 1.7 bewiesen. ♣

Mittels vollständiger Induktion erhält man aus Satz 1.7 folgende **allgemeine Siebformel** für beliebige Ereignisse $E_1, \ldots, E_n$:

$$W(E_1 \cup E_2 \cup \ldots \cup E_n) =$$

$$= \sum_{1 \leq i \leq n} W(E_i) - \sum_{1 \leq i < j \leq n} W(E_i \cap E_j) + \sum_{1 \leq i < j < k \leq n} W(E_i \cap E_j \cap E_k) - \ldots +$$

$$+ (-1)^{n+1} W(E_1 \cap \ldots \cap E_n) \tag{1.33}$$

Berechnet man bei den anhand der Urnenmodelle definierten Zufallsgrößen für jeden ihrer *möglichen Werte* die Wahrscheinlichkeit seines Auftretens, so sieht jeder intuitiv, daß die Summe aller dieser Wahrscheinlichkeiten jeweils 1 ergeben muß – was man zur Rechenkontrolle verwenden kann (s. Hinweise im Anschluß an die Grundaufgabenlösung (1.24)). Die hierfür erforderliche mathematisch-begriffliche Rechtfertigung und Formulierung enthält

Satz 1.8
Es sei $E_1, \ldots, E_n$ ein sogenanntes **vollständiges Ereignissystem**, *d.h. es sei $E_i \cap E_j = \emptyset$ für $i \neq j$ und $\bigcup\limits_{i=1}^{n} = \Omega$. Dann gilt*

$$W(E_1) + \ldots + W(E_n) = 1.$$

Beweis
Nach dem Additivitäts-Axiom 3 ist

$$W\left(\bigcup_{i=1}^{n} E_i\right) = W(E_1) + \ldots + W(E_n).$$

Hieraus folgt wegen der Voraussetzung $\bigcup_i E_i = \Omega$ und $W(\Omega) = 1$ (Axiom 2) die behauptete Aussage. ♣

Aufgabe 1.7*: Ein Herrenabend sei derart verlaufen, daß nach dem Aufbruch alle möglichen Verteilungen der n Hüte auf die n Teilnehmer gleichwahrscheinlich sind.
Wie groß ist die Wahrscheinlichkeit W_n dafür, daß wenigstens einer der Herren seinen eigenen Hut erhalten hat?
Man gebe W_6 und $\lim_{n\to\infty} W_n$ numerisch an!
(Man kann die Lösung dieser Aufgabe auch als wahrscheinlichkeitstheoretische Behandlung eines angeblich in Amerika gelegentlich geschätzten Partyspiels für (verschieden-geschlechtliche) Paare interpretieren, welches darin besteht, daß die Herren ihre Autoschlüssel gemeinsam in einer Schale ablegen, aus der die Schlüssel von den Damen vor dem Aufbruch auf „gut Glück" herausgegriffen werden.)

Lösungshinweis: Bezeichnet in der *allgemeinen Siebformel* (1.33) E_k für $k = 1, 2, \ldots, n$ das Ereignis, daß gerade der k-te Herr seinen eigenen Hut erhält, so stellt die linke Seite von (1.33) gerade das gesuchte W_n dar.

1.4.2 Unabhängigkeit von Ereignissen und Versuchen

Im Hinblick auf den jetzt einzuführenden Begriff der Unabhängigkeit von zwei Ereignissen, muß man sinnvollerweise anstreben, zwei Ereignisse E_1 und E_2 im mathematischen Modell (= Teilmengen von Ω) genau dann als *unabhängig* zu definieren, wenn man die durch E_1 und E_2 beschriebenen *konkreten Ereignisse* aus der Wirklichkeit in der natürlichen Sprache als „voneinander unabhängig" oder als „sich gegenseitig nicht beeinflussend" bezeichnen würde. Zur Veranschaulichung diene folgendes Beispiel:

Wann wäre man etwa bereit, die beiden Eigenschaften „Raucher zu sein" und „Lungenkrebs zu haben", d.h. die beiden Ereignisse „eine aus einer bestimmten Grundgesamtheit von Personen *zufällig* herausgegriffene Person ist Raucher" und „eine aus der Grundgesamtheit *zufällig* herausgegriffene Person hat Lungenkrebs" als voneinander unabhängig zu bezeichnen? Doch sicherlich genau dann, wenn der Anteil (= relative Häufigkeit) der Personen mit Lungenkrebs unter den Rauchern ungefähr[5] ebenso groß wäre wie in der übrigen Grundgesamtheit. Bezeichnete r den Raucheranteil und k den Anteil der an Lungenkrebs Erkrankten

---

[5]Daß man nur ungefähre Übereinstimmung dieser Anteile erwarten darf, liegt natürlich daran, daß diese relativen Häufigkeiten vom Zufall abhängen und sich ständig etwas ändern (z.B. bei jedem Todesfall in einer der beteiligten Gruppen). Exakte Gleichheitkann nur für die entsprechenden Wahrscheinlichkeiten gelten. Dazu ist es allerdings strenggenommen erforderlich, etwa die Menge der erwachsenen Deutschen als Stichprobe aus einer unendlichen, fiktiven Grundgesamtheit aufzufassen und ihren Raucheranteil als relative Häufigkeit in dieser Stich-

1.4. INTERPRETATION VON WAHRSCHEINLICHKEITEN

an der Grundgesamtheit, so müßte also im Falle der Unabhängigkeit der Anteil der *Raucher mit Lungenkrebs* in der Grundgesamtheit ungefähr $r \cdot k$ sein, da man ja vom Raucheranteil r nur den Anteil k zu nehmen hätte. Im Falle der Unabhängigkeit zweier Ereignisse R und K muß also für die Wahrscheinlichkeit $W(R \cap K)$ *des gleichzeitigen Eintreffens von R und K* sinnvollerweise gelten

$$W(R \cap K) = W(R) \cdot W(K).$$

Definition 1.6
Die Ereignisse E_1, E_2 heißen (statistisch oder stochastisch) **unabhängig**, *wenn*

$$W(E_1 \cap E_2) = W(E_1) \cdot W(E_2) \qquad (1.34)$$

gilt.
Allgemeiner heißen die Ereignisse $E_1, E_2, \ldots, E_n$ (statistisch oder stochastisch) **unabhängig**, *wenn für je k ($k = 2, 3, \ldots, n$) beliebige dieser Ereignisse gilt*

$$W(E_{i_1} \cap E_{i_2} \cap \ldots \cap E_{i_k}) = W(E_{i_1}) \cdot W(E_{i_2}) \cdot \ldots \cdot W(E_{i_k}). \qquad (1.35)$$

Zu dieser Definition sei noch angemerkt, daß es – obgleich vielleicht naheliegend – nicht sinnvoll wäre, $E_1, \ldots, E_n$ für $n > 2$ bereits dann als unabhängig zu definieren, wenn die „Produktregel" (1.35) nur für den Durchschnitt $E_1 \cap \ldots \cap E_n$ erfüllt wäre; denn wählte man dann z.B. $E_n = \emptyset$, so wäre die Produktregel für beliebige Ereignisse $E_1, \ldots, E_{n-1}$ und $E_n = \emptyset$ offensichtlich stets erfüllt. Andererseits gilt aber für beliebige $n-1$ Ereignisse $E_1, \ldots, E_{n-1}$ natürlich nicht die Produktregel, so daß trotz der Unabhängigkeit der n Ereignisse $E_1, \ldots, E_{n-1}, E_n$ die $n-1$ Ereignisse $E_1, \ldots, E_{n-1}$ nicht notwendig unabhängig wären, was offensichtlich keine brauchbare Erfassung der anschaulichen Bedeutung von Unabhängigkeit wäre.

Der folgende Satz enthält Aussagen, die jeder von einem sinnvoll eingeführten Unabhängigkeitsbegriff intuitiv verlangt. Die Tatsache, daß sie bewiesen werden können, stellt eine Rechtfertigung der Unabhängigkeitsdefinition dar.

Satz 1.9
Folgende vier Aussagen sind äquivalent:
(1) E_1, E_2 unabhängig, (2) $E_1, \mathcal{C}E_2$ unabhängig,
(3) $\mathcal{C}E_1, E_2$ unabhängig, (4) $\mathcal{C}E_1, \mathcal{C}E_2$ unabhängig.

---

probe zu deuten. Deutet man den Lungenkrebs-Anteil unter den Rauchern analog als relative Häufigkeit in einer Stichprobe aus einer fiktiven Grundgesamtheit, so ist klar, daß man trotz Gleichheit der Wahrscheinlichkeiten nur ungefähre Übereinstimmung der entsprechenden relativen Häufigkeiten erwarten darf. Genaugenommen sind solche fiktiven Grundgesamtheiten der Behandlung sehr vieler praktischer Probleme zugrunde zu legen, falls man die Sprechweise vom Ziehen einer Stichprobe aus einer „Grundgesamtheit" generell beibehalten will (s. auch S. 104f).

Beweis
Zunächst wird gezeigt, daß aus (1) die Aussage (2) folgt:
Aus $W(E_1 \cap E_2) = W(E_1) \cdot W(E_2)$ folgt wegen der leicht überprüfbaren mengentheoretischen Identität (vgl. (1.31))

$$(E_1 \cap \mathcal{C}E_2) \cup (E_1 \cap E_2) = E_1$$

sofort

$$W(E_1 \cap \mathcal{C}E_2) = W(E_1) - W(E_1 \cap E_2) = W(E_1)(1 - W(E_2)).$$

Wegen

$$1 - W(E_2) = W(\mathcal{C}E_2)$$

ist also

$$W(E_1 \cap \mathcal{C}E_2) = W(E_1) \cdot W(\mathcal{C}E_2),$$

d.h. E_1 und $\mathcal{C}E_2$ sind statistisch unabhängig und „(1) $\Rightarrow$ (2)" ist bewiesen, d.h. die Eigenschaft der Unabhängigkeit von zwei Ereignissen bleibt erhalten, wenn man eines der beiden Ereignisse durch sein Komplement ersetzt. Wendet man diesen Satz auf die Ereignisse E_1 und $\mathcal{C}E_2$ an, so folgt also, daß auch E_1 und $\mathcal{C}\mathcal{C}E_2 = E_2$ unabhängig sind, d.h. (2) $\Rightarrow$ (1). Die noch zu zeigenden Äquivalenzen (2) $\Leftrightarrow$ (4) und (3) $\Leftrightarrow$ (4) beweist man ebenso durch Anwendung des bereits bewiesenen Satzes. ♣

Der folgende Satz gibt eine notwendige und hinreichende Bedingung dafür an, daß zwei sich gegenseitig ausschließende Ereignisse unabhängig sind. Er ist so trivial, daß ich begründe, weshalb er hier erscheint: es gibt (gab) Anfänger, die die genannten Begriffe verwechseln.

Satz 1.10
Zwei sich gegenseitig **ausschließende Ereignisse** *sind dann und nur dann* **statistisch unabhängig**, *wenn wenigstens eines der beiden Ereignisse die Wahrscheinlichkeit Null besitzt.*

Beweis
Seien E_1, E_2 sich gegenseitig ausschließende Ereignisse, d.h. es sei $E_1 \cap E_2 = \emptyset$. Dann lautet die Unabhängigkeitsbedingung $W(E_1 \cap E_2) = W(E_1) \cdot W(E_2)$ in diesem Falle $W(E_1) \cdot W(E_2) = 0$; sie ist offensichtlich genau dann erfüllt, wenn wenigstens einer der beiden Faktoren Null ist. ♣

Beispiel 1.15 *Unabhängigkeit der Züge beim Ziehen mit Zurücklegen*
Beim Urnenmodell Z.m.Z. (Beispiel 1.8(b)) sei E_j für $j = 1, \ldots, n$ das Ereignis, daß beim j-ten Zug eine der in der Urne enthaltenen M *ausgezeichneten* Kugeln gezogen wird. Man zeige, daß $E_1, \ldots, E_n$ **statistisch unabhängig** sind.

Lösung: Das Ereignis E_j besteht aus denjenigen Elementarereignissen $(i_1,\ldots,i_n)$, bei denen der j-te Zug «ausgezeichnet» ergibt, d.h. bei denen i_j eine der M Nummern ist, mit denen die M *ausgezeichneten* Kugeln numeriert sind; d.h. man erhält alle Elementarereignisse von E_j, indem man die j-te Komponente i_j von $(i_1,\ldots,i_n)$ mit einer der M „ausgezeichneten Nummern" besetzt und die übrigen $n-1$ Komponenten jeweils mit einer beliebigen der N Nummern $1,\ldots,N$ besetzt. Somit erhält man mit dem Abzählverfahren, das zu (1.9) führte, $|E_j| = M \cdot N^{n-1}$ und also die (*Laplace*-)Wahrscheinlichkeit

$$W(E_j) = \frac{M \cdot N^{n-1}}{N^n} = \frac{M}{N} \quad \text{für } j = 1,\ldots,n.$$

Auf die gleiche Weise erhält man für den Durchschnitt von zwei beliebigen dieser Ereignisse

$$W(E_j \cap E_k) = \frac{M^2 \cdot N^{n-2}}{N^n} = \frac{M^2}{N^2},$$

d.h., die definierende Eigenschaft $W(E_j \cap E_k) = W(E_j) \cdot W(E_k)$ für die *Unabhängigkeit* von je zwei Zügen ist ersichtlich erfüllt, d.h., die n Züge sind (bezüglich des Auftretens von «ausgezeichnet») *paarweise statistisch unabhängig*.

Die *Unabhängigkeit* aller n Züge erhält man, wenn man gemäß Definition 1.6 noch zeigt, daß die definierende Produkteigenschaft auch für je k beliebige Ereignisse $E_{j_1},\ldots,E_{j_k}$ gilt.
Wegen

$$W(E_{j_1} \cap \ldots \cap E_{j_k}) = \frac{M^k \cdot N^{n-k}}{N^n} = \frac{M^k}{N^k}$$

sieht man sofort, daß auch diese Bedingung erfüllt ist. □

Das vorangehende Beispiel stellt einen Hinweis darauf dar, daß es mit der Unabhängigkeitsdefinition 1.6 wie angestrebt gelungen ist, das zu treffen, was man anschaulich unter Unabhängigkeit versteht. Anhand vieler weiterer Beispiele (z.B. Aufgaben 2e, 3d, 4c der „Aufgabensammlung", *Basler* (1991)) kann man sich davon überzeugen, daß zwei Ereignisse, die nach der angegebenen Definition *statistisch unabhängig* sind, immer konkrete Ereignisse beschreiben, die in der Bedeutung der natürlichen Sprache tatsächlich unabhängig in dem Sinne sind, daß Informationen über das Eintreten bzw. Nicht-Eintreten des einen der beiden Ereignisse keinerlei Informationen über das Eintreten bzw. Nicht-Eintreten des anderen der beiden Ereignisse beinhalten. Damit erscheint es gerechtfertigt, bei der Modellierung konkreter Sachverhalte anschaulich begründbare, auf konkrete Ereignisse bezogene Unabhängigkeitsvoraussetzungen als **Modellannahmen** zu verwenden, nämlich in der Form der Produkteigenschaften (1.34) bzw. (1.35) der Definition 1.6.

Letztlich entscheidend für die Zulässigkeit dieser Verwendung einer konkreten Unabhängigkeitsannahme ist jedoch ihre insofern gegebene praktische Bewährung, als die auf diese Weise berechneten Wahrscheinlichkeiten zutreffende Aussagen und Vorhersagen über wirkliches Geschehen liefern. Im übrigen kann man Unabhängigkeitshypothesen mit Hilfe statistischer Testverfahren empirisch überprüfen.

Nachfolgend wird mit Hilfe des Begriffs der statistischen Unabhängigkeit ein Sachverhalt modelliert, der mindestens für naturwissenschaftliches Arbeiten von grundlegender Bedeutung ist. Bei jeder (natur-)wissenschaftlichen Aussage über einen „Versuch" (bzw. eine „Beobachtung") geht man stillschweigend davon aus, daß man sie überprüfen kann, indem man den betreffenden „Versuch" *unter den gleichen Bedingungen* wiederholt – erforderlichenfalls mehrfach. Da solche Überprüfungen in der Mathematischen Statistik stets aufgrund der Ergebnisse von Zufallsstichproben erfolgen, so ist plausibel, daß das angestrebte Modell für eine n-fache Wiederholung unter den gleichen Bedingungen Vorbild sein wird für die allgemeine Definition einer Zufallsstichprobe vom Umfang n.

Auch als Vorbereitung für die Formulierung des *Bernoulli*schen Gesetzes der großen Zahlen soll der Begriff der **unabhängigen Wiederholung eines Versuches** definiert werden. Mit dieser Begriffsbildung soll erfaßt werden, daß man einen Versuch – anschaulich gesprochen – **unter den gleichen Bedingungen** wiederholt. Dazu werde ein Basis-Versuch und ein Ereignis E mit $W(E) = p$ bei diesem Versuch betrachtet. Der interessierende Versuch bestehe nun darin, daß dieser Basis-Versuch zweimal durchgeführt wird. Als Menge der Elementarereignisse dieses neuen Versuchs kann man verwenden

$$\Omega = \{(E,E), (E,\mathcal{C}E), (\mathcal{C}E,E), (\mathcal{C}E,\mathcal{C}E)\},$$

wobei in naheliegender Bezeichnungsweise z.B. $(E,\mathcal{C}E)$ bedeuten soll, daß bei der ersten Durchführung des Basis-Versuches E eintritt und bei der zweiten Durchführung $\mathcal{C}E$ eintritt. Bei diesem Versuch interessieren vor allem diejenigen Ereignisse, die darin bestehen, daß z.B. der erste Teilversuch E ergibt (ohne Berücksichtigung des Ausgangs des zweiten Teilversuches); dieses Ereignis – das offensichtlich durch die Teilmenge $\{(E,E),(E,\mathcal{C}E)\}$ dargestellt wird –, werde „1. Komponente E" genannt und mit E_1 bezeichnet. Analog werden die Ereignisse „1. Komponente Nicht-E" $= \mathcal{C}E_1$, „2. Komponente E" $= E_2$ und „2. Komponente Nicht-E" $= \mathcal{C}E_2$ bezeichnet.

Nach diesen Vorbereitungen ist folgende Definition möglich: *Der Gesamt-Versuch heißt eine zweifache* **unabhängige Wiederholung** *des Basis-Versuchs (bezüglich des Ereignisses E), falls die Ereignisse „1. Komponente E" und „2. Komponente E" statistisch unabhängig sind und*

$$W(\text{„1. Komponente } E\text{"}) = W(\text{„2. Komponente } E\text{"}) = p$$

gilt.

Nach Satz 1.9 bedeutet dies, daß jede erste Komponente („1. Komponente E", „1. Komponente Nicht-E") von jeder zweiten Komponente unabhängig ist und alle E-Komponenten (1. Komponente E, 2. Komponente E) jeweils die Wahrscheinlichkeit p besitzen. Ersichtlich wird damit der anschaulich als Wiederholung eines Versuchs **unter den gleichen Bedingungen** charakterisierte

1.4. INTERPRETATION VON WAHRSCHEINLICHKEITEN

Sachverhalt in sehr plausibler Weise mit Hilfe des Begriffs der statistischen Unabhängigkeit erfaßt.

Auf ganz analoge Weise kann die **n-fache unabhängige Wiederholung** des Basis-Versuchs durch die Bedingung definiert werden, daß die Ereignisse „1. Komponente E", „2. Komponente E", ..., „n-te Komponente E" statistisch unabhängig sind und alle E-Komponenten jeweils die Wahrscheinlichkeit p haben.

Dieses Versuchsschema der n-fachen unabhängigen Wiederholung wird auch als *Bernoulli-Kette* oder *Bernoulli-Schema* bezeichnet.

Es sei noch erwähnt, daß es unter Verwendung des erst später einzuführenden Begriffs der Unabhängigkeit von zufälligen Variablen möglich ist, die n-fache unabhängige Wiederholung des Basis-Versuchs dadurch zu definieren, daß man die n zufälligen Variablen

ξ_i = Anzahl des Eintretens von E bei der i-ten Durchführung
des Basis-Versuchs ($i = 1, \ldots, n$)

einführt und von diesen verlangt, daß sie statistisch unabhängig sein sollen und

$$W(\xi_1 = 1) = \ldots = W(\xi_n = 1) = p$$

gelten soll.

Beispiel 1.16 *Bernoulli-Kette*
Bei einem Basis-Versuch trete ein bestimmtes Ereignis E mit der Wahrscheinlichkeit $W(E) = p$ ein.
Man berechne die Wahrscheinlichkeit dafür, daß bei **n-facher unabhängiger Wiederholung** dieses Basis-Versuchs die absolute Häufigkeit η des Eintretens von E den vorgebbaren Wert m annimmt ($m = 0, 1, \ldots, n$).

Lösung: Um die gesuchte Wahrscheinlichkeit $W(\eta = m)$ zu berechnen, soll zunächst die Wahrscheinlichkeit dafür bestimmt werden, daß gerade bei den ersten m Durchführungen des Basis-Versuchs jeweils E und bei den restlichen $n-m$ Durchführungen Nicht-E eintritt. Wegen der vorausgesetzten statistischen Unabhängigkeit der n-fachen Wiederholung ergibt sich diese Wahrscheinlichkeit zu

$$p^m (1-p)^{n-m}. \tag{1.36}$$

Das interessierende Ereignis $\{\eta = m\}$ tritt jedoch über diesen Fall hinaus immer dann ein, wenn nur irgendwelche m der n Durchführungen E ergeben. Insgesamt gibt es aber $\binom{n}{m}$ verschiedene Möglichkeiten, aus den n Durchführungen diejenigen m Durchführungen auszuwählen, bei denen jeweils E eintreten soll. Die Wahrscheinlichkeit für das Eintreten wird jedoch für jede dieser $\binom{n}{m}$ sich gegenseitig ausschließenden Möglichkeiten durch (1.36) gegeben. Also hat man wegen Axiom 3

$$W(\eta = m) = \binom{n}{m} p^m \cdot (1-p)^{n-m} \quad \text{für } m = 0, 1, \ldots, n. \tag{1.37}$$

Die Tatsache, daß (1.37) mit der Lösung (1.26) der Z.m.Z.-Urnen-Grundaufgabe 1.8(b) übereinstimmt, zeigt, daß das Modell *n-fache unabhängige Wiederholung eines (Basis-)Versuchs* diejenige Situation in bequem verallgemeinerungsfähiger Weise erfaßt, die beim Urnenmodell dadurch erreicht wurde, daß nach jedem Zug – der als eine Durchführung eines Basis-Versuchs gedeutet werden kann – die erhaltene Kugel zurückgelegt wurde und dadurch die n Züge *unter den gleichen Bedingungen* erfolgen konnten. Dies hat in Beispiel 1.13 seinen Ausdruck darin gefunden, daß sich die n Züge als statistisch unabhängig erwiesen haben. Insgesamt bedeutet das: Die *Laplace*sche Gleichwahrscheinlichkeitsvoraussetzung für das Urnenmodell Z.m.Z. und die Unabhängigkeitsvoraussetzung für die *Bernoulli-Kette* des Beispiels 1.14 haben zum gleichen Ergebnis geführt. □

In den nachstehenden Übungsaufgaben sind konkrete Sachverhalte zu modellieren, indem man anschaulich begründbare Unabhängigkeitsvoraussetzungen als Modellannahmen im Sinne der Produkteigenschaften (1.34) und (1.35) der Unabhängigkeitsdefinition 1.6 verwendet. Dieses Vorgehen wurde im Anschluß an Beispiel 1.15 gerechtfertigt. Naheliegenderweise lassen sich die meisten dieser Aufgaben auch durch Anwenden des Urnenmodells *Ziehen mit Zurücklegen* behandeln, da auch dieses Modell den Sachverhalt beschreibt, daß ein Versuch ($\stackrel{\wedge}{=}$ Zug) mehrfach *unter den gleichen Bedingungen* wiederholt wird.

Aufgabe 1.8: Bei einer Anwendung eines bestimmten statistischen Testverfahrens betrage die Wahrscheinlichkeit dafür, den sogenannten *Fehler 1. Art* zu begehen 5%.

Man berechne die Wahrscheinlichkeit dafür, daß man bei n-maliger Anwendung dieses Verfahrens nie den Fehler 1. Art begeht. Dabei darf vorausgesetzt werden, daß diese n-malige Anwendung des Verfahrens stets *unter den gleichen Bedingungen* erfolgt. Für $n = 10$ und $n = 100$ gebe man numerische Werte für die gesuchte Wahrscheinlichkeit an.

Aufgabe 1.9: Beim LOTTO „6 aus 49" beteiligt sich ein Spieler an zehn (unabhängigen) Ausspielungen mit

1. jeweils einer Tippreihe.
2. mit jeweils zwei *total verschiedenen* Tippreihen, d.h. zwei solchen Tippreihen, daß keinesfalls auf beide Tippreihen gleichzeitig ein Gewinn in derselben Ausspielung fallen kann. (Zwei Tippreihen sind in trivialer Weise *total verschieden*, wenn sie keine einzige getippte Zahl gemeinsam haben.)

Sowohl für die Situation 1 als auch für die Situation 2 berechne man

(a) die Wahrscheinlichkeit dafür, daß dieser Spieler mindestens einen Gewinn erzielt.
(b) die Wahrscheinlichkeit dafür, daß dieser Spieler mindestens zwei Gewinne erzielt.
(c) die Mindest-Anzahl von Ausspielungen, an denen sich dieser Spieler beteiligen müßte, damit die Wahrscheinlichkeit für „mindestens ein Gewinn" wenigstens 50% beträgt.

1.4. INTERPRETATION VON WAHRSCHEINLICHKEITEN

Hinweis: Man benutze die Ergebnisse von Beispiel 1.9.

Aufgabe 1.10: Bei der Produktion jedes Exemplares eines technischen Gerätes können unabhängig voneinander ein Fehler vom Typ A mit 4% Wahrscheinlichkeit, ein Fehler vom Typ B mit 5% Wahrscheinlichkeit sowie ein Fehler vom Typ C mit 10% Wahrscheinlichkeit auftreten. Hierbei bezeichne ξ die Anzahl der Fehler (0, 1, 2 oder 3) bei einem zufällig aus der Produktion herausgegriffenen Exemplar des Gerätes.
Man berechne $W(\xi = m)$ für $m = 0, 1, 2, 3$.

Sodann konstruiere man ein Urnenmodell in der Form, wie es im Text der Aufgabe 1.4* angegeben ist, derart, daß die Produktion eines Exemplars des Gerätes hinsichtlich des Auftretens der drei Fehler-Typen durch zufälliges Herausgreifen eines Elementes aus dieser Urne simuliert werden kann. Dabei soll naheliegenderweise ein Versuchsausgang, bei dem das aus der Urne herausgegriffene Element z.B. die Eigenschaft A aufweist, interpretiert werden als „Fehler-Typ A tritt auf". Fortsetzung dieser Aufgabe: Aufgabe 2.5, S. 112.

Aufgabe 1.11*: Ein auf *J. B. Rhine* zurückgehendes grundlegendes parapsychologisches Experiment, das den Nachweis der Existenz außersinnlicher Wahrnehmungen zum Ziel hat, besteht darin, daß ein Kartenspiel von 25 Karten – von denen jeweils genau fünf Karten das gleiche Symbol tragen – gemischt und vom Versuchsleiter in der dabei erhaltenen Reihenfolge nacheinander abgehoben wird, wobei die Versuchsperson keine Gelegenheit erhält, auf normale Weise das jeweils aufgehobene Symbol zu erkennen, es aber trotzdem zu nennen versucht (*J. B. Rhine* & *J. G. Pratt*: Parapsychologie, S. 27f, (1962)).

1. Wie groß ist die Wahrscheinlichkeit, daß eine Versuchsperson unter Berücksichtigung der Zusammensetzung des Kartenspiels durch zufälliges Raten 25 Treffer erzielt?

2. Wie groß wäre die Wahrscheinlichkeit für 25 Treffer, bei 25 *unabhängigen* Rateversuchen, falls bei jedem einzelnen Rateversuch die Wahrscheinlichkeit für einen Treffer 1/5 beträgt?

Anmerkung zu dieser Aufgabe: Die statistische Auswertung derartiger Experimente geschieht in aller Regel unter Zugrundelegung von 25 unabhängigen Rateversuchen, obgleich die Versuchsperson natürlich die Zusammensetzung des Kartenspiels kennt und berücksichtigen kann.

Weitere Aufgaben: Nr. 2e, 3d, 4*c, 5, 15, 16, 17 der „Aufgabensammlung", *Basler* (1991).

1.4.3 Das *Bernoulli*sche Gesetz der großen Zahlen

Mit Hilfe des vorangehend eingeführten Modells der *n-fachen unabhängigen Wiederholung eines Versuchs* ist es jetzt möglich den für die Interpretation der *Kolmogoroff*schen Wahrscheinlichkeit W grundlegenden Satz von *Bernoulli* zu formulieren und zu beweisen. Im Hinblick auf eine propädeutische Veranschaulichung dieses Satzes sei an das vorbereitende Beispiel 1.10 (insbesondere (1.28)) erinnert.

Satz 1.11 *(Bernoullisches Gesetz der großen Zahlen)*
Bei einem Versuch trete ein bestimmtes Ereignis E mit der Wahrscheinlichkeit $W(E) = p$ ein. Es bezeichne $r_n(E)$ die relative Häufigkeit des Auftretens von E in einer n-fachen **unabhängigen Wiederholung** *dieses Versuchs. Dann gilt*

$$\lim_{n\to\infty} W(p - \varepsilon < r_n(E) < p + \varepsilon) = 1 \qquad (1.38)$$

für jede positive Zahl ε.

Beweis
Bezeichnet $h_n(E)$ die absolute Häufigkeit des Eintretens von E bei den n Versuchen, so ist wegen $h_n(E) = n \cdot r_n(E)$ trivialerweise

$$W(p - \varepsilon < r_n(E) < p + \varepsilon) = W((p - \varepsilon)n < h_n(E) < (p + \varepsilon)n).$$

Nach Axiom 3 erhält man $W((p - \varepsilon)n < h_n(E) < (p + \varepsilon)n)$, indem man die Wahrscheinlichkeiten $W(h_n(E) = m)$ für alle ganzen Zahlen m, die zwischen $np - n\varepsilon$ und $np + n\varepsilon$ liegen, d.h. für die $|m - np| < n\varepsilon$ gilt, aufaddiert:

$$W((p-\varepsilon)n < h_n(E) < (p+\varepsilon)n) = \sum_{|m-np|<n\varepsilon} W(h_n(E) = m).$$

Da wegen (1.37) bzw. wegen der Grundaufgabenlösung (1.26)

$$W(h_n(E) = m) = \binom{n}{m} p^m (1-p)^{n-m}$$

ist, so hat man schließlich

$$W(p - \varepsilon < r_n(E) < p + \varepsilon) = \sum_{|m-np|<n\varepsilon} \binom{n}{m} p^m (1-p)^{n-m}. \qquad (1.39)$$

Wie man sieht, wird wegen (1.39) Satz 1.11 bewiesen sein, sobald die Ungleichung

$$\sum_{|m-np|<n\varepsilon} \binom{n}{m} p^m (1-p)^{n-m} \geq 1 - \frac{p(1-p)}{\varepsilon^2 n} \qquad (1.40)$$

bewiesen ist. (Dies ist ein Spezialfall der Ungleichung von *Tschebyscheff*.)
Zum Beweis von (1.40) benutzt man zweckmäßig die Identität

$$\sum_{m=0}^{n} (m - np)^2 \binom{n}{m} p^m (1-p)^{n-m} = np(1-p), \qquad (1.41)$$

deren elementarer Beweis als Lösung von Aufgabe 2.7 angegeben ist. (Diese Aufgabe läßt sich deuten als die Berechnung der noch einzuführenden Varianz der Binomialverteilung $Bi(n;p)$.)
Aus (1.41) folgt nämlich

$$np(1-p) \geq \sum_{|m-np|\geq n\varepsilon} (m-np)^2 \binom{n}{m} p^m (1-p)^{n-m},$$

1.4. INTERPRETATION VON WAHRSCHEINLICHKEITEN 67

woraus wegen

$$\sum_{|m-np|\geq n\varepsilon} (m-np)^2 \binom{n}{m} p^m (1-p)^{n-m} \geq \sum_{|m-np|\geq n\varepsilon} (n\varepsilon)^2 \binom{n}{m} p^m (1-p)^{n-m} =$$

$$= (n\varepsilon)^2 \sum_{|m-np|\geq n\varepsilon} \binom{n}{m} p^m (1-p)^{n-m} = (n\varepsilon)^2 \left(1 - \sum_{|m-np|<n\varepsilon} \binom{n}{m} p^m (1-p)^{n-m}\right)$$

die Ungleichung (1.40) in der Gestalt

$$np(1-p) \geq (n\varepsilon)^2 \left(1 - \sum_{|m-np|<n\varepsilon} \binom{n}{m} p^m (1-p)^{n-m}\right)$$

folgt. ♣

Wie bereits am Schluß von Beispiel 1.10 festgestellt wurde, steht diesem im wahrscheinlichkeitstheoretischen Modell gültigen mathematischen Satz 1.11 die als *empirisches Gesetz der großen Zahlen* bezeichnete Erfahrungstatsache gegenüber, die Sachverhalte der Realität beschreibt.

Genauer kann die Interpretation von Satz 1.11 als eine die Wirklichkeit betreffende Aussage auf folgende Weise vorgenommen werden. Dazu stellt man folgende Interpretationsregeln auf:

1. Ein Ereignis, dem ein *Wahrscheinlichkeitswert dicht bei 1* zugeordnet ist, werde interpretiert als *praktisch mit Sicherheit* eintretend.

2. Die *n*-fache *unabhängige Wiederholung eines Versuchs* werde interpretiert als *n*-fache Wiederholung dieses Versuchs *unter den gleichen Bedingungen* (vgl. die Erläuterungen nach (1.37)).

Mit diesen Interpretationsregeln wird offenbar eine Brücke von der Theorie zur Wirklichkeit geschlagen, denn mit diesen Regeln ergibt sich folgende Interpretation des *Bernoulli*schen Gesetzes der großen Zahlen:
Wiederholt man einen Versuch hinreichend oft **unter den gleichen Bedingungen***, so ist es* **praktisch sicher***, daß die relative Häufigkeit des Auftretens eines bestimmten Ereignisses bei diesen Versuchen nur beliebig wenig von der Wahrscheinlichkeit dieses Ereignisses abweicht.*

Da die soeben durch Interpretation eines mathematischen Satzes gewonnene Aussage des *empirischen Gesetzes der großen Zahlen* eine Erfahrungstatsache wiedergibt, d.h. aufgrund empirischer Untersuchungen hervorragend fundiert ist, stellt die Herleitung des *Bernoulli*schen Gesetzes aus den *Kolmogoroff*schen Axiomen eine wesentliche Bewährungsprobe der *Kolmogoroff*schen Theorie hinsichtlich ihrer Anwendbarkeit auf die Wirklichkeit dar. Unbekannte Wahrscheinlichkeiten sind nunmehr wegen ihrer Interpretierbarkeit als relative Häufigkeiten in hinreichend langen Versuchsreihen prinzipiell mit beliebiger Genauigkeit ebenso bestimmbar (meßbar) wie andere naturwissenschaftliche Meßgrößen, wie z.B. die Temperatur. (Hierbei spielt die Tatsache, daß der Terminus „hinreichend lange" im Moment noch nicht quantitativ faßbar ist, keine wesentliche Rolle; im Rahmen der Statistischen Methodenlehre werden standardisierte Meßverfahren in Gestalt sogenannter Konfidenzintervalle für unbekannte Wahrscheinlichkeiten konstruiert werden können.)

Demnach wird die Wahrscheinlichkeit konkreter Ereignisse als eine objektive naturwissenschaftliche Meßgröße aufgefaßt, die prinzipiell *nur empirisch bestimmbar* ist. Eine *Berechnung* von Wahrscheinlichkeiten ist deshalb nur unter Zugrundelegung irgendwelcher *Annahmen* in einem Mathematische Modell möglich. Die dafür bisher benutzten Modellannahmen sind die *Laplace*sche Annahme der *Gleichwahrscheinlichkeit* der Elementarereignisse sowie Annahmen über die *statistische Unabhängigkeit* von Ereignissen und von Versuchen. Solche *berechneten Wahrscheinlichkeiten* gestatten folglich nur insoweit gültige Aussagen über die Wirklichkeit, als die ihrer Berechnung zugrundegelegten Annahmen sich bereits praktisch bewährt haben. Die konkrete Überprüfung solcher Modellannahmen geschieht mittels statistischer Testverfahren im Rahmen der Statistischen Methodenlehre.

Eine suggestive Idee ist es, die in Satz 1.11 zum Ausdruck kommende Limes-Eigenschaft der Wahrscheinlichkeit $W(E)$ eines Ereignisses E direkt zur Definition und Einführung des Wahrscheinlichkeitsbegriffs zu benutzen. Einige Autoren erwecken hierzu den Eindruck, man könne $W(E)$ durch den Ausdruck

$$„ \lim_{n\to\infty} r_n(E) \text{ "} \qquad (*)$$

definieren und bezeichnen diese vermeintliche Definition als die *Statistische Definition der Wahrscheinlichkeit.* Dies ist jedoch kein gangbarer Weg, weil der Ausdruck (*) lediglich im Schrift- bzw. Druckbild so aussieht, als ob er in geläufiger Weise den Grenzwert einer Folge bezeichnete. Das ist jedoch keineswegs der Fall, weil nämlich $r_1(E), r_2(E), \ldots$ gar keine Folge (von Zahlen) im Sinne der Analysis ist, da $r_1(E), r_2(E), \ldots$ kein deterministisches Bildungsgesetz besitzt. Diese „Folge" ist vielmehr eine Folge von *zufälligen Variablen* deren Limes-Eigenschaft (1.38) – die im Rahmen der *Kolmogoroff*schen Wahrscheinlichkeitsdefinition 1.2 formuliert und bewiesen wurde – man auch in folgender Form ausdrückt: „Die Folge $r_n(E)$ *konvergiert* für $n \to \infty$ *stochastisch gegen* $W(E)$" – womit man einen relativ zur Analysis neuen Konvergenzbegriff (für zufällige Variable) eingeführt hat.

Die geschilderte suggestiv-anschauliche Definitionsidee für $W(E)$ wurde insbesondere von *Richard von Mises* (1883-1953) zu einer einwandfreien mathematischen Wahrscheinlichkeitsdefinition auszubauen versucht. Dazu hat *von Mises* versucht, das fehlende Bildungsgesetz der „Folge" $r_1(E), r_2(E), \ldots$ – also die Regellosigkeit dieser „Folge" – durch *Regellosigkeits-Axiome* zu ersetzen, um damit den Ausdruck (*) definieren zu können. Diese Anstrengungen waren nicht erfolgreich.

Im Rahmen einer Grundlagendiskussion, die hauptsächlich von Theoretikern in den USA getragen wird, wird die vorstehende Wahrscheinlichkeitsinterpretation als soge-

1.4. INTERPRETATION VON WAHRSCHEINLICHKEITEN

nannte objektivistische Interpretation einer sogenannten subjektivistischen Interpretation gegenübergestellt. Die Subjektivisten vertreten dabei den Standpunkt, daß der *Kolmogoroff*sche Wahrscheinlichkeitsbegriff nur als „Grad unserer Überzeugtheit bzw. unseres Wissens über das Eintreten von Ereignissen" logisch konsequent interpretierbar sei. Gegen die obige Interpretation wird u.a. eingewendet, daß sie insofern eine Kapitulation vor dem Subjektivismus bedeute, als die mit Hilfe der ersten Interpretationsregel interpretierten Wahrscheinlichkeitswerte selbst nicht mehr als relative Häufigkeiten deutbar sind, der Objektivist sei also „in die subjektivistische Mausefalle geraten" (*W. Stegmüller*: Probleme und Resultate der Wissenschaftstheorie und Analytischen Philosophie, Bd.4: Personelle und Statistische Wahrscheinlichkeit, Studienausgabe Teil A, Berlin, 1973). Hierzu sei nur angemerkt, daß naturgemäß für jeden solchen Brückenschlag vom mathematischen Modell zur Wirklichkeit ein derartiger interpretatorischer Entscheidungsakt, wie ihn die genannten Interpretationsregeln repräsentieren, unvermeidbar ist.

Als weiteres Problem wird die Tatsache angesehen, daß man bei der Überprüfung des Vorliegens der „gleichen Bedingungen" in der zweiten Interpretationsregel erforderlichenfalls wohl statistische Methoden anwenden würde und damit die Häufigkeitsinterpretation von Wahrscheinlichkeit bereits verwenden würde. Hierzu sei bemerkt, daß dies natürlich keinen logischen Widerspruch darstellen würde und im übrigen auch jeder Physiker und jeder Chemiker „davon lebt", auch ohne Anwendung statistischer Methoden das Vorliegen *gleicher Bedingungen* zu erkennen. Insgesamt ist die Frage der Adäquatheit der Interpretation des mathematischen Wahrscheinlichkeitsbegriffs im Hinblick auf die Anwendungen der Theorie eine Frage der Bewährung. Diese praktische Bewährung ist jedenfalls in höchstem Maße gegeben. Für eine ausführliche Diskussion von Grundlagenfragen sei auf das bereits zitierte Buch von *Stegmüller* verwiesen.

Konzentriert zusammengefaßt kann man demnach die Anwendung der Wahrscheinlichkeitstheorie und die Aufgabe der Mathematischen Statistik so charakterisieren: Die Modellierung eines zufallsabhängigen Geschehens beginnt mit der Festlegung einer geeigneten Menge Ω von Elementarereignissen und einer σ-Algebra S von Ereignissen (= Teilmengen von Ω). Die Modellbildung ist abgeschlossen, sobald für jedes Ereignis E aus S noch ein Wahrscheinlichkeitswert $W(E)$ geeignet festgelegt ist, d.h. sobald ein geeignetes Wahrscheinlichkeitsmaß W auf S definiert ist. Man bezeichnet das Tripel (Ω, S, W) – das ein vollständiges mathematisches Modell für das betreffende zufällige Geschehen darstellt – als **Wahrscheinlichkeitsraum**. Wahrscheinlichkeitsräume sind der Untersuchungsgegenstand der **Wahrscheinlichkeitstheorie**. Ziel jeder Anwendung der Theorie ist die adäquate Wahl eines Wahrscheinlichkeitsraumes für ein konkretes Zufallsgeschehen, insbesondere die adäquate Wahl eines Wahrscheinlichkeitsmaßes. Der Anwender geht dabei von der Vorstellung aus, daß (nach der relativ unproblematischen Festlegung von Ω und S) ein „**wahres**" **Wahrscheinlichkeitsmaß** existiert in ganz analoger Weise wie Anwender der Geometrie z.B. die Existenz einer reellen Zahl voraussetzen, die die Länge des Erdäquators wiedergibt. Dieses „wahre" Wahrscheinlichkeitsmaß präzisiert und erfaßt genau das, was man in der natürlichen Sprache als das „**Zufallsgesetz**" bezeichnen kann, nach dem der betreffende zufallsabhängige Vorgang abläuft, z.B. das

„Zufallsgesetz" nach dem ein realer (eventuell gefälschter) Würfel fällt. Die Aufgabe, dieses „wahre" Wahrscheinlichkeitsmaß zu bestimmen – oder bescheidener und angemessener: Informationen über dieses „wahre" Wahrscheinlichkeitsmaß aufgrund empirischer Untersuchungen zu liefern –, ist die Aufgabe der **Mathematischen Statistik**. Stellt man bei der Behandlung ihrer Methoden nicht die mathematischen Aspekte in den Vordergrund sondern ihre konkrete Anwendbarkeit, so bezeichnet man eine solche Darstellung der Mathematischen Statistik als **Statistische Methodenlehre**.

Hierbei kann der Anwender meistens auf bereits vorhandenes Vorwissen zurückgreifen; entweder in Gestalt von bewährten Annahmen, wie z.B. *Laplace*-Annahmen, bestimmten Unabhängigkeitsannahmen oder – da man das erforderliche Wahrscheinlichkeitsmaß mit Hilfe einer sogenannten *Verteilungsfunktion* beschreiben kann – in Form von Vorwissen über die Zugehörigkeit der betreffenden Verteilungsfunktion zu einer bekannten Klasse von Verteilungsfunktionen, wie z.B. den Binomialverteilungen oder den Normalverteilungen. Ein prinzipieller Weg zur Bestimmung dieses „wahren" Wahrscheinlichkeitsmaßes bzw. dieser „wahren" Verteilungsfunktion – die man auch als die **Verteilungsfunktion der Grundgesamtheit** bezeichnet – ist durch das Gesetz der großen Zahlen gewiesen.

In der Praxis ist diese Fragestellung oft noch dahingehend reduziert, daß von der „wahren" Verteilungsfunktion nur wichtige Kenngrößen (= Verteilungsparameter, wie Erwartungswert und Varianz) interessieren, z.B. der numerische Wert des Parameters p einer Binomialverteilung $Bi(n;p)$. Die beiden Wege, empirisch basierte Informationen aus Zufallsstichproben zu erhalten, wurden in 1.3.4 (Bedeutung der Urnenmodelle für die Schließende Statistik) als *Schätzen* von p und als *Testen von Hypothesen* über p bereits skizziert und werden im Rahmen der *Statistischen Methodenlehre* systematisch dargestellt.

1.5 Bedingte Wahrscheinlichkeiten

Leser, die bedingte Wahrscheinlichkeiten für „ihre Zwecke" nicht benötigen, können diesen Abschnitt übergehen, ohne hierdurch das Verständnis der folgenden Kapitel zu gefährden.

Eine Grundgesamtheit von N Elementen sei in die Schichten 1 und 2 mit den Umfängen N_1 und N_2 untergliedert, z.B. eine Grundgesamtheit von Personen in Männer und Frauen. Anläßlich der Untersuchung einer solchen Grundgesamtheit werden vielfach auch Fragen auftreten, die beispielsweise nur eine der beiden Schichten betreffen. In solchen Fällen könnte man natürlich prinzipiell diese Schicht als neue Grundgesamtheit auffassen und ganz unabhängig von der vorgelegten Grundgesamtheit untersuchen. Dies geschieht auch vielfach und ist die Erklärung dafür, daß man den hier einzuführenden, die beiden Fragestellungen verknüpfenden Begriff der *bedingten Wahrscheinlichkeit* oft umgehen kann (s. z.B. die zwei Lösungswege zu Aufgabe 12 der „Aufgabensammlung", *Basler* (1991)). Andererseits sind anwendungsgerechte Annahmen über wahrscheinlichkeitstheoretische Modelle oft nur mit Hilfe bedingter Wahrscheinlichkeiten

1.5. BEDINGTE WAHRSCHEINLICHKEITEN 71

formulierbar, wie dies etwa für das am Schluß dieses Abschnitts behandelte Beispiel 1.20 der Fall ist.

Naheliegenderweise kann man oft aus bekannten Aussagen über die Schichten interessierende Aussagen über die Grundgesamtheit gewinnen und umgekehrt, wie das die beiden folgenden trivialen Relationen beispielhaft zeigen, bei deren Formulierung der Anschaulichkeit halber wieder auf das Beispiel einer Grundgesamtheit von N Personen zurückgegriffen werden soll, die in N_1 Männer und N_2 Frauen als Schichten untergliedert ist:

1. Beispiel:

$$\frac{\text{Anzahl der Männer mit einer Eigenschaft E}}{N_1} =$$

$$= \frac{\frac{\text{Anzahl der Männer mit der Eigenschaft E}}{N}}{\frac{N_1}{N}}, \qquad (1.42)$$

d.h.

Anteil der „Männer mit E" in Schicht 1 =

$$= \frac{\text{Anteil der „Männer mit E" an der Grundgesamtheit}}{\text{Anteil der Männer an der Grundgesamtheit}}. \qquad (1.42')$$

2. Beispiel:

$$\frac{\text{Anzahl der Personen der Grundgesamtheit mit Eigenschaft E}}{N} =$$

$$= \frac{\text{Anzahl der Männer mit E}}{N_1} \cdot \frac{N_1}{N} + \frac{\text{Anzahl der Frauen mit E}}{N_2} \cdot \frac{N_2}{N}. \qquad (1.43)$$

Betrachtet man die drei *Laplace*-Versuche, die jeweils im Herausgreifen eines Elementes entweder aus der Grundgesamtheit oder aus Schicht 1 oder aus Schicht 2 bestehen, so erscheint es wegen der Existenz solcher Relationen wünschenswert, für diese drei Versuche ein verbindendes Modell zu schaffen. Sei $\Omega = \{\omega_1, \ldots, \omega_N\}$ – wobei ω_i bedeutet, daß Element Nr.i herausgegriffen wird – die Menge der Elementarereignisse für den ersten dieser drei Versuche. Dabei seien E, B_1 und B_2 die Ereignisse, daß das herausgegriffene Element die Eigenschaft E hat bzw. zur Schicht 1 bzw. zur Schicht 2 gehört. Mit diesen Bezeichnungen lassen sich die beiden Quotienten der rechten Seite von (1.42) als die *Laplace*-Wahrscheinlichkeiten

$$W(E \cap B_1) \quad \text{und} \quad W(B_1)$$

deuten. Den Ausdruck der linken Seite von (1.42) bzw. (1.42') – der wegen des Nenners N_1 anstatt N sich zunächst nicht als die Wahrscheinlichkeit eines Ereignisses in $\Omega = \{\omega_1, \ldots, \omega_N\}$ deuten läßt, sondern die Wahrscheinlichkeit eines Ereignisses in dem zweiten der obengenannten *Laplace*-Versuche darstellt –

nennt man in plausibler Bezeichnung per Definition die **bedingte Wahrscheinlichkeit dafür, daß das Ereignis E eintritt** (das herausgegriffene Element die Eigenschaft E hat) **unter der Bedingung, daß das Ereignis B_1 bereits eingetreten ist** (das herausgegriffene Element bereits zur Schicht 1 gehört) und bezeichnet sie mit $W(E|B_1)$. Wenn man noch zeigt (was im Anschluß an die nachfolgende Definition 1.7 geschieht), daß sich $W(E|B_1)$ als eine Wahrscheinlichkeit auf Ω auffassen läßt, so ist damit das verlangte verbindende Modell für die beiden ersten der obengenannten drei *Laplace*-Versuche geschaffen.

Die naheliegende Verallgemeinerung dieser Definition ist

Definition 1.7
Seien E und B Ereignisse mit $W(B) > 0$; dann heißt

$$W(E|B) = \frac{W(E \cap B)}{W(B)}$$

die **bedingte Wahrscheinlichkeit** *von E unter der Bedingung B.*

Zunächst hat man sich davon zu überzeugen, daß die definierte bedingte Wahrscheinlichkeit eine Wahrscheinlichkeit im Sinne der *Kolmogoroffschen Axiome* ist, d.h. man hat zu zeigen, daß die Mengenfunktion $W(\cdot|B)$, die (bei festgehaltenem B) jedem Ereignis E die Zahl $W(E|B)$ zuordnet, gemäß Definition 1.2 ein Wahrscheinlichkeitsmaß ist: Wegen $W(E|B) \geq 0$ für jedes Ereignis E und $W(\Omega|B) = 1$ sind die Axiome 1 und 2 erfüllt. Sind $E_1, E_2, \ldots$ abzählbar viele sich paarweise gegenseitig ausschließende Ereignisse, so erhält man unter Benutzung der Total-Additivität (Axiom 3) von W

$$W(\bigcup_i E_i | B) = \frac{W\left((\bigcup_i E_i) \cap B\right)}{W(B)} = \frac{W\left(\bigcup_i (E_i \cap B)\right)}{W(B)} = \frac{\sum_i W(E_i \cap B)}{W(B)} = \sum_i W(E_i|B),$$

also die verlangte Total-Additivität der bedingten Wahrscheinlichkeit.

Die Definition 1.7 kann man sich auch sehr bequem anhand der Abbildung 1 veranschaulichen, indem man dort Ω etwa als die Menge der Punkte einer Schießscheibe deutet (s. Beispiel 1.4) und sich für die Wahrscheinlichkeit $W(E_1|E_2)$ interessiert, daß man das Gebiet E_1 trifft (das Ereignis E_1 eintritt) unter der Bedingung, daß bereits bekannt ist, daß man E_2 getroffen hat (Ereignis E_2 eingetreten ist). Die Definition dieser bedingten Wahrscheinlichkeit als $W(E_1 \cap E_2)/W(E_2)$ erscheint dann als sehr plausibel.

Beispiel 1.17 *Unabhängigkeit der Züge beim Urnenmodell Z.m.Z.*
Beim Urnenmodell Ziehen mit Zurücklegen sei E_i das Ereignis, daß man beim i-ten Zug eine der M vorhandenen ausgezeichneten Kugeln erhält.
Man berechne $W(E_i)$ und $W(E_i|E_{i-1})$ für $i = 2, \ldots, n$.

Lösung (vgl. Beispiel 1.8(b)): Für $i = 2, \ldots, n$ erhält man

$$W(E_i) = \frac{M \cdot N^{n-1}}{N^n} = \frac{M}{N}$$

1.5. BEDINGTE WAHRSCHEINLICHKEITEN

und
$$W(E_i|E_{i-1}) = \frac{W(E_i \cap E_{i-1})}{W(E_{i-1})} = \frac{\frac{M^2 \cdot N^{n-2}}{N^n}}{\frac{M \cdot N^{n-1}}{N^n}} = \frac{M}{N},$$

d.h. wie anschaulich zu erwarten, wird die Wahrscheinlichkeit von E_i (i-ter Zug „ausgezeichnet") durch die Bedingung „E_{i-1} ist bereits eingetreten" nicht verändert. Dies ist offenbar Ausdruck der Tatsache, daß wegen des Ziehens **mit** Zurücklegen das Ereignis E_{i-1} das Ereignis E_i nicht beeinflußt, also E_i und E_{i-1} im anschaulichen Sinne unabhängig sind. Die Vermutung, daß E_i und E_{i-1} auch *statistisch unabhängig* sind, läßt sich wegen

$$W(E_i \cap E_{i-1}) = \frac{M^2 \cdot N^{n-2}}{N^n} = \frac{M^2}{N^2}$$

und
$$W(E_i) \cdot W(E_{i-1}) = \frac{M}{N} \cdot \frac{M}{N} = \frac{M^2}{N^2}$$

sofort bestätigen. □

Im soeben behandelten Beispiel findet also die statistische Unabhängigkeit der Ereignisse E_i und E_{i-1} (die bereits in Beispiel 1.15 bewiesen wurde) ihren sehr anschaulichen Ausdruck darin, daß die bedingte Wahrscheinlichkeit $W(E_i|E_{i-1})$ für E_i nicht von der Bedingung E_{i-1} beeinflußt wird, sondern $W(E_i|E_{i-1}) = W(E_i)$ gilt. Daß diese Charakterisierung der statistischen Unabhängigkeit mit Hilfe bedingter Wahrscheinlichkeiten generell gilt, besagt

Satz 1.12
Seien A und B Ereignisse mit positiven Wahrscheinlichkeiten; dann sind die folgenden drei Aussagen äquivalent:
(1) A, B statistisch unabhängig
(2) $W(A|B) = W(A)$
(3) $W(B|A) = W(B)$.

Beweis

$$(1) \Rightarrow (2) : W(A|B) = \frac{W(A \cap B)}{W(B)} = \frac{W(A) \cdot W(B)}{W(B)} = W(A)$$

$$(2) \Rightarrow (1) : W(A \cap B) = W(A|B) \cdot W(B) = W(A) \cdot W(B).$$

Wegen der Äquivalenz (1) ⇔ (2) gilt auch (1) ⇔ (3) und folglich auch (2) ⇔ (3). ♣

Satz 1.12 zeigt, daß es möglich gewesen wäre, die statistische Unabhängigkeit zweier Ereignisse A und B auch mit Hilfe von $W(A|B) = W(A)$ als definierender Bedingung in sofort einleuchtender Weise zu definieren. Bei einem solchen

Aufbau würde dann folgender Multiplikations-*Satz* gelten: Sind A und B unabhängig, so gilt $W(A \cap B) = W(A) \cdot W(B)$. Hierauf ist es zurückzuführen, daß üblicherweise die als Satz 1.13 formulierte triviale Folgerung aus Definition 1.7 als *allgemeiner* Multiplikationssatz bezeichnet wird. (In der vorliegenden Darstellung wurde diese angedeutete Definitionsmöglichkeit der statistischen Unabhängigkeit deshalb nicht gewählt, weil es dann nicht mehr möglich gewesen wäre, die Einführung des Wahrscheinlichkeitsbegriffs mit der Behandlung des *Bernoulli*schen Gesetzes der großen Zahlen auch ohne den Begriff der bedingten Wahrscheinlichkeit logisch abzuschließen.)

Satz 1.13 *(Allgemeiner Multiplikationssatz)*

1. *Sind E_1 und E_2 Ereignisse mit $W(E_1) > 0$, so ist*

$$W(E_1 \cap E_2) = W(E_1) \cdot W(E_2|E_1).$$

2. *Sind $E_1, \ldots, E_n$ Ereignisse mit $W(E_1 \cap \ldots \cap E_{n-1}) > 0$, so ist*

$$W(E_1 \cap \ldots \cap E_n) =$$
$$= W(E_1) \cdot W(E_2|E_1) \cdot W(E_3|E_1 \cap E_2) \cdot \ldots \cdot W(E_n|E_1 \cap \ldots \cap E_{n-1}).$$

Beweis
Die erste Aussage ist eine triviale Folgerung aus Definition 1.7. Die zweite Aussage erhält man mit Hilfe der ersten Aussage durch vollständige Induktion beginnend mit

$$\begin{aligned} W(E_1 \cap E_2 \cap E_3) &= W((E_1 \cap E_2) \cap E_3) = W(E_1 \cap E_2) \cdot W(E_3|E_1 \cap E_2) = \\ &= W(E_1) \cdot W(E_2|E_1) \cdot W(E_3|E_1 \cap E_2). \end{aligned}$$

♣

Beispiel 1.18 *LOTTO – Zusatzzahl und Superzahl*
Man berechne die Wahrscheinlichkeit, beim LOTTO „6 aus 49" mit einer Tippreihe

(a) fünf Treffer mit Zusatzzahl (= Gewinn-Klasse III)

(b) drei Treffer mit Zusatzzahl (= Gewinn-Klasse VI)

(c) sechs Treffer mit Superzahl (= Gewinn-Klasse I)

zu erhalten.
(Das Gewinn-Ermittlungsverfahren sowie die Definition der sieben Gewinn-Klassen wurden im *Hinweis* zu Beispiel 1.9 beschrieben.)

Lösung (vgl. Beispiel 1.9): Sei B das Ereignis „auf die Tippreihe entfallen 5 Treffer" und A das Ereignis „die Zusatzzahl fällt auf die Tippreihe"; dann ist zunächst $W(A|B) = 1/43$, denn: ist B bereits eingetreten, so enthält die Lotto-Trommel noch genau $49 - 6 = 43$ Nicht-Gewinnzahlen, von denen genau eine in der vorgelegten Tippreihe enthalten ist, d.h. für A existiert unter der Bedingung

1.5. BEDINGTE WAHRSCHEINLICHKEITEN

B von 43 „möglichen Fällen" ein „günstiger Fall". Damit erhält man mit Hilfe des allgemeinen Multiplikationssatzes

$$W(5 \text{ Treffer mit Zusatzzahl}) = W(A \cap B) = W(B) \cdot W(A|B) =$$
$$= \frac{\binom{6}{5} \cdot \binom{43}{1}}{\binom{49}{6}} \cdot \frac{1}{43} = \frac{6}{13.983.816} = 4,29 \cdot 10^{-7}.$$

Analog erhält man

$$W(3 \text{ Treffer mit Zusatzzahl}) = \frac{\binom{6}{3} \cdot \binom{43}{3}}{\binom{49}{6}} \cdot \frac{3}{43} = \frac{17.220}{13.983.816} =$$
$$= 1,23 \cdot 10^{-3} = 0,00123.$$

Typisch für vorteilhafte Anwendungen des allgemeinen Multiplikationssatzes ist hierbei, daß bei der Berechnung von $W(B)$ und $W(A|B)$ jeweils eine für eine bequeme Berechnung geeignete Menge von Elementarereignissen zugrunde gelegt wurde, obgleich natürlich in strengster mathematischer Form für beide Berechnungen die gleiche Menge von Elementarereignissen verwendet werden müßte. Eine Lösungsmöglichkeit ohne Zuhilfenahme bedingter Wahrscheinlichkeiten für diese Fragestellung findet man als „2. Lösungsmöglichkeit" zu Aufgabe 21 der „Aufgabensammlung", *Basler* (1991).

Da die Ermittlung der sechs Gewinnzahlen und die Ziehung der Superzahl (aus den 10 Endziffern $0, \ldots, 9$ der Tippschein-Nummern) in zwei technischen Vorgängen erfolgen, die sich gegenseitig nicht beeinflussen, so ist für die beiden Ereignisse {6 Treffer} und {Superzahl} die Modellannahme der *statistischen Unabhängigkeit* angemessen und man erhält

$$W(6 \text{ Treffer mit Superzahl}) = \frac{\binom{6}{6} \cdot \binom{43}{0}}{\binom{43}{6}} \cdot \frac{1}{10} = 7,15 \cdot 10^{-9}.$$

Da nach Definition der sieben Gewinn-Klassen gilt

W(5 Treffer) = W(5 Treffer mit Zusatzzahl)
     + W(5 Treffer ohne Zusatzzahl),

W(3 Treffer) = W(3 Treffer mit Zusatzzahl)
     + W(3 Treffer ohne Zusatzzahl),

W(6 Treffer) = W(6 Treffer mit Superzahl)
     + W(6 Treffer ohne Superzahl),

so sind unter Berücksichtigung der Ergebnisse zu Beispiel 1.9 die Gewinn-Wahrscheinlichkeiten für alle sieben Gewinn-Klassen bestimmt. □

Beispiel 1.19 „*Zugweise Stichprobenbedingung*"
Für das Urnenmodell Ziehen mit Zurücklegen (Beispiel 1.8(b)) soll gezeigt werden: Die *Laplace*-Bedingung der Gleichwahrscheinlichkeit der N^n Elementarereignisse der Gestalt $(i_1, \ldots, i_n)$ ist äquivalent mit der folgenden Bedingung, die man als *zugweise Stichprobenbedingung* bezeichnen kann: Die bedingte Wahrscheinlichkeit, beim j-ten Zug ($j = 1, \ldots, n$) eine bestimmte Kugel zu erhalten unter der Bedingung, daß die vorangehenden Züge Kugeln mit irgendwelchen Nummern $i_1, \ldots, i_{j-1}$ ergeben haben, beträgt stets $1/N$.

Bezeichnet E_{j,i_j} das Ereignis, daß beim j-ten Zug Kugel Nr.i_j erscheint, so ist

$$W(\{(i_1, \ldots, i_n)\}) = W(E_{1,i_1} \cap \ldots \cap E_{n,i_n}).$$

Mit Hilfe des allgemeinen Multiplikationssatzes 1.13 und der zugweisen Stichprobenbedingung, folgt hieraus

$$W(\{(i_1, \ldots, i_n)\}) = \left(\frac{1}{N}\right)^n = \frac{1}{N^n} \, ;$$

also die *Laplace*-Bedingung.

Umgekehrt folgt aus der *Laplace*-Bedingung sofort

$$W(E_{1,i_1}) = \frac{N^{n-1}}{N^n} = \frac{1}{N}$$

und für $j > 1$

$$W(E_{j,i_j}|E_{1,i_1} \cap \ldots \cap E_{j-1,i_{j-1}}) = \frac{\frac{N^{n-j}}{N^n}}{\frac{N^{n-(j-1)}}{N^n}} = \frac{1}{N},$$

also die *zugweise Stichprobenbedingung* – und die behauptete Äquivalenz ist bewiesen.

Überträgt man diese „zugweise Stichprobenbedingung" geeignet auf das Modell Ziehen ohne Zurücklegen, so läßt sich zeigen: Aus der „zugweisen Stichprobenbedingung" folgt zwar die *Laplace*-Bedingung der Gleichwahrscheinlichkeit der $\binom{N}{n}$ Elementarereignisse, aber die Umkehrung gilt nicht. □

Als Verallgemeinerung von (1.43) erhält man den sehr häufig anwendbaren

Satz 1.14 *(Satz über die totale Wahrscheinlichkeit)*
Es seien $B_1, \ldots, B_n$ sich paarweise gegenseitig ausschließende Ereignisse mit $\bigcup_{i=1}^{n} B_i = \Omega$ und $W(B_i) > 0$ für $i = 1, \ldots, n$; dann gilt für jedes Ereignis A

$$W(A) = W(A|B_1) \cdot W(B_1) + \ldots + W(A|B_n) \cdot W(B_n). \qquad (1.44)$$

1.5. BEDINGTE WAHRSCHEINLICHKEITEN

Beweis

$$W(A) = W(A \cap \Omega) = W\left(A \cap \left(\bigcup_{i=1}^{n} B_i\right)\right) =$$
$$= W\left(\bigcup_{i=1}^{n}(A \cap B_i)\right) = W(A \cap B_1) + \ldots + W(A \cap B_n) =$$
$$= W(A|B_1) \cdot W(B_1) + \ldots + W(A|B_n) \cdot W(B_n).$$

♣

Anmerkung zu Satz 1.14: Betrachtet man den nach Formelzeile (1.43) angesprochenen *Laplace*-Versuch und dabei die Ereignisse

A : die aus der Grundgesamtheit herausgegriffene Person besitzt die Eigenschaft E,
B_1 : die aus der Grundgesamtheit herausgegriffene Person ist ein Mann,
B_2 : die aus der Grundgesamtheit herausgegriffene Person ist eine Frau,

so erscheint die sehr anschauliche Relation (1.43) als Spezialfall von Satz 1.14. Die häufige Anwendbarkeit von Satz 1.14 erklärt sich daraus, daß oft die Ausdrücke der rechten Seite einer empirischen Erfassung zugänglich sind (s. etwa Beispiel 1.17) und damit die interessierende (totale) Wahrscheinlichkeit $W(A)$ berechnet werden kann.

Satz 1.15 *(Bayessche Formel)*
Es seien $B_1, \ldots, B_n$ *sich paarweise gegenseitig ausschließende Ereignisse mit* $\bigcup_{i=1}^{n} B_i = \Omega$ *und* $W(B_i) > 0$ *für* $i = 1, \ldots, n$; *dann gilt für jedes Ereignis* A *mit* $W(A) > 0$

$$W(B_i|A) = \frac{W(A|B_i) \cdot W(B_i)}{W(A|B_1) \cdot W(B_1) + \ldots + W(A|B_n) \cdot W(B_n)} \quad \text{für } i = 1, \ldots, n.$$

Beweis
Ersetzt man auf der rechten Seite der Definitionsgleichung

$$W(B_i|A) = \frac{W(A \cap B_i)}{W(A)}$$

den Nenner gemäß (1.44) und den Zähler gemäß der Definitionsgleichung $W(A|B_i) = W(A \cap B_i)/W(B_i)$ durch $W(A|B_i) \cdot W(B_i)$, so erhält man sofort die behauptete Aussage. ♣

Die Rolle, die diese berühmte *Bayes*sche Formel in der Grundlagendiskussion spielt, wird im Anschluß an Beispiel 1.20 erläutert. Beispiel 1.20 hingegen enthält eine typische Anwendung des Satzes 1.15. Sie ist repräsentativ für viele Anwendungsfälle, bei denen eine anwendungsgerechte Formulierung von Modellannahmen nur mit Hilfe bedingter Wahrscheinlichkeiten möglich ist.

Beispiel 1.20 *Ein Übertragungssystem*

Ein Übertragungssystem übermittelt n verschiedene, mit den Zahlen $1, 2, \ldots, n$ numeriert gedachte Symbole. Jedes übertragene Symbol wird von zwei Beobachtern A und B *unabhängig voneinander* registriert, wobei jedoch jeder nur mit der Wahrscheinlichkeit p mit $0 < p < 1$ die Nummer des tatsächlich übertragenen Symbols registriert und im übrigen *zufällig* eine der übrigen Nummern angibt. Unter der Annahme, daß sämtliche Symbole mit der gleichen Wahrscheinlichkeit in das System eingegeben werden, berechne man die Wahrscheinlichkeit dafür, daß tatsächlich Symbol Nr.1 übertragen wurde, wenn es von beiden Beobachtern registriert wurde.

1. Lösungsweg: Man betrachte den Versuch, der in der Beobachtung eines Übertragungsvorgangs besteht und dabei folgende Ereignisse:

A_i : Beobachter A registriert Symbol Nr.i ($i = 1, \ldots, n$),

B_j : Beobachter B registriert Symbol Nr.j ($j = 1, \ldots, n$),

E_k : Symbol Nr.k wurde übertragen ($k = 1, \ldots, n$).

Für die gesuchte bedingte Wahrscheinlichkeit $W(E_1|A_1 \cap B_1)$ gilt nach der *Bayes*schen Formel

$$W(E_1|A_1 \cap B_1) = $$
$$= \frac{W(A_1 \cap B_1|E_1) \cdot W(E_1)}{W(A_1 \cap B_1|E_1) \cdot W(E_1) + \ldots + W(A_1 \cap B_1|E_n) \cdot W(E_n)} \ . \quad (1.45)$$

Um die Ausdrücke der rechten Seite von (1.45) berechnen zu können, sollen zunächst die im Text des Beispiels in der natürlichen Sprache ausgedrückten Modellannahmen in der Modellsprache formuliert werden:

<u>Modellannahme (1)</u>: Unter der Bedingung E_k, daß Symbol Nr.k übertragen wurde, sollen es die beiden Beobachter *unabhängig voneinander* zu registrieren versuchen, d.h. die Ereignisse A_i und B_j sollen bezüglich der bedingten Wahrscheinlichkeit $W(\cdot|E_k)$ statistisch unabhängig sein, d.h. die Modellannahme lautet:

$$W(A_i \cap B_j|E_k) = W(A_i|E_k) \cdot W(B_j|E_k) \quad \text{für alle } i, j, k.$$

(Aus der Unabhängigkeit von A_i und B_j bezüglich des bedingten Wahrscheinlichkeitsmaßes $W(\cdot|E_k)$ folgt übrigens keineswegs $W(A_i \cap B_j) = W(A_i) \cdot W(B_j)$, also die Unabhängigkeit bezüglich des Wahrscheinlichkeitsmaßes W. Dies wird am Schluß der Behandlung von Beispiel 1.20 gezeigt.)

<u>Modellannahme (2)</u>: Das übertragene Symbol wird jeweils von beiden Beobachtern mit der Wahrscheinlichkeit p korrekt registriert, d.h.:

$$W(A_i|E_i) = p \quad \text{und} \quad W(B_i|E_i) = p \quad \text{für } i = 1, \ldots, n.$$

<u>Modellannahme (3)</u>: Wird Nr.k übertragen, so kommen jeweils sämtliche $n - 1$ von Nr.k verschiedenen Symbole mit der gleichen Wahrscheinlichkeit, nämlich

1.5. BEDINGTE WAHRSCHEINLICHKEITEN

$(1-p)/(n-1)$ für eine (fehlerhafte) Registrierung in Frage, d.h.:

$$W(A_i|E_k) = \frac{1-p}{n-1} \quad \text{für } i \neq k \quad \text{und} \quad W(B_j|E_k) = \frac{1-p}{n-1} \quad \text{für } j \neq k.$$

Modellannahme (4): Sämtliche n Symbole werden mit der gleichen Wahrscheinlichkeit in das Übertragungssystem eingegeben, d.h.:

$$W(E_k) = \frac{1}{n} \quad \text{für } k = 1, \ldots, n.$$

Berechnung der gesuchten Wahrscheinlichkeit gemäß (1.45):

1. Mit Hilfe der Modellannahmen (1) und (2) folgt:

$$W(A_1 \cap B_1|E_1) = W(A_1|E_1) \cdot W(B_1|E_1) = p^2.$$

2. Mit Hilfe der Modellannahmen (1) und (3) folgt für jedes $k \neq 1$

$$W(A_1 \cap B_1|E_k) = W(A_1|E_k) \cdot W(B_1|E_k) = \left(\frac{1-p}{n-1}\right)^2.$$

Berücksichtigt man noch Modellannahme (4), so erhält man also wegen (1.45) die gesuchte bedingte Wahrscheinlichkeit zu

$$W(E_1|A_1 \cap B_1) = \frac{p^2 \cdot \frac{1}{n}}{p^2 \cdot \frac{1}{n} + (n-1) \cdot \left(\frac{1-p}{n-1}\right)^2 \cdot \frac{1}{n}} = \frac{p^2}{p^2 + \frac{(1-p)^2}{n-1}}. \quad (1.46)$$

Für den Spezialfall $p = 1/2$ erhält man z.B. $W(E_1|A_1 \cap B_1) = (n-1)/n$.

2. Lösungsweg: Dieser Weg soll für stärker mathematisch interessierte Leser verdeutlichen, daß nach Wahl einer geeigneten Menge Ω von Elementarereignissen die Modellannahmen (1) bis (4) die gleiche Funktion erfüllen wie die bei den bisher behandelten Beispielen benutzten *Laplace*-Annahmen und Unabhängigkeitsannahmen, nämlich ein Wahrscheinlichkeitsmaß W numerisch festzulegen. Die nachfolgende explizite Konstruktion dieses Wahrscheinlichkeitsmaßes entkräftet gleichzeitig den für Mathematiker sinnvollen und berechtigten Einwand gegen den ersten Lösungsweg, daß er nämlich keineswegs die Existenz und Eindeutigkeit eines Wahrscheinlichkeitsmaßes sicherstellt. (Es wäre nämlich denkbar, daß das System der Modellannahmen einen Widerspruch enthielte, der nur noch nicht bemerkt wurde, oder, daß die formulierten Modellannahmen das Wahrscheinlichkeitsmaß noch nicht eindeutig festlegten.)
Als Menge der Elementarereignisse kann etwa

$$\Omega = \{(i,j,k) : 1 \leq i \leq n, 1 \leq j \leq n, 1 \leq k \leq n\}$$

dienen, wobei (i,j,k) den Versuchsausgang kennzeichnen soll, daß Beobachter A Symbol Nr.i registriert, B Nr.j registriert und tatsächlich Nr.k übertragen wurde. Ist (i,j,k) eines dieser n^3 Elementarereignisse, so ist offensichtlich

$$\{(i,j,k)\} = A_i \cap B_j \cap E_k.$$

Nach Definition der bedingten Wahrscheinlichkeit ist also

$$W(\{(i,j,k)\}) = W(A_i \cap B_j \cap E_k) = W(A_i \cap B_j | E_k) \cdot W(E_k).$$

Mit Hilfe der Modellannahmen (1) und (4) folgt hieraus zunächst

$$W(\{(i,j,k)\}) = W(A_i | E_k) \cdot W(B_j | E_k) \cdot \frac{1}{n}$$

und weiter mit Hilfe der Modellannahmen (2) und (3)

$$W(\{(i,j,k)\}) = \begin{cases} \frac{p \cdot p}{n} & \text{für } i = j = k \\ p \cdot \frac{1-p}{n-1} \cdot \frac{1}{n} & \text{für } i = k, j \neq k \text{ und für } i \neq k, j = k \\ \left(\frac{1-p}{n-1}\right)^2 \cdot \frac{1}{n} & \text{für } i \neq k, j \neq k. \end{cases}$$

Damit ist also für jedes der n^3 Elementarereignisse ein Wahrscheinlichkeitswert festgelegt. Wenn man noch durch eine triviale Rechnung überprüft, daß die Summe dieser 3^n Werte 1 ergibt, ist damit das zu konstruierende Wahrscheinlichkeitsmaß W bestimmt. Die gesuchte bedingte Wahrscheinlichkeit erhält man danach so:

$$\begin{aligned} W(E_1 | A_1 \cap B_1) &= \frac{W(A_1 \cap B_1 \cap E_1)}{W(A_1 \cap B_1)} = \frac{W(\{(1,1,1)\})}{W(\{(1,1,1),(1,1,2),\ldots,(1,1,n)\})} = \\ &= \frac{\frac{p \cdot p}{n}}{\frac{p \cdot p}{n} + (n-1) \cdot \left(\frac{1-p}{n-1}\right)^2 \cdot \frac{1}{n}} = \frac{p^2}{p^2 + \frac{(1-p)^2}{n-1}}. \end{aligned}$$

Wie oben bereits angedeutet, kann man nachrechnen, daß aus der gegebenen Unabhängigkeit von z.B. A_1 und B_1 bezüglich $W(\cdot | E_1)$ keineswegs die Unabhängigkeit von A_1 und B_1 bezüglich W folgt; denn man rechnet etwa für den Spezialfall $n = 2, p = 0,4$ leicht nach, daß

$$\begin{aligned} W(A_1 \cap B_1) &= W(\{(1,1,1),(1,1,2)\}) = 0,08 + 0,18 = 0,26, \\ W(A_1) &= W(\{(i,j,k) : i = 1\}) = \\ &= W(\{(1,1,1),(1,1,2),(1,2,1),(1,2,2)\}) = 0,50, \\ W(B_1) &= W(\{(i,j,k) : j = 1\}) = \\ &= W(\{(1,1,1),(1,1,2),(2,1,1),(2,1,2)\}) = 0,50 \end{aligned}$$

1.5. BEDINGTE WAHRSCHEINLICHKEITEN

ist, und also $W(A_1 \cap B_1) \neq W(A_1) \cdot W(B_1)$ ist.

Bei näherem Hinsehen ist das auch anschaulich plausibel. Übrigens kann man auch umgekehrt aus der Unabhängigkeit zweier Ereignisse bezüglich W nicht schließen, daß sie bezüglich eines bedingten Wahrscheinlichkeitsmaßes unabhängig sind. □

1.5.1 Zur Bedeutung der *Bayes*schen Formel

Um die Rolle der *Bayes*schen Formel bei der kontrovers diskutierten Grundlegung der sog. *Bayes*schen Statistik erläutern zu können, soll dieser Satz 1.15 zunächst auf folgende einfache Fragestellung angewendet werden:

Gegeben seien fünf Urnen Nr.0, Nr.1,..., Nr.4 mit je vier Kugeln, wobei Urne Nr.i ($i = 0,\ldots,4$) genau i schwarze Kugeln enthalte. Aus diesen fünf Urnen werde eine *zufällig* ausgewählt, wobei U_i das Ereignis bezeichne, daß man Urne Nr.i erhält. Aus dieser Urne werden *zufällig* und *mit Zurücklegen* n Kugeln herausgegriffen, und darunter die Anzahl der schwarzen Kugeln ermittelt, wobei A das Ereignis bezeichne, daß genau m schwarze Kugeln ermittelt werden. Gesucht wird die bedingte Wahrscheinlichkeit

$$W(U_i|A) \quad \text{für } i = 0,1,\ldots,4, \tag{1.47}$$

wobei wegen der *zufälligen* Auswahl der Urne aus den fünf Urnen davon ausgegangen werden kann, daß

$$W(U_i) = 1/5 \quad \text{für } i = 0,1,\ldots,4 \tag{1.48}$$

ist. Dabei nennt man die Wahrscheinlichkeiten (1.48) *Apriori-Wahrscheinlichkeiten* und die bedingten Wahrscheinlichkeiten (1.47) *Aposteriori-Wahrscheinlichkeiten*.

Die gesuchten Aposteriori-Wahrscheinlichkeiten (1.47) werden jetzt für folgende Fälle berechnet:

1. Fall: $n = 1, m = 0$
Wegen $W(A|U_0) = 1$, $W(A|U_1) = 3/4$, $W(A|U_2) = 2/4$, $W(A|U_3) = 1/4$, $W(A|U_4) = 0$ erhält man mit der *Bayes*schen Formel nach trivialer Rechnung folgende Aposteriori-Wahrscheinlichkeiten:

$$\begin{aligned} W(U_0|A) &= 0,4,\ W(U_1|A) = 0,3,\ W(U_2|A) = 0,2, \\ W(U_3|A) &= 0,1,\ W(U_4|A) = 0. \end{aligned} \tag{1.49}$$

2. Fall: $n = 10, m = 1$
Wegen $W(A|U_0) = 0$, $W(A|U_1) = \binom{10}{1} \cdot \left(\frac{1}{4}\right)^1 \cdot \left(\frac{3}{4}\right)^9$, $W(A|U_2) = \binom{10}{1} \cdot \left(\frac{2}{4}\right)^1 \cdot \left(\frac{2}{4}\right)^9$, $W(A|U_3) = \binom{10}{1} \cdot \left(\frac{3}{4}\right)^1 \cdot \left(\frac{1}{4}\right)^9$, $W(A|U_4) = 0$ erhält man folgende Aposteriori-Wahrscheinlichkeiten:

$$\begin{aligned} W(U_0|A) &= 0,\ W(U_1|A) = 0,95,\ W(U_2|A) = 0,049, \\ W(U_3|A) &= 0,00014,\ W(U_4|A) = 0. \end{aligned} \tag{1.50}$$

Die numerischen Unterschiede zwischen (1.49) und (1.50) einerseits und (1.48) andererseits, sind Ausdruck der durch die Stichprobenziehung gewonnenen Information. Die Unterschiede zwischen (1.49) und (1.50) sind Ausdruck der Verschiedenheit der beiden Stichprobenresultate.

Die sogenannten *Bayes*ianer machen von der geschilderten Urnenaufgabe folgenden umstrittenen Gebrauch: Vorgelegt sei eine Warenlieferung von vier Stücken mit einer unbekannten, aber interessierenden Anzahl defekter Stücke. Aus dieser Lieferung werden *zufällig* und *mit Zurücklegen* n Stücke herausgegriffen, wobei A das Ereignis bezeichne, daß sich darunter genau m defekte Stücke befinden. Eine wichtige statistische Fragestellung lautet nun: Was läßt sich aus dem Stichprobenergebnis über die unbekannte Anzahl defekter Stücke in der Lieferung schließen?

*Bayes*ianer deuten nun die interessierenden fünf Möglichkeiten „die Lieferung enthält 0 defekte Stücke",..., „die Lieferung enthält 4 defekte Stücke" als die fünf Ereignisse $U_0, \ldots, U_4$ der hier vorgelegten Urnenaufgabe und dementsprechend (1.49) bzw. (1.50) als die bedingten Wahrscheinlichkeiten für das Vorliegen dieser fünf Möglichkeiten, unter der Bedingung, daß die beiden Stichprobenergebnisse $n = 1, m = 0$ bzw. $n = 10, m = 1$ erhalten wurden und haben damit eine einleuchtende Antwort auf diese zentrale statistische Fragestellung.

Der zentrale Einwand gegen dieses Vorgehen lautet, daß die dabei zugrundegelegten Apriori-Wahrscheinlichkeiten (1.48) jetzt – im Gegensatz zu ihrer Bedeutung in der Urnenaufgabe – eine willkürliche, subjektive Wahl darstellen, der kein objektiver Sachverhalt entspricht. Dies geben *Bayes*ianer natürlich zu, entscheiden sich jedoch für die subjektivistische Wahrscheinlichkeitsinterpretation (s.S. 69) und verweisen darauf, daß der Einfluß der subjektiv gewählten Apriori-Wahrscheinlichkeiten auf die gesuchten Aposteriori-Wahrscheinlichkeiten mit wachsendem Stichprobenumfang n immer geringer werde (wie sich dies bereits im behandelten Beispiel beim Vergleich von (1.49) und (1.50) andeutet) und damit die subjektive Wahl durch die objektiven Erfahrungsdaten korrigiert werde; für sie stellt die *Bayes*sche Formel ein *Modell für das Lernen aus der Erfahrung* dar. Im *Bayes*ianismus spielt also die *Bayes*sche Formel eine ähnliche Rolle wie das *Bernoulli*sche Gesetz der großen Zahlen für die objektivistische Wahrscheinlichkeitsinterpretation.

Daß der Einfluß unterschiedlicher Wahlen der Apriori-Wahrscheinlichkeiten auf die Aposteriori-Wahrscheinlichkeiten für größere Werte von n geringer ist als für kleinere Werte, kann man auch anhand des obigen Beispiels sehen, wenn man etwa für die von (1.48) erheblich abweichende Wahl

$$W(U_0) = 0,10, \; W(U_1) = 0,20, \; W(U_2) = 0,40,$$
$$W(U_3) = 0,20, \; W(U_4) = 0,10 \tag{1.48'}$$

die (1.49) und (1.50) entsprechenden Aposteriori-Wahrscheinlichkeiten zu

$$W(U_0|A) = 0,20, \; W(U_1|A) = 0,30, \; W(U_2|A) = 0,40,$$
$$W(U_3|A) = 0,10, \; W(U_4|A) = 0 \tag{1.49'}$$

1.5. BEDINGTE WAHRSCHEINLICHKEITEN

und

$$W(U_0|A) = 0, \; W(U_1|A) = 0,91, \; W(U_2|A) = 0,094,$$
$$W(U_3|A) = 0,00014, \; W(U_4|A) = 0 \tag{1.50'}$$

berechnet und mit (1.49) und (1.50) vergleicht.

Über den formulierten Einwand hinaus muß vom Standpunkt der objektivistischen Wahrscheinlichkeitsinterpretation noch eingewendet werden, daß die genannten fünf „Möglichkeiten" sich gar nicht als Ereignisse bei einem wohldefinierten *Versuch* deuten lassen und für sie also gar keine Wahrscheinlichkeiten definiert werden können. Dies liegt daran, daß ein *Versuch*, bei dem die vorgelegte Lieferung als ein Versuchsergebnis aufgefaßt werden könnte, deshalb nicht definiert ist, weil nämlich der Bedingungskomplex „Lieferumstände" gar nicht näher fixiert wird. Für den objektivistischen Standpunkt hingegen stellt die Lieferung eine Grundgesamtheit mit dem unbekannten (zufallsunabhängigen) Parameter „Anzahl defekter Stücke" dar, über dessen feststehenden, aber unbekannten numerischen Wert man Aussagen mit Hilfe bestimmter Verfahren der Mathematischen Statistik (Parameter-Schätzverfahren, Testverfahren) erhalten kann, wie dies bereits in 1.3.4 skizziert wurde.

Aufgabe 1.12: Bei einem TV-Ratespiel befindet sich in einem von drei mit Nr. 1, 2, 3 numerierten Gefäßen ein Gewinn, und ein Rate-Kandidat hat sich für genau eines der Gefäße zu entscheiden. Nach der Entscheidung des Kandidaten gibt der Moderator noch folgenden Hinweis: Er teilt über eines der beiden Gefäße, auf die der Kandidat nicht getippt hat, wahrheitsgemäß mit, daß dieses Gefäß den Gewinn nicht enthält. Dem Rate-Kandidaten wird anheimgestellt, nach diesem Hinweis bei seiner ursprünglichen Entscheidung zu bleiben (= Strategie A) oder seine Entscheidung abzuändern zugunsten desjenigen Gefäßes, das vom Moderator als Gewinn-Gefäß nicht ausgeschlossen wurde (= Strategie B).

Man berechne für jede der Rate-Strategien A und B die Wahrscheinlichkeit, den Gewinn zu erhalten.

Aufgabe 1.13:
- Ein befragter Mann sagt: „Ich bin Vater eines Jungen und habe noch genau ein weiteres Kind" (= Situation A).
- Ein befragter Junge sagt: „Mein Vater hat außer mir noch genau ein weiteres Kind" (= Situation B).
- Ein befragter Junge sagt: „Ich habe noch genau ein Geschwister" (= Situation C).

Man beschreibe für jede der drei geschilderten Situationen einen Versuch der darin besteht, aus einer wohldefinierten Grundgesamtheit von geeigneten Elementen eines zufällig herauszugreifen und jeweils darauf zu achten, ob ein bestimmtes **Ereignis** (= „weiteres Kind" bzw. „Geschwister" ist ein Junge) eintritt oder nicht eintritt.

Sodann berechne man für jede der drei Situationen A, B, C die Wahrscheinlichkeit dafür, daß das „weitere Kind" bzw. das „Geschwister" ein Junge ist. Dazu gehe man von folgenden vereinfachenden Modellannahmen aus: Bei mehreren Geburten in einer

Familie sind die Geschlechter der Kinder *statistisch unabhängig* und jedes der beiden Geschlechter tritt bei jeder Geburt mit der Wahrscheinlichkeit 1/2 auf.

Wie lauten die Ergebnisse unter der Annahme, daß die Wahrscheinlichkeit für eine Jungen-Geburt 0,52 beträgt?

Weitere Aufgabe für die Anwendung bedingter Wahrscheinlichkeiten: Aufgabe 12 der „Aufgabensammlung", *Basler* (1991).

Kapitel 2
Zufällige Variable

2.1 Zufällige Variable und Verteilungsfunktion

Wichtige Beispiele für die jetzt allgemein zu definierenden zufälligen Variablen wurden bereits bei der Behandlung der beiden Urnenmodelle eingeführt und benutzt. Es wurden nämlich die Anzahlen ausgezeichneter Elemente in Zufallsstichproben ohne Zurücklegen bzw. mit Zurücklegen – die man in anschaulicher Sprechweise als „**Zufallsgrößen**" bezeichnen kann – als auf dem jeweiligen Ω definierte Funktionen ξ und η mathematisch präzisiert und als **zufällige Variable** bezeichnet (s. „Grundlegende Begriffsbildungen anhand des Beispiels 1.7", S. 16ff und Wertetabelle (1.12)). Weitere Beispiele für solche „Zufallsgrößen" sind: jede physikalisch-technische Meßgröße wie etwa das Gewicht eines aus einer Produktion *zufällig* herausgegriffenen Exemplars eines Produktes (Beispiel 1.3, S. 3); die Einkommenshöhe, der Intelligenzquotient oder irgendein anderes interessierendes sogenanntes *Merkmal* einer aus einer bestimmten Grundgesamtheit von Personen *zufällig* herausgegriffenen Person.

Jede solche bei einem *Versuch mit zufälligem Ausgang* interessierende **Meßgröße**, die bei jedem Versuchsausgang – der modellmäßig durch ein Elementarereignis ω aus Ω repräsentiert wird – eine bestimmte reelle Zahl als **Meßwert** annimmt, wird im Modell durch eine Funktion ξ präzisiert, die man eine *zufällige Variable* nennt; d.h.
eine zufällige Variable ξ ist eine Funktion, die jedem Elementarereignis ω aus Ω eine reelle Zahl $\xi(\omega)$ zuordnet.

Den bei einer konkreten Durchführung des betreffenden Versuchs erhaltenen Meßwert $\xi(\omega)$ nennt man eine **Realisation** von ξ.

In der vorliegenden Darstellung wird eine solche Realisation $\xi(\omega)$ oft abgekürzt mit x bezeichnet werden; d.h. x ist dann eine reelle Zahl und keine zufällige Variable. Trotzdem wird bei Bedarf ein solches x gelegentlich wieder als zufällige Variable gedeutet werden; d.h. wie weitgehend üblich, wird auch hier in den Bezeichnungen nicht durchgängig zwischen einer Funktion ξ und einem Funktionswert $\xi(\omega)$ unterschieden. Diese gewisse Großzügigkeit (man kann auch sagen „Unschärfe") in den Bezeichnungen erweist sich insbesondere in der Statistischen Methodenlehre als geradezu zwingend, wenn etwa eine Realisation x als *Schätz-Wert* für einen Parameter benutzt wird.

Denn hierzu wurde bereits in 1.3.4 (Bedeutung der Urnenmodelle für die Schließende Statistik) die grundlegende Einsicht gewonnen, daß die zentrale Frage „wie genau x den Parameter schätzt" nur dann Sinn macht, wenn man dieses x als mathematische Präzisierung des *Schätz-Verfahrens* deutet – d.h. als *zufällige Variable*.

Strenge Definition von **zufällige Variable**:

Die obige (fettgedruckte) Charakterisierung einer zufälligen Variablen wurde aus folgendem Grund nicht als Definition 2.1 formuliert. Aus zwingenden mathematischen Gründen darf man nämlich nicht *jede* auf Ω definierbare reelle Funktion als zufällige Variable bezeichnen. Eine zufällige Variable muß vielmehr noch eine Bedingung erfüllen, die zwar in allen praktisch interessierenden Fällen, in denen eine „Zufallsgröße" mathematisch präzisiert werden soll, von selbst erfüllt ist, aber für den Aufbau der abstrakten Theorie zusätzlich gefordert werden muß. Es handelt sich darum, daß für jede zufällige Variable ξ unbedingt die Wahrscheinlichkeit $W(\xi \leq x)$ für jede reelle Zahl x definiert sein sollte – man benötigt sie in der nachfolgenden Definition 2.1 als definierende Eigenschaft –; d.h. jede Teilmenge $\{\omega : \xi(\omega) \leq x\}$ von Ω sollte zur σ-Algebra S der Ereignisse gehören, da nur dann $W(\{\omega : \xi(\omega) \leq x\})$ gemäß Definition 1.2 definiert ist. Eine Funktion ξ, für die alle Mengen der Form $\{\omega : \xi(\omega) \leq x\}$ zum Definitionsbereich S des Wahrscheinlichkeitsmaßes W gehören, nennt man eine **meßbare Funktion**. Die zufälligen Variablen sind demnach genau die **meßbaren** reellen Funktionen auf Ω. Falls Ω nur abzählbar viele Elemente besitzt, und die *σ-Algebra aller Teilmengen* von Ω als Definitionsbereich für W gewählt werden kann (s.S. 5), ist also jede auf Ω definierte Funktion eine zufällige Variable.

Es zeigt sich, daß diese Meßbarkeitsforderung sicherstellt, daß für jede *Borel*-Menge B die Wahrscheinlichkeit dafür definiert ist, daß ξ einen Wert aus B annimmt – also insbesondere die Wahrscheinlichkeit dafür definiert ist, daß der Wert einer Meßgröße ξ in ein beliebig vorgegebenes Intervall $(a,b\,]$ fällt, also $W(a < \xi \leq b)$ definiert ist. Dies sicherzustellen, wurde bereits bei der Einführung der *Sigma-Algebra der Borel-Mengen* (S. 8) als ein wesentliches Ziel der Theoriebildung formuliert.

Diese Meßbarkeitseigenschaft von zufälligen Variablen spielt in der Wahrscheinlichkeitstheorie eine ähnliche Rolle wie die Eigenschaft der Stetigkeit von Funktionen in der Analysis. Ähnlich wie dort, überträgt sich die Meßbarkeit von ξ und η auf Funktionen wie $\xi + \eta$, $\xi \cdot \eta$, ξ^2, etc., d.h. es läßt sich zeigen:
Sind ξ und η zufällige Variable, so sind auch die Funktionen $\xi + \eta$, $\xi \cdot \eta$, ξ^2, $|\xi|$ sowie $c \cdot \xi$ (c eine reelle Zahl) zufällige Variable.

Zur Beschreibung aller wahrscheinlichkeitstheoretisch interessierenden Eigenschaften einer zufälligen Variablen genügt es, ihre sogenannte Verteilungsfunktion zu kennen.

Definition 2.1
Es sei ξ eine beliebige zufällige Variable. Dann heißt die durch

$$F(x) = W(\xi \leq x) \tag{2.1}$$

für jede reelle Zahl x definierte Funktion $F(x)$ die **Verteilungsfunktion** *der zufälligen Variablen ξ; $F(x)$ gibt also die Wahrscheinlichkeit dafür an, daß der bei einer Durchführung des Versuches von der zufälligen Variablen ξ angenommene Wert $\xi(\omega)$ nicht größer als x ausfällt.*

2.1. ZUFÄLLIGE VARIABLE UND VERTEILUNGSFUNKTION

Mit Hilfe der Verteilungsfunktion $F(x)$ läßt sich die oft benötigte Wahrscheinlichkeit $W(a < \xi \leq b)$, daß ξ einen Wert in einem vorgegebenen Intervall $(a, b]$ annimmt, folgendermaßen ausdrücken:

$$W(a < \xi \leq b) = F(b) - F(a). \quad (2.2)$$

Der Beweis von (2.2) ergibt sich sofort, indem man das Additions-Axiom 3 aus der Definition 1.2 auf die ersichtlich richtige Identität

$$\{\omega : \xi(\omega) \leq a\} \cup \{\omega : a < \xi(\omega) \leq b\} = \{\omega : \xi(\omega) \leq b\}$$

anwendet.

Beispiel 2.1
Verteilungsfunktionen der hypergeometrischen Verteilung $H(10; 3; 0, 4)$ und der Binomialverteilung $Bi(3; 0, 4)$
In Beispiel 1.8 (S. 26) ergaben die Lösungen der *Grundaufgaben* für die Urnenmodelle Z.o.Z. und Z.m.Z. für die Urnenparameter $N = 10; M = 4; n = 3$:

m	$W(\xi = m)$	$W(\eta = m)$
0	0,167	0,216
1	0,500	0,432
2	0,300	0,288
3	0,033	0,064

Für die in diesen beiden Tabellen zum Ausdruck kommenden Verteilungsgesetze der zufälligen Variablen ξ und η wurden im Anschluß an die Grundaufgabenlösungen (1.24) und (1.26) bereits die Bezeichnungen *hypergeometrische Verteilung* $H(10; 3; 0, 4)$ und Binomialverteilung $Bi(3; 0, 4)$ eingeführt. Bezeichnet man die zugehörigen Verteilungsfunktionen, also die Verteilungsfunktionen von ξ und η mit F_ξ und F_η, so erhält man nach (2.1) z.B.

$$F_\xi(1) = E(\xi \leq 1) = 0,167 + 0,500 = 0,667$$
$$F_\eta(1) = W(\eta \leq 1) = 0,216 + 0,432 = 0,648.$$

Da ξ und η jeweils nur ganze Zahlen als mögliche Werte annehmen können, ist z.B. $W(\xi = x) = 0$ für jedes x mit $1 < x < 2$ und folglich

$$F_\xi(x) = W(\xi \leq x) = 0,667 \quad \text{für alle } x \text{ mit } 1 \leq x < 2.$$

(Anschaulich ist z.B. sofort klar, daß $F_\xi(1,6) = W(\xi \leq 1,6) = W(\xi \leq 1) = F_\xi(1)$ ist, da die Anzahl ξ nur dann zu $\leq 1,6$ ausfällt, wenn sie ≤ 1 ausfällt.)

Auf diese Weise erhält man folgende *vollständige Wertetabellen* für die Verteilungsfunktionen F_ξ und F_η:

x	$F_\xi(x)$	$F_\eta(x)$
$-\infty < x < 0$	0	0
$0 \leq x < 1$	0,167	0,216
$1 \leq x < 2$	0,667	0,648
$2 \leq x < 3$	0,967	0,936
$3 \leq x < +\infty$	1	1

Abbildung 3 zeigt die Graphen von F_ξ und F_η. □

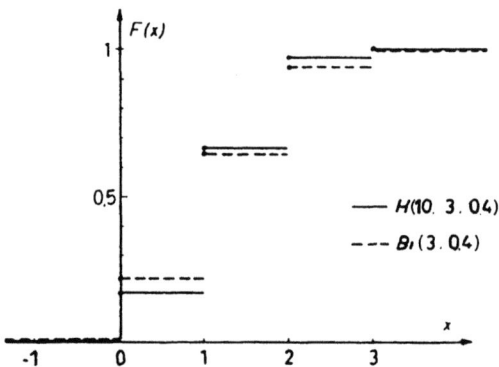

Abb. 3: Verteilungsfunktionen der hypergeometrischen Verteilung $H(10, 3; 0, 4)$ und der Binomialverteilung $Bi(3; 0, 4)$

Wie man aus Abbildung 3 sieht, sind die Verteilungsfunktionen F_ξ und F_η von ξ und η **Treppenfunktionen** mit den Stellen $x = 0, 1, 2, 3$ als sog. **Sprungstellen** und den $W(\xi = m)$ bzw. $W(\eta = m)$ für $m = 0, 1, 2, 3$ als zugehörigen **Sprunghöhen**.

Allgemeiner nennt man eine solche bis auf *abzählbar viele Sprungstellen* $x_1, x_2, x_3, \ldots$ konstante „treppenförmige" Verteilungsfunktion F eine **Verteilungsfunktion vom diskreten Typ**. Eine zugehörige **zufällige Variable ξ vom diskreten Typ** nimmt also nur endlich viele oder abzählbar unendlich viele diskret liegende reelle Zahlen $x_1, x_2, x_3, \ldots$ als mögliche Werte an. Der Funktionswert $F(x)$ einer solchen Verteilungsfunktion ist jeweils die Summe aus denjenigen Sprunghöhen $W(\xi = x_i)$, für die $x_i \leq x$ ist, d.h. es ist für jede reelle Zahl x

$$F(x) = \sum_{x_i \leq x} W(\xi = x_i) \tag{2.3}$$

und für die Summe aller Sprunghöhen gilt

$$\sum_i W(\xi = x_i) = 1. \tag{2.4}$$

Den Verteilungsfunktionen vom diskreten Typ stehen Verteilungsfunktionen solcher zufälliger Variabler gegenüber, die auch jeden reellen Zwischenwert zwischen je zwei ihrer möglichen Werte annehmen können; letzteres trifft z.B. für viele physikalisch-technische Meßgrößen zu (s. Beispiel 1.3, S. 3), wenn man sie modellmäßig als zufällige Variable beschreibt. Es ist anschaulich zu erwarten, daß die Verteilungsfunktion einer solchen zufälligen Variablen etwa in Gestalt der in Abbildung 4 eingezeichneten s-förmigen stetigen Kurve haben wird. Genauer sagt man: eine Verteilungsfunktion F ist vom **stetigen Typ**, wenn eine

2.1. ZUFÄLLIGE VARIABLE UND VERTEILUNGSFUNKTION

sogenannte **Dichtefunktion** $f \geq 0$ (z.B. die glockenförmige Kurve in Abbildung 4) derart existiert, daß sich *jeder Funktionswert $F(x)$ als Flächeninhalt* (schräg schraffierte Fläche in Abbildung 4) *unter jener Dichtefunktion f von $-\infty$ bis zur Stelle x* darstellen läßt.

Die Bezeichnungen „vom diskreten Typ" und „vom stetigen Typ" für zufällige Variable können wohl auf den ersten Blick als unangebracht schwerfällig erscheinen, weil man vielleicht meint, man könne sie durch „diskrete" und „stetige zufällige Variable" ersetzen. Mindestens die letzte Bezeichnung ist jedoch bedenklich bzw. sinnlos, da nämlich der Stetigkeitsbegriff der Analysis auf zufällige Variable gar nicht anwendbar ist. (Dies liegt daran, daß für zwei Elemente ω_1 und ω_2 aus dem Definitionsbereich Ω kein Abstand definiert ist und somit der Limesbegriff der Analysis auf ω-Folgen nicht anwendbar ist.) Unbedenklich ist hingegen die Bezeichnung „diskrete zufällige Variable". Da jedoch sogar Autoren, die diese Bezeichnung verwenden, dazu neigen, auch von „stetigen zufälligen Variablen" zu sprechen, so werden im vorliegenden Buch „Grundbegriffe..." in beiden Fällen die „schwerfälligen" Bezeichnungen vorbeugend beibehalten. Ähnliche Gründe lassen sich zugunsten der Bezeichnungen „Verteilungsfunktion vom diskreten Typ" und „Verteilungsfunktion vom stetigen Typ" anführen.

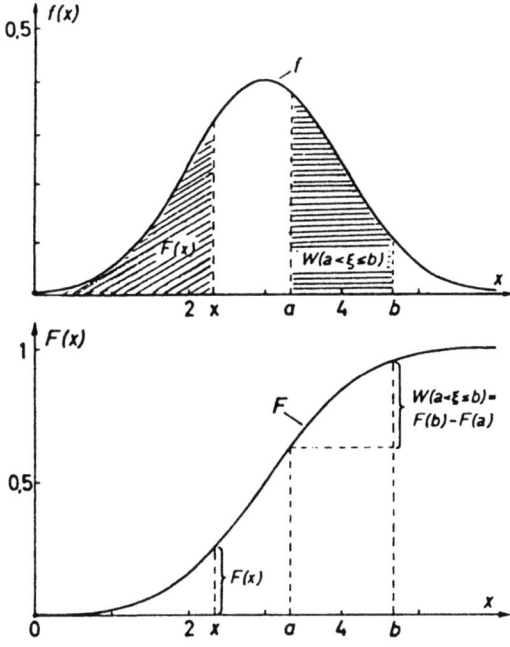

Abb. 4: Dichte f und Verteilungsfunktion F einer zufälligen Variablen ξ vom stetigen Typ

Die soeben geschilderte Darstellbarkeit von $F(x)$ als Flächeninhalt läßt sich mit den Bezeichnungen der Integralrechnung in folgender Gestalt schreiben:

$$F(x) = \int_{-\infty}^{x} f(t)dt. \tag{2.5}$$

Die bei vielen Fragestellungen interessierende Wahrscheinlichkeit $W(a < \xi \leq b)$, daß ξ einen Wert in einem vorgegebenen Intervall $(a, b]$ annimmt, hat nach (2.2) den Wert $F(b) - F(a)$. Diese Differenz zwischen den Flächeninhalten $F(b)$ und $F(a)$ ist aber der (in Abbildung 4 waagerecht schraffierte) Flächeninhalt zwischen a und b unter f, d.h. $W(a < \xi \leq b)$ **ist der Flächeninhalt über dem vorgegebenen Intervall** $(a, b]$ **unter der Dichte** f – oder in Integralschreibweise

$$W(a < \xi \leq b) = \int_{a}^{b} f(t)dt. \tag{2.6}$$

Speziell beträgt damit die Wahrscheinlichkeit dafür, daß eine zufällige Variable ξ vom stetigen Typ eine vorgegebene reelle Zahl x als Wert annimmt – daß also ξ einen Wert in einem Intervall der Länge Null annimmt – Null; d.h. es ist

$$W(\xi = x) = 0 \quad \text{für jede reelle Zahl } x. \tag{2.6'}$$

Die Dichte f muß dabei eine nicht-negative Funktion sein, für die – da natürlich $W(\xi \leq +\infty) = 1$ sein muß – noch

$$\int_{-\infty}^{+\infty} f(t)dt = 1 \tag{2.7}$$

gelten muß.

Umgekehrt folgt aus dem sogleich zu erläuternden *Charakterisierungssatz für Verteilungsfunktionen*: Ist $f \geq 0$ eine reelle Funktion mit (2.7), so ist die durch (2.5) definierte Funktion F die Verteilungsfunktion einer geeignet definierten zufälligen Variablen.

Das hier über den stetigen Typ von Verteilungsfunktionen Gesagte wird in 2.3.4 durch die Behandlung der wichtigen *Gaußschen Normalverteilung* konkretisiert.

Hinweis zur Integralrechnung: In diesem Buch werden nirgends Integrale berechnet. Über ihre Verwendung als Abkürzungen für die anschaulich geschilderten Flächeninhalte hinaus, sollen die in (2.5), (2.6), (2.7) verwendeten (Integral-)Zeichen hier lediglich dem Zweck dienen, die vergleichende Orientierung in anderen Büchern, insbesondere in statistischen Tafelwerken, zu erleichtern bzw. zu ermöglichen.

Rechtsseitige Stetigkeit von Verteilungsfunktionen:
Wie man in Abbildung 3 sieht, sind die Verteilungsfunktionen F_ξ und F_η keine stetigen Funktionen sondern an den Stellen $0, 1, 2, 3$ unstetig. Wäre etwa F_ξ – nachfolgend kurz mit F bezeichnet – an der Stelle 0 stetig, so müßte gelten: Wenn eine Folge von x-Werten $x_1, x_2, \ldots$ gegen die Stelle 0 konvergiert, so müßte die Folge $F(x_1), F(x_2), \ldots$

2.1. ZUFÄLLIGE VARIABLE UND VERTEILUNGSFUNKTION

der zugehörigen F-Werte gegen den F-Wert an der Stelle 0, also gegen 0,167 konvergieren. Dies ist jedoch nicht immer der Fall: Wählt man nämlich eine Folge $x_1, x_2, \ldots$ negativer Zahlen, die also *von links* gegen 0 konvergiert, so konvergiert die zugehörige Folge der F-Werte gegen 0 und nicht gegen 0,167. Wählt man allerdings eine Folge von x-Werten, die *von rechts* gegen die Stelle 0 konvergiert, so konvergiert die Folge der zugehörigen F-Werte gegen den „gewünschten" Grenzwert 0,167 und erfüllt die Stetigkeitsbedingung. Da „von rechts her" diese Stetigkeitsbedingung für alle Unstetigkeitspunkte von F erfüllt ist, so nennt man diese (unstetige) Funktion F eine **rechtsseitig stetige Funktion**. Offensichtlich sind alle Verteilungsfunktionen vom diskreten Typ *rechtsseitig stetig*. Verteilungsfunktionen vom stetigen Typ sind selbstverständlich auch rechtsseitig stetig, da sie ja sogar stetig sind.

Jede Verteilungsfunktion F besitzt die folgenden vier anschaulich sofort einleuchtenden Eigenschaften:

1. F ist (im weiteren Sinn) monoton wachsend, d.h. für $x_1 < x_2$ gilt stets $F(x_1) \leq F(x_2)$.

2. Es ist $\lim_{x \to -\infty} F(x) = 0$.

3. Es ist $\lim_{x \to +\infty} F(x) = 1$.

4. F ist rechtsseitig stetig.

Die Bedeutung dieser vier Eigenschaften von Verteilungsfunktionen liegt vor allem darin, daß man folgenden **Charakterisierungssatz für Verteilungsfunktionen** beweisen kann:
Jede reelle Funktion, die diese vier Eigenschaften besitzt, kann als Verteilungsfunktion gedeutet werden, d.h. es existiert eine geeignet definierte zufällige Variable derart, daß die vorgelegte Funktion die Verteilungsfunktion dieser zufälligen Variablen ist.

Für stärker (mathematisch) interessierte Leser soll im folgenden die für den Aufbau einer anwendungsorientierten Wahrscheinlichkeitstheorie grundlegende Bedeutung dieses Satzes erläutert werden. Die zentrale Aufgabe einer solchen Wahrscheinlichkeitstheorie ist die Beschreibung von zufälligen Variablen mit Hilfe ihrer Verteilungsfunktionen. Nach den bisherigen Ausführungen (S. 69) hat diese Beschreibung prinzipiell dadurch zu erfolgen, daß man das zugrundeliegende zufallsabhängige Geschehen, z.B. einen Wurf mit einem realen (eventuell gefälschten) Würfel, durch explizite Angabe einer Menge Ω von Elementarereignissen, einer σ-Algebra S von Ereignissen und eines Wahrscheinlichkeitsmaßes W auf S beschreibt, die interessierende Zufallsgröße, z.B. die Augenzahl bei einem Wurf mit einem Würfel, als eine zufällige Variable ξ auf Ω deutet und schließlich die vor allem interessierende Verteilungsfunktion von ξ berechnet. Hierbei besteht das zentrale Anwendungsproblem in einer adäquaten „Wahl" von W bzw. in der Suche nach adäquaten Annahmen oder Hypothesen zur numerischen Festlegung von W. Der Charakterisierungssatz bietet jedoch die viel direktere Möglichkeit, die Modellbildung mit Annahmen bzw. Hypothesen über die Verteilungsfunktion der interessierende Zufallsgröße zu beginnen; d.h. man geht von einer rellen Funktion F mit den obigen vier Eigenschaften aus und weiß aufgrund des Charakterisierungssatzes, daß eine auf einem geeigneten Wahrscheinlichkeitsraum (Ω, S, W) definierte zufällige Variable ξ existiert, die die vorgelegte Funktion F als Verteilungsfunktion hat.

Diese Existenzaussage soll noch konstruktiv erläutert werden: Zur Konstruktion der benötigten zufälligen Variablen ξ wähle man speziell $\Omega = R =$ Menge der reellen Zahlen, $S = \mathcal{B} = \sigma$-Algebra der *Borel*-Mengen (s.S. 8) und definiere für jedes halboffene Intervall $(a, b\,]$ aus $\mathcal{B}$ das benötigte Wahrscheinlichkeitsmaß W zu

$$W((a, b\,]) = F(b) - F(a).$$

Ein sogenannter **Fortsetzungssatz** – ein zentraler Gegenstand der sog. **Maßtheorie** – besagt nun, daß man diese so für die genannten Intervalle aus $\mathcal{B}$ definierte Mengenfunktion eindeutig zu einem Wahrscheinlichkeitsmaß W auf ganz $\mathcal{B}$ fortsetzen kann, d.h. es gibt genau ein Wahrscheinlichkeitsmaß auf $\mathcal{B}$, das für die Intervalle $(a, b\,]$ die eben definierten Werte besitzt. Die triviale zufällige Variable der Identität auf $\Omega = R$ – also die Funktion, die jeder reellen Zahl r eben diese Zahl r als Funktionswert zuordnet – besitzt dann gerade die vorgelegte Funktion F als Verteilungsfunktion. (Auf den ersten Blick ist es sicherlich überraschend, daß ganz unabhängig von der interessierenden konkreten Zufallsgröße immer die gleiche zufällige Variable ξ, nämlich die Identität, die vorgelegte Zufallsgröße im Modell beschreiben soll. Aber natürlich stellt eine geeignet vorgelegte Verteilungsfunktion die gewünschte Interpretierbarkeit von ξ als die interessierende Zufallsgröße sicher; im Beispiel der konkreten Zufallsgröße „Augenzahl bei einem Wurf mit einem realen Würfel" stellt eine adäquat vorgelegte Verteilungsfunktion sicher, daß die zufällige Variable Identität von ihren unendlich vielen möglichen Werten nur die reellen Zahlen $1, 2, \ldots, 6$ mit von Null verschiedenen Wahrscheinlichkeiten annimmt.) Ob allerdings eine bestimmte vorgelegte hypothetische Verteilungsfunktion für eine konkrete Zufallsgröße ein angemessenes Modell liefert, ist natürlich prinzipiell eine empirisch überprüfbare Hypothese; ihre Überprüfung geschieht mittels statistischer Testverfahren.

Der geschilderte Sachverhalt erklärt die Tatsache, daß man beispielsweise bei der Behandlung der sogenannten Normalverteilung nirgends explizit von einem Wahrscheinlichkeitsmaß oder einem Wahrscheinlichkeitsraum sprechen muß und sozusagen Wahrscheinlichkeitstheorie allein mit Hilfe der Verteilungsfunktionen betreiben kann. Auch die Verteilungsfunktionen der hypergeometrischen Verteilung (S. 110) und der Binomialverteilung (S. 107) könnten prinzipiell auf diese Weise eingeführt werden. Allerdings bietet in diesen Fällen die Einführung als Verteilungsfunktionen von explizit definierten zufälligen Variablen auf explizit angebbaren Wahrscheinlichkeitsräumen, die zur Beschreibung bestimmter Urnenmodelle dienen, hinsichtlich der Anwendung dieser Modelle unverzichtbare Einsichten, so daß ein abstraktes Hinschreiben dieser Verteilungsfunktionen didaktisch unsinnig wäre.

Insofern, als aus dem Vorangehenden die grundlegende Bedeutung von Wahrscheinlichkeitsräumen der Struktur $(R, \mathcal{B}, W)$ hervorgeht, ist damit auch die Bedeutung der am Schluß von 1.2.1 (s.S. 8) als Beispiel angeführten σ-Algebra $\mathcal{B}$ der *Borel*-Mengen ersichtlich.

2.2 Erwartungswert und Streuung

Jetzt soll jede zufällige Variable bzw. ihre Verteilungsfunktion durch einige charakteristische Kennzahlen, sog. *Parameter*, global gekennzeichnet werden. Ganz

2.2. ERWARTUNGSWERT UND STREUUNG

intuitiv hat wohl jeder bereits die Vorstellung, daß jede Zufallsgröße einen für sie charakteristischen gewissen „mittleren Wert" besitzen sollte, um den herum sich bei Durchführung vieler Versuche die erhaltenen Einzelwerte mehr oder weniger dicht gruppieren. Diese Vorstellung von einem „mittleren Wert" einer Zufallsgröße soll jetzt anhand des Beispiels „Augenzahl bei einem Wurf mit einem realen (eventuell gefälschten) Würfel" präzisiert werden. Eine suggestive Erwartung ist, daß bei Ausführung vieler Würfe das arithmetische Mittel $\bar{\xi}$ aus den erhaltenen Augenzahlen in der Nähe jenes „mittleren Wertes" liegen wird, obgleich dieses arithmetische Mittel $\bar{\xi}$ selbstverständlich eine Zufallsgröße ist. Man vermutet natürlich, daß zwischen $\bar{\xi}$ und jenem „mittleren Wert" ein ganz ähnlicher Zusammenhang besteht wie zwischen der relativen Häufigkeit eines Ereignisses und der Wahrscheinlichkeit dieses Ereignisses (s. *Bernoulli*sches Gesetz der großen Zahlen). Bezeichnet n die Anzahl der durchgeführten Würfe und ξ_i die Augenzahl beim i-ten Wurf dieser n Würfe ($i = 1, \ldots, n$), so ist

$$\bar{\xi} = \frac{1}{n}(\xi_1 + \xi_2 + \ldots + \xi_n). \tag{2.8}$$

Vorgreifende Zwischenbemerkung: Plausiblerweise können solche n Würfe als eine *Stichprobe* vom Umfang n zu der Zufallsgröße „Augenzahl bei einem Wurf mit einem Würfel" aufgefaßt werden. In 3.1.2 (Stichproben aus beliebigen Grundgesamtheiten) werden für die zufälligen Variablen $\xi_1, \ldots, \xi_n$ Eigenschaften formuliert, mit deren Hilfe diese anschauliche Stichprobe zu einer *Zufallsstichprobe* präzisiert werden kann. Die zufällige Variable $\bar{\xi}$ wird dann als der *empirische Mittelwert* in dieser Zufallsstichprobe bezeichnet. Realisationen von $\bar{\xi}$ werden als *Schätz-Werte* (s.S. 45) für den jetzt zu definierenden „mittleren Wert von ξ" (= Erwartungswert von ξ = „wahrer" Mittelwert von ξ) benutzt.

Um den „mittleren Wert" besser erkennen zu können, in dessen Nähe $\bar{\xi}$ für große n anschaulich erwartet wird, ist es zweckmäßig, die Augenzahlsumme $\xi_1 + \xi_2 + \ldots + \xi_n$ aus (2.8) in der Form $1 \cdot n_1 + 2 \cdot n_2 + \ldots + 6 \cdot n_6$ zu schreiben, wobei n_i für $i = 1, \ldots, 6$ die Anzahl der Würfe unter den n Würfen angibt, die die Augenzahl i ergeben – und also (2.8) in der Form

$$\bar{\xi} = 1 \cdot \frac{n_1}{n} + 2 \cdot \frac{n_2}{n} + \ldots + 6 \cdot \frac{n_6}{n} . \tag{2.8'}$$

Da $\frac{n_i}{n}$ die relative Häufigkeit des Ereignisses $\{\xi = i\}$ (= „die Augenzahl ξ fällt zu i aus") ist, so gilt nach dem *Bernoulli*schen Gesetz der großen Zahlen für hinreichend große n

$$\frac{n_i}{n} \approx W(\xi = i)$$

und also

$$\bar{\xi} \approx 1 \cdot W(\xi = 1) + 2 \cdot W(\xi = 2) + \ldots + 6 \cdot W(\xi = 6). \tag{2.8''}$$

Damit erscheint es zwingend, den einzuführenden „mittleren Wert" von ξ durch den Ausdruck der rechten Seiten von (2.8") zu definieren; denn durch diese Definition erscheint gewährleistet, daß $\bar{\xi}$ wie gewünscht beliebig dicht bei dem so definierten „wahren Mittelwert" liegt, sobald man zu seiner Bestimmung nur hinreichend viele Versuche durchführt. Überträgt man diese Definition auf beliebige zufällige Variable vom diskreten Typ, so hat man

Definition 2.2
Es sei ξ eine zufällige Variable vom diskreten Typ, die nur die (endlich vielen oder abzählbar unendlich vielen) Zahlen $x_1, x_2, \ldots$ als Werte annehmen kann. Dann heißt

$$x_1 \cdot W(\xi = x_1) + x_2 \cdot W(\xi = x_2) + \ldots \qquad (2.9)$$

Erwartunswert *oder* Mittelwert *der zufälligen Variablen ξ, falls diese Summe absolut konvergiert*[1]. *Der Erwartungswert wird mit $E[\xi]$ oder μ bezeichnet; es ist also*

$$E[\xi] = \sum_i x_i \cdot W(\xi = x_i),$$

wobei über alle möglichen Werte von i zu summieren ist.

Nach den, diese Definition vorbereitenden Bemerkungen, ist bereits plausibel, daß es möglich ist, den Erwartungswert einer zufälligen Variablen als einen *„durchschnittlichen Wert"* (im Sinne des arithmetischen Mittels von sehr vielen Meßwerten) der zufälligen Variablen ξ zu interpretieren.

Eine weitere Möglichkeit, für eine zufällige Variable einen „mittleren Wert" zu definieren, stellt der sogenannte **Zentralwert** z einer zufälligen Variablen bzw. ihrer Verteilungsfunktion dar. Für zufällige Variable vom stetigen Typ kann man den Zentralwert anschaulich naheliegend als diejenige Zahl z definieren, für die

$$W(\xi \leq z) = 1/2 \qquad (2.10)$$

gilt. Da jedoch für diskrete Zufallsgrößen eine (2.10) erfüllende Zahl z nicht immer existiert (z.B. für die beiden zufälligen Variablen des Beispiels 2.1, deren Verteilungsfunktionen F_ξ und F_η den Wert 1/2 nicht annehmen), benutzt man folgende (2.10) verallgemeinernde

Definition 2.3
Es sei ξ eine beliebige zufällige Variable mit der Verteilungsfunktion F. Dann heißt jede Zahl z mit

$$F(x) \begin{cases} \leq 1/2 \text{ für jedes } x < z \\ \geq 1/2 \text{ für jedes } x \geq z \end{cases}$$

Zentralwert *oder auch* **Median** *von ξ bzw. von F.*

---

[1] Diese Bedingung der absoluten Konvergenz entfällt natürlich, wenn ξ nur endlich viele Werte annehmen kann. Stellt jedoch (2.9) eine unendliche Reihe dar, so muß man auch die Konvergenz der aus den absoluten Beträgen der Summanden gebildeten Reihe verlangen, da es andernfalls nach einem Satz über unendliche Reihen möglich wäre, durch bloßes Ändern der Reihenfolge der Summanden von (2.9), eine andere Reihensumme zu erzielen. Ohne die Forderung der absoluten Konvergenz wäre also der Erwartungswert durch (2.9) nicht in jedem Falle eindeutig definiert.

2.2. ERWARTUNGSWERT UND STREUUNG

Die Verwendung des Zentralwertes anstelle des Erwartungswertes zur globalen Charakterisierung einer zufälligen Variablen erscheint insbesondere dann angezeigt, wenn die Addition einzelner Meßwerte der betrachteten Zufallsgröße (und damit die Bildung des arithmetischen Mittels) eigentlich nicht sinnvoll ist, wie das etwa bei zahlenmäßig ausgedrückten Zensuren der Fall ist. Dem „Meßverfahren" liegt im Falle der Zensuren nämlich eigentlich nur eine sogenannte **ordinale Skala** oder **Rangskala** der möglichen Meßwerte zugrunde, die nur die *Reihen- oder Rangfolge* von je zwei Meßwerten festlegt, d.h. das metrische Verhältnis zweier Meßwerte, z.B. das Notenverhältnis 4:2, sollte hierbei nicht wie im Falle einer **metrischen Skala** (4kg ist doppelt soviel wie 2kg!) interpretiert werden.

Neben den soeben eingeführten sogenannten *Lageparametern* Erwartungswert μ und Zentralwert z, die die „Lage" der möglichen Werte einer zufälligen Variablen auf der Zahlengeraden global kennzeichnen, soll jetzt jeder zufälligen Variablen ξ eine Zahl zugeordnet werden, die ein Maß dafür darstellt „wie stark die Zufallsgröße ξ um ihren Mittelwert μ streut". Die zunächst wohl naheliegende Idee, dafür den „durchschnittlichen Wert" der Abweichung $\xi - \mu$ der zufälligen Variablen ξ von ihrem Mittelwert μ, also $E[\xi - \mu]$ zu verwenden, macht deshalb keinerlei Sinn, weil sich diese „durchschnittliche Abweichung" zu Null ergibt – wie u.a. im nachfolgenden Beispiel 2.2 gezeigt wird. Um ein solches „Streuungsmaß" zu erhalten, bildet man deshalb zunächst als Hilfsgröße den Erwartungswert $E[(\xi - \mu)^2]$; anschaulich gesprochen die „durchschnittliche quadratische Abweichung der Zufallsgröße ξ von ihrem Mittelwert μ".

Definition 2.4
Es sei ξ eine zufällige Variable vom diskreten Typ, die nur die Zahlen $x_1, x_2, \ldots$ als Werte annehmen kann. Dann heißt

$$E\left[(\xi - \mu)^2\right] = \sum_i (x_i - \mu)^2 \cdot W(\xi = x_i)$$

– wobei über alle möglichen Werte von i zu summieren ist – die **Varianz** *der zufälligen Variablen ξ, falls diese Summe einen endlichen Wert besitzt. Die nicht-negativ genommene Wurzel aus der Varianz heißt* **Streuung** *oder* **Standardabweichung** *von ξ und wird mit σ abgekürzt bezeichnet.*

Beispiel 2.2
Für die zufälligen Variablen ξ und η des Beispiels 2.1 berechne man die Erwartungswerte $\mu_\xi = E[\xi]$, $\mu_\eta = E[\eta]$, die Varianzen σ_ξ^2, σ_η^2 sowie die Zentralwerte z_ξ und z_η.
Ferner berechne man die Erwartungswerte der beiden zufälligen Variablen $\xi - E[\xi]$ und $\eta - E[\eta]$.

Lösung: Mit Hilfe der in Beispiel 2.1 angegebenen numerischen Werte für $W(\xi = m)$ und $W(\eta = m)$ für $m = 0, 1, 2, 3$ erhält man die Erwartungswerte nach Definition 2.2 in der Form

$$\mu_\xi = E[\xi] = 0 \cdot 0,167 + 1 \cdot 0,500 + 2 \cdot 0,300 + 3 \cdot 0,033 = 1,199 -$$
$$\mu_\eta = E[\eta] = 0 \cdot 0,216 + 1 \cdot 0,432 + 2 \cdot 0,288 + 3 \cdot 0,064 = 1,200$$

und die Varianzen nach Definition 2.4 in der Form (wobei für μ_ξ der exakte Wert 1,2 verwendet wird, da der erhaltene Wert 1,199 lediglich rundungsbedingt von 1,2 abweicht)

$$\sigma_\xi^2 = E\left[(\xi - \mu_\xi)^2\right] = (0 - 1,2)^2 \cdot 0,167 + \ldots + (3 - 1,2)^2 \cdot 0,033 = 0,5594$$
$$\sigma_\eta^2 = E\left[(\eta - \mu_\eta)^2\right] = (0 - 1,2)^2 \cdot 0,216 + \ldots + (3 - 1,2)^2 \cdot 0,064 = 0,7200.$$

Die Zentralwerte z_ξ und z_η liest man aus den in Beispiel 2.1 berechneten vollständigen Wertetabellen für F_ξ und F_η bzw. den in Abbildung 3 gezeichneten Graphen dieser Verteilungsfunktionen gemäß Definition 2.3 ab zu $z_\xi = 1$ und $z_\eta = 1$. □

Interpretationen der Erwartungswerte und Streuungen des Beispiels 2.2:
Die vorangehend betrachteten zufälligen Variablen ξ und η wurden in Beispiel 1.8 (S. 26) eingeführt als Anzahlen ausgezeichneter Elemente in Zufallsstichproben und zwar anhand der beiden Urnenmodelle Z.o.Z. und Z.m.Z. mit den Parameterwerten $N = 10, M = 4, n = 3$. Gemäß den Vorbereitungen der Erwartungswertdefinition 2.2 läßt sich somit der erhaltene gemeinsame numerische Wert 1,2 für die Erwartungswerte von ξ und η folgendermaßen deuten und veranschaulichen: Wiederholt man dieses Ziehen einer Zufallsstichprobe vom Umfang 3 hinreichend oft, so beträgt die dabei zu erhaltende „durchschnittliche" Anzahl ausgezeichneter Elemente (pro Stichprobe vom Umfang 3) approximativ 1,2. Analog lassen sich die erhaltenen Streuungen $\sigma_\xi = \sqrt{0,56} = 0,75$ und $\sigma_\eta = \sqrt{0,72} = 0,85$ interpretieren als die „durchschnittlichen" Abweichungen" von ξ und η von ihrem jeweiligen Mittelwert 1,2. Verallgemeinerungen der Ergebnisse dieses Beispiels 2.2 für beliebige numerische Werte der Urnenparameter N, M, n enthalten die Abschnitte 2.3.1 (Binomialverteilung) und 2.3.2 (Hypergeometrische Verteilung). Einen wesentlichen Beitrag zur anschaulichen Bedeutung des Parameters *Streuung* wird noch das Beispiel 2.7 zur Normalverteilung liefern.

Die für zufällige Variable vom diskreten Typ eingeführten Parameter Erwartungswert und Varianz sollen jetzt auch für zufällige Variable vom stetigen Typ definiert werden. Dazu ist es erforderlich, die in den Definitionen 2.2 und 2.4 benutzten definierenden Summen der Form $\sum\limits_i$ durch geeignete Integrale „zu ersetzen". Da nach (2.6') für jede reelle Zahl x $W(\xi = x) = 0$ ist, so hat man als Analogon von $W(\xi = x_i)$ beim diskreten Typ für den stetigen Typ die Wahrscheinlichkeit dafür zu betrachten, daß ξ einen Wert in einem beliebig kleinen Intervall $(x, x+\Delta x]$ der Länge Δx fällt, also $W(x < \xi \leq x+\Delta x)$ = Flächeninhalt unter f über $(x, x+\Delta x] \approx f(x) \cdot \Delta x$.

Damit ist es für mit dem Integralbegriff Vertraute zwingend, die Definitionen 2.2 und 2.4 in der folgenden Weise auf den stetigen Typ zu übertragen.

Definition 2.5
Es sei ξ eine zufällige Variable vom stetigen Typ mit der Dichtefunktion f. Dann heißt

$$\mu = E[\xi] = \int\limits_{-\infty}^{+\infty} x f(x) dx \tag{2.11}$$

der **Erwartungswert** *oder* **Mittelwert** *von ξ, falls dieses Integral absolut konvergent ist und einen endlichen Wert hat.*[2]
Ferner heißt

$$\sigma^2 = E\left[(\xi - \mu)^2\right] = \int\limits_{-\infty}^{+\infty} (x-\mu)^2 f(x) dx \qquad (2.12)$$

die **Varianz** *von ξ, falls dieses Integral einen endlichen Wert hat. Die nichtnegativ genommene Wurzel aus der Varianz heißt* **Streuung** *oder* **Standardabweichung** *von ξ.*

Auch Lesern, die mit den Integralen in (2.11) und (2.12) nicht vertraut sind, werden dadurch keine Verständnisdefizite im Hinblick auf eine anwendungsorientierte Verwendung der in (2.11) und (2.12) definierten Parameter Erwartungswert und Varianz entstehen; denn die veranschaulichende Interpretierbarkeit des Erwartungswertes als eines „durchschnittlichen Wertes von ξ" im Sinne der Vorbereitungen zur Definition 2.2 – die inzwischen anhand der numerischen Ergebnisse zu Beispiel 2.2 konkretisiert wurde – bleibt nämlich unverändert erhalten.

Im nachfolgenden Satz 2.1 sollen die für eine anwendungsorientierte Verwendung erforderlichen grundlegenden Eigenschaften der eingeführten Parameter Erwartungswert und Streuung (bzw. Varianz) zusammengestellt werden. Für die mathematische Formulierung einiger dieser Eigenschaften ist es noch erforderlich, den in Definition 1.6 (S. 59) eingeführten Begriff der statistischen Unabhängigkeit für Ereignisse auf zufällige Variable in geeigneter Weise zu übertragen.

Definition 2.6
Die zufälligen Variablen $\xi_1, \xi_2, \ldots, \xi_n$ heißen (statistisch oder stochastisch) **unabhängig**, *wenn für je n beliebige reelle Zahlen $x_1, x_2, \ldots, x_n$ die Ereignisse*

$$\{\omega : \xi_1(\omega) \leq x_1\}, \{\omega : \xi_2(\omega) \leq x_2\}, \ldots, \{\omega : \xi_n(\omega) \leq x_n\}$$

unabhängig sind.

Als Verallgemeinerung der Definition 2.1 der Verteilungsfunktion einer zufälligen Variablen ξ kann man für n zufällige Variable $\xi_1, \ldots, \xi_n$ ihre sogenannte **gemeinsame Verteilungsfunktion** $F(x_1, \ldots, x_n)$ definieren durch

$$F(x_1, \ldots, x_n) = W(\xi_1 \leq x_1, \ldots, \xi_n \leq x_n)$$

für jedes n-Tupel $(x_1, \ldots, x_n)$ reeller Zahlen. Mit Hilfe dieser *gemeinsamen Verteilungsfunktion* läßt sich die Definition 2.6 offensichtlich folgendermaßen formulieren: *Die zufälligen Variablen $\xi_1, \ldots, \xi_n$ heißen statistisch unabhängig, wenn ihre gemeinsame Verteilungsfunktion F das Produkt aus ihren einzelnen Verteilungsfunktionen $F_1, \ldots, F_n$ ist, d.h. wenn für jedes n-Tupel $(x_1, \ldots, x_n)$ gilt*

$$F(x_1, \ldots, x_n) = F_1(x_1) \cdot \ldots \cdot F_n(x_n).$$

---
[2]Vgl. die Fußnote zu Definition 2.2.

Für die Unabhängigkeit von Zufallsgrößen gilt wieder das bereits über die Unabhängigkeit von Ereignissen Gesagte: Die Definition 2.6 trifft den anschaulichen Gehalt des Wortes „unabhängig"; Unabhängigkeit kann daher für anschaulich „sich gegenseitig in keiner Weise beeinflussende" konkrete Zufallsgrößen als gegeben angesehen und als Modellannahme verwendet werden (s. Erläuterungen nach Beispiel 1.15, S. 61).

Bereits in den Beispielen 1.15 (S. 60) und 1.17 (S. 72) wurde die anschaulich plausible „Unabhängigkeit der Züge" beim Urnenmodell Ziehen mit Zurücklegen mathematisch erfaßt, und zwar mit Hilfe der statistischen Unabhängigkeit von Ereignissen. Im folgenden Beispiel 2.3 wird der gleiche Sachverhalt mit Hilfe von unabhängigen zufälligen Variablen beschrieben.

Beispiel 2.3 *Unabhängigkeit der Züge beim Urnenmodell Z.m.Z.*

Beim Urnenmodell Ziehen mit Zurücklegen (Beispiel 1.8(b)) bezeichne ξ_j die Anzahl ausgezeichneter Elemente, die der j-te Zug ergibt, d.h. jede der zufälligen Variablen $\xi_1, \ldots, \xi_n$ besitzt jeweils nur die möglichen Werte 0 und 1.
Man zeige: Die zufälligen Variablen $\xi_1, \ldots, \xi_n$ sind *statistisch unabhängig* und für jedes ξ_j gilt: $W(\xi_j = 0) = 1 - p$, $W(\xi_j = 1) = p$, wobei $p = \frac{M}{N}$ den Anteil ausgezeichneter Elemente der Urne bezeichnet.

Lösung: Da jedes ξ_j nur die beiden möglichen Werte 0 und 1 annehmen kann, so genügt es, gemäß Definition 2.6, zu zeigen, daß die Ereignisse

$$\{\omega : \xi_1(\omega) = 0\}, \ldots, \{\omega : \xi_n(\omega) = 0\}$$

statistisch unabhängig sind. Bezeichnet man, wie in Beispiel 1.15, mit E_j das Ereignis, daß der j-te Zug ausgezeichnet ergibt, so heißt dies, daß die Unabhängigkeit der n Komplemente $\mathcal{C}E_1, \ldots, \mathcal{C}E_n$ zu zeigen ist. Da jedoch nach Beispiel 1.15 (S. 60) $E_1, \ldots, E_n$ statistisch unabhängig sind, so sind nach Satz 1.9 (S. 59) auch die zugehörigen Komplemente statistisch unabhängig.
Ferner ist $W(\xi_j = 0) = W(\mathcal{C}E_j)$, $W(\xi_j = 1) = W(E_j)$ und also nach Beispiel 1.15 $W(\xi_1 = 0) = 1 - \frac{M}{N} = 1 - p$ und $W(\xi_j = 1) = \frac{M}{N} = p$. □

Mit Hilfe des Begriffs der statistischen Unabhängigkeit von zufälligen Variablen ist es jetzt möglich, die wichtigsten anwendungsrelevanten Eigenschaften von Erwartungswert und Streuung (bzw. Varianz) zu formulieren. Grundeigenschaften dieser Parameter sind ohne Beweise im folgenden Satz 2.1 zusammengestellt. Weitere anwendungsrelevante Eigenschaften werden sodann aus diesen Grundeigenschaften hergeleitet.

Satz 2.1
Es seien $\xi, \xi_1, \ldots, \xi_n$ beliebige zufällige Variable mit existierenden Erwartungswerten und Varianzen; dann gelten folgende Aussagen:

2.2. ERWARTUNGSWERT UND STREUUNG

*1. Aussage (***Linearität** *des Erwartungswertes):*
Für beliebige reelle Zahlen a und b gilt

$$E[a\xi + b] = a \cdot E[\xi] + b. \qquad (2.13)$$

*2. Aussage (***Additivität** *des Erwartungswertes):*
Der Erwartungswert einer Summe von zufälligen Variablen ist gleich der Summe der einzelnen Erwartungswerte dieser zufälligen Variablen, d.h. es gilt stets

$$E[\xi_1 + \xi_2 + \ldots + \xi_n] = E[\xi_1] + E[\xi_2] + \ldots + E[\xi_n]. \qquad (2.14)$$

3. Aussage (Eingeschränkte **Multiplikativität** *des Erwartungswertes):*
Sind ξ_1 und ξ_2 <u>unabhängige</u> zufällige Variable, so gilt

$$E[\xi_1 \cdot \xi_2] = E[\xi_1] \cdot E[\xi_2]. \qquad (2.15)$$

4. Aussage (Eingeschränkte **Additivität** *der Varianz):*
Die Varianz einer Summe von unabhängigen zufälligen Variablen ist die Summe der Varianzen der einzelnen zufälligen Variablen, d.h. für <u>unabhängige</u> zufällige Variable gilt

$$\sigma^2_{\xi_1 + \ldots + \xi_n} = \sigma^2_{\xi_1} + \ldots + \sigma^2_{\xi_n} . \qquad (2.16)$$

Der Verzicht auf die Beweise dieser vier „Grundeigenschaften" ist für die vorliegende Darstellung deshalb gerechtfertigt bzw. wohl sogar geboten, weil die mathematisch-technischen Beweise keine Einsichten im Hinblick auf eine anwendungsorientierte Verwendung dieser Eigenschaften erbringen. Bevor in den Beispielen 2.3 und 2.4 diese Eigenschaften zur Behandlung praktischer Fragestellungen verwendet werden, sollen zunächst einige sozusagen theoretische Anwendungen vorgeführt werden, d.h. das Arbeiten mit den „Grundeigenschaften" wird jetzt dadurch eingeübt, daß aus ihnen weitere anwendungsrelevante Eigenschaften der Streuung bzw. der Varianz abgeleitet werden.

*1. Folgerung aus Satz 2.1 (***Nullpunkt-Invarianz** *von Varianz und Streuung):*
Für jede reelle Zahl c gilt:

$$\sigma^2_{\xi+c} = \sigma^2_{\xi} \qquad (2.17)$$

d.h. Varianz und Streuung jeder zufälligen Variablen ξ bleiben ungeändert, wenn man zu ξ eine Konstante c addiert.

Herleitung von (2.17): Die Varianz der zufälligen Variablen $\xi+c$ ist sowohl beim diskreten Typ als auch beim stetigen Typ definiert als Erwartungswert von $((\xi + c) - E[\xi + c])^2$. Aus diesem Ausdruck fällt jedoch c sofort heraus – weil nach (2.13) $E[\xi + c] = E[\xi] + c$ ist – und der Erwartungswert von $(\xi - E[\xi])^2$ ist wie behauptet die Varianz von ξ.

Damit erfüllt der in den Definitionen 2.3 und 2.5 abstrakt eingeführte Parameter *Streuung* eine Forderung, die man von jeder einzuführenden Maßzahl für das „Streuungsverhalten" einer Zufallsgröße anschaulich fordern muß. Das gleiche gilt für die jetzt zu zeigende *Maßstabstreue der Streuung*; geht man etwa bei einer in der Einheit m gemessenen Meßgröße ξ über zur Messung in cm, also zu $100 \cdot \xi$, so wird jeder verlangen, daß bei diesem Übergang auch jedes Streuungsmaß von ξ den Faktor 100 erhält.

2. Folgerung aus Satz 2.1 (**Maßstabstreue der Streuung**):

Für jede reelle Zahl a gilt:

$$\sigma^2_{a\xi} = a^2 \cdot \sigma^2_\xi \quad bzw. \quad \sigma_{a\xi} = |a| \cdot \sigma_\xi \qquad (2.18)$$

d.h. multipliziert man eine zufällige Variable mit einer reellen Zahl, so multipliziert sich die Streuung mit dem Betrag dieser reellen Zahl und die Varianz mit dem Quadrat dieser reellen Zahl.

Herleitung von (2.18):

$$\sigma^2_{a\xi} \stackrel{\text{Def.}}{=} E\left[(a\xi - E[a\xi])^2\right] \stackrel{(2.13)}{=} E\left[a^2(\xi - E[\xi])^2\right] \stackrel{(2.13)}{=}$$

$$\stackrel{(2.13)}{=} a^2 \cdot E\left[(\xi - E[\xi])^2\right] \stackrel{\text{Def.}}{=} a^2 \cdot \sigma^2_\xi \;.$$

3. Folgerung aus Satz 2.1 (**Normierungstransformation**):

Bezeichnet μ den Erwartungswert und σ die positive Streuung einer zufälligen Variablen ξ, so gilt

$$E\left[\frac{\xi - \mu}{\sigma}\right] = 0 \quad \text{und} \quad \sigma^2_{\frac{\xi-\mu}{\sigma}} = 1\;;$$

d.h. die transformierte zufällige Variable $\frac{\xi-\mu}{\sigma}$ besitzt den Erwartungswert **0** *und die Streuung* **1**.

Herleitung: Die erste Aussage erhält man trivial nach (2.13). Die zweite Aussage erhält man als Anwendungen der „1. Folgerung" (2.17) und der „2. Folgerung" (2.18).

4. Folgerung aus Satz 2.1 (**Verschiebungssatz**):

Bezeichnet μ den Erwartungswert und σ^2 die Varianz einer zufälligen Variablen ξ, so gilt für jede relle Zahl c

$$E\left[(\xi - c)^2\right] = \sigma^2 + (\mu - c)^2. \qquad (2.19)$$

Herleitung von (2.19):

$$E\left[(\xi - c)^2\right] = E\left[((\xi - \mu) + (\mu - c))^2\right] \stackrel{(2.14)}{=} E\left[(\xi - \mu)^2\right] + E[2(\xi - \mu) \cdot (\mu - c)] +$$

$$+ E\left[(\mu - c)^2\right] \stackrel{(2.13)}{=} \sigma^2 + 0 + (\mu - c)^2.$$

Bedeutung von (2.19): Für $c = 0$ ermöglicht (2.19) als sogenannter Verschiebungssatz

$$\sigma^2 = E[\xi^2] - \mu^2 \qquad (2.19')$$

2.2. ERWARTUNGSWERT UND STREUUNG

gelegentlich eine Vereinfachung bei der numerischen Berechnung der Varianz σ^2.
Ferner enthält (2.19) folgende bemerkenswerte Minimaleigenschaften der Varianz σ^2 und des Erwartungswertes μ:
Aus (2.19) folgt nämlich

$$\sigma^2 = E\left[(\xi - \mu)^2\right] = \min_{-\infty < c < +\infty} E\left[(\xi - c)^2\right],$$

d.h. die durchschnittliche quadratische Abweichung einer zufälligen Variablen ξ von irgendeiner Konstante c, fällt genau für $c = \mu$ minimal aus und diese minimale durchschnittliche quadratische Abweichung ist gerade die Varianz σ^2.

Beispiel 2.4 *Additives und multiplikatives Modell*
Bei einem Produktionsprozeß tritt bei jedem produzierten Exemplar des betreffenden Produktes mit der Wahrscheinlichkeit $p = 0,05$ ein Fehler auf, der jeweils Kosten in Höhe von 20 DM verursacht. Es bezeichne ξ die Anzahl der fehlerhaften Exemplare in einer Lieferung von 100 Exemplaren aus dieser Produktion und η die Summe der Kosten, die durch die fehlerhaften Exemplare dieser Lieferung verursacht werden.
Man berechne Erwartungswert und Varianz für ξ und η. Dabei soll davon ausgegangen werden, daß alle Exemplare *unter den gleichen Bedingungen* produziert werden; d.h. für das Auftreten der Fehler von Exemplar zu Exemplar soll die Modellannahme der *statistischen Unabhängigkeit* unterstellt werden (s. Erläuterungen vor Beispiel 2.4).

Lösung: Es bezeichne ξ_i für $i = 1, \ldots, 100$ die Anzahl der Fehler, die das i-te Exemplar der Lieferung aufweist, d.h. nach den gegebenen Modellannahmen sind $\xi_1, \ldots, \xi_{100}$ statistisch unabhängige zufällige Variable mit $W(\xi_i = 1) = p, W(\xi_i = 0) = 1 - p$ und den Parametern

$$E[\xi_i] \stackrel{\text{Def.}}{=} 0(1-p) + 1 \cdot p = p, \tag{2.20}$$

$$E\left[(\xi_i - p)^2\right] \stackrel{\text{Def.}}{=} (0-p)^2 \cdot (1-p) + (1-p)^2 \cdot p =$$
$$= (1-p)\left[p^2 + (1-p)p\right] = p(1-p). \tag{2.21}$$

Damit läßt sich die interessierende Fehleranzahl ξ in der Form

$$\xi = \xi_1 + \xi_2 + \ldots + \xi_{100} \tag{2.22}$$

darstellen (**Additives Modell**) und die Fehlerkostensumme η in der Form (**Multiplikatives Modell**)

$$\eta = 20 \cdot \xi. \tag{2.23}$$

Hiermit erhält man die gesuchten Parameter von ξ und η mit Hilfe der Eigenschaften (2.13) bis (2.18) zu

$$E[\xi] \stackrel{(2.14)}{=} E[\xi_1] + \ldots + E[\xi_{100}] \stackrel{(2.20)}{=} 100p = 5$$

$$\sigma_\xi^2 \stackrel{(2.16)}{=} \sigma_{\xi_1}^2 + \ldots + \sigma_{\xi_{100}}^2 \stackrel{(2.20')}{=} 100p(1-p) = 4,75$$

$$E[\eta] \stackrel{(2.13)}{=} 20 \cdot E[\xi] = 20 \cdot 100p = 2000p = 100$$

$$\sigma_\eta^2 \stackrel{(2.18)}{=} 20^2 \cdot \sigma_\xi^2 = 20^2 \cdot 100p(1-p) = 40000p(1-p) = 1900.$$

Zur Kontrolle berechne man die Paramter von η auch ohne das multiplikative Modell (2.23) mit Hilfe des additiven Modells $\eta = \eta_1 + \ldots + \eta_{100}$, wobei η_i die Fehlerkosten für das i-te Exemplar bezeichnet.

Die praktische Bedeutung der berechneten Parameter von ξ und η wird dadurch erheblich gesteigert, daß nach dem noch darzustellenden *zentralen Grenzwertsatz* (S. 123) auch die Verteilungsfunktionen von ξ und η in guter Approximation bekannt sind – es sind nämlich approximativ Verteilungsfunktionen von *Normalverteilungen* .

Damit ist dann über die Fehleranzahl ξ und die Kostensumme η alles überhaupt „stochastisch Wißbare" auch numerisch berechenbar. □

Mit Hilfe des in Beispiel 2.4 benutzten additiven Modells wird jetzt für das LOTTO gezeigt, daß die durchschnittliche Anzahl der Gewinne, die in einer Ausspielung auf n Tippreihen fallen, weder vom Spielverhalten des gesamten Spieler-Kollektivs abhängt noch davon, wie diese n Tippreihen angeordnet werden.

Beispiel 2.5
Systemunabhängigkeit der durchschnittlichen Gewinne-Anzahl beim LOTTO
Es sollen n Tippscheine mit jeweils einer Tippreihe betrachtet werden, die an einer Ausspielung des LOTTOs „6 aus 49" teilnehmen. Dabei ist zugelassen, daß die gleiche Tippreihe auf mehreren der n Tippscheine erscheint, d.h. insbesondere kann n die Anzahl aller an der Ausspielung teilnehmenden Tippreihen sein, aber auch die Anzahl der Tippreihen, mit denen sich ein einzelner Spieler an der Ausspielung beteiligt.
Man zeige: Der Erwartungswert der Anzahl der Gewinne, die auf diese n Tippscheine bzw. Tippreihen fallen, beträgt np, wobei p die Wahrscheinlichkeit ist, mit einer beliebigen Tippreihe einen Gewinn zu erzielen. (Nach Beispiel 1.9 ist $p = \frac{260.624}{13.983.816}$.) Dies bedeutet: Da p ein reiner Maschinenparameter ist (s.S. 39), so hängt diese durchschnittliche Gewinne-Anzahl np weder vom Spielverhalten des gesamten Teilnehmer-Kollektivs ab, noch von irgendwelchen individuellen Tippstrategien.

Lösung: Bezeichnet ξ_i für $i = 1, \ldots, n$ die Anzahl der Gewinne die auf den i-ten Tippschein fallen, so ist $W(\xi_i = 0) = 1 - p$, $W(\xi_i = 1) = p$ und $E[\xi_i] = 0 \cdot (1-p) + 1 \cdot p = p$.
Da sich die Anzahl ξ aller Gewinne, die auf die n Tippscheine bzw. die n Tippreihen fallen, in der Form $\xi = \xi_1 + \ldots + \xi_n$ (vgl. additives Modell (2.22))

2.2. ERWARTUNGSWERT UND STREUUNG

darstellen läßt, so folgt allein mit Hilfe der Additivität (2.14) des Erwartungswertes

$$E[\xi] = E[\xi_1] + \ldots + E[\xi_n] = np.$$

Wären die zufälligen Variablen $\xi_1, \ldots, \xi_n$ *statistisch unabhängig*, so ergäbe sich die Varianz der Gewinne-Anzahl ξ zu $np(1-p)$ (s. Beispiel 2.4), d.h. auch die Varianz wäre systemunabhängig. Dies trifft jedoch trivialerweise nicht generell zu. Wählt man beispielsweise auf den n Tippscheinen n-mal die gleiche Tippreihe, so ist offensichtlich $W(\xi = 0) = 1 - p$, $W(\xi = n) = p$ und also

$$\sigma_\xi^2 = E\left[(\xi - np)^2\right] = (0 - np)^2 \cdot (1 - p) + (n - np)^2 \cdot p = n^2 p(1-p).$$

(Für $n = 7$ wird die Varianz für die wichtigsten Tippstrategien bzw. „Spiel-Systeme" in der Lotto-Aufgabe 5 im Anhang der „Aufgabensammlung" berechnet.)

Ist n die Anzahl aller an einer Ausspielung beteiligten Tippreihen, so erweisen sich die $\xi_1, \ldots, \xi_n$ auch für reale Lottospieler-Kollektive als nicht statistisch unabhängig. Die Ursache hierfür ist das in 1.3.3 (S. 39) beschriebene *Konsensverhalten* (s. Beispiel 3.1, S. 147). □

2.2.1 Deutung von Erwartungswert und Streuung einer zufälligen Variablen als Mittelwert und Streuung einer Grundgesamtheit

Es seien N numeriert zu denkende Elemente gegeben, etwa die N Einwohner einer Stadt oder eines Staates. Eine bestimmte Größe (Merkmal) ξ, wie z.B. das Körpergewicht, das Lebensalter oder das Monatseinkommen, habe für jedes dieser Elemente einen bestimmten Wert $x_i (i = 1, \ldots, N)$. Unter dem *Mittelwert* dieser Größe (dieses Merkmals) *in der Grundgesamtheit* der N Elemente versteht wohl jedermann das arithmetische Mittel

$$\frac{1}{N} \sum_{i=1}^{N} x_i \qquad (2.24)$$

aller möglichen Werte dieser Größe. Dieser Ausdruck (2.24) stellt jedoch auch den Erwartungswert μ der „Größe" ξ dar, wenn man sie auf folgende Weise als zufällige Variable deutet: das zu dieser Deutung erforderliche Zufallsexperiment besteht naheliegenderweise im zufälligen Herausgreifen eines Elementes aus den vorhandenen N Elementen; bezeichnet ω_i den Versuchsausgang, daß das Element Nr. i gezogen wird, so lautet die Menge der Elementarereignisse dieses Versuchs

$$\Omega = \{\omega_1, \omega_2, \ldots, \omega_N\}$$

und die Größe ξ erscheint als zufällige Variable, da sie jedem Versuchsausgang ω_i den Wert $\xi(\omega_i) = x_i$ zuordnet. Da beim *zufälligen* Herausgreifen für jedes der N Elemente die Wahrscheinlichkeit, gezogen zu werden, gleich $1/N$ sein soll, also

$$W(\xi = x_i) = \frac{1}{N} \quad \text{für } i = 1, \ldots, N$$

ist, so liefert die Definition 2.2 des Erwartungswertes tatsächlich, wie erwartet, den Ausdruck (2.24); denn es ist

$$E[\xi] = \sum_{i=1}^{N} x_i \cdot W(\xi = x_i) = \sum_{i=1}^{N} x_i \cdot \frac{1}{N},$$

also

$$\mu = \frac{1}{N} \sum_{i=1}^{N} x_i. \tag{2.25}$$

Ferner ergibt sich die Varianz der zufälligen Variablen ξ sofort zu

$$\sigma^2 = \frac{1}{N} \sum_{i=1}^{N} (x_i - \mu)^2. \tag{2.26}$$

Die Formeln (2.25) und (2.26) erhält man auch in dem Fall, daß mehrere der Werte x_i gleich sind. Ist z.B. $x_1 = x_2$ und $x_i \neq x_1$ für $i > 2$, so ist $W(\xi = x_1) = W(\{\omega_1, \omega_2\}) = 2/N$ und in der Summe für $E[\xi]$ werden dadurch die bisherigen beiden ersten Summanden $x_1 \cdot 1/N$ und $x_2 \cdot 1/N$ zu dem Summanden $x_1 \cdot 2/N$ zusammengefaßt. In (2.25) kann man diesen Summanden dann wieder als Summe aus $x_1 \cdot 1/N$ und $x_2 \cdot 1/N$ schreiben.

Für Einzelheiten über die zweckmäßigste Form der numerischen Berechnung von μ und σ^2 nach (2.25) und (2.26) sei auf die ganz analog durchzuführende Berechnung des Mittelwertes und der Varianz in einer Stichprobe verwiesen (s.S. 150). Dies ist gerechtfertigt, da es praktisch nur selten vorkommt, daß man jeden Meßwert x_i in der Grundgesamtheit kennt. Vielmehr ist man im allgemeinen gezwungen, den obigen sogenannten *wahren Mittelwert μ der Grundgesamtheit* durch einen noch zu definierenden Mittelwert in einer Stichprobe zu schätzen, wie das durch die Vorbereitungen zur Definition 2.2, insbesondere durch (2.8") bereits nahegelegt wird.

Die für den Ausdruck (2.24) verwendete und naheliegende Bezeichnung **Mittelwert der Grundgesamtheit** wird wegen seiner mit (2.25) aufgezeigten Deutbarkeit als Erwartungswert auf beliebige Erwartungswerte als suggestive Sprechweise übertragen, obgleich dieser Sprechweise vom Mittelwert „der Grundgesamtheit" längst nicht immer ein anschaulicher Sinn zukommt. Dies gilt bereits für den Mittelwert bzw. Erwartungswert der „Augenzahl bei einem Wurf mit einem Würfel" und für jeden Mittelwert einer zufälligen Variablen vom stetigen Typ.

Entsprechend bezeichnet man generell die Verteilungsfunktion einer zufälligen Variablen als die **Verteilungsfunktion der Grundgesamtheit**. Diese Bezeichnung ist insbesondere dann zweckmäßig, wenn man in der Statistik aufgrund von erhaltenen Realisationen einer zufälligen Variablen Rückschlüsse auf deren Verteilungsfunktion zieht und dies als **Schließen von einer Stichprobe auf eine Grundgesamtheit** bezeichnen möchte (s. Abschnitt 3.1 (Stichproben)). Auch diese Sprechweise ist für den geschilderten Fall der endlichen Grundgesamtheit von Elementen sehr anschaulich und naheliegend, denn es ist:

$$F(x) = W(\{\omega : \xi(\omega) \leq x\}) \;=\; \text{Anteil der Elemente der Grundgesamtheit,}$$
$$\text{die einen Meßwert} \leq x \text{ besitzen;}$$

2.2. ERWARTUNGSWERT UND STREUUNG

d.h. die Verteilungsfunktion der zufälligen Variablen ξ beschreibt in diesem Fall tatsächlich „wie die Meßwerte von ξ in der Grundgesamtheit verteilt sind"; $F(4) = 0,67$ bedeutet z.B., daß 67% der Elemente der Grundgesamtheit einen Meßwert ≤ 4 besitzen. Faßt man hingegen $F(4) = 0,67$ etwa als einen Wert der Verteilungsfunktion der zufälligen Variablen „Augenzahl bei einem Wurf mit einem *Laplace*-Würfel" auf, so ist offensichtlich diese Sprechweise nicht mehr so zwingend anschaulich. Dennoch sagt man auch in diesem Falle, daß „die Grundgesamtheit" nach dieser Verteilungsfunktion verteilt sei. Vor allem in der Statistik benutzt man ständig die Ausdrucksweise, daß z.B. der Meßwert 4 der zufälligen Variablen „Augenzahl" ein Stichprobenwert aus der nach der Verteilungsfunktion F verteilten Grundgesamtheit sei, um generell die suggestive Sprechweise vom „Ziehen einer Stichprobe aus einer Grundgesamtheit" beibehalten zu können.

Will man diese Grundgesamtheit explizit benennen, so kann man sagen, daß es die durch die Verteilungsfunktion F strukturierte Menge R der reellen Zahlen sei (vgl. *Müller* (1983), S. 251). Ist z.B. F wieder die Verteilungsfunktion der Augenzahl bei einem Wurf mit einem Würfel, so ist die Grundgesamtheit aller reellen Zahlen durch F offensichtlich so strukturiert, daß beim zufälligen Herausgreifen eines Elementes nur die reellen Zahlen $1, 2, \ldots, 6$ von Null verschiedene Wahrscheinlichkeiten besitzen, in die Stichprobe zu gelangen.

Offensichtlich wird hier die Grundgesamtheit nicht mehr als Menge von *Merkmalsträgern* sondern als strukturierte Menge der möglichen *Merkmalswerte* angesehen. Dies ist auch deshalb sinnvoll, da ja auch das Merkmal (= Meßgröße ξ) Gegenstand der statistischen Untersuchung ist. (Man vergleiche die Erläuterungen zur Bedeutung von Verteilungsfunktionen am Schluß von Abschnitt 2.1.) Will man trotzdem auch hier von der Grundgesamtheit als einer Merkmalsträgermenge sprechen, so bemüht der Praktiker wohl die Vorstellung, daß im genannten Beispiel der vollzogene Wurf eine Stichprobe (vom Umfang 1) aus der Menge der möglichen Würfe darstelle oder allgemeiner, daß die Grundgesamtheit die *fiktive Menge der möglichen Wiederholungen eines Versuchs* sei. Oftmals stellen jedoch solche fiktiven Grundgesamtheiten als Merkmalsträgermengen eine sinnvolle Veranschaulichung dar (s. Fußnote S. 58 und Aufgabe 70 der „Aufgabensammlung").

Aufgabe 2.1: Eine Lieferung von N Einzelteilen enthalte M fehlerhafte Stücke. Es bezeichne ξ die Anzahl der schlechten Stücke in einer Zufallsprobe „ohne Zurücklegen" vom Umfang n und η die Anzahl der schlechten Stücke in einer „mit Zurücklegen" gezogenen Stichprobe vom Umfang n.

Man berechne und zeichne sowohl die Verteilungsfunktion der zufälligen Variablen ξ als auch die der zufälligen Variablen η für den Spezialfall $N = 10, M = 4, n = 3$.

Ferner berechne man für diesen Spezialfall die Erwartungswerte, die Varianzen sowie die Zentralwerte von ξ und η.

Aufgabe 2.2: Auf einem Jahrmarkt erhält man für die Augensumme 18 bei einem Wurf mit drei Würfeln einen Gewinn von 10 DM und für die Augensumme 17 einen Gewinn im Wert von 5 DM.

Man berechne den Erwartungswert und die Streuung des Reingewinns des Veranstalters pro Partie, falls er für einen Wurf 0,20 DM als Einsatz verlangt und einwandfreie Würfel verwendet.

Wie groß würden der Erwartungswert und die Streuung des Reingewinns, wenn man sowohl die Gewinne als auch den Einsatz verdoppelte?

Wie groß sind Erwartungswert und Streuung des gesamten Reingewinns bei

(a) 1.000 Würfen?

(b) 10.000 Würfen?

Aufgabe 2.3: Ein Betrieb erhält des öfteren Lieferungen von 100 Einzelteilen und prüft diese Lieferungen nach folgendem statistischen Prüfplan: Es werden jeweils zehn Stücke zufällig ausgewählt („mit Zurücklegen") und geprüft. Falls sich in dieser Stichprobe mehr als ein schlechtes Stück befindet, so wird die Lieferung ohne weitere Überprüfung zurückgesandt; andernfalls wird die Lieferung angenommen.

1. Man berechne die Wahrscheinlichkeit, daß eine Lieferung, die genau fünf schlechte Stücke enthält, zurückgeschickt wird.

2. Die mit den beiden möglichen Entscheidungen „Annahme" und „Ablehnung" verbundenen Kosten seien wie folgt gegeben: Bei Annahme der Lieferung verursacht jedes schlechte Stück 8 DM Unkosten; bei Ablehnung einer Partie, die nicht mehr als fünf schlechte Stücke enthält, hat der Betrieb 200 DM Transportkosten zu tragen.

Man berechne den Erwartungswert der Kosten, die dem Betrieb bei Verwendung des obigen Prüfverfahrens durch eine Lieferung mit genau fünf schlechten Stücken entstehen.

Aufgabe 2.4*: Beim Roulett spiele ein Spieler wie folgt: Er setzt, mit 1 DM beginnend, stets auf „Rot" und falls „Schwarz" eintritt, so spielt er mit gegenüber dem vorangehenden Mal verdoppelten Einsatz.

1. Wie groß sind der Erwartungswert μ_1 sowie die Varianz σ_1^2 seines Gewinns, wenn er genau dann zu spielen aufhört, wenn zum ersten Mal „Rot" erscheint?

2. Wie groß sind der Erwartungswert μ_2 sowie die Varianz σ_2^2 seines Gewinns, wenn die Höhe des Einsatzes begrenzt ist?

Weitere Aufgaben: Nr.7, 12c, 22, 26* bis 30*, 34 der „Aufgabensammlung", *Basler* (1991).

2.3 Spezielle Verteilungsfunktionen

2.3.1 Binomialverteilung

Bei irgendeinem Versuch möge ein bestimmtes Ereignis E mit der Wahrscheinlichkeit p eintreten. Der Versuch werde n-mal *unter den gleichen Bedingungen* durchgeführt und dabei die Anzahl ξ jener Versuche gezählt, bei denen das Ereignis E eintritt. Speziell kann ξ die Anzahl der durch eine Eigenschaft E

2.3. SPEZIELLE VERTEILUNGSFUNKTIONEN

ausgezeichneten Elemente in einer Zufallsstichprobe mit Zurücklegen vom Umfang n aus einer Urne bedeuten, in der der Anteil der durch E ausgezeichneten Elemente p beträgt.

Die Wahrscheinlichkeit dafür, daß ξ einen seiner möglichen Werte $0, 1, \ldots, n$ annimmt, wurde bereits in Beispiel 1.16 (*Bernoulli*-Kette, S. 63) bzw. als Urnen-Grundaufgabenlösung (1.26) zu

$$W(\xi = m) = \binom{n}{m} p^m (1-p)^{n-m} \quad \text{für } m = 0, 1, \ldots, n$$

berechnet und als mathematische Beschreibung eines „Zufallsgesetzes" gedeutet und dafür die Bezeichnung **Binomialverteilung** $Bi(n;p)$ eingeführt. Die Verteilungsfunktion F dieser zufälligen Variablen ξ vom diskreten Typ bzw. dieser Binomialverteilung $Bi(n;p)$ hat also gemäß (2.3) die Form

$$F(x) = \sum_{m \leq x} \binom{n}{m} p^m (1-p)^{n-m}. \tag{2.27}$$

Solche Verteilungsfunktionen sind *Treppenfunktionen*. Die Verteilungsfunktion der Binomialverteilung $Bi(3; 0,4)$ wurde bereits in Beispiel 2.1 (S. 87) als ein Beispiel für *Verteilungsfunktionen vom diskreten Typ* behandelt und in Abbildung 3 (S. 88) graphisch dargestellt.

In der benutzten Ausdrucksweise kommt offenbar eine Unterscheidung zwischen den Begriffen **Verteilungsfunktion** und **Verteilung** zum Ausdruck, die beim konkreten Sprechen über diesen Sachverhalt nicht immer streng durchgehalten wird. Als *Verteilung* bezeichnet man strenggenommen ein *Wahrscheinlichkeitsmaß*, nämlich dasjenige Wahrscheinlichkeitsmaß, das für jedes Intervall $(a, b]$ von reellen Zahlen durch

$$W_F((a, b]) = F(b) - F(a)$$

definiert werden kann und mittels des *Fortsetzungssatzes der Maßtheorie* (S. 92) auf genau eine Weise zu einem Maß W_F auf der σ-Algebra $\mathcal{B}$ der *Borel*-Mengen (S. 8) fortgesetzt werden kann. Dieses Maß W_F bezeichnet man als das von der Verteilungsfunktion F erzeugte Wahrscheinlichkeitsmaß. Demnach stellt das Symbol $Bi(n;p)$ kein Funktionssymbol für die Verteilungsfunktion F aus (2.27) dar, was man schon daraus sieht, daß die Abhängigkeit von x darin nicht zum Ausdruck kommt.

Satz 2.2
Der Erwartungswert μ und die Varianz σ^2 einer nach der Binomialverteilung $Bi(n;p)$ verteilten zufälligen Variablen ξ betragen

$$\mu = np \tag{2.28}$$

und

$$\sigma^2 = np(1-p). \tag{2.29}$$

Beweis
Geht man zur Berechnung von Erwartungswert μ und Varianz σ^2 unmittelbar auf die Definitionen 2.2 und 2.4 dieser Parameter zurück, so hat man folgende Summen auszurechnen:

$$\mu = \sum_{m=0}^{n} m \cdot W(\xi = m) = \sum_{m=0}^{n} m \binom{n}{m} p^m (1-p)^{n-m} \qquad (2.30)$$

$$\sigma^2 = \sum_{m=0}^{n} (m - \mu)^2 \cdot \binom{n}{m} p^m (1-p)^{n-m}. \qquad (2.31)$$

Eleganter und bequemer als das zwar elementare aber etwas umständliche Ausrechnen der Summen (2.30) und (2.31) (s. Lösung zu Aufgabe 2.6, S. 273) ist die Verwendung des in Beispiel 2.4 eingeführten **additiven Modells** (2.22): Sei also ξ_i für $i = 1, \ldots, n$ die Anzahl ausgezeichneter Elemente, die der i-te Zug beim Ziehen mit Zurücklegen einer Zufallsstichprobe vom Umfang n ergibt bzw. die Anzahl des Auftretens von E bei der i-ten Durchführung des (Basis-)Versuchs, d.h. $\xi_1, \ldots, \xi_n$ sind *statistisch unabhängige* zufällige Variable (s. Beispiel 2.3) mit $W(\xi_i = 0) = 1 - p$, $W(\xi_i = 1) = p$ mit deren Hilfe sich die Anzahl ξ ausgezeichneter Elemente in der Zufallsstichprobe in der Form

$$\xi = \xi_1 + \ldots + \xi_n \qquad (2.32)$$

darstellen läßt (**Additives Modell**).

Hieraus erhält man wegen $E[\xi_i] = p$ und $E[(\xi_i - p)^2] = p(1-p)$ (s. (2.20) und (2.21))

$$E[\xi] \stackrel{(2.14)}{=} E[\xi_1] + \ldots + E[\xi_n] = np$$

$$\sigma_\xi^2 \stackrel{(2.16)}{=} \sigma_{\xi_1}^2 + \ldots + \sigma_{\xi_n}^2 = np(1-p). \qquad \clubsuit$$

Insbesondere das Resultat $E[\xi] = \mu = np$ bzw. $E[\xi/n] = p$ entspricht genau dem anschaulich erwarteten; denn anschaulich ausgedrückt lautet es: *„durchschnittlich"* (s.S. 94) – d.h. dem Erwartungswert nach – *stimmt der Anteil ξ/n von Elementen mit einer gewissen Eigenschaft E in einer Zufallsstichprobe mit dem entsprechenden Anteil p in der Grundgesamtheit überein*; dies ist die Grundlage für die bekannten „**Hochrechnungen**". Die Frage nach der Genauigkeit einer solchen „Hochrechnung" – die ein Beispiel eines *Schätzverfahrens* (s.S. 45) darstellt – läßt sich mathematisch präzisieren als Frage nach der *Streuung* der zufälligen Variablen $\frac{\xi}{n}$, die im mathematischen Modell dieses *Schätzverfahren* beschreibt. Diese Genauigkeitsfrage wird in Abschnitt 3.3.2 in praxisgerechter Form mit Hilfe eines sogenannten Konfidenzintervalls für den zu schätzenden Paramter p beantwortet werden, wofür die Varianz (2.29) die entscheidende Grundlage bildet.

Das nachfolgende Beispiel enthält eine in der *Statistischen Qualitätskontrolle* grundlegend wichtige Anwendung der Binomialverteilung.

Beispiel 2.6 *Operationscharakteristik eines statistischen Prüfplans*

Ein Betrieb erhalte des öfteren Lieferungen größeren Umfangs von bestimmten Einzelteilen, die einen unbekannten Anteil p (= Ausschußanteil) von defekten

2.3. SPEZIELLE VERTEILUNGSFUNKTIONEN

Stücken enthalten. Man greift n Stücke *zufällig* heraus und zählt die Anzahl ξ der schlechten Stücke in dieser Stichprobe. Der Umfang n der Stichprobe möge im Verhältnis zum Umfang N der Lieferungen klein sein, so daß es praktisch keine Rolle spielt, ob die Zufallsstichprobe „mit Zurücklegen" oder „ohne Zurücklegen" gezogen wird; dies ist für die Praxis ausreichend genau erfüllt, wenn $n \leq N/10$ gilt, s.S. 32. Ein **statistischer Prüfplan** besteht in der Vorschrift, daß die Lieferung „abzulehnen" (z.B. zurückzusenden) ist, sobald die Anzahl ξ eine vorgegebene sog. *Annahmezahl c* überschreitet. Im Falle $\xi \leq c$ wird die Lieferung angenommen. Der statistische Prüfplan ist also durch die beiden Zahlen n und c festgelegt. Zur Beurteilung eines solchen statistischen Prüfplans dient seine sog. **Operationscharakteristik** $L_{n,c}(p)$, die die Wahrscheinlichkeit für die Annahme einer bestimmten Lieferung in Abhängigkeit vom Ausschußanteil p dieser Lieferung angibt. Nach (2.27) beträgt diese Wahrscheinlichkeit

$$L_{n,c}(p) = W(\xi \leq c) = \sum_{m=0}^{c} \binom{n}{m} p^m (1-p)^{n-m}.$$

Beispielsweise erhält man für den Spezialfall $n = 10$ und $c = 1$:

$$L_{10,1}(p) = \sum_{m=0}^{1} \binom{10}{m} p^m (1-p)^{10-m} = \binom{10}{0} p^0 (1-p)^{10} + \binom{10}{1} p^1 (1-p)^9 =$$

$$= (1-p)^{10} + 10p(1-p)^9 = (1-p)^9 (1-p+10p)$$

also

$$L_{10,1}(p) = (1-p)^9 \cdot (1+9p).$$

Man sieht z.B. sofort:
$L_{10,1}(0) = (1-0)^9 \cdot (1+9 \cdot 0) = 1$, d.h. eine Partie mit dem Ausschußanteil $p = 0$ wird erwartungsgemäß mit der Wahrscheinlichkeit 1 angenommen; analog sieht man $L_{10,1}(1) = 0$; d.h. eine Partie mit dem Ausschußanteil $p = 1$ wird mit der Wahrscheinlichkeit 0 angenommen. Die Operationscharakteristik $L_{10,1}(p)$ ist in Abbildung 5 dargestellt.

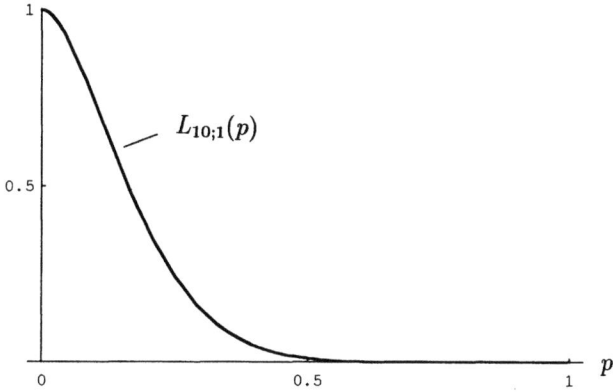

Abb. 5: Operationscharakteristik eines statistischen Prüfplans

Für den Praktiker ist hierbei vor allem folgende Möglichkeit von Bedeutung: er kann sich einen ihm geeignet erscheinenden Ausschußanteil vorgeben, bei dem die betreffende Lieferung z.B. nur mit einer Wahrscheinlichkeit von 10% angenommen werden soll; er kann sich ferner einen weiteren, sozusagen akzeptablen Ausschußanteil vorgeben, bei dem die betreffende Lieferung mit z.B. 90% Wahrscheinlichkeit angenommen werden soll. *Es ist dann möglich, den Stichprobenumfang n und die Annahmezahl c so zu bestimmen, daß jene beiden vom Praktiker für wünschenswert gehaltenen Eigenschaften der Operationscharakteristik näherungsweise erfüllt werden.* Die Methoden zur Konstruktion von Prüfplänen mit solchen oder ähnlichen vorgegebenen Eigenschaften sind vor allem bei *Uhlmann* (1982) und *Vogt* (1988) vollständig dargestellt. □

Aufgaben zur Binomialverteilung sind am Schluß des folgenden Abschnitts angegeben.

2.3.2 Hypergeometrische Verteilung

In einer Grundgesamtheit von N Elementen, seien genau M dieser Elemente durch eine interessierende Eigenschaft ausgezeichnet. Bezeichnet ξ die Anzahl ausgezeichneter Elemente in einer *Zufallsstichprobe ohne Zurücklegen* vom Umfang n aus dieser Grundgesamtheit, so wurde die Wahrscheinlichkeit dafür, daß die zufällige Variable ξ einen vorgebbaren Wert m annimmt als Urnen-Grundaufgabenlösung (1.24) zu

$$W(\xi = m) = \frac{\binom{M}{m}\binom{N-M}{n-m}}{\binom{N}{n}} \qquad (2.33)$$

für $m = 0, 1, \ldots, n$ berechnet und als mathematische Beschreibung eines „Zufallsgesetzes" gedeutet und dafür die Bezeichnung **hypergeometrische Verteilung** $H(N; n; p)$ mit der Abkürzung $p = \frac{M}{N}$ eingeführt. Die Verteilungsfunktion F dieser zufälligen Variablen ξ vom diskreten Typ bzw. dieser hypergeometrischen Verteilung $H(N; n; p)$ hat also gemäß (2.3) die Form

$$F(x) = \sum_{m \leq x} \frac{\binom{M}{m}\binom{N-M}{n-m}}{\binom{N}{n}}. \qquad (2.34)$$

Die Verteilungsfunktion der hypergeometrischen Verteilung $H(10; 3; 0, 4)$ wurde bereits in Beispiel 2.1 (S. 87) als ein Beispiel für *Verteilungsfunktionen vom diskreten Typ* behandelt und in Abbildung 3 (S. 88) als *Treppenfunktion* dargestellt.

Satz 2.3
Der Erwartungswert μ und die Varianz σ^2 einer nach der hypergeometrischen Verteilung $H(N; n; p)$ verteilten zufälligen Variablen betragen

$$\mu = n \cdot p \qquad (2.35)$$

2.3. SPEZIELLE VERTEILUNGSFUNKTIONEN

und
$$\sigma^2 = np(1-p)\frac{N-n}{N-1}. \qquad (2.36)$$

Beweis
Geht man zur Berechnung von Erwartungswert μ und Varianz σ^2 unmittelbar auf die Definitionen 2.2 und 2.4 dieser Parameter zurück, so hat man folgende Summen auszurechnen:

$$\mu = \sum_{m=0}^{n} m \frac{\binom{M}{m}\binom{N-M}{n-m}}{\binom{N}{n}} \qquad (2.37)$$

$$\sigma^2 = \sum_{m=0}^{n} (m-\mu)^2 \frac{\binom{M}{m}\binom{N-M}{n-m}}{\binom{N}{n}}. \qquad (2.38)$$

Dies führt auf elementare aber umständliche Rechnungen wie bei der Berechnung der analogen Parameter der Binomialverteilung in Satz 2.2. Deren Ausführung wird hier nicht vorgeführt, was auch deshalb berechtigt ist, weil man wenigstens μ wieder mit Hilfe des vielfach anwendbaren *additiven Modells* (2.32) sofort zu np erhält. Allerdings sind die Summanden $\xi_1, \ldots, \xi_n$ dieses additiven Modells, die jetzt die Ergebnisse der n Züge beim *Ziehen ohne Zurücklegen* beschreiben, jetzt nicht mehr *statistisch unabhängig*, so daß sich die Varianz σ^2 nicht mehr additiv aus den Einzelvarianzen der ξ_i ergibt und nur noch der Weg über (2.38) möglich ist. ♣

Bedeutung und Vergleich der Sätze 2.3 und 2.2:

Aus dem Vergleich mit Satz 2.2 sieht man: die Erwartungswerte der hypergeometrischen Verteilung $H(N, n; p)$ und der Binomialverteilung $Bi(n; p)$ stimmen überein, während die Varianz der hypergeometrischen Verteilung $H(N, n; p)$ aus der Varianz der Binomialverteilung $Bi(n; p)$ durch Multiplikation mit

$$\frac{N-n}{N-1} \qquad (2.39)$$

hervorgeht. Da der Faktor (2.39) für $n > 1$ kleiner als 1 ist, „streut" also die Anzahl ausgezeichneter Elemente in Zufallsstichproben, die *„ohne Zurücklegen" (hypergeometrische Verteilung)* gezogen wurden, etwas weniger um den Mittelwert μ als die entsprechende Anzahl in Zufallsstichproben, die *„mit Zurücklegen" (Binomialverteilung)* gezogen wurden. Diese Relation zwischen den Varianzen bleibt (wegen (2.18)) natürlich erhalten und wird anschaulich hoch plausibel, wenn man zu den relativen Häufigkeiten $\frac{\xi}{n}$ übergeht – also zu den Schätzfunktionen $\frac{\xi}{n}$ (s. „Hochrechnungen", S. 107) für den Anteil $p = \frac{M}{N}$ ausgezeichneter Elemente in der betreffenden Grundgesamtheit. Denn hierfür ergibt der Vergleich der Varianzen (2.36) und (2.29) das anschauliche Ergebnis:

Der Anteil p der Elemente mit der Eigenschaft E in der Grundgesamtheit läßt sich aus einer „ohne Zurücklegen" gezogenen Zufallsstichprobe etwas genauer schätzen als aufgrund einer „mit Zurücklegen" gezogenen Zufallsstichprobe.

Gleichzeitig bestätigt jedoch die Form des Faktors (2.39) die einleuchtende Tatsache, daß es bei relativ zum Umfang N der Grundgesamtheit sehr kleinem Stichprobenumfang n keine Rolle spielt, ob man die Stichprobe „mit Zurücklegen" oder „ohne Zurücklegen" zieht. Wie bereits erwähnt (S. 32), kann als **Faustregel** für die meisten Anwendungen, z.B. bei der statistischen Qualitätskontrolle, dienen: ist $n \leq N/10$, so kann man die Verteilungsfunktion der hypergeometrischen Verteilung $H(N, n; p)$ mit ausreichender Genauigkeit mittels der numerisch wesentlich bequemeren Verteilungsfunktion der Binomialverteilung $Bi(n; p)$ approximieren. Zur Veranschaulichung dieser **Approximationsmöglichkeit** können bereits die in Abbildung 3 (S. 88) dargestellten Verteilungsfunktionen von $H(10; 3; 0,4)$ und $Bi(3; 0,4)$ dienen, obgleich hier die Faustregel $n \leq \frac{N}{10}$ noch nicht erfüllt ist. Von der Brauchbarkeit dieser Faustregel kann man sich etwa anhand der Ergebnisse zu Aufgabe 1.2 überzeugen.

Aufgabe 2.5: (Fortsetzung von Aufgabe 1.10, S. 65)
In Aufgabe 1.10 wurde ein Produktionsprozeß im Hinblick auf das Auftreten von drei Fehler-Typen A, B, C modelliert, wobei ξ die Anzahl der Fehler bei einem Gerät bezeichnete. Durch diese Fehler werden folgende Kosten für ein Exemplar verursacht:

300 DM, falls $\xi = 3$ ist,
20 DM, falls $\xi = 1$ oder $\xi = 2$ ist.

Es bezeichne η die (durch eventuelle Fehler verursachten) Kosten für ein zufällig herausgegriffenes Exemplar des Gerätes und η^* die Kostensumme für eine Lieferung von 1000 unabhängig voneinander zusammengestellten Exemplaren.
Man berechne

(a) Erwartungswert und **Streuung** von η.

(b) Erwartungswert und **Streuung** von η^*.

Aufgabe 2.6: Man berechne Mittelwert und Varianz der Binomialverteilung durch Ausrechnen der Summen (2.30) und (2.31).

Als weitere Übungsaufgaben zur Binomialverteilung und hypergeometrischen Verteilung können vor allem die in den vorangehenden Abschnitten bereits gestellten Aufgaben 1.2 (S. 54), 1.5 (S. 54) und 2.3 (S. 106) dienen. Ferner sei auf die zu den nächsten Abschnitten gestellten Aufgaben 2.7 (S. 114) und 2.12 (S. 133) verwiesen, bei denen die an sich vorliegende hypergeometrische Verteilung oder Binomialverteilung durch geeignete andere Verteilungen (*Poisson*-Verteilung und Normalverteilung) zu approximieren sind.

Weitere Aufgaben: Nr. 32, 38a, 40a, 61 bis b der „Aufgabensammlung", *Basler* (1991).

2.3.3 *Poisson*-Verteilung

Die *Poisson*-Verteilung bietet gegenüber den bisher behandelten Verteilungen etwas speziellere Anwendungen. Man erhält die *Poisson*-Verteilung durch einen

2.3. SPEZIELLE VERTEILUNGSFUNKTIONEN 113

Grenzübergang aus der Binomialverteilung. Genauer berechnet man den Grenzwert p_m der Sprunghöhen $\binom{n}{m}p^m(1-p)^{n-m}$ der Binomialverteilung $Bi(n;p)$ für den Grenzübergang $n \to \infty$ bei konstant gehaltenem Mittelwert $\mu = n \cdot p$ und zeigt mit Hilfe des Charakterisierungssatzes für Verteilungsfunktionen (S. 91), daß diese Grenzwerte p_m ($m = 0, 1, 2, \ldots$) selbst wieder Sprunghöhen einer Verteilungsfunktion sind.
Eine einfache Rechnung ergibt (s. Lösung der Aufgabe 2.8, S. 000):

$$\lim_{n \to \infty} \binom{n}{m}p^m(1-p)^{n-m} = \lim_{n \to \infty} \binom{n}{m}\left(\frac{\mu}{n}\right)^m \left(1 - \frac{\mu}{n}\right)^{n-m} = \frac{\mu^m}{m!}e^{-\mu}$$

dabei $p = \mu/n$

also

$$p_m = \frac{\mu^m}{m!}e^{-\mu}, \qquad (2.40)$$

wobei $e = 2,718\ldots$ die Basis der natürlichen Logarithmen bedeutet. Da alle p_m ($m = 0, 1, 2, \ldots$) positiv sind und

$$\sum_{m=0}^{\infty} p_m = \sum_{m=0}^{\infty} \frac{(\mu)^m}{m!}e^{-\mu} = e^{-\mu}\sum_{m=0}^{\infty}\frac{(\mu)^m}{m!} = e^{-\mu} \cdot e^{+\mu} = 1$$

ist, so erfüllt die Funktion

$$F(x) = \sum_{m \leq x} p_m \qquad (2.41)$$

ersichtlich die vier, eine Verteilungsfunktion charakterisierenden Eigenschaften (s. Charakterisierungssatz, S. 91). Eine Verteilungsfunktion der Form (2.41) mit den Sprunghöhen (2.40) heißt **Verteilungsfunktion der *Poisson*-Verteilung**. Für eine, durch den Parameter μ ersichtlich vollständig gekennzeichnete *Poisson*-Verteilung, benutzt man die Abkürzung $Po(\mu)$.
Aufgrund der Herleitung der *Poisson*-Verteilung aus der Binomialverteilung mittels des obigen Grenzübergangs ist plausibel: *für große n – und folglich für kleine Werte von $p = \mu/n$ – kann die Binomialverteilung $Bi(n;p)$ mittels der Poisson-Verteilung $Po(np)$ approximiert werden.*
Weiterhin ist plausibel und läßt sich zeigen: Der Erwartungswert einer nach $Po(\mu)$ verteilten zufälligen Variablen ist μ. Die Varianz beträgt ebenfalls μ.
Um eine anschauliche Vorstellung von poissonverteilten Zufallsgrößen zu erhalten, soll die Bedeutung des durchgeführten Grenzübergangs anhand des folgenden Zufallsexperimentes veranschaulicht werden:
n Kugeln werden unabhängig voneinander derart auf N Fächer *zufällig* verteilt, daß für jede einzelne der n Kugeln die Wahrscheinlichkeit, in irgendein vorgegebenes Fach zu gelangen, gleich $1/N = p$ beträgt. Dann wird die Wahrscheinlichkeit dafür, daß sich am Schluß in irgendeinem vorgegebenen Fach genau m der n Kugeln ($m = 0, 1, \ldots, n$) befinden, ersichtlich durch

$$\binom{n}{m}p^m(1-p)^{n-m} \qquad (2.42)$$

gegeben. Der obige Grenzübergang $n \to \infty$ bedeutet wegen des konstant gehaltenen $\mu = np = n/N$ für dieses Fächer-Modell, daß die Anzahl N der Fächer über alle Grenzen wächst und dabei die Zahl $\mu = n/N$ der durchschnittlich auf ein Fach entfallenden Kugeln konstant gehalten wird. Dies bedeutet aber für den obigen Grenzwert p_m des Ausdrucks (2.42), daß er näherungsweise die Wahrscheinlichkeit dafür darstellt, daß man in einem vorgegebenen Fach m Kugeln vorfindet; diese Näherung ist um so besser, je größer die Zahl N der Fächer bzw. je kleiner die Wahrscheinlichkeit $p = 1/N$ des Ereignisses „eine bestimmte Kugel fällt in ein vorgegebenes Fach" ist. Dies erklärt, weshalb die *Poisson*-Verteilung gelegentlich auch die *Verteilung der seltenen Ereignisse* genannt wird.

Wichtig ist diese Veranschaulichung des Grenzübergangs von der Binomial- zur *Poisson*-Verteilung vor allem deshalb, weil sie auf folgende Weise eine Erklärung dafür liefert, daß sich viele praktisch interessierende Zufallsgrößen als poissonverteilt erweisen. Dazu denke man sich einen großen Zeitraum – z.B. ein Jahr, die Werktage eines Jahres oder auch nur bestimmte, aneinandergereihte Tageszeiten eines ganzen Jahres – in N gleiche Zeitintervalle unterteilt, die den N Fächern entsprechen sollen. Den n Kugeln des Fächer-Modells sollen jetzt die n Zeitpunkte des Eintretens bestimmter „Ereignisse" entsprechen; beispielsweise kann es sich um die Ankunftszeitpunkte von Telefongesprächen in einer Zentrale oder allgemeiner um die Ankunftszeitpunkte von Kunden in irgendeiner Bedienungsstation handeln. Kann man sich nun die n Zeitpunkte in der gleichen Weise *zufällig* über die N Zeitintervalle verteilt vorstellen, wie im Fächer-Modell, so ist die Anzahl der in einem festen Zeitintervall eintretenden „Ereignisse" näherungsweise poissonverteilt. Dies läßt es plausibel erscheinen, daß etwa die Anzahl der in einem festen Zeitintervall ankommenden Kunden in irgendeiner Bedienungsstation (Tankstelle, Reparaturwerkstatt, Kundendienstzentrale, Geschäft, Hotel, Verkehrsampel, etc.) tatsächlich oft mit ausreichender Genauigkeit poissonverteilt ist. Eine wichtige Anwendung findet die *Poisson*-Verteilung deshalb in der Theorie der sogenannten *Warteschlangen*, die vor allem die Lösung von Dimensionierungsfragen für derartige Bedienungsstationen zum Ziel hat. Das bekannteste Anwendungsbeispiel der *Poisson*-Verteilung liefert das Gesetz des radioaktiven Zerfalls: die Anzahl der in einem festen Zeitintervall zerfallenden Atome einer radioaktiven Substanz ist poissonverteilt.

Sowohl anhand des obigen Fächer-Modells als auch im Hinblick auf die angeführten konkreten Beispiele für poissonverteilte Zufallsgrößen erscheint die folgende beweisbare **Reproduktionseigenschaft von *Poisson*-Verteilungen** anschaulich hoch plausibel:

Sind $\xi_1, \ldots, \xi_n$ statistisch unabhängige, jeweils nach $Po(\mu_i)$ $(i = 1, \ldots, n)$ verteilte zufällige Variable, so ist auch die Summe $\xi_1 + \ldots + \xi_n$ poissonverteilt und zwar nach $Po(\mu_1 + \ldots + \mu_n)$.

Aufgabe 2.7:

Aus einem Lager sehr großen Umfangs wird durch zufälliges Herausgreifen eine Lieferung von 500 Einzelteilen zusammengestellt. Der Ausschußanteil unter diesen Einzelteilen betrage im Lager 3%. Man berechne approximativ die Wahrscheinlichkeit,

2.3. SPEZIELLE VERTEILUNGSFUNKTIONEN

daß die Lieferung vom Umfang 500 höchstens 2% Ausschuß enthält.

Aufgabe 2.8*:
Man beweise die Gleichung (2.40).

Weitere Aufgaben: Nr. 23, 24, 25, 31 der „Aufgabensammlung", *Basler* (1991).

2.3.4 Normalverteilung

Im Vergleich zur Einführung der Binomialverteilung und der hypergeometrischen Verteilung steht man bei der Einführung der *Gaußschen Normalverteilung* in folgender Hinsicht vor einer völlig anderen Situation: bei der Einführung der genannten Verteilungen lagen praktisch interessierende zufällige Variable vor – nämlich die Anzahlen ausgezeichneter Elemente in Zufallsstichproben (mit oder ohne Zurücklegen) – deren Verteilungen ausgerechnet wurden (s. Lösungen (1.26) und (1.24) der Urnen-Grundaufgaben) und sodann als *Binomialverteilung* und *hypergeometrische Verteilung* benannt wurden. Demgegenüber ist es nicht möglich, praktisch interessierende Zufallsgrößen anzugeben, von denen man dann mathematisch nachrechnen könnte, daß sie nach einer Normalverteilung verteilt sind. Dies bedeutet: Die Normalverteilung kann nicht hergeleitet werden; sie wird im folgenden nur eingeführt im Sinne eines Vorschlags eines zunächst nur mathematisch zulässigen Verteilungsgesetzes, dessen Anwendungsrelevanz erst nachträglich belegt werden kann. Dementsprechend wird im folgenden Abschnitt die mathematische Gestalt der Verteilungsfunktionen von Normalverteilungen dargestellt und erst danach in 2.3.4.2 ein grundlegender Satz – der sogenannte *Zentrale Grenzwertsatz* – erläutert, der zum mindesten eine Erklärung der Erfahrungstatsache liefert, daß so sehr viele in der Praxis auftretende Meßgrößen sowie viele Stichprobengrößen mit ausreichender Genauigkeit nach der zuvor rein mathematisch definierten Normalverteilung verteilt sind. Jener Zentrale Grenzwertsatz wird zudem eine leicht zu übersehende, experimentelle Veranschaulichung der Gestalt der sogenannten *Gaußschen Glockenkurve* (= Dichte der Normalverteilung) mit Hilfe des bekannten *Galtonschen Brettes* ermöglichen.

2.3.4.1 Einführung des Verteilungsmodells *Normalverteilung*

Als „Vorschlag" für eine Dichtefunktion f – die gemäß (2.5) eine Verteilungsfunktion F festlegt (anschaulich: die ein mathematisch zulässiges Verteilungsgesetz beschreibt) – soll die folgende (sehr einfache!) Funktion f untersucht werden:

$$f(t) = \frac{1}{\sigma\sqrt{2\pi}}\, e^{-\frac{(t-\mu)^2}{2\sigma^2}} \qquad (2.43)$$

wobei $e = 2,71828\ldots$ (= Basis der natürlichen Logarithmen), $\pi = 3,14159\ldots$ (= Umfang eines Kreises mit dem Durchmesser 1), μ eine beliebige reelle Zahl und σ irgendeine positive reelle Zahl sein sollen. Für jede numerische Vorgabe der beiden Parameter μ und σ stellt also (2.43) eine numerisch vollständig festgelegte Funktion dar. (Die Tatsache, daß für die Bezeichnung der beiden Parameter gerade die bisher zur Bezeichnung von Erwartungswert und Streuung verwendeten Buchstaben μ und σ verwendet werden, ist damit begründet, daß sich diese beiden Parameter tatsächlich als ein Erwartungswert und eine Streuung erweisen werden; zunächst stellen hier jedoch μ und σ nur irgend zwei Bestimmungsstücke für Funktionen der Form (2.43) dar, denen noch keine inhaltliche Bedeutung zukommt.)

Kurvendiskussion der Funktion (2.43):

Um die graphische Gestalt der Funktion (2.43) zu erkennen, sollen zunächst einige triviale Eigenschaften der e-Funktion e^{-t^2} festgestellt werden:

1. sie ist symmetrisch zur senkrechten Koordinatenachse ($e^{-(+t)^2} = e^{-(-t)^2}$ für jedes t),

2. sie verläuft stets oberhalb der waagerechten Koordinatenachse ($e^{-t^2} > 0$ für jedes t) und nähert sich für $t \to \infty$ dieser Achse ($\lim_{t \to \infty} e^{-t^2} = 0$),

3. sie nimmt ihren größten Wert im Punkt $t = 0$ an ($e^0 = 1$ und $e^{-t^2} < 1$ für $t \neq 0$).

Damit ist eine durch (2.43) dargestellte Kurve offensichtlich symmetrisch zu $t = \mu$, besitzt im Punkte $t = \mu$ ihr Maximum und nähert sich für $t \to \infty$ und für $t \to -\infty$ der t-Achse; sie besitzt also die in Abbildung 6 für den Spezialfall $\mu = +5$, $\sigma = +2$ dargestellte glockenförmige Gestalt; man bezeichnet sie als *Gaußsche Glockenkurve*. Als Beleg für die Einfachheit dieser Funktion kann man wohl die Tatsache deuten, daß Graphiker der Deutschen Bundesbank einen Graphen einer *Gauß*schen Glockenkurve bei der Gestaltung des 10 DM-Geldscheines verwendet haben.

Hinreichend dafür, daß die „vorgeschlagene" Funktion f der Form (2.43) tatsächlich eine *Dichtefunktion* einer Verteilungsfunktion ist – also ein mathematisch zulässiges Verteilungsgesetz beschreibt – sind bereits die beiden folgenden Eigenschaften (s.S. 90): für jede reelle Zahl t muß $f(t) \geq 0$ sein (Nicht-Negativität von f, die trivial gegeben ist) und der Flächeninhalt unter f zwischen $-\infty$ und $+\infty$ muß 1 sein (Normiertheit (2.7)); denn allein diese beiden Eigenschaften stellen sicher, daß der Flächeninhalt $F(x)$ unter f von $-\infty$ bis zur Stelle x, also die Funktion F mit

$$F(x) = \frac{1}{\sigma\sqrt{2\pi}} \int_{-\infty}^{x} e^{-\frac{(t-\mu)^2}{2\sigma^2}} dt \qquad (2.44)$$

die vier, eine Verteilungsfunktion charakterisierenden Eigenschaften besitzt (s. *Charakterisierungssatz*, S. 91). Man nennt eine Verteilungsfunktion der Form (2.44) die Verteilungsfunktion einer *Gauß*-**Verteilung** oder **Normalverteilung**

2.3. SPEZIELLE VERTEILUNGSFUNKTIONEN

$N(\mu; \sigma^2)$ (zur Unterscheidung von *Verteilungsfunktion* und *Verteilung*, s.S. 107). Eine Normalverteilung ist durch Angabe numerischer Werte für die beiden *Parameter* (= Bestimmungsstücke) μ und σ numerisch vollständig festgelegt. In Abbildung 6 ist neben der Dichte der Normalverteilung $N(+5; 2^2)$ ihre Verteilungsfunktion F graphisch dargestellt.

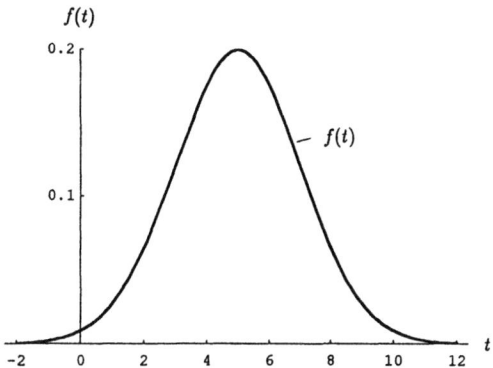

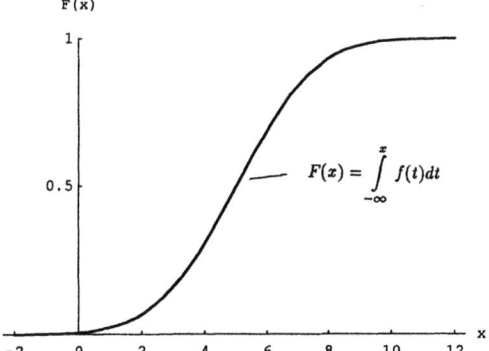

Abb. 6: Dichte und Verteilungsfunktion der Normalverteilung $N(+5; 2^2)$

Mathematisch-technischer Hinweis zur Normiertheit von Funktionen f der Form (2.43): Die Berechnung des Integrals $\int_{-\infty}^{+\infty} f(t)dt$ läßt sich nach trivialer Transformation auf die nicht-triviale Berechnung von

$$\int_{-\infty}^{+\infty} e^{-t^2} dt \qquad (2.45)$$

zurückführen. Die Berechnung des sogenannten *Gaußschen Fehlerintegrals* (2.45) stellt in Vorlesungen zur Integralrechnung für Mathematiker ein beliebtes, trickreiches Beispiel für die Berechnung von Integralen von Funktionen dar, die keine elementare *Stammfunktion* haben. Dabei erhält man für (2.45) den Wert $\sqrt{\pi}$, der nach trivialer Transformation die erforderliche Normierungseigenschaft (2.7) für Funktionen der Form (2.43) ergibt.

Das Problem, daß *Gauß*sche Glockenkurven (2.43) keine elementaren Stammfunktionen haben, und also Werte $F(x)$ von Verteilungsfunktionen (2.44) von Normalverteilungen nicht durch bequeme Integration numerisch berechnet werden können, wird durch den folgenden Transformationssatz 2.4 reduziert auf die numerische Berechnung der Verteilungsfunktion einer einzigen Normalverteilung, nämlich der sogenannten normierten Normalverteilung $N(0; 1)$.

Satz 2.4 *(Transformationssatz)*
Es sei F die Verteilungsfunktion einer nach der Normalverteilung $N(\mu; \sigma^2)$ verteilten zufälligen Variablen. Dann gilt für jedes x

$$F(x) = \Phi\left(\frac{x-\mu}{\sigma}\right), \qquad (2.46)$$

wobei Φ die Verteilungsfunktion der sogenannten **normierten Normalverteilung** $N(0; 1)$ *bezeichnet.*

Beweis
Ersetzt man in der Definition (2.44) $\frac{t-\mu}{\sigma}$ durch eine neue Variable $\tilde{t}$, so erhält man nach den einfachsten Regeln einer solchen Variablentransformation

$$F(x) = \frac{1}{\sigma\sqrt{2\pi}} \int_{-\infty}^{\frac{x-\mu}{\sigma}} e^{-\frac{\tilde{t}^2}{2}} \cdot \sigma d\tilde{t} = \frac{1}{\sqrt{2\pi}} \int_{-\infty}^{\frac{x-\mu}{\sigma}} e^{-\frac{\tilde{t}^2}{2}} d\tilde{t} = \Phi\left(\frac{x-\mu}{\sigma}\right).$$

♣

Anmerkung zum vorstehenden Beweis: Ersichtlich erhöht die Ausführung dieses Beweises für Anwender, insbesondere für Nicht-Mathematiker, die Anwendungssicherheit des Transformationssatzes 2.4 in keiner Weise. Dies gilt analog für die Beweise zu allen nachfolgenden Sätzen zur Normalverteilung. Sie werden deshalb nicht vorgeführt.

Bedeutung des Transformationssatzes 2.4:

Für die numerische Berechnung der Werte $F(x)$ für Verteilungsfunktionen von Normalverteilungen mit beliebigen Parameterwerten μ und σ^2 reicht es wegen (2.46) aus, die Verteilungsfunktion Φ von $N(0; 1)$ sozusagen ein für allemal durch numerische Integration zu berechnen und zu tabellieren (s. Tabelle, S. 283). Dabei braucht man Φ nur für positive x-Werte zu tabellieren; denn: wegen der Symmetrie der normierten *Gauß*schen Glockenkurve gilt für jedes x

$$\Phi(-x) = 1 - \Phi(x), \qquad (2.47)$$

da nämlich der Flächeninhalt $\Phi(-x)$ von $-\infty$ bis zur Stelle $-x$ unter der normierten Glockenkurve genauso groß ist wie der Flächeninhalt von der Stelle $+x$ bis $+\infty$ und letzterer $1 - \Phi(+x)$ beträgt (vgl. Abb. 7).

2.3. SPEZIELLE VERTEILUNGSFUNKTIONEN

In Abbildung 7 sind sowohl die Verteilungsfunktion Φ der normierten Normalverteilung $N(0;1)$ als auch deren Dichte φ – die normierte *Gauß*sche Glockenkurve – graphisch dargestellt.

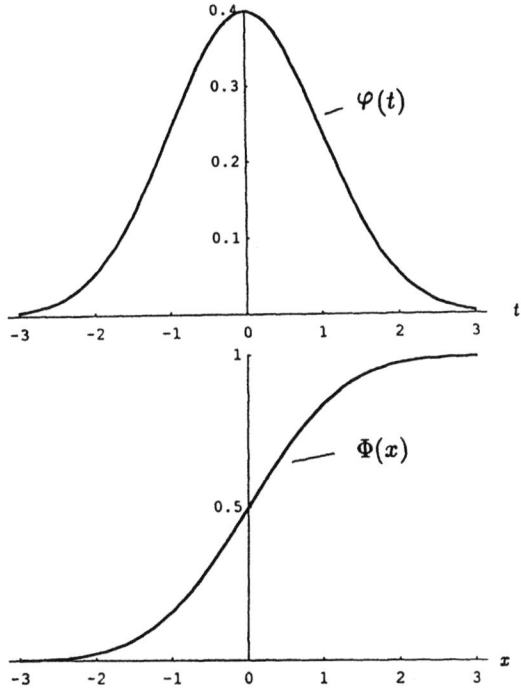

Abb. 7: Dichte φ und Verteilungsfunktion Φ der normierten Normalverteilung $N(0;1)$

Anwendung des Transformationssatzes 2.4:

Mit Hilfe von (2.46) und (2.47) erhält man beispielsweise für die Verteilungsfunktion F der Normalverteilung $N(5;2^2)$ – die in Abbildung 6 graphisch dargestellt ist – auf folgende Weise eine Wertetabelle:
z.B. erhält man den Funktionswert $F(+7)$, indem man $\Phi((7-5)/2) = \Phi(1) = 0,8413$ nachschlägt; den Wert $F(-1)$ etwa erhält man nach $F(-1) = \Phi((-1-5)/2) = \Phi(-3) = 1-\Phi(3) = 1-0,9986 = 0,0014$. Ohne jede Rechnung erhält man für diese wie für jede beliebige Normalverteilung wegen der Symmetrie der *Gauß*schen Glockenkurve sofort

$$F(\mu) = W(\xi \leq \mu) = 1/2, \qquad (2.48)$$

d.h. nach Definition 2.3 (S. 94) des *Zentralwertes* ist der Parameter μ einer Normalverteilung $N(\mu;\sigma^2)$ ihr *Zentralwert*.
Ist für irgendeine Meßgröße ξ bekannt, daß sie ausreichend genau nach einer Normalverteilung $N(\mu;\sigma^2)$ verteilt ist – zur Veranschaulichung deute man etwa

ξ als das Nettogewicht eines aus einer Produktion zufällig herausgegriffenen Paketes –, so ist es eine immer wiederkehrende Aufgabe für ein vorgegebenes Intervall $(a, b]$, die Wahrscheinlichkeit $W(a < \xi \leq b)$ zu berechnen. Dazu gilt für jede zufällige Variable nach (2.2)

$$W(a < \xi \leq b) = F(b) - F(a), \qquad (2.49)$$

wobei jetzt F die Verteilungsfunktion von $N(\mu; \sigma^2)$ ist, die mittels des Transformationssatzes 2.4 und einer Tabelle von Φ numerisch berechnet werden kann.

Dabei ist folgendes zu beachten: Sind a, b reelle Zahlen, so gilt für jede *zufällige Variable ξ vom stetigen Typ* nach (2.6') stets

$$W(\xi = a) = 0 \quad \text{und} \quad W(\xi = b) = 0, \qquad (2.50)$$

d.h. bei der Berechnung der Wahrscheinlichkeit (2.49), daß eine normalverteilte zufällige Variable ξ einen Wert in einem Intervall „von a bis b" annimmt, spielt es numerisch keine Rolle, welches der vier Intervalle $a \leq \xi \leq b$, $a \leq \xi < b$, $a < \xi \leq b$, $a < \xi < b$ vorliegt – sofern mit a und b reelle Zahlen gemeint sind. Bei praktischen Anwendungen bedeutet jedoch ξ oft eine Meßgröße, die nur mit einer bestimmten **Meßgenauigkeit**, z.B. „auf ein Gramm genau", gemessen werden kann. Für eine solche Meßgröße, z.B. das Nettogewicht ξ eines aus einer Produktion von Paketen mit der Aufschrift „Nettoinhalt 500g" herausgegriffenen Paketes, ist $W(\xi = 500g)$ trotz (2.50) nicht Null sondern

$$W(\xi = 500g) = W(499, 500 \ldots < \xi < 500, 500 \ldots). \qquad (2.51)$$

Dies liegt daran, daß hierbei 500 nicht die reelle Zahl 500,000... bedeutet, sondern vielmehr das Intervall aller reellen Zahlen zwischen 499,500... und 500,500... bezeichnet; denn jedes durch eine dieser reellen Zahlen idealisierend gekennzeichnet zu denkende Gewicht wird im Falle einer Wägung „bis auf ein Gramm genau" auf der Waage zu 500g abgelesen. Jede konkrete Meßgröße stellt deshalb eigentlich eine zufällige Variable vom diskreten Typ dar, und ihre Beschreibung durch eine zufällige Variable vom stetigen Typ ist eine Idealisierung.

Satz 2.5
Ist ξ eine nach der Normalverteilung $N(\mu; \sigma^2)$ verteilte zufällige Variable, so ist

$$E[\xi] = \mu \quad \text{und} \quad E\left[(\xi - \mu)^2\right] = \sigma^2,$$

d.h. die Parameter μ und σ^2 von $N(\mu; \sigma^2)$ sind der Erwartungswert und die Varianz dieser Normalverteilung.

Zum Beweis dieses Satzes hat man gemäß Definition 2.5 die Integrale (2.11) und (2.12) für die *Gauß*sche Glockenkurve (2.43) als Dichte f zu berechnen. Wie bereits zum Beweis von Satz 2.4 angemerkt, werden diese Integrationen hier nicht vorgeführt, da sie die Sicherheit bei der Anwendung der bewiesenen Eigenschaften nicht erhöhen. Dies gilt auch für die im nächsten Satz 2.6 zusammengefaßten Eigenschaften „der Normalverteilung".

2.3. SPEZIELLE VERTEILUNGSFUNKTIONEN

Zunächst soll jedoch die Aussage von Satz 2.5 vor allem im Hinblick auf eine anschauliche Interpretation des Parameters σ aus $N(\mu;\sigma^2)$ erläutert werden anhand von

Beispiel 2.7 *Sigma-Intervalle*
Es sei ξ eine nach $N(\mu;\sigma^2)$ normalverteilte zufällige Variable. Man berechne die Wahrscheinlichkeiten
$W(\mu - \sigma < \xi < \mu + \sigma)$, $W(\mu - 2\sigma < \xi < \mu + 2\sigma)$, $W(\mu - 3\sigma < \xi < \mu + 3\sigma)$.
In anschaulicher Ausdrucksweise bezeichnet man $W(\mu - \sigma < \xi < \mu + \sigma)$ auch als die Wahrscheinlichkeit dafür, daß bei einem Versuch der Wert der Zufallsgröße ξ in ihr sogenanntes *1-Sigma-Intervall* fällt.

Lösung:

$$W(\mu - \sigma < \xi < \mu + \sigma) \stackrel{(2.49)}{=} F_\xi(\mu + \sigma) - F_\xi(\mu - \sigma) =$$

$$\stackrel{(2.46)}{=} \Phi\left(\frac{(\mu + \sigma) - \mu}{\sigma}\right) - \Phi\left(\frac{(\mu - \sigma) - \mu}{\sigma}\right) = \Phi(+1) - \Phi(-1) =$$

$$\stackrel{(2.47)}{=} \Phi(+1) - (1 - \Phi(+1)) = 2\Phi(+1) - 1 =$$

$$= 2 \cdot (0,8413 - 1) = 0,6826. \tag{2.52}$$

In Worten: *für* **jede** *normalverteilte zufällige Variable (mit beliebigen Parametern μ und σ) beträgt die Wahrscheinlichkeit, daß der bei einem Versuch angenommene Wert in ihr 1-σ-Intervall fällt, rund* 68%. Hiermit erfüllt σ die anschaulichen Erwartungen, die man intuitiv von einem „Streuungsmaß" erfüllt sehen möchte; denn: Ist σ „klein", so ist in dem dann „kleinen" 1-σ-Intervall bereits 68% der gesamten „Wahrscheinlichkeitsmasse" (von 100% unter der *Gauß*schen Glockenkurve) konzentriert. Ist hingegen σ „groß", so ist der gleiche Prozentsatz über ein „großes" 1-σ-Intervall „verteilt", d.h. bei größerem σ „streut" ξ stärker um den Mittelwert μ als bei kleinerem σ. Analog kann man die folgenden Ergebnisse für das 2-σ-Intervall und das 3-σ-Intervall interpretieren:

$$W(\mu - 2\sigma < \xi < \mu + 2\sigma) = 2\Phi(+2) - 1 = 0,9544 \tag{2.53}$$

$$W(\mu - 3\sigma < \xi < \mu + 3\sigma) = 2\Phi(+3) - 1 = 0,9974. \tag{2.54}$$

Die vorangehenden Ergebnisse (2.52) bis (2.54) mit ihrer Bedeutung für eine Veranschaulichung des Parameters *Streuung*, gelten approximativ auch insoweit für viele nicht exakt normalverteilte zufällige Variable, als sich nach dem sogleich zu erläuternden *Zentralen Grenzwertsatz* viele praktisch interessierende zufällige Variable als approximativ normalverteilt erweisen, z.B. $Bi(n;p)$-verteilte zufällige Variable, falls $np(1-p) \geq 9$ ist (s. (2.61)). □

Satz 2.6 *(Reproduktionseigenschaften der Normalverteilung)*
(1) Ist ξ eine nach einer Normalverteilung $N(\mu; \sigma^2)$ verteilte zufällige Variable, so ist für reelle Zahlen a, b mit $a \neq 0$ auch $a\xi + b$ normalverteilt und zwar nach $N(a\mu; a^2\sigma^2)$.
(2) Sind $\xi_1, \ldots, \xi_n$ **statistisch unabhängige,** *nach $N(\mu_1; \sigma_1^2), \ldots, N(\mu_n; \sigma_n^2)$ verteilte zufällige Variable, so ist auch die Summe $\xi_1 + \ldots + \xi_n$ normalverteilt und zwar nach $N(\mu_1 + \ldots + \mu_n; \sigma_1^2 + \ldots + \sigma_n^2)$.*

Die in den vorstehenden Sätzen (1) und (2) jeweils nach den Worten „und zwar" enthaltenen Aussagen über die Parameter Erwartungswert und Varianz der jeweiligen „neuen" zufälligen Variablen $a\xi + b$ bzw. $\xi_1 + \ldots + \xi_n$ stellen Eigenschaften dieser Parameter dar, die bereits in Satz 2.1 (S. 98) für beliebige zufällige Variable festgestellt wurden; d.h. die beiden wesentlichen Aussagen des Satzes 2.6 lassen sich anschaulich so formulieren:

(1) Lineare Transformationen $a\xi + b$ führen aus der „Familie der Normalverteilungen" nicht hinaus; beispielsweise führt die *allgemeine Normierungstransformation* (s.S. 100) jetzt auf die *normierte Normalverteilung* $N(0; 1)$.

(2) Wird zwei unabhängigen „Individuen" ξ_1, ξ_2 aus dieser „Familie" das neue Element $\xi_1 + \xi_2$ zugeordnet, so gehört auch dieses zur „Familie" (Anwendungsbeispiel: u.a. Aufgabe 2.10).

Die Binomialverteilungen und die hypergeometrischen Verteilungen weisen diese Reproduktionseigenschaft nicht auf – jedoch die *Poisson*-Verteilungen (s.S. 114).

In der Biologie nennt man eine Menge von Individuen (mit ähnlichen Eigenschaften) eine *Art*, wenn das Ergebnis einer Paarbildung bzw. Paarung von zwei Individuen dieser Menge wieder zu einem Individuum dieser Menge führt („nicht aus der Art schlägt") – also eine *Reproduktion* darstellt. Biologisch gesprochen, stellt also die Menge aller Normalverteilungen $N(\mu; \sigma^2)$ eine Art oder Spezies (von Wahrscheinlichkeitsverteilungen) dar.

Nochmals biologisch gesprochen: Nachfolgend wird berichtet, daß solche „Individuen" $N(\mu; \sigma^2)$ nicht nur Mathematische Modelle sind, sondern auf „Exkursionen in die Realität" oft beobachtet wurden – z.B. von *C. F. Gauß* (1777-1855) bei der Landvermessung – und daß es gute Gründe (s. Zentraler Grenzwertsatz) dafür gibt, daß solche Beobachtungen so häufig sind.

2.3.4.2 Bedeutung des Verteilungsmodells *Normalverteilung*

Das dargestellte mathematische Verteilungsmodell *Normalverteilung* hat sich praktisch außerordentlich bewährt: Viele praktisch interessierende Zufallsgrößen – vor allem technisch-physikalische Meßgrößen – erweisen sich nämlich als ausreichend genau nach einer Normalverteilung $N(\mu; \sigma^2)$ (mit geeigneten Werten für die Parameter μ und σ) verteilt. (Prinzipiell ist eine solche Aussage für jede konkrete Meßgröße mit Hilfe eines geeigneten Testverfahrens zu überprüfen, s. χ^2-Test als ein *Anpassungstest* in Kapitel 3.) Historisch gesehen, hat *C. F. Gauß* (1777-1855) bei der mathematischen Erfassung der zufallsabhängigen Meßfehler bei geodätischen Messungen das Normalverteilungsmodell eingeführt und höchst

2.3. SPEZIELLE VERTEILUNGSFUNKTIONEN

erfolgreich angewandt. Daran erinnern die Bezeichnungen *Gaußsche Glockenkurve* und *Gauß-Verteilung* anstelle von *Normalverteilung*.
Eine Erklärung für diesen Sachverhalt, daß sich so viele praktisch interessierende Zufallsgrößen als ausreichend genau normalverteilt erweisen, liefert der **Zentrale Grenzwertsatz**, der besagt:
Unter einer Voraussetzung (= sog. *Lindeberg-Bedingung*), die im Hinblick auf praktische Anwendungen stets als erfüllt angesehen werden kann und deshalb hier nicht näher mathematisch formuliert werden soll, gilt die folgende erstaunliche Aussage:
Eine Summe
$$\xi_1 + \ldots + \xi_n \qquad (2.55)$$
von beliebigen zufälligen Variablen (die beliebige und unterschiedliche Verteilungsfunktionen haben dürfen) ist bereits dann näherungsweise nach einer Normalverteilung verteilt, falls die $\xi_1, \ldots, \xi_n$ *nur* **statistisch unabhängig** *sind und ihre Anzahl n* **hinreichend groß** *ist*.

Die erwähnte *Lindeberg*-Bedingung ist in folgendem wichtigen Spezialfall automatisch erfüllt, nämlich dann, wenn die $\xi_1, \ldots, \xi_n$ alle die gleiche (beliebige) Verteilungsfunktion haben, d.h. für *unabhängige* und **identisch verteilte zufällige Variable** (mit existierenden Varianzen) gilt die vorstehende Aussage des zentralen Grenzwertsatzes ohne jede Einschränkung.

Genauer enthält der zentrale Grenzwertsatz folgende Grenzwertaussage:
Normiert man bei einer unendlichen Folge $\xi_1, \xi_2, \ldots$ *von* **statistisch unabhängigen** *zufälligen Variablen, die die Lindeberg-Bedingung erfüllen, die Summe* $\xi_1 + \ldots + \xi_n$ *der ersten n Folgeglieder auf den Mittelwert 0 und die Varianz 1, so konvergiert die Verteilungsfunktion F_n dieser normierten Partialsumme für $n \to \infty$ gegen die Verteilungsfunktion Φ der normierten Normalverteilung $N(0;1)$, d.h. es ist*
$$\lim_{n \to \infty} F_n(x) = \Phi(x) \qquad (2.56)$$
für jede reelle Zahl x.

Ist für ein n_0 die normierte Partialsumme
$$\frac{(\xi_1 + \ldots + \xi_{n_0}) - (\mu_1 + \ldots + \mu_{n_0})}{\sqrt{\sigma_1^2 + \ldots + \sigma_{n_0}^2}}$$
mit ausreichender Approximationsgenauigkeit nach $N(0;1)$ verteilt, so ist dies wegen Satz 2.6(1) äquivalent damit, daß die Summe (2.55) approximativ nach $N(\mu_1 + \ldots + \mu_n; \sigma_1^2 + \ldots + \sigma_n^2)$ verteilt ist – wie das über (2.55) formuliert wurde. Dabei ist es allerdings prinzipiell nicht möglich, eine generelle Faustregel für ein n_0 anzugeben, das eine bestimmte Approximationsgenauigkeit sicherstellt, weil ein solches n_0 naturgemäß davon abhängt, wie stark die einzelnen $\xi_1, \ldots, \xi_{n_0}$ von einer Normalverteilung abweichen. (Sind hingegen die Verteilungen der einzelnen ξ_i bekannt – etwa als Binomialverteilungen $Bi(1;p)$ – so wird in (2.61) eine solche Faustregel angegeben werden können.) Sind die $\xi_1, \ldots, \xi_n$ jeweils bereits normalverteilt, so ist die Aussage des Zentralen Grenzwertsatzes trivial erfüllt, da $\xi_1 + \ldots + \xi_n$ dann nach Satz 2.6 für jedes n wieder (exakt) normalverteilt ist.

Angesichts der erstaunlichen Aussage des Zentralen Grenzwertsatzes kann es nicht überraschen, daß der Beweis weit außerhalb der vorliegenden Einführung liegt. Eine Formulierung der *Lindeberg*-Bedingung und damit eine mathematisch vollständige Formulierung des Zentralen Grenzwertsatzes (ohne Beweis) und seiner Anwendungsmöglichkeiten gibt z.B. *Uhlmann* (1982), S. 43f.

Viele praktisch interessierende Zufallsgrößen lassen sich nun tatsächlich aus einer großen Zahl von zufälligen und unabhängigen Einflußgrößen additiv zusammengesetzt deuten, wie z.B. der Verbrauch an Elektroenergie zu einem bestimmten Zeitpunkt in einer Gemeinde – und sind daher wegen des Zentralen Grenzwertsatzes annähernd normalverteilt. Besonders wichtige Beispiele bilden viele physikalisch-technische Meßfehler sowie die Abweichungen irgendwelcher Meßgrößen von vorgegebenen Sollwerten.

Andererseits darf die nicht ganz glückliche Bezeichnung *Normalverteilung* nicht dazu verleiten, die Normalverteilung als die „normalerweise" vorliegende Verteilung anzusehen. Vielfach ergibt sich durch Zusammenwerfen mehrerer Grundgesamtheiten mit verschiedenen Mittelwerten in der neuen Grundgesamtheit eine sogenannte *mehrgipflige Verteilung* im Gegensatz zur eingipfligen (*Gauß*sche Glockenkurve!) Normalverteilung; dies wird beispielsweise für die Größe „Gewicht" in der Menge der von zwei verschiedenen Abfüllmaschinen gefüllten Pakete der Fall sein, sobald sich die beiden Maschinen hinsichtlich der Mittelwerte der Gewichte der von ihnen gefüllten Pakete deutlich unterscheiden – die sich ergebende sog. *Mischverteilung* wird ihre beiden Gipfel ungefähr an den Stellen der Mittelwerte der einzelnen Maschinen haben.

Oft treten auch unsymmetrische, sogenannte *schiefe Verteilungen* auf, die etwa dadurch zustande kommen können, daß durch irgendwelche technischen Einrichtungen oder Ausleseverfahren dafür gesorgt wird, daß Produkte, die gewisse Mindestanforderungen hinsichtlich der sie kennzeichnenden Meßgrößen nicht erfüllen, sofort aussortiert werden. In der verbleibenden „gestutzten" Grundgesamtheit sind dann die in der ursprünglichen Produktion möglicherweise normalverteilten Meßwerte nicht mehr normalverteilt, sondern z.B. nach einer **gestutzten Normalverteilung** verteilt.

Interessieren bei einer nach $N(\mu; \sigma^2)$ verteilten zufälligen Variablen ξ nur noch Meßwerte in einem Intervall $[a, b]$ – weil sowohl Werte $\xi(\omega) < a$ als auch Werte $\xi(\omega) > b$ „weggestutzt" werden – so ist die Dichte $\tilde{f}$ dieser „gestutzten Verteilung" außerhalb von $[a, b]$ Null und hat in $[a, b]$ nach wie vor die „Form" der *Gauß*schen Glockenkurve f aus (2.43), die jedoch noch so normiert werden muß, daß gemäß (2.7) der Flächeninhalt unter $\tilde{f}$ zwischen $-\infty$ und $+\infty$ bzw. zwischen a und b den Wert 1 erhält. Da der Flächeninhalt unter f zwischen a und b nach (2.49) den Wert

$$F(b) - F(a) \stackrel{(2.46)}{=} \Phi\left(\frac{b-\mu}{\sigma}\right) - \Phi\left(\frac{a-\mu}{\sigma}\right)$$

2.3. SPEZIELLE VERTEILUNGSFUNKTIONEN

besitzt, so lautet die Dichte $\tilde{f}$ der in $[a,b]$ gestutzten Normalverteilung

$$\tilde{f}(t) = \begin{cases} 0 & \text{für } -\infty < t < a \\ \dfrac{f(t)}{\Phi\left(\frac{b-\mu}{\sigma}\right) - \Phi\left(\frac{a-\mu}{\sigma}\right)} & \text{für } a \leq t \leq b \\ 0 & \text{für } a < t < +\infty \end{cases}, \qquad (2.57)$$

wobei f die *Gauß*sche Glockenkurve (2.43) bezeichnet.

Mit Hilfe dieser Dichte $\tilde{f}$ erhält man gemäß Definition 2.5 den Erwartungswert oder (wahren) Mittelwert $\tilde{\mu}$ dieser gestutzten Normalverteilung (nach einfacher Integration (2.11)) zu

$$\tilde{\mu} = \mu + \sigma \cdot \frac{\varphi\left(\frac{a-\mu}{\sigma}\right) - \varphi\left(\frac{b-\mu}{\sigma}\right)}{\Phi\left(\frac{b-\mu}{\sigma}\right) - \Phi\left(\frac{a-\mu}{\sigma}\right)}, \qquad (2.58)$$

wobei Φ die Verteilungsfunktion von $N(0;1)$ und φ deren Dichtefunktion ist. (Anwendungsbeispiel: Aufgabe 2.13.)

Anwendungen des Zentralen Grenzwertsatzes in der Mathematischen Statistik:

Bei den bisherigen Anwendungen des Zentralen Grenzwertsatzes im Hinblick auf die mathematische Beschreibung der Verteilungsgesetze konkreter Meßgrößen mit Hilfe des wahrscheinlichkeitstheoretischen Modells *Normalverteilung* wurden die Verteilungsgesetze der einzelnen Summanden $\xi_1,\ldots,\xi_n$ in (2.55) sozusagen von der Realität festgelegt. Demgegenüber können die einzelnen Summanden $\xi_1,\ldots,\xi_n$ in (2.55) im Hinblick auf die zentrale Aufgabenstellung der Mathematischen Statistik (über das unbekannte Verteilungsgesetz einer konkreten Meßgröße empirische Informationen aufgrund von Stichproben zu erhalten) beispielsweise gedeutet werden als die Ergebnisse der n Züge beim Ziehen einer Zufallsstichprobe mit Zurücklegen vom Umfang n, wobei dieser Stichprobenziehungsversuch gerade so eingerichtet werden konnte und wurde, daß die $\xi_1,\ldots,\xi_n$ statistisch unabhängige zufällige Variable wurden und alle ξ_i nach dem gleichen Verteilungsgesetz verteilt sind – nämlich nach der Binomialverteilung $Bi(1;p)$ (s. Beispiel 2.3, S. 98). Damit ist nach dem Zentralen Grenzwertsatz die Summe

$$\xi_1 + \ldots + \xi_n \qquad (2.59)$$

für „hinreichend großes n" approximativ normalverteilt – und zwar nach $N(np; np(1-p))$, da nämlich np und $np(1-p)$ Erwartungswert und Varianz der Summe (2.59) sind (s. Folgerungen aus (2.32), S. 108). Da diese Summe (2.59) die Anzahl ausgezeichneter Elemente in einer Z.m.Z.-Zufallsstichprobe vom Umfang n darstellt und also nach der Binomialverteilung $Bi(n;p)$ verteilt ist, so kann also die Verteilungsfunktion $F(x)$ dieser Binomialverteilung mittels der Verteilungsfunktion $\Phi\left(\dfrac{x-np}{\sqrt{np(1-p)}}\right)$ der obigen Normalverteilung approximiert werden. Umfangreiche numerische Vergleiche mit exakt berechneten Werten von F haben folgende **Approximationsregel** ergeben:

Ist ξ eine nach der Binomialverteilung $Bi(n; p)$ verteilte zufällige Variable, so gilt für viele praktische Zwecke mit ausreichender Approximationsgenauigkeit für jede reelle Zahl x

$$W(\xi \leq x) \approx \Phi\left(\frac{x - np}{\sqrt{np(1-p)}}\right), \qquad (2.60)$$

falls die **Faustregel**

$$np(1-p) \geq 9 \qquad (2.61)$$

erfüllt ist.

Ist die Approximationsstelle x in (2.60) durch die Aufgabenstellung von vornherein als eine ganze Zahl m ($m = 0, \ldots, n$) vorgegeben, so läßt sich die Approximation des Wertes $F(m)$ dieser Verteilungsfunktion vom diskreten Typ etwas verbessern, wenn man zur Approximation nicht die Verteilungsfunktion der Normalverteilung an der Stelle $x = m$ benutzt, sondern an der Stelle $x = m + 1/2$; d.h. man verwendet in diesem Falle anstelle von (2.60)

$$W(\xi \leq m) \approx \Phi\left(\frac{m - np + 0,5}{\sqrt{np(1-p)}}\right). \qquad (2.62)$$

Erläuterungen zur Approximationsverbesserung (2.62):

Der zu approximierende Wert $W(\xi \leq m)$ ist die Summe aus den $m + 1$ Wahrscheinlichkeiten $W(\xi = 0), \ldots, W(\xi = m)$. Approximation dieses Wertes mit Hilfe der Normalverteilung $N(np; np(1-p))$ bedeutet anschaulich: Man denkt sich die auf die diskreten Punkte $0, \ldots, m$ „verteilte Wahrscheinlichkeitsmasse" von $W(\xi \leq m)$ gemäß der Dichte der genannten Normalverteilung kontinuierlich „verteilt" (= verschmiert) und approximiert sie zunächst gemäß (2.60) durch den Flächeninhalt unter dieser Dichte zwischen $-\infty$ und $x = m$ – und in naheliegender Verbesserung gemäß (2.62) durch den entsprechenden Flächeninhalt bis zur Stelle $x = m + 1/2$.

Beispiel 2.8

Approximation der Binomialverteilung mittels der Normalverteilung

Es sei ξ eine nach der Binomialverteilung $Bi(100; 0,3)$ verteilte zufällige Variable. Man berechne

$$W(\xi \leq m) \text{ für } m = 29 \text{ und } m = 30 \quad \text{sowie} \quad W(\xi = 30)$$

sowohl mit Hilfe der Approximation (2.60) als auch mit Hilfe der für (ganzzahlige Werte m) verbesserten Approximation (2.62) und vergleiche mit den nachstehend angegebenen exakten Werten.

Sodann berechne man ganze Zahlen $x^*_{95\%}$ und $x_{95\%}$ so, daß approximativ gilt:

$$W(\xi \leq x^*_{95\%}) \approx 0,95, \qquad (2.63)$$

$$W(30 - x_{95\%} \leq \xi \leq 30 + x_{95\%}) \approx 0,95. \qquad (2.64)$$

2.3. SPEZIELLE VERTEILUNGSFUNKTIONEN

Vorgreifender Hinweis: Die durch die Bestimmungsgleichungen (2.63) und (2.64) bestimmten Zahlen lassen sich als *Testschranken* (eines einseitigen und eines zweiseitigen Binomialtests) zu einer Sicherheitswahrscheinlichkeit von 95% deuten.

Lösung: Die exakten Werte von $W(\xi \leq m)$ sind nach (2.27) zu berechnen, z.B. in der Form

$$W(\xi \leq 29) = \sum_{m=0}^{29} \binom{100}{m} 0,3^m \cdot 0,7^{100-m}.$$

Man erhält (mit Hilfe eines geeigneten Rechnerprogramms) oder entnimmt einer Vertafelung der Binomialverteilung

$$W(\xi \leq 29) = 0,4623, \quad W(\xi \leq 30) = 0,5491$$

woraus folgt

$$W(\xi = 30) = W(\xi \leq 30) - W(\xi \leq 29) = 0,0868.$$

Mit Hilfe der Approximationen (2.60) und (2.62) erhält man

$$W(\xi \leq 29) \stackrel{(2.60)}{\approx} \Phi\left(\frac{29-30}{\sqrt{21}}\right) = \Phi(-0,22) = 1 - 0,5871 = 0,4129$$

oder mittels linearer Interpolation in der Tabelle von Φ (S. 283):

$$W(\xi \leq 29) \stackrel{(2.60)}{\approx} \Phi(-0,2182) = 0,4058$$
$$W(\xi \leq 29) \stackrel{(2.62)}{\approx} \Phi\left(\frac{29-30+0,5}{\sqrt{21}}\right) = \Phi(-0,11) = 0,4562$$
$$\text{interpoliert}: \approx \Phi(-0,1091) = 0,4566$$

$$W(\xi \leq 30) \stackrel{(2.60)}{\approx} \Phi\left(\frac{30-30}{\sqrt{21}}\right) = \Phi(0) = 0,5000$$
$$W(\xi \leq 30) \stackrel{(2.62)}{\approx} \Phi\left(\frac{30-30+0,5}{\sqrt{21}}\right) = \Phi(0,11) = 0,5438$$
$$\text{interpoliert}: \approx \Phi(0,1091) = 0,5434.$$

Wie man durch Vergleich mit den angegebenen exakten Werten sieht, führt bei ganzzahliger Approximationsstelle m der „Korrektursummand" $+0,5$ in (2.62) zu einer deutlichen Verbesserung der Approximation (2.60). Deshalb wird nachfolgend bei vorgegebener ganzzahliger Approximationsstelle nur noch (2.62) verwendet, z.B. für

$$W(\xi = 30) = W(\xi \leq 30) - W(\xi \leq 29) \approx 0,5434 - 0,4566 = 0,0868;$$

d.h. dieser approximativ berechnete Wert stimmt (auf vier Stellen nach dem Komma) mit dem exakten Wert überein.

Lösen der Bestimmungsgleichung (2.63):

Ersetzt man die linke Seite von (2.63) gemäß der Approximation (2.60), so erhält man

$$\Phi\left(\frac{x^*_{95\%} - 30}{\sqrt{21}}\right) \approx 0,95. \qquad (*)$$

Am bequemsten löst man $(*)$, indem man zunächst eine reelle Zahl $x^*_{95\%}$ (mit Kommastellen!) so bestimmt, daß $(*)$ exakt erfüllt wird und sodann durch Probieren entscheidet, welche der beiden Möglichkeiten, die erhaltene reelle Zahl ganzzahlig zu runden (2.63) am besten löst.

Wegen $\Phi(1,645) = 0,95$ (s. Tabelle von Φ) erhält man diese gesuchte reelle Zahl wegen $(*)$ aus

$$\frac{x^*_{95\%} - 30}{\sqrt{21}} = 1,645 \quad \text{zu} \quad x^*_{95\%} = 37,54.$$

Um zu entscheiden, welche der beiden ganzen Zahlen 37 und 38 die Bestimmungsgleichung (2.63) am besten löst, berechnet man für beide Fälle die linke Seite von (2.63) – und zwar sinnvollerweise jetzt wieder mit Hilfe der verbesserten Approximation (2.62):

$$W(\xi \leq 37) \stackrel{(2.62)}{\approx} \Phi(1,64) = 0,9495$$
$$\text{interpoliert:} \approx \Phi(1,6366) = 0,9491 \quad (\text{exakter Wert:} = 0,9470)$$

$$W(\xi \leq 38) \stackrel{(2.62)}{\approx} \Phi(1,85) = 0,9678$$
$$\text{interpoliert:} \approx \Phi(1,8549) = 0,9682 \quad (\text{exakter Wert:} = 0,9660).$$

Hieraus liest man die beste ganzzahlige Lösung der Bestimmungsgleichung (2.63) ab zu $x^*_{95\%} = 37$.

Lösen der Bestimmungsgleichung (2.64):

Betrachtet man zunächst $x_{95\%}$ als eine reelle Zahl, so gilt:

$$W(30 - x_{95\%} \leq \xi \leq 30 + x_{95\%}) \stackrel{(2.60)}{\approx}$$

$$\approx \Phi\left(\frac{(30 + x_{95\%}) - 30}{\sqrt{21}}\right) - \Phi\left(\frac{(30 - x_{95\%}) - 30}{\sqrt{21}}\right) \stackrel{(2.47)}{=} 2\Phi\left(\frac{x_{95\%}}{\sqrt{21}}\right) - 1.$$

Damit lautet die Bestimmungsgleichung für die zunächst zu bestimmende reelle Zahl $x_{95\%}$

$$2\Phi\left(\frac{x_{95\%}}{\sqrt{21}}\right) - 1 = 0,95.$$

Hieraus folgt

$$\Phi\left(\frac{x_{95\%}}{\sqrt{21}}\right) = 0,975$$

2.3. SPEZIELLE VERTEILUNGSFUNKTIONEN

– und wegen $\Phi(1,96) = 0,975$ (s. Tabelle von Φ) – erhält man $x_{95\%} = 1,96 \cdot \sqrt{21} = 8,98$.

Um zu entscheiden, welche der beiden ganzen Zahlen 8 und 9 die Bestimmungsgleichung (2.64) am besten löst, berechnet man für jeden der beiden Fälle die linke Seite von (2.64) mit Hilfe der verbesserten Approximation (2.62):

$$W(30 - 8 \leq \xi \leq 30 + 8) = W(\xi \leq 38) - W(\xi \leq 21) \stackrel{(2.62)}{\approx}$$

$$\approx \Phi\left(\frac{38 - 30 + 0,5}{\sqrt{21}}\right) - \Phi\left(\frac{21 - 30 + 0,5}{\sqrt{21}}\right) =$$

$$= 2\Phi\left(\frac{8,5}{\sqrt{21}}\right) - 1 = 2\Phi(1,85) - 1 = 0,9356$$

$$\text{interpoliert:} \approx 2\Phi(1,8549) - 1 = 0,9364 \text{ (exakt:} = 0,9372)$$

und

$$W(30 - 9 \leq \xi \leq 30 + 9) \stackrel{(2.62)}{\approx} 2\Phi(2,07) - 1 = 0,9616$$

$$\text{interpoliert:} \approx 2\Phi(2,0731) - 1 = 0,9618 \text{ (exakt:} = 0,9625).$$

Da für den Wert $x_{95\%} = 9$ sowohl der approximative Wert 0,9618 als auch der exakte Wert 0,9625 für die linke Seite der Bestimmungsgleichung (2.64) dem „Zielwert" 0,95 etwas näherkommt als die analogen Werte 0,9364 und 0,9372 für $x_{95\%} = 8$, so ist $x_{95\%} = 9$ die beste ganzzahlige Lösung für die Bestimmungsgleichung (2.64). □

Das Galtonsche Brett:

Die vorangehende Anwendung des Zentralen Grenzwertsatzes (Approximation der Binomialverteilung mit Hilfe der Normalverteilung) soll jetzt mit Hilfe des sog. *Galton*schen Brettes veranschaulicht werden: das *Galton*sche Brett enthält n Reihen von Pflöcken, die in der aus Abbildung 8 zu ersehenden Weise angeordnet sind.

Das Brett ist so gebaut, daß eine durch die n Reihen herunterrollende Kugel geeigneter Größe in jeder Reihe auf einen Pflock trifft und mit der Wahrscheinlichkeit $p = 1/2$ nach links und mit der gleichen Wahrscheinlichkeit nach rechts abgelenkt wird und sodann auf einen Pflock der nächsten Reihe trifft und so fort bis sie schließlich in einem der $(n+1)$ Fächer unterhalb der Pflockreihen landet.

Diese $(n+1)$ Fächer seien von links nach rechts mit den Nummern $0, 1, 2, \ldots, n$ durchnumeriert. Wird nun die Kugel unterwegs z.B. 0 mal nach rechts und $n - 0 = n$ mal nach links abgelenkt – was mit der Wahrscheinlichkeit $(1/2)^n$ geschieht – so gelangt sie in das Fach Nr.0. Wird die Kugeln an den n Pflöcken, auf die sie auf ihrem Weg trifft, $k$mal nach rechts und $(n-k)$mal nach links abgelenkt – was mit der Wahrscheinlichkeit (s. (1.26))

$$\binom{n}{k} \cdot \left(\frac{1}{2}\right)^k \cdot \left(1 - \frac{1}{2}\right)^{n-k} = \binom{n}{k} \cdot \left(\frac{1}{2}\right)^n = p_k$$

geschieht – so gelangt die Kugel in das Fach Nr.k. Läßt man nun sehr viele Kugeln über das *Galton*sche Brett rollen, so wird nach dem *Bernoullischen Gesetz der großen Zahlen* der Anteil der Kugeln im Fach Nr.k an der Zahl aller Kugeln ungefähr mit der Wahrscheinlichkeit p_k übereinstimmen. Im Experiment zeigt dann die Verteilung der Kugeln über die $n+1$ Fächer die typische glockenförmige Gestalt der *Gaußschen Glockenkurve* (2.43) (Abb. 8). Das *Galton*sche Experiment liefert damit für die Binomialverteilung $Bi(n; 1/2)$ eine experimentelle Bestätigung der Möglichkeit ihrer Approximation mittels der Normalverteilung.

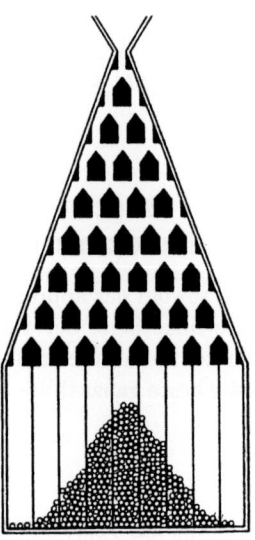

Abb. 8: *Galton*sches Brett

Wichtigste Anwendung des Zentralen Grenzwertsatzes in der Mathematischen Statistik: **Verteilung des Stichprobenmittelwertes**

Im Hinblick auf die Approximation der Verteilungsfunktion der $Bi(n; p)$-verteilten Summe (2.59) wurde daran erinnert, daß eine *Zufallsstichprobe* mit *Zurücklegen* gerade so eingerichtet wurde, daß die Ergebnisse der n Züge (= Ergebnisse der n-fachen unabhängigen Wiederholung eines Zuges) durch n *statistisch unabhängige* und *nach derselben Verteilungsfunktion verteilte* zufällige Variable $\xi_1, \ldots, \xi_n$ beschrieben werden, so daß deren Summe (2.59) nach dem Zentralen Grenzwertsatz für hinreichend großes n approximativ normalverteilt ist. Im Hinblick auf die Aufgabe der Mathematischen Statistik – über die numerisch unbekannte Verteilungsfunktion F einer konkreten Meßgröße bzw. einer zufälligen Variablen ξ empirische Informationen aufgrund von „Stichproben" zu gewinnen – richtet man das Vorangegangene verallgemeinernd eine Zufallsstichprobe vom Umfang n zu dieser Meßgröße ξ so ein, daß die n-fache Wiederholung des durch ξ beschriebenen Versuchs durch n *statistisch unabhängige* zufällige Varia-

2.3. SPEZIELLE VERTEILUNGSFUNKTIONEN

ble beschrieben wird, die alle nach derselben Verteilungsfunktion, nämlich der Verteilungsfunktion F von ξ verteilt sind. Dementsprechend benutzt man in der Mathematischen Statistik die

Definition 2.7
Ist ξ eine zufällige Variable mit der Verteilungsfunktion F, so nennt man n statistisch unabhängige zufällige Variable $\xi_1, \ldots, \xi_n$, die alle nach der Verteilungsfunktion F verteilt sind, eine Zufallsstichprobe vom Umfang n zu ξ bzw. aus der „nach der Verteilungsfunktion F verteilten Grundgesamtheit" (s.S. 104).

In Abschnitt 3.1 zur Statistischen Methodenlehre wird diese etwas abstrakte Definition noch anwendungsnäher formuliert.

Damit gilt nach dem Zentralen Grenzwertsatz (für die vorliegende Situation reicht der Spezialfall für *identisch* verteilte zufällige Variable aus, bei dem die *Lindeberg*-Bedingung von selbst erfüllt ist):
Die Summe $\xi_1 + \ldots + \xi_n$ der Stichprobenvariablen $\xi_1, \ldots, \xi_n$ einer *beliebigen Zufallsstichprobe* gemäß Definition 2.7 ist für „hinreichend großen Stichprobenumfang n" stets approximativ normalverteilt. Von großer praktischer Bedeutung für die Statistik ist vor allem, daß damit auch der durch

$$\bar{\xi} = \frac{1}{n}(\xi_1 + \ldots + \xi_n) \tag{2.65}$$

definierte **Stichprobenmittelwert** oder **empirische Mittelwert** (s. auch (2.8)) näherungsweise normalverteilt ist.

Bezeichnen dabei μ und σ^2 Erwartungswert und Varianz der betreffenden „Grundgesamtheit", so haben nach Definition 2.7 auch die Stichprobenvariablen $\xi_1, \ldots, \xi_n$ jeweils diesen Erwartungswert μ und diese Varianz σ^2 und die Parameter der zufälligen Variablen $\bar{\xi}$ ergeben sich zu

$$E[\bar{\xi}] \stackrel{(2.14)}{=} \frac{1}{n}(E[\xi_1] + \ldots + E[\xi_n]) = \frac{1}{n} \cdot n\mu = \mu \tag{2.66}$$

$$\sigma_{\bar{\xi}}^2 \stackrel{(2.18)}{=} \frac{1}{n^2} \cdot \sigma_{\xi_1 + \ldots + \xi_n}^2 \stackrel{(2.16)}{=} \frac{1}{n^2}\left(\sigma_{\xi_1}^2 + \ldots + \sigma_{\xi_n}^2\right) = \frac{1}{n^2} \cdot n\sigma^2 = \frac{\sigma^2}{n}. \tag{2.67}$$

Damit hat der Zentrale Grenzwertsatz zu folgendem Ergebnis geführt:

> *In einer Zufallsstichprobe vom Umfang n zu einer beliebigen zufälligen Variablen ξ bzw. aus einer beliebigen „Grundgesamtheit" mit dem Mittelwert μ und der Varianz σ^2 ist der* **Stichprobenmittelwert** *$\bar{\xi}$ für einen „hinreichend großen Stichprobenumfang n" stets approximativ nach der Normalverteilung $N\left(\mu; \frac{\sigma^2}{n}\right)$ verteilt.*
>
> *Liegt speziell eine Zufallsstichprobe aus einer nach $N(\mu; \sigma^2)$ normalverteilten Grundgesamtheit vor, so ist der Stichprobenmittelwert $\bar{\xi}$ nach Satz 2.6* <u>exakt</u> *nach $N\left(\mu; \frac{\sigma^2}{n}\right)$ verteilt.*

Hinweise zu einem „hinreichend großen Stichprobenumfang":
Wie bereits zur Grenzwertaussage (2.56) ausgeführt, läßt sich keine allgemeingültige Faustregel für einen Stichprobenumfang n angeben, der generell ausreichende Approximationsgenauigkeit sicherstellt. Dies sieht man auch aus der Form der Faustregel (2.61): Für sehr kleine und sehr große Werte von p – die starke Unsymmetrie der zu approximierenden Binomialverteilung $Bi(n;p)$ anzeigen – muß n größer sein als für den symmetrischen Fall $p = 1/2$. Trotzdem geben manche Autoren „für die Praxis" als Faustregel an, daß $\bar{\xi}$ für $n \geq 30$ ausreichend genau normalverteilt sei. Angesichts der Tatsache, daß für Stichproben aus annähernd symmetrisch verteilten (nicht normalverteilten!) Grundgesamtheiten oft schon für Stichprobenumfänge von ungefähr $n = 10$ der Stichprobenmittelwert $\bar{\xi}$ in hervorragender Approximation normalverteilt ist, so hat die erwähnte Faustregel eine vage Berechtigung.

Aufgabe 2.9:
Es sei ξ eine nach der Normalverteilung $N(500; 15^2)$ verteilte zufällige Variable.

1. Man berechne $W(\xi \leq 515)$, $W(\xi \leq 530)$, $W(485 < \xi < 515)$ und x so, daß $W(500 - x < \xi < 500 + x) = 0,90$ gilt.

2. Man berechne $W(\xi = a)$ für den Fall, daß a eine beliebige reelle Zahl bedeutet.

3. Nunmehr deute man ξ als eine Größe, deren Werte in Gramm gemessen werden und zwar „auf ein Gramm genau" und berechne $W(\xi = 500g)$.

4. Es bezeichne $\bar{\xi}$ den empirischen Mittelwert in einer Zufallsstichprobe vom Umfang $n = 25$ zu der zufälligen Variablen ξ bzw. aus der nach $N(500; 15^2)$ verteilten „Grundgesamtheit".
Man berechne y so, daß gilt: $W(500 - y < \bar{\xi} < 500 + y) = 0,90$.

5. Man berechne analog zu Teilaufgabe 3: $W(\bar{\xi} = 500g)$.

Aufgabe 2.10:
Die zur Herstellung jedes Exemplars eines bestimmten Produktes erforderliche Arbeitszeit z setzt sich additiv aus den Arbeitszeiten ξ und η in zwei Arbeitsgängen zusammen. Dabei gehe man von folgenden Modellannahmen aus: ξ und η sind ausreichend genau nach den Normalverteilungen $N(\mu_\xi; \sigma_\xi^2)$ und $N(\mu_\eta; \sigma_\eta^2)$ verteilte unabhängige zufällige Variable mit

$$\mu_\xi = \mu_\eta = 12 \text{ Minuten}, \quad \sigma_\xi = 1,6 \text{ Minuten}, \quad \sigma_\eta = 1,9 \text{ Minuten}.$$

1. Man berechne Erwartungswert und Varianz der Arbeitszeit z für ein Exemplar des Produktes.

2. Man berechne Erwartungswert und Varianz der Gesamtarbeitszeit $\tilde{z}$ für die Produktion einer Lieferung von 100 Exemplaren des Produktes, die bezüglich der Arbeitszeiten unabhängig sind. Ferner berechne man $z^*_{95\%}$ derart, daß gilt

$$W\left(\tilde{z} > z^*_{95\%}\right) = 0,05. \qquad (*)$$

2.3. SPEZIELLE VERTEILUNGSFUNKTIONEN

Aufgabe 2.11:
Man behandle Aufgabe 2.7 (s.S. 114) nunmehr durch Approximation der Binomialverteilung mittels der Normalverteilung.

Aufgabe 2.12 (Zum Gesetz der großen Zahlen):
Es bezeichne E ein Ereignis mit $W(E) = 1/2$ und $r_n(E)$ die relative Häufigkeit des Eintretens von E bei n unabhängigen Wiederholungen des Versuches.
Man berechne approximativ die Wahrscheinlichkeit

$$W(0,450 < r_n(E) < 0,550) \qquad \text{für } n = 100 \text{ und } n = 1000.$$

Im Falle $n = 100$ vergleiche man dieses Ergebnis mit dem in Beispiel 1.10 (S. 35) exakt berechneten Wert.

Aufgabe 2.13:
Die Sommer-1991-Ausgabe der Zeitschrift SEMESTER des Deutschen Studentenwerkes berichtet unter dem Titel *Wie doof sind wir wirklich?* über den „sehr exklusiven Mensa-Club" u.a.:

„*Mensa" nennt sich eine internationale Vereinigung von Menschen, deren einzige Beitrittsbedingung es ist, zu den hirnlastigsten zwei Prozent der Menschheit zu gehören und einen IQ von 130 oder mehr auf den Meßstand der hauseigenen Kölner „Mensa"-Psychologin Dr. Ida Fleiß zu legen.*
Zum Vergleich: Die Durchschnittsintelligenz des Menschen rangiert nach den gebräuchlichen Meßskalen um den IQ-Wert 100, den das Gros der Weltbevölkerung sein eigen nennen darf. Als geistig debil oder „schwachsinnig" gilt ein Mensch mit einem IQ von 60 oder weniger. „Echte" Genialität beginnt dagegen erst bei circa 140 Punkten.
Auf Anfrage von „Semestertip" bestätigt die Testauswerterin Dr. Fleiß, daß der Anteil von Studenten, die sich gegen eine Gebühr von 50 Mark unverbindlich der „Mensa"-Aufnahmeprüfung unterziehen, mit „um die 50 Prozent" sehr hoch liegt. Bestanden wurde der dreistündige Test von 75 Prozent aller Studenten.

Als Grundlage für die nachfolgende Aufgabe benutze man das einschlägig übliche Modell, wonach der IQ-Wert eines aus der Grundgesamtheit „der Menschheit" zufällig herausgegriffenen erwachsenen Menschen durch eine nach der Normalverteilung $N(100; 15^2)$ verteilte zufällige Variable ξ beschrieben werden kann.

1. Man berechne den Prozentsatz der Mitglieder „der Menschheit", die in den Mensa-Club potentiell aufgenommen werden könnten; d.h. man berechne $W(\xi \geq 130,00)$.

2. Man berechne
    (a) die Wahrscheinlichkeit für „echte Genialität" innerhalb der Teil-Grundgesamtheit der potentiellen Mensa-Mitglieder, die man hinsichtlich ihres IQ-Wertes als an der Stelle 130 **gestutzte Normalverteilung** deute, d.h. man berechne die bedingte Wahrscheinlichkeit $W(\xi \geq 140,00|\xi \geq 130,00)$.

    (b) den Zentralwert z des IQ-Wertes in der Teil-Grundgesamtheit der potentiellen Mensa-Mitglieder.

(c) den Erwartungswert $\tilde{\mu}$ des IQ-Wertes für die Teil-Grundgesamtheit der potentiellen Mensa-Mitglieder.

3. Nunmehr deute man die im zitierten Text angegebenen 75% Mensa-Mitglieder unter „allen Studenten" so, daß 75% „aller Studenten" einen IQ-Wert ≥ 130 besitzen und ferner die Teil-Grundgesamtheit „der Studenten" (bzw. Studierten) als an einer geeigneten Stelle x gestutzte Normalverteilung, d.h. als die Teil-Grundgesamtheit derjenigen Menschen mit $\{\xi \geq x\}$.

Man berechne

(a) den numerischen Wert des Stutzungsparameters x, d.h. x so, daß $W(\xi \geq 130,00 | \xi \geq x) = 0,75$.

(b) den Prozentsatz der „echt Genialen" in der Teil-Grundgesamtheit „der Studenten".

Weitere Aufgaben: Nr. 37, 38b, 39 bis 44 der „Aufgabensammlung", *Basler* (1991).

2.4 Korrelation

Die bisher definierten Parameter Erwartungswert, Varianz, Streuung und Zentralwert dienten jeweils zur Kennzeichnung einer einzigen zufälligen Variablen. Jetzt soll für zwei zufällige Variable ξ und η, die beide auf derselben Menge Ω von Elementarereignissen definiert sind, der Grad ihrer eventuellen Abhängigkeit durch einen geeignet zu definierenden Parameter erfaßt werden.

Dazu bildet man zunächst den als **Kovarianz** von ξ und η bezeichneten Erwartungswert der Zufallsgröße $(\xi - \mu_\xi) \cdot (\eta - \mu_\eta)$, wobei μ_ξ den Erwartungswert von ξ und μ_η den Erwartungswert von η bezeichne.

Die Bezeichnung „Ko-Varianz" für diesen Erwartungswert ist merkfähig; denn: die Erwartungswerte der Produkte $(\xi - \mu_\xi) \cdot (\xi - \mu_\xi)$ und $(\eta - \mu_\eta) \cdot (\eta - \mu_\eta)$ wurden Varianzen genannt.

Die Bedeutung dieser Kovarianz läßt sich etwa anhand einer endlichen Grundgesamtheit von N Elementen veranschaulichen, bei der für jedes Element zwei Größen ξ und η definiert sind (banales Beispiel: ξ = Körpergröße einer aus N Personen *zufällig* herausgegriffenen Person, η = Körpergewicht derselben Person):

Nach Definition 2.2 des Erwartungswertes (s. auch (2.25)) ergibt sich in diesem Fall die Kovarianz von ξ und η zu:

$$E\left[(\xi - \mu_\xi)(\eta - \mu_\eta)\right] = \frac{1}{N}\sum_{i=1}^{N}(x_i - \mu_\xi)(y_i - \mu_\eta), \qquad (2.68)$$

wobei die $x_1, \ldots, x_N$ die möglichen Werte von ξ, die $y_1, \ldots, y_N$ die möglichen Werte von η und μ_ξ und μ_η deren arithmetische Mittelwerte (s. (2.25)) sind.

2.4. KORRELATION

Aus (2.68) ersieht man: Hat die Mittelwertsabweichung $(x_i - \mu_\xi)$ von ξ bei den meisten Elementen der Grundgesamtheit das gleiche Vorzeichen wie die zugehörige Mittelwertsabweichung $(y_i - \mu_\eta)$ von η, so fällt die Kovarianz deutlich positiv aus; in diesem Fall sind also meistens überdurchschnittliche ξ-Werte mit überdurchschnittlichen η-Werten und unterdurchschnittliche ξ-Werte mit unterdurchschnittlichen η-Werten gepaart; d.h. die Größen ξ und η sind sozusagen „gleichläufig". Im dualen, sozusagen „gegenläufigen" Fall, haben die Mittelwertsabweichungen der beiden Größen meistens verschiedene Vorzeichen und die Kovarianz fällt deutlich negativ aus.

Daß die Kovarianz ein plausibles Maß für den Grad der Abhängigkeit von zwei zufälligen Variablen darstellt, sieht man auch aus der folgenden Aussage über die Varianz $\sigma^2_{\xi+\eta}$ einer Summe von zwei beliebigen zufälligen Variablen, die man durch Anwendung der Additivität (2.14) des Erwartungswertes erhält (triviale Übungsaufgabe für Mathematiker!):

$$\sigma^2_{\xi+\eta} = \sigma^2_\xi + \sigma^2_\eta + 2E\left[(\xi - \mu_\xi) \cdot (\eta - \mu_\eta)\right]. \qquad (2.69)$$

Interpretation von (2.69): Sind ξ und η statistisch unabhängig, so ist die Varianz additiv (s. (2.16)) und der letzte Summand in (2.69), nämlich die Kovarianz, muß Null sein; d.h. die Kovarianz von ξ und η stellt ein plausibles Maß dafür dar, wie stark die Unabhängigkeit von ξ und η verletzt ist.

Leider wird sich gleich zeigen: Umgekehrt kann aus Kovarianz Null, also aus Additivität der Varianz, nicht ohne weiteres die statistische Unabhängigkeit von ξ und η gefolgert werden.

Definition 2.8
Sind ξ und η zufällige Variable mit den Erwartungswerten μ_ξ, μ_η und den positiven Varianzen $\sigma^2_\xi, \sigma^2_\eta$, dann heißt

$$\rho = \frac{E\left[(\xi - \mu_\xi)(\eta - \mu_\eta)\right]}{\sigma_\xi \cdot \sigma_\eta} \qquad (2.70)$$

der (wahre) **Korrelationskoeffizient** *von ξ und η.*
Ist $\rho = 0$, so bezeichnet man ξ und η als **unkorreliert**.

Für den vorangehend betrachteten Spezialfall einer endlichen Grundgesamtheit von N Elementen hat dieser Korrelationskoeffizient wegen (2.68) und (2.26) die Form

$$\rho = \frac{\sum\limits_{i=1}^{N}(x_i - \mu_\xi)(y_i - \mu_\eta)}{\sqrt{\left(\sum\limits_{i=1}^{N}(x_i - \mu_\xi)^2\right)\left(\sum\limits_{i=1}^{N}(y_i - \mu_\eta)^2\right)}}. \qquad (2.71)$$

Anschauliche Eigenschaften des Korrelationskoeffizienten ρ:
Da ρ offensichtlich eine lediglich normierte Form der Kovarianz darstellt, so übertragen sich deren eingangs dargestellten anschaulichen Eigenschaften auf ρ.

(Wie sich sogleich zeigen wird, hat die Normierung zur Folge, daß ρ nur Werte zwischen -1 und $+1$ annehmen kann.)

Dementsprechend erweisen sich für das angeführte banale Beispiel Körpergröße und Körpergewicht die beiden Größen als stark positiv korreliert ($\rho \gg 0$). Positive Korrelation konnte jedoch auch für das aparte Beispiel Körpergröße und Einkommenshöhe nachgewiesen werden.

Mathematische Eigenschaften des Korrelationskoeffizienten ρ sind in den Sätzen 2.7 und 2.8 formuliert.

Satz 2.7
(1) ξ, η statistisch unabhängig $\Longrightarrow$ ξ, η unkorreliert, d.h. $\rho = 0$.
(2) Die Umkehrung $\Longleftarrow$ zu (1) gilt im allgemeinen nicht.

Beweis
Für unabhängige zufällige Variable ist der Erwartungswert nach (2.15) multiplikativ. Daraus folgt $E\left[(\xi - \mu_\xi)(\eta - \mu_\eta)\right] = 0$ – womit (1) bewiesen ist.

Ein weiterer Beweis von (1) folgt sofort aus (2.69) mit Hilfe der Varianz-Additivität (2.16) für unabhängige zufällige Variable.

Gegenbeispiel zur Umkehrung von (1):
Wählt man für ξ eine nach $N(0;1)$ verteilte zufällige Variable und $\eta = \xi^2$, so erweisen sich ξ und η naturgemäß als statistisch *nicht unabhängig* (ξ und η sind ja sogar *funktional abhängig*!). Trotzdem erweisen sich ξ und η als unkorreliert.

Da nach Voraussetzung $E[\xi] = 0$ und $E\left[(\xi - 0)^2\right] = 1$ ist, so erhält man für die Kovarianz zunächst

$$E\left[(\xi - 0)(\xi^2 - 1)\right] = E\left[\xi^3 - \xi\right] = E\left[\xi^3\right] - E[\xi] = E\left[\xi^3\right].$$

Ferner sieht man, daß (vgl. (2.11))

$$E\left[\xi^3\right] = \int_{-\infty}^{+\infty} t^3 f(t)\,dt = 0$$

ist, da nämlich wegen der Symmetrie der normierten *Gauß*schen Glockenkurve $f(t)$ für jedes t gilt:

$$(+t)^3 \cdot f(+t) = -(-t)^3 \cdot f(-t).$$

Also ist die Kovarianz zwischen ξ und $\eta = \xi^2$ Null.

Durch die vorstehende Überlegung wurde strenggenommen nicht die Existenz dieses uneigentlichen Integrals bewiesen, sondern nur sein Wert unter Voraussetzung der Existenz berechnet. Allerdings ist die Existenzfrage für den mit der Theorie des uneigentlichen Integrals etwas Vertrauten trivial. ♣

Von Satz 2.7(1) macht man vor allem in der Statistik Gebrauch, nämlich beim Testen der (Null-)Hypothese, daß zwei zufällige Variable ξ und η statistisch unabhängig sind. Dabei schließt man so: Angenommen, ξ und η wären statistisch

2.4. KORRELATION

unabhängig, dann müßte $\rho = 0$ sein und ein mit Hilfe eines noch zu definierenden *empirischen Korrelationskoeffizienten* r zu berechnender Schätzwert für ρ dürfte „nicht zu stark" (= nicht signifikant) von Null abweichen. Die Frage, wie groß $|r|$ ausfallen muß, um mit praktisch ausreichender „Sicherheit" auf $\rho \neq 0$, also auf Abhängigkeit schließen zu können, läßt sich mit Hilfe eines *Signifikanztests* beantworten (s. Abschnitt 3.4.7).

Bei dem vorgeführten (Gegen-)Beispiel „sieht" also der Korrelationskoeffizient von der vorhandenen extrem starken, nämlich funktionalen, quadratischen Abhängigkeit sozusagen „Null". Im Hinblick auf dieses Beispiel muß jedes Urteil über den Korrelationskoeffizienten – der ja ein Maß für den Grad der Abhängigkeit von zwei zufälligen Variablen sein soll – vernichtend ausfallen. Im folgenden werden jedoch zwei gewichtige Gründe dafür angeführt, daß der Korrelationskoeffizient trotz seines Versagens in diesem Beispiel in einem zu präzisierenden Sinne ein brauchbares Abhängigkeitsmaß darstellt. Zum einen gilt nämlich: *Sind ξ und η normalverteilte zufällige Variable, so folgt aus ihrer Unkorreliertheit auch ihre Unabhängigkeit, d.h. unter dieser Voraussetzung sind die Begriffe unabhängig und unkorreliert äquivalent.*

Strenggenommen benötigt man hierfür die Voraussetzung, daß die beiden zufälligen Variablen nach einer zweidimensionalen Normalverteilung verteilt sind; der Unterschied ist jedoch hinsichtlich möglicher Anwendungen irrelevant.

Es liegt von vornherein nahe, eine eventuell nachgewiesene Abhängigkeit zwischen zwei zufälligen Variablen ξ und η dahingehend auszunutzen, daß man aufgrund von (eventuell bereits gemessenen) Werten der einen Größe, etwa ξ, die zugehörigen η-Werte zu prognostizieren versucht. Diese wichtige Fragestellung kann man beispielsweise folgendermaßen angehen: Man sucht unter allen linearen Funktionen von ξ, also unter allen Funktionen der Form $a\xi + b$ diejenige Funktion – also diejenigen numerischen Werte für a und b – für die der „Abstand" zwischen $a\xi + b$ und η „möglichst klein" wird. Sinnvoll präzisiert heißt das, durch Wahl geeigneter Werte für a und b den Erwartungswert von $(\eta - (a\xi + b))^2$ zu minimieren. Die überraschend einfache und schöne Lösung dieser Aufgabe enthält

Satz 2.8
Sind ξ und η zufällige Variable mit dem Korrelationskoeffizienten ρ, so gilt:

$$\min_{a,b} E\left[(\eta - (a\xi + b))^2\right] = \sigma_\eta^2 (1 - \rho^2). \qquad (2.72)$$

Beweis
Bei der weitgehend üblichen Beweis-Methode betrachtet man den Erwartungswert der linken Seite von (2.72) als Funktion von a und b und setzt die partiellen Ableitungen nach a und b Null, etc.
Hier wird folgender Weg gewählt: Man formt den Erwartungswert von

$$(\eta - (a\xi + b))^2 = ((\eta - \mu_\eta) - a(\xi - \mu_\xi) + (\mu_\eta - b - a\mu_\xi))^2$$

so um, daß man sofort sieht, wie man a und b wählen muß, damit dieser Erwartungswert minimal ausfällt. Diese Umformung ergibt (Übungsaufgabe für Mathematiker zur Anwendung von Satz 2.1):

$$E\left[(\eta - (a\xi + b))^2\right] = \sigma_\eta^2(1 - \rho^2) + \left(a\sigma_\xi - \frac{\sigma_{\xi,\eta}}{\sigma_\xi}\right)^2 + (\mu_\eta - b - a\mu_\xi)^2, \quad (2.73)$$

wobei die Kovarianz von ξ und η mit $\sigma_{\xi,\eta}$ bezeichnet ist.

Da der erste Summand von (2.73) weder von a noch von b abhängt, fällt (2.73) minimal aus, wenn man a und b so wählt, daß der quadratische zweite und dritte Summand jeweils Null werden.

Wählt man für a den Wert

$$a_0 = \frac{\sigma_{\xi,\eta}}{\sigma_\xi^2} = \frac{E[(\xi - \mu_\xi)(\eta - \mu_\eta)]}{E[(\xi - \mu_\xi)^2]} \quad (2.74)$$

und für b den Wert

$$b_0 = \mu_\eta - a_0\mu_\xi, \quad (2.75)$$

so werden der zweite und dritte Summand in (2.73) Null und Satz 2.8 ist bewiesen.

Damit hat man noch das folgende interessante Nebenergebnis:
Die lineare Funktion

$$a_0\xi + b_0 = \frac{\sigma_{\xi,\eta}}{\sigma_\xi^2}(\xi - \mu_\xi) + \mu_\eta \quad (2.76)$$

ist in dem vorangehend präzisierten Sinne die **beste lineare Prognosefunktion** von ξ zur Prognose von η.

Aus einer Stichprobe zu berechnende Schätzwerte $\hat{a}_0, \hat{b}_0$ für die Paramter a_0, b_0 dieser sog. *wahren Regressionsfunktion* (2.76) werden am Schluß dieses Abschnitts angegeben (s. „Ausblick auf Regressionsmodelle"). ♣

Folgerungen aus Satz 2.8 über den Korrelationskoeffizienten:

Da die linke Seite von (2.72) als Erwartungswert eines Quadrats nicht negativ sein kann, so folgt aus der Form der rechten Seite:
Für den Korrelationskoeffizienten ρ gilt stets

$$-1 \leq \rho \leq +1 \quad (2.77)$$

Bedeutung von $|\rho| = 1$: In diesem Fall ist nach (2.72) die „durchschnittliche quadratische Abweichung" zwischen η und der Prognosefunktion $a_0\xi + b_0$ Null, d.h. zwischen ξ und η besteht ein <u>funktionaler</u>, linearer Zusammenhang der Form $\eta = a_0\xi + b_0$.

Streng mathematisch muß man hinzufügen: Dieser funktionale Zusammenhang besteht „nur" mit Wahrscheinlichkeit 1; denn: wenn ξ und η vom stetigen Typ sind, kann es Werte-Paare x, y für ξ, η mit $W(\xi = x, \eta = y) = 0$ geben (vgl. (2.6')), die nicht diesem linearen Zusammenhang genügen, also nicht auf der „wahren Regressionsgeraden" $y = a_0x + b_0$ liegen.

2.4. KORRELATION

Insgesamt sieht man aus Satz 2.8: Je größer $|\rho|$ ist, desto besser kann ein vorliegender <u>stochastischer</u> Zusammenhang zwischen zwei zufälligen Variablen durch einen <u>funktionalen,</u> linearen Zusammenhang beschrieben werden. Deshalb bezeichnet man ρ^2 auch als **Bestimmtheitsmaß** (dafür, wie gut ein stochastischer Zusammenhang durch einen geeigneten funktionalen, linearen Zusammenhang „bestimmt ist".) Dies drückt man auch so aus:

Der Korrelationskoeffizient (2.70) *stellt ein* **Maß für den Grad des linearen Zusammenhangs** *zwischen zwei zufälligen Variablen dar.*

Dies erklärt das im Beweis zu Satz 2.7 angegebene fatale Gegenbeispiel insoweit, als dort ein funktionaler, <u>quadratischer</u> Zusammenhang vorlag, von dem der Korrelationskoeffizient „nichts bemerkte".

Jetzt soll für eine Zufallsstichprobe von n Werte-Paaren

$$(x_1, y_1), \ldots, (x_n, y_n) \tag{2.78}$$

zu dem Variablen-Paar (ξ, η) (vgl. Definition 2.7) ein empirischer Korrelationskoeffizient r definiert werden, dessen Wert als Schätzwert für den wahren Korrelationskoeffizienten ρ verwendet werden soll. (Für die übrigen bisher definierten Parameter Erwartungswert, Varianz, Streuung und Zentralwert werden die zugehörigen empirischen Parameter in Kapitel 3 definiert.)

Naheliegend behandelt man für diesen Zweck die n Werte-Paare so, als ob sie die Werte von ξ und η in einer n-elementigen Grundgesamtheit wären, d.h. man benutzt die rechte Seite von (2.71) für $N = n$ zur Definition und bezeichnet

$$r = \frac{\sum\limits_{i=1}^{n}(x_i - \bar{x})(y_i - \bar{y})}{\sqrt{\left(\sum\limits_{i=1}^{n}(x_i - \bar{x})^2\right)\left(\sum\limits_{i=1}^{n}(y_i - \bar{y})^2\right)}} \tag{2.79}$$

als **empirischen Korrelationskoeffizienten** oder als **Korrelationskoeffizienten von** *Bravais*, wobei $\bar{x}$ und $\bar{y}$ die arithmetischen Mittelwerte der Stichprobenwerte x_i und y_i sind.

In der Statistischen Methodenlehre benutzt man r als Schätzwert für ρ und vor allem als Testgröße beim Testen der (Null-)Hypothese, daß zwei zufällige Variable statistisch unabhängig sind. Da sich r als ein wahrer Korrelationskoeffizient der Form (2.71) deuten läßt, so überträgt sich u.a. die obige Normierung von ρ auf r, d.h. auch für den empirischen Korrelationskoeffizienten r gilt stets

$$-1 \leq r \leq +1. \tag{2.80}$$

Ausblick auf **Regressionsmodelle**:

Die „beste lineare Prognosefunktion" (2.76) läßt sich aus einer Stichprobe (2.78) ganz analog schätzen wie der wahre Korrelationskoeffizient ρ durch den empirischen Korrelationskoeffizienten r; d.h. man schätzt die wahren Koeffizienten a_0 und b_0, die die Form (2.74) und (2.75) haben, mit Hilfe der analog zu

r gebildeten Stichprobenparameter

$$\hat{a}_0 = \frac{\sum\limits_{i=1}^{n}(x_i - \bar{x})(y_i - \bar{y})}{\sum\limits_{i=1}^{n}(x_i - \bar{x})^2} \qquad (2.81)$$

$$\hat{b}_0 = \bar{y} - \hat{a}_0 \bar{x}. \qquad (2.82)$$

Mit Hilfe der damit erhaltenen **empirischen Regressionsgerade**

$$y = \hat{a}_0 x + \hat{b}_0 \qquad (2.83)$$

läßt sich zu jedem ξ-Wert x ein zugehöriger η-Wert y prognostizieren.

Die gleiche empirische Regressionsgerade erhält man mit Hilfe eines anderen Mathematischen Modells für die folgende grundlegende Situation der sogenannten *Regressionsanalyse*: Die n Werte-Paare (2.78) werden interpretiert als n beobachtete Werte $y_1, \ldots, y_n$ einer sowohl zufalls- als auch zeitabhängigen Größe $\eta(x_i, \omega)$ in den deterministisch festlegbaren Zeitpunkten $x_1, \ldots, x_n$. Man nennt eine Folge $\eta(x_1, \omega), \eta(x_2, \omega), \ldots$ von zufälligen Variablen eine **Zeitreihe**, falls die reellen Zahlen $x_1, x_2, \ldots$ diskrete Zeitpunkte bedeuten. Ein typisches Beispiel für eine solche *Zeitreihe* ist etwa das Bruttosozialprodukt.

Im Hinblick auf eine Vorhersage künftiger Werte einer Zeitreihe $\eta(x_1, \omega)$, $\eta(x_2, \omega), \ldots$ wird häufig die **Modellannahme der linearen Regression** als zutreffend unterstellt, die so lautet:
Die Erwartungswerte $E[\eta(x_1, \omega)], E[\eta(x_2, \omega)], \ldots$ hängen in der Form $ax_i + b$ <u>linear</u> von den x_i ab, d.h. sie liegen auf der sogenannten **wahren Regressionsgeraden** $ax + b$. *Anschaulich formuliert lautet diese Annahme: Sieht man von zufälligen Abweichungen oder Schwankungen ab, so sind die Werte der Größe $\eta(x_i, \omega)$ eine lineare Funktion der Zeit.*

Unter dieser Modellannahme läßt sich ein Schätzverfahren für die wahre Regressionsgerade bzw. für die Parameter a und b präzisieren (= „Methode der kleinsten Quadrate"), das die gleiche *empirische Regressionsgerade* (2.83) erbringt, die hier auf ganz anderem Wege erhalten wurde.

Die grundlegende Aufgabe für einen künftigen Zeitpunkt x, den Wert $\eta(x, \omega)$ der Zeitreihe „vorherzusagen", behandelt man in der Weise, daß man dafür den Wert $y = \hat{a}_0 x + \hat{b}_0$ auf der *empirischen Regressionsgeraden* (2.83) als **Prognosewert** verwendet.

Aufgabe 2.14 (Klausuraufgabe für Wirtschaftswissenschaftler 1993):
<u>Vorbemerkung:</u> Nachfolgend werden Fragestellungen behandelt, die im Rahmen der bekannten studentischen Aktion „Prüf-den-Prof" (= Prüfe den Professor) behandelt werden könnten, aber vermutlich real nocht nicht behandelt worden sind. Dies bedeutet: alle nachfolgenden Zahlenangaben sind fiktiv, also frei erfunden, was jedoch nicht ausschließt, daß sich anhand dieser Zahlenangaben Effekte zeigen, die für manchen Betrachter Ähnlichkeit mit der Wirklichkeit haben können.

Für jede Stichprobenperson einer Zufallsstichprobe vom Umfang $n = 6$ aus der Hörerschaft eines Dozenten gelang es, sowohl die Punktzahl ξ zu ermitteln, mit der

2.4. KORRELATION

der Dozent die einschlägige Zwischenprüfungsklausur des betreffenden Studenten bzw. der Studentin bewertete, als auch die Punktsumme η zu ermitteln, die der Student bzw. die Studentin vor dieser Klausur im Rahmen von „Prüf-den-Prof" dem Dozenten gegeben hatte. (Der bequemeren Vorgleichbarkeit halber wurde bei den nachfolgenden fiktiven Zahlenangaben stets eine Skala von 8 bis 56 möglichen Punkten zugrunde gelegt. Diese Skala erscheint deshalb als sinnvoll, da im Rahmen von „Prüf-den Prof" jedem Studenten acht Teilfragen vorgelegt wurden, die er jeweils durch Vergabe von sieben Punktwerten beantworten konnte.)

Ergebnisse der Zufallsstichprobe vom Umfang $n = 6$:

Nr. der Stichprobenperson (Student oder Studentin)	1	2	3	4	5	6
x_i (= ξ-Wert von Nr.i = = Punktzahl in Zwischenprüfung)	39	15	45	25	44	39
y_i (= η-Wert von Nr.i = = „Prüf-den-Prof"-Punktzahl)	30	9	38	28	49	29

1. Mit Hilfe eines geeigneten **Rangverfahrens** teste man bei Zugrundelegung einer Sicherheitswahrscheinlichkeit von 95% die Nullhypothese, daß sich die Punktzahlen, die sich Dozent und Student bzw. Studentin wechselseitig geben, nicht signifikant unterscheiden; d.h., daß die Differenz $\xi - \eta$ zwischen der Zwischenprüfungspunktzahl und der „Prüf-den-Prof"-Punktzahl nicht signifikant von Null verschieden ist.

   Bearbeitungshinweis: Leser, die Statistik-Kenntnisse ausschließlich durch systematische Lektüre des vorliegenden Buches (= „bis hierher und noch nicht weiter") gewonnen haben, müssen die Bearbeitung der Testaufgabe 1 bis zur Lektüre des *Vorzeichen-Rangtests von Wilcoxon* verschieben (s. Aufgabe 3.3, S. 260). Zum folgenden Teil 2 können sie mit dem Bisherigen die wesentliche Voraussetzung für den verlangten Test schaffen, indem sie den empirischen Korrelationskoeffizienten berechnen.

2. Bei Zugrundelegung geeigneter **Normalverteilungsannahmen** sowie einer Sicherheitswahrscheinlichkeit von 95% teste man die Nullhypothese

   $$H_0^*: \xi, \eta \text{ unabhängig oder negativ korreliert}$$

   gegen die Alternative

   $$H_1^*: \xi, \eta \text{ positiv korreliert}.$$

3. Man berechne eine für den „Schluß von x (= ξ-Wert) auf y (= η-Wert)" geeignete empirische **Regressionsgerade**

   $$y = \hat{a}x + \hat{b},$$

   d.h. man berechne die Koeffizienten $\hat{a}$ und $\hat{b}$ der empirischen Regressionsgeraden, die bekanntlich Schätzwerte für die numerisch unbekannten Koeffizienten a und b der als existierend unterstellten „wahren Regressionsgeraden" sind.

   Um welchen (geschätzten) Wert ändert sich gemäß diesem linearen Modell die „Prüf-den-Prof"-Punktzahl, wenn sich die Zwischenprüfungspunktzahl um fünf Punkte erhöht?

Kapitel 3

Statistische Methodenlehre

Gegenstand der *Statistischen Methodenlehre* (s.S. 70) ist das Schließen von Stichproben auf Grundgesamtheiten, weshalb man sie auch als **Schließende Statistik** oder **Induktive Statistik** bezeichnet. Diese Formulierung der Aufgabenstellung ist im Falle endlicher Grundgesamtheiten unmittelbar einleuchtend und unproblematisch (s. Abschnitt 1.3.4: Bedeutung der Urnenmodelle für die Schließende Statistik, S. 44). Dabei werden die auf einer solchen Grundgesamtheit definierten, interessierenden Größen (Merkmale) als *zufällige Variable* gedeutet (s.S. 85), und die Aufgabe der Statistik besteht darin, Aussagen über die Verteilungsfunktionen von zufälligen Variablen bzw. über ihre Parameter (Kennzahlen) wie Erwartungswert, Varianz, Korrelationskoeffizient, etc. zu gewinnen (s. auch S. 70 und S. 91). Um diese Aufgabe auch für zufällige Variable, die sich nicht als Merkmale *endlicher* Grundgesamtheiten auffassen lassen, als *Schließen von Stichproben auf Grundgesamtheiten* beschreiben zu können, wurden die zugehörigen Verteilungsfunktionen bereits als **Verteilungsfunktionen einer Grundgesamtheit** bezeichnet (S. 104). Stichproben aus solchen „Grundgesamtheiten" und aus endlichen Grundgesamtheiten werden in 3.1 charakterisiert. Die Abschnitte 3.2 (Parameterschätzung), 3.3 (Konfidenzintervalle) und 3.4 (Signifikanztests) enthalten spezielle Verfahren zur Gewinnung von Aussagen über Grundgesamtheiten aus Stichproben in Gestalt von Aussagen über Verteilungsfunktionen dieser Grundgesamtheiten bzw. über spezielle Parameter dieser Verteilungsfunktionen.

3.1 Stichproben

3.1.1 Stichproben aus endlichen Grundgesamtheiten

Zunächst sollen Stichproben aus einer *endlichen Grundgesamtheit* von N Elementen $e_1, \ldots, e_N$ behandelt werden, wobei jedem der N Elemente durch eine interessierende (Meß-)Größe ξ ein (Meß-)Wert x zugeordnet sei. (Die „Größe" ξ wurde in Abschnitt 2.2.1, S. 103f, als *zufällige Variable* gedeutet – bei dem Versuch *Zufälliges Herausgreifen eines Elementes aus der Grundgesamtheit*.) In ganz naheliegender Weise kann man zunächst jede beliebige Teilmenge von n

3.1. STICHPROBEN

Elementen
$$e_{i_1}, e_{i_2}, \ldots, e_{i_n} \tag{3.1}$$

dieser Grundgesamtheit als eine Stichprobe vom Umfang n aus dieser Grundgesamtheit bezeichnen. Wegen des Ziels, Aussagen über die Größe ξ zu gewinnen – z.B. über den Mittelwert (2.24) von ξ in der Grundgesamtheit –, nennt man auch die zu den Stichprobenelementen (3.1) gehörigen ξ-Werte

$$x_1, x_2, \ldots, x_n \tag{3.1'}$$

eine *Stichprobe vom Umfang n aus dieser Grundgesamtheit* oder auch eine *Stichprobe vom Umfang n zu der (Meß-)Größe ξ*.
Im Hinblick auf die Aufgabe der Mathematischen Statistik – Schlüsse von Stichproben auf Grundgesamtheiten zu ermöglichen – ist es jedoch erforderlich, dafür zu sorgen, daß Stichproben hinsichtlich des „Untersuchungsmerkmals" ξ möglichst „frei von jeder Tendenz" sind, oder in positiver Formulierung: möglichst „repräsentativ" für die Grundgesamtheit sind. Von vornherein ist hierbei klar, daß diese zu präzisierende wünschenswerte Eigenschaft keine Eigenschaft der als Stichprobe ausgewählten Teilmenge sein darf – andernfalls müßte man ja zur Prüfung des Vorliegens dieser Eigenschaft in Vorwegnahme des Untersuchungsziels über die Grundgesamtheit vollständig informiert sein – sondern lediglich eine Eigenschaft des Verfahrens sein kann, nach welchem die Stichprobenelemente „ausgewählt" werden. Das Ausschalten „jeder Tendenz" kann in plausibler Weise dadurch geschehen, daß man darauf achtet, daß das Verfahren, nach dem die Elemente „ausgewählt" werden, in keinerlei Zusammenhang mit dem zu untersuchenden Merkmal (z.B. Einkommen der Elemente der Grundgesamtheit) steht, daß es also gewissermaßen bezüglich des Untersuchungsmerkmals blind ist. Man drückt dies in folgender Regel für die Praxis aus:
Das Stichproben-Ziehungsverfahren muß unabhängig vom Untersuchungsmerkmal sein.
Stichproben, die nach solchen Verfahren gezogen werden, müssen mit einer geeigneten Definition als *Zufallsstichproben* erfaßt werden. Der wichtigste Gesichtspunkt ist hierbei, daß die Eigenschaft der Zufälligkeit der Stichprobe eine quantitative Erfassung des Genauigkeitsgrades für den Schluß von der Stichprobe auf die Grundgesamtheit ermöglicht. Für die Realisierung dieser Möglichkeit ist natürlich Voraussetzung, daß die soeben anschaulich formulierte Eigenschaft von Stichproben präzise im mathematischen Modell erfaßt wird.
Als mathematische Modelle für Zufallsstichproben aus endlichen Grundsamtheiten dienen naheliegenderweise die in der Wahrscheinlichkeitsrechnung behandelten grundlegenden Urnenmodelle für das „Ziehen ohne Zurücklegen" und das „Ziehen mit Zurücklegen" (u.a. Beispiel 1.8, S. 26-32), für die die Eigenschaft der Zufälligkeit dieser beiden Stichproben-Ziehungsverfahren bereits in **Definition 1.5** (S. 32) präzisiert wurde und zwar mit Hilfe der *Laplace*-Bedingung der Gleichwahrscheinlichkeit (für die jeweils zugrundegelegten Mengen Ω von Elementarereignissen) als definierender Eigenschaft. Dabei wurden in Definition 1.5 die bei einer Ziehung erhaltenen Zufallsstichprobenelemente

$e_{i_1}, \ldots, e_{i_n}$ durch die n zugehörigen Element-Nummern

$$i_1, i_2, \ldots, i_n$$

gekennzeichnet, die bei der mathematischen Modellierung des betreffenden Urnenversuchs durch Elementarereignisse der Form $[i_1, \ldots, i_n]$ im Falle *Ziehen ohne Zurücklegen* und der Form $(i_1, \ldots, i_n)$ im Falle *Ziehen mit Zurücklegen* modelliert wurden.

Definition 1.5 wurde in Abschnitt 1.3.5 (S. 50-52) umfassend gerechtfertigt, vor allem damit, daß diese Definition für die Stichprobenvariable „Anzahl der durch eine interessierende Eigenschaft *ausgezeichneten Elemente* in einer Zufallsstichprobe vom Umfang n" jeweils ein „Verteilungsgesetz" festlegt – die *hypergeometrische Verteilung* für Ziehen ohne Zurücklegen und die *Binomialverteilung* für Ziehen mit Zurücklegen – mit dessen Hilfe das (prinzipiell problematische) induktive „Schließen" von „Stichproben auf Grundgesamtheiten" hinsichtlich des „Grades seiner Vertrauenswürdigkeit" oder seiner „Genauigkeit" quantitativ beurteilt werden kann. Diese „Genauigkeitsfrage" wurde in Abschnitt 1.3.4 (Bedeutung der Urnenmodelle für die Schließende Statistik, S. 44-49) bereits propädeutisch behandelt. Sie wird in den nachfolgenden Abschnitten über Parameterschätzung, Konfidenzintervalle und Testverfahren systematisch behandelt und dabei auf das „Schließen" aufgrund von Stichproben aus beliebigen Grundgesamtheiten erweitert.

Für das konkrete Ziehen von Zufallsstichproben aus endlichen Grundgesamtheiten (gemäß Definition 1.5, S. 32) gibt es ein prinzipiell wichtiges Hilfsmittel, nämlich Tafeln von sog. **Zufallszahlen** (= random numbers), die in vielen statistischen Tafelwerken abgedruckt sind. Man hat dazu die Elemente der Grundgesamtheit zu numerieren und mit Hilfe der in zufälliger Reihenfolge angeordneten Zufallszahlen die Nummern der Stichprobenelemente zu bestimmen.

Für die „real-existierende Praxis" haben allerdings solche Tafeln von Zufallszahlen eher eine ideelle Bedeutung. Deshalb als Mahnung zur Vorsicht hinsichtlich der Zufälligkeit von Stichproben der folgende konkrete Fall (s. *Fisz* (1988), S. 588): Die polnische Sozialversicherung wählte bei einer Strukturuntersuchung ihrer Versicherten hinsichtlich Alter und Beschäftigung als Stichprobe alle Versicherten mit dem Anfangsbuchstaben P. Es konnte jedoch nachgewiesen werden, daß dieses Auswahlverfahren der Buchstabenauslosung keineswegs von dem zu untersuchenden Merkmal „Beschäftigung" unabhängig war: unter dem Buchstaben P war der Anteil der Arbeiter wesentlich größer als in der Grundgesamtheit aller Versicherten.

Einen weiteren Beleg dafür, daß bei der Beurteilung, ob eine Stichprobe eine Zufallsstichprobe ist, „die Anschauung" des Korrektivs „der Mathematik" bedarf, liefert Beispiel 3.1 im nächsten Abschnitt.

3.1.2 Stichproben aus beliebigen Grundgesamtheiten

Anschaulich ausgedrückt ist es Aufgabe der Mathematischen Statistik, empirisch gesicherte Kenntnisse über das Zufallsgesetz zu beschaffen, nach dem ein

3.1. STICHPROBEN

Zufallsvorgang – kurz „Versuch"genannt – abläuft bzw. eine dabei interessierende „Zufallsgröße" ihre möglichen Werte annimmt. Offensichtlich muß man dafür den Ablauf dieses „Versuchs" mehrfach beobachten – etwa n mal – und natürlich dafür sorgen, daß sein Ablauf jedesmal von demselben Zufallsgesetz „gesteuert" wird, d.h. man muß den Versuch n mal „unter den gleichen Bedingungen" durchführen. Im Hinblick auf eine methodisch abgesicherte Erreichung des Ziels, soll eine solche n-fache Beobachtung der betreffenden „Zufallsgröße" mit Hilfe des Begriffs einer geeignet definierten *Zufallsstichprobe vom Umfang n* mathematisch erfaßt werden. Da eine „Zufallsgröße" im mathematischen Modell durch eine *zufällige Variable* ξ repräsentiert wird und ihr „Zufallsgesetz" durch die Verteilungsfunktion F von ξ beschrieben wird, so kann man den angestrebten mathematischen Begriff einer Zufallsstichprobe anschaulich vorläufig so charakterisieren:

Bei einem Versuch mit zufälligem Ausgang sei eine zufällige Variable ξ definiert mit der (numerisch unbekannten) Verteilungsfunktion F. Führt man diesen Versuch n mal **unter den gleichen Bedingungen** *durch und ermittelt jeweils einen Meßwert von ξ, so bilden die n Realisationen $x_1, \ldots, x_n$ von ξ eine* **Zufallsstichprobe vom Umfang** n *zu der zufälligen Variablen ξ bzw. zu der Verteilungsfunktion F bzw. aus der nach der Verteilungsfunktion F verteilten Grundgesamtheit* (s.S. 104).

Diese Formulierung stellt anschaulich vor Augen, wie ein Ziehungsverfahren für eine konkrete Zufallsstichprobe beschaffen sein muß. Für die mathematische Untersuchung von Stichprobenverfahren, z.B. von Parameterschätzverfahren (s. Abschnitt 3.2) ist hingegen eine Definition von Zufallsstichproben vollständig innerhalb des mathematischen Modells erforderlich.

Eine Mustersituation dazu stellt das bereits definierte Ziehen einer Zufallsstichprobe mit Zurücklegen vom Umfang n aus einer endlichen Grundgesamtheit dar, bei dem ein Versuch, nämlich der des Zufälligen Herausgreifens eines Elements ($\stackrel{\wedge}{=} 1$ sog. Zug), n mal „unter den gleichen Bedingungen" wiederholt wird. Bezeichnet dabei ξ_i die Anzahl ausgezeichneter Elemente, die der i-te Zug ergibt, so erweisen sich diese $\xi_1, \ldots, \xi_n$ als *statistisch unabhängige zufällige Variable* (s. Beispiel 2.3, S. 98), die alle nach der Binomialverteilung $Bi(1;p)$ verteilt sind. Etwas allgemeiner läßt sich zeigen (ähnlich wie in Beispiel 2.3):
Ist $\tilde{\xi}_j$ die zufällige Variable, die beim j-ten Zug denjenigen Wert annimmt, den eine auf der N-elementigen Grundgesamtheit definierte „Größe ξ" dem beim j-ten Zug erhaltenen Element e_{i_j} zuordnet (s. Anfang des vorigen Abschnitts 3.1.1), so sind die $\tilde{\xi}_1, \ldots, \tilde{\xi}_n$ wieder statistisch unabhängige zufällige Variable, die alle nach der gleichen Verteilungsfunktion F verteilt sind, nämlich nach

$F(x) =$ *Anteil der Elemente der Grundgesamtheit mit einem Meßwert $\leq x$,*

also nach der **Verteilungsfunktion** F dieser Grundgesamtheit (s.S. 104). Damit haben sich die Stichprobenwerte $x_1, \ldots, x_n$ der obigen anschaulichen Charakterisierung einer Zufallsstichprobe sowie die Stichprobenwerte (3.1') im Spezialfall einer Zufallsstichprobe mit Zurücklegen als Realisation von n *unabhängigen und identisch verteilten zufälligen Variablen* erwiesen, d.h. der Sachverhalt „n-

fache Durchführung eines Versuchs unter den gleichen Bedingungen" kann mit Hilfe des Unabhängigkeitsbegriffs für zufällige Variable mathematisch modelliert werden. (Diese Möglichkeit zeigte bereits das Beispiel 1.16 einer *Bernoulli*-Kette, S. 63f.)

Hiernach erscheint es zwingend, die obige anschauliche Charakterisierung einer Zufallsstichprobe (aus einer beliebigen Grundgesamtheit) auf folgende Weise mathematisch zu erfassen (vgl. Definition 2.7, S. 131):

Definition 3.1
Sei ξ eine zufällige Variable mit der Verteilungsfunktion F. Dann heißen n statistisch unabhängige zufällige Variable $\xi_1, \ldots, \xi_n$, die alle nach derselben Verteilungsfunktion F verteilt sind, eine (mathematische) **Zufallsstichprobe vom Umfang n zu ξ** *bzw.* **zu F** *oder eine (mathematische) Zufallsstichprobe vom Umfang n* **aus der nach F verteilten Grundgesamtheit**.

Eine Realisation $x_1, \ldots, x_n$ einer Zufallsstichprobe nennt man eine konkrete Zufallsstichprobe zu ξ bzw. zu F oder aus der nach F verteilten Grundgesamtheit.

Eine Zufallsstichprobe bezeichnet man auch als eine **zufällige und unabhängige Stichprobe**.

Anmerkungen zur Zufallsstichproben-Definition 3.1:

1. Anmerkung: *Ziehen ohne Zurücklegen*

Das in der Praxis häufig benutzte Ziehen *ohne* Zurücklegen liefert – wie anschaulich plausibel – keine Zufallsstichproben in diesem Sinne, da dort die Unabhängigkeit der n Züge nicht gegeben ist (s. Aufgabe 4* der „Aufgabensammlung"). Allerdings leuchtet sofort ein, daß man näherungsweise auch ohne Zurücklegen gezogene Stichproben wie Zufallsstichproben behandeln kann, falls der Stichprobenumfang n relativ klein gegenüber dem Umfang N der Grundgesamtheit ist (Faustregel: $n \leq N/10$, S. 112).

2. Anmerkung: *Bezeichnungen*

Wie bereits angekündigt (s. Kleindruck S. 85), wird in der vorliegenden Darstellung in den Bezeichnungen nicht generell zwischen einer mathematischen Zufallsstichprobe $\xi_1, \ldots, \xi_n$ und ihrer Realisation $x_1, \ldots, x_n$ unterschieden werden. Da in der *Statistischen Methodenlehre* Ergebnisse von statistischen Verfahren (Schätzverfahren, Konfidenzintervalle, Testgrößen) im Vordergrund stehen, in die die Realisationen $x_1, \ldots, x_n$ eingehen, so wird im folgenden eine Zufallsstichprobe in der Regel mit $x_1, \ldots, x_n$ bezeichnet. Bei Bedarf, d.h. bei der Untersuchung der mathematischen Eigenschaften eines Verfahrens, werden diese $x_1, \ldots, x_n$ jedoch als zufällige Variable gedeutet.

3. Anmerkung: *Zufallsstichprobe... „zu ξ bzw. zu F"... „aus der nach F verteilten Grundgesamtheit"*

Die zweite Formulierung „Zufallsstichprobe aus einer ... Grundgesamtheit" suggeriert als Untersuchungsziel die Beschreibung eines Zustandes, nämlich des statisch-stationären Zustandes einer Grundgesamtheit (= Menge) von Elementen; d.h. sie ist für Stichproben aus endlichen Grundgesamtheiten stets ange-

3.1. STICHPROBEN

messen und unproblematisch. Dagegen suggeriert die erste Formulierung „Stichprobe zu einer zufälligen Variablen bzw. zu ihrem Zufallsgesetz F" die Beschreibung eines <u>Vorgangs</u>. Wegen der vereinbarten Bezeichnung oder Sprechweise „Verteilungsfunktion der Grundgesamtheit" für beliebige zufällige Variable (S. 104f) sind die beiden Formulierungen jedoch mathematisch gleichwertig. Aber bereits für das scheinbar triviale Beispiel der Zufallsgröße „Augenzahl bei einem Wurf mit einem realen Würfel" ist die erste Formulierung offensichtlich angemessener, weil hier eine „Grundgesamtheit" im eigentlichen Sinne gar nicht existiert (s.S. 105).

Die Vorteile der ersten Formulierung kann besonders das folgende Beispiel verdeutlichen: Es sei die Zufallsgröße „Lebensdauer eines Patienten nach einer Operation Z" aufgrund der in einem Zeitraum X in einer Klinik Y Operierten als Stichprobe zu untersuchen. Wie man sieht, ist eine sachgemäße Abgrenzung einer entsprechenden „Grundgesamtheit" von Patienten kaum möglich. Zweckmäßig erscheint es gemäß der ersten Formulierung, eventuelle Untersuchungsergebnisse lediglich als Aussagen über die Zufallsgröße „Lebendauer eines Patienten nach einer im Zeitraum X in der Klinik Y erfolgten Operation Z" zu formulieren, z.B. das Ergebnis, daß der Erwartungswert dieser Zufallsgröße größer ist als derjenige der analog definierten Zufallsgröße für eine andere Klinik Y*.

4. Anmerkung:
Für die Behandlung weiterer Stichprobenziehungsverfahren (z.B. *geschichtete Stichproben, Klumpenstichproben*) sei vor allem auf *Stenger* (1986) verwiesen.

Das folgende Beispiel zeigt (für begrifflich besonders Interessierte): Die bloße Anschauung reicht nicht immer aus bei der Beurteilung, ob eine Datenmenge als eine Zufallsstichprobe (im Hinblick auf eine bestimmte Fragestellung) interpretiert werden darf oder nicht.

Beispiel 3.1 *Zufallsstichprobe — Nicht-Zufallsstichprobe*
Es soll untersucht werden, ob die als bekannt unterstellten Daten über die an einer Ausspielung des LOTTOs „6 aus 49" beteiligten n Tippreihen als Zufallsstichprobe gedeutet werden können, und zwar einerseits im Hinblick auf das Zufallsgesetz, gemäß dem die Lotto-Trommel einer Tippreihe „einen Gewinn zuteilt" und andererseits im Hinblick auf das Tippverhalten „der Lottospieler".
Dabei zeigt sich, daß das empirisch nachweisbare Konsensverhalten realer Lottospieler-Kollektive (s.S. 42) folgende Konsequenz hat: *Die n an einer Ausspielung beteiligten Tippreihen lassen sich <u>nicht</u> deuten als Realisation einer Zufallsstichprobe $\xi_1, \ldots, \xi_n$ im Hinblick auf die Gewinne-Verteilung, wobei ξ_i die Anzahl der Gewinne bezeichnet, die auf die i-te Tippreihe $(i = 1, \ldots, n)$ fallen* (s. Lösung zu Beispiel 2.5, S. 102f). *Damit ist vereinbar, daß dieselben n Tippreihen sich als Realisation einer Zufallsstichprobe $\eta_1, \ldots, \eta_n$ im Hinblick auf das Tippverhalten interpretieren lassen*, wobei η_i für $i = 1, \ldots, n$ folgendermaßen definiert sein soll: Denkt man sich die $\binom{49}{6} = 13.983.816$ verschiedenen möglichen Tippreihen mit den Zahlen $1, \ldots, 13.983.816$ als Kenn-Nummern numeriert, so gibt η_i die Kenn-Nummer der i-ten der n beteiligten Tippreihen an.

Diese beiden Aussagen werden jetzt anhand des folgenden einfachen Konsensmodells nachgewiesen: Jede der n Tippreihen werde von „den Lottospielern" aus einer Konsensmenge zufällig herausgegriffen, die aus nur zwei Tippreihen besteht, die keine getippte Zahl gemeinsam haben – seien das die Tippreihen mit den Kenn-Nummern 1 und 2. Damit besitzen also alle η_i dieselbe Verteilungsfunktion F, die durch

$$W(\eta_i = 1) = 0,5 \quad \text{und} \quad W(\eta_i = 2) = 0,5$$

für $i = 1, \ldots, n$ festgelegt ist.

Werden nun die n an der Ausspielung teilnehmenden Tippreihen „unabhängig voneinander" aus der 2-elementigen Konsensmenge herausgegriffen, so kann dies trivialerweise durch n *statistisch unabhängige* zufällige Variable $\eta_1, \ldots, \eta_n$ modelliert werden, die identisch nach F verteilt sind; d.h. die $\eta_1, \ldots, \eta_n$ stellen eine Zufallsstichprobe zu der Verteilungsfunktion F dar, die das Tippverhalten beschreibt. (Diese Modellierung ist offensichtlich auch deutbar als zufälliges Ziehen mit Zurücklegen aus einer Urne mit $N = 2$ Elementen, nämlich den Kenn-Nummern 1 und 2.)

Trotz der Unabhängigkeit der $\eta_1, \ldots, \eta_n$ folgt aus dem unterstellten Konsensverhalten, daß die $\xi_1, \ldots, \xi_n$ nicht statistisch unabhängig sind; denn wären z.B. ξ_1 und ξ_2 statistisch unabhängig, so müßte gelten:

$$W(\{\xi_1 = 1\} \cap \{\xi_2 = 1\}) = W(\xi_1 = 1) \cdot W(\xi_2 = 1). \qquad (*)$$

Daß $(*)$ jedoch nicht erfüllt ist, sieht man so: Die Wahrscheinlichkeit, daß auf eine Tippreihe ein Gewinn fällt, beträgt für jede beliebige Tippreihe (s.S. 35) $p = \frac{260.624}{13.983.816} = 0,0186$ und diese Wahrscheinlichkeit ist ein *reiner Maschinenparameter*, der nicht vom Tippverhalten „der Lottospieler" abhängt (s.S. 39), d.h. die rechte Seite von $(*)$ hat den Wert p^2. Dagegen erhält man den Wert der linken Seite mit Hilfe des *allgemeinen Multiplikationssatzes* (s.S. 74) zu

$$\begin{aligned} W(\{\xi_1 = 1\} \cap \{\xi_2 = 1\}) &= W(\xi_2 = 1|\xi_1 = 1) \cdot W(\xi_1 = 1) = \\ &= W(\xi_2 = 1|\xi_1 = 1) \cdot p = \frac{1}{2}\, p. \end{aligned}$$

Den Wert von $W(\xi_2 = 1|\xi_1 = 1)$ erhält man z.B. so: Die Bedingung $\xi_1 = 1$ bedeutet, daß eine der beiden Konsens-Tippreihen Gewinn-Tippreihe ist. Unter dieser Bedingung beträgt wegen der 2-elementigen Konsensmenge die Wahrscheinlichkeit, daß auch die zweite der n Tippreihen diese Gewinn-Tippreihe ist, 1/2.

Veranschaulichung für beliebiges Konsensverhalten:

Die Mitteilung, daß auf die erste der n Tippreihen ein Gewinn gefallen ist ($\xi_1 = 1$), enthält einen gewissen Hinweis darauf, daß die Gewinnzahlen in den Konsensbereich gefallen sind und wegen des Konsensverhaltens für die nächsten Tippreihen die bedingten Gewinn-Wahrscheinlichkeiten größer sind als im anderen Falle $\xi_1 = 0$. Dies bedeutet auch anschaulich Abhängigkeit der $\xi_1, \ldots, \xi_n$ (s. auch Satz 1.12, S. 73). Demgegenüber enthält eine Mitteilung über die Kenn-Nummer der ersten Tippreihe keinerlei Hinweis auf die Kenn-Nummern der nächsten Tippreihen – sofern die Spieler trotz Konsensverhaltens sich gegenseitig beim Tippen nicht beeinflussen.

3.1. STICHPROBEN

Für reale Spieler-Kollektive wurde empirisch nachgewiesen, daß die $\xi_1,\ldots,\xi_n$ nicht statistisch unabhängig sind, d.h. daß die an einer Ausspielung beteiligten Tippreihen keine Zufallsstichprobe darstellen, aufgrund der man z.B. die Wahrscheinlichkeit p schätzen könnte, mit einer Tippreihe einen Gewinn zu erzielen (s. Beispiel 1.14, S. 52 und Schlußteil der Lösung zu Beispiel 2.5, S. 103).

Empirische Hinweise, daß für reale Lottospieler-Kollektive auch die das Tippverhalten beschreibenden zufälligen Variablen $\eta_1,\ldots,\eta_n$ signifikant abhängig sein könnten, sind meines Wissens nicht bekannt.

Würde man entgegen dieser Einsicht die Gewinn-Wahrscheinlichkeit p schätzen – etwa aufgrund der Ausspielung vom 16.2.1991, bei der es unter $n = 102.438.205$ beteiligten Tippreihen 1.737.668 Gewinn-Tippreihen gab –, so erhielte man für p den Schätzwert

$$\hat{p} = \frac{1.737.668}{102.438.205} = 0,0170$$

und unter vorgreifender Berechnung eines Konfidenzintervalls (s.S. 162) zur Vertrauenswahrscheinlichkeit von 99% für p das Intervall

$$(0,0170 - 0,00003;\; 0,0170 + 0,00003).$$

Offensichtlich ist dieses Konfidenzintervall für p mit dem korrekt berechneten Wert 0,0186 für den reinen Maschinenparameter p in eklatanter Weise unvereinbar. Ähnliche Abweichungen zeigen die meisten Ausspielungen! □

Zum Schätzen der Parameter Erwartungswert, Varianz und Streuung irgendeiner zufälligen Variablen, d.h. zum Schätzen des Mittelwertes, der Varianz und der Streuung einer „Grundgesamtheit", dienen die nachfolgend für eine Zufallsstichprobe definierten Größen, die man nach der vorangehenden Charakterisierung von Zufallsstichproben als zufällige Variable bzw. Realisationen von zufälligen Variablen auffassen kann.

Definition 3.2
Es sei $x_1,\ldots,x_n$ eine Zufallsstichprobe vom Umfang $n > 1$.
Dann heißt

$$\bar{x} = \frac{1}{n}\sum_{i=1}^{n} x_i \quad \text{der empirische Mittelwert,}$$

$$s^2 = \frac{1}{n-1}\sum_{i=1}^{n}(x_i - \bar{x})^2 \quad \text{die empirische Varianz und}$$

$$s = \sqrt{\frac{1}{n-1}\sum_{i=1}^{n}(x_i - \bar{x})^2} \geq 0 \quad \text{die empirische Streuung.}$$

Man nennt diese Größen auch Mittelwert, Varianz und Streuung der Stichprobe.

Die spezielle Gestalt dieser Stichprobengrößen wird zu Beginn des nächsten Abschnitts noch genauer motiviert werden.

Bei der numerischen Berechnung dieser Stichprobenparameter erweisen sich folgende Hilfssätze als nützlich (auch bei Verwendung moderner Rechner): Für jede reelle Zahl c gilt (Beweis: s. Lösung zu Aufgabe 3.1):

$$\bar{x} = c + \frac{1}{n}\sum_{i=1}^{n}(x_i - c) \qquad (3.2)$$

$$s^2 = \frac{1}{n-1}\left\{\sum_{i=1}^{n}(x_i - c)^2 - \frac{1}{n}\left(\sum_{i=1}^{n}(x_i - c)\right)^2\right\} \qquad (3.2')$$

Zweckmäßige Verwendung dieser Hilfssätze bedeutet, nach einer der folgenden Rechenstrategien zu verfahren:

Strategie 1: Man wählt für c eine „runde" Zahl in der Nähe des (noch nicht bekannten) Wertes von $\bar{x}$.

Strategie 2: Man wählt $c = 0$.

Beide Strategien sind auch bei Verwendung eines elektronischen Rechners vor allem bei der Berechnung von s^2 vorteilhaft relativ zur Verwendung der Definitionsformel für s^2; denn: jeder Wert x_i muß nur einmal eingetippt werden – sofern man die Summe der „Reste " $(x_i - c)$ und die Summe der „Rest"-Quadrate $(x_i - c)^2$ jeweils in einem Speicher addiert.

Bei Strategie 2 ist das Ergebnis stärker durch Rundungsfehler gefährdet als bei Strategie 1, da Strategie 2 die Verarbeitung größerer Zahlen erfordert (s. Beispiel 3.2).

Beispiel 3.2 *Berechnung von Stichprobenparametern*

Eine Zufallsstichprobe vom Umfang $n = 7$ aus einer Grundgesamtheit hat folgende Werte (in Gramm) ergeben:

$$x_1 = 514,\ x_2 = 497,\ x_3 = 507,\ x_4 = 521,\ x_5 = 510,\ x_6 = 518,\ x_7 = 508.$$

Man berechne Mittelwert, Varianz und Streuung dieser Stichprobe.

Zur Veranschaulichung: Man denke etwa an eine Zufallsstichprobe zu der Meßgröße ξ = *Gewicht eines aus einer „Produktion" zufällig herausgegriffenen Paketes* bzw. aus der nach der Verteilungsfunktion F von ξ verteilten „Grundgesamtheit". Dies kann bedeuten, daß die n Stichprobenpakete aus einer umfangreichen Menge von bereits produzierten Paketen, z.B. aus einer umfangreichen Lieferung, herausgegriffen werden. Es kann sich aber auch um die ersten n Pakete handeln, die mit Hilfe einer neuen Abfüllmaschine gefüllt wurden (s. „3. Anmerkung" zu Definition 3.1). Im ersten Fall dient die Berechnung der Stichprobenparameter zum Schätzen der entsprechenden *Parameter der Lieferung* (= endliche Grundgesamtheit) bzw. zum Testen von Hypothesen über diese Parameter. Im zweiten Fall würde man die (wahren) *Produktionsparameter* μ und σ schätzen.

In jedem der beiden Fälle stellt die zusätzliche Voraussetzung, daß ξ ausreichend genau nach einer Normalverteilung verteilt ist, eine bewährte Modellannahme dar (s. Zentraler Grenzwertsatz, S. 124).

3.1. STICHPROBEN

Lösung: Man verfährt nach folgendem Rechenschema:

		für Strategie 1		für Strategie 2	
i	x_i	$x_i - 510$	$(x_i - 510)^2$	x_i	x_x^2
1	514	+4	16	514	264.196
2	497	-13	169	497	247.009
3	507	.	.	.	.
4	521	.	.	.	.
5	510	.	.	.	.
6	518	.	.	.	.
7	508	.	.	.	.
Summen:	-	+5	383	3575	1.826.183

Hiermit erhält man nach Strategie 1:

$$\bar{x} \stackrel{(3.2)}{=} 510 + \frac{1}{7} \cdot (+5) = 510,7$$

$$s^2 \stackrel{(3.2')}{=} \frac{1}{6}\left(383 - \frac{1}{7}(+5)^2\right) = \frac{383 - \frac{25}{7}}{6} = \frac{379,43}{6} = 63,24$$

$$s = \sqrt{63,2} = 7,95.$$

Nach Strategie 2 erhält man diese Werte in der Form:

$$\bar{x} \stackrel{(3.2)}{=} \frac{3575}{7} = 510,7; \quad s^2 \stackrel{(3.2')}{=} \frac{1}{6}\left(1.826.183 - \frac{1}{7}(3575)^2\right) = 63,24.$$

Es sei noch auf folgenden Fall hingewiesen: Bei großen Stichprobenumfängen geschieht es häufig, daß sehr viele der n Stichprobenwerte numerisch übereinstimmen. Seien also nur k numerisch verschiedene Werte $x_1, \ldots, x_k$ vorhanden, wobei der Wert $x_i (i = 1, \ldots, k)$ mit der Häufigkeit f_i auftrete. Dann steht jeweils in f_i Zeilen des obigen Rechenschemas der Wert x_i und man kann die in jeder Spalte erforderliche Addition durch die Multiplikation $f_i \cdot x_i$ abkürzen. Dies führt zu

$$\bar{x} = \frac{1}{n}\sum_{i=1}^{k} x_i \cdot f_i = c + \frac{1}{n}\sum_{i=1}^{k}(x_i - c) \cdot f_i$$

und

$$s^2 = \frac{1}{n-1}\sum_{i=1}^{k}(x_i - \bar{x})^2 \cdot f_i = \frac{1}{n-1}\left\{\sum_{i=1}^{k}(x_i - c)^2 \cdot f_i - \frac{1}{n}\left(\sum_{i=1}^{k}(x_i - c) \cdot f_i\right)^2\right\}.$$

□

Aufgaben: Nr. 5, 6* und 7 der „Aufgabensammlung", *Basler* (1991).

3.2 Parameterschätzung

Die in Definition 3.2 eingeführten Stichprobengrößen $\bar{x}, s^2$ und s sollen zum Schätzen der Parameter μ, σ^2 und σ in der Grundgesamtheit dienen. Man nennt solche zufällige Variable, die zum Schätzen irgendwelcher Parameter verwendet werden, **Schätzfunktionen** und ihre Realisationen **Schätzwerte** (s.S. 45).

Zunächst soll die für diese Stichprobenparameter in Definition 3.1 jeweils gewählte spezielle Form im Hinlick auf ihre Schätzeigenschaften anschaulich erläutert werden.

1. *Zur Definition des empirischen Mittelwertes $\bar{x}$:*

   Bereits die Definition des Erwartungswertes μ wurde so einzurichten versucht (s.S. 93), daß der empirische Mittelwert $\bar{x}$ „gute" Schätzeigenschaften für μ erhält. Genauer wurde der Erwartungswert so definiert, daß aufgrund des vorher ausführlich erläuterten *Bernoulli*schen Gesetzes der großen Zahlen zu erwarten war: für hinreichend großes n stimmt der empirische Mittelwert $\bar{x}$ praktisch immer mit dem wahren Mittelwert μ beliebig genau überein. Diese Erwartung bestätigt sich; denn als Verallgemeinerung des *Bernoulli*schen Gesetzes der großen Zahlen läßt sich folgender Satz beweisen.

Satz 3.1 *(Ein schwaches Gesetz der großen Zahlen)*
Ist $\bar{x}$ der empirische Mittelwert einer Zufallsstichprobe $x_1, \ldots, x_n$ zu einer zufälligen Variablen mit dem Erwartungswert μ bzw. aus einer Grundgesamtheit mit dem Mittelwert μ, so gilt

$$\lim_{n\to\infty} W(\mu - \varepsilon < \bar{x} < \mu + \varepsilon) = 1, \qquad (3.3)$$

für jede positive Zahl ε.

Anschaulich kann man (3.3) so ausdrücken: mit wachsendem Stichprobenumfang nimmt die Wahrscheinlichkeit dafür zu, daß ein Wert der Schätzfunktion $\bar{x}$ höchstens um einen vorgebbaren kleinen Betrag ε vom zu schätzenden Parameter μ der Grundgesamtheit abweicht. Man bezeichnet diese Konvergenzeigenschaft einer Schätzfunktion als **Konsistenz**. Alle in diesem Buch benutzten Schätzfunktionen sind konsistent. Praktisch noch wichtigere Eigenschaften, insbesondere der Schätzfunktionen $\bar{x}$ und s^2 werden in Satz 3.2 formuliert.

Satz 3.1 wird als ein schwaches Gesetz der großen Zahlen bezeichnet. Daß dies eine Verallgemeinerung des *Bernoulli*schen Gesetzes der großen Zahlen ist, sieht man so: Es sei der Anteil p derjenigen Elemente einer endlichen Grundgesamtheit zu schätzen, die eine bestimmte Eigenschaft E besitzen. Dazu zieht man eine Zufallsstichprobe vom Umfang n aus dieser Grundgesamtheit und ermittelt als Stichprobenwerte $x_i (i = 1, \ldots, n)$ bei jedem Element der Stichprobe entweder die Zahl 1 (= E liegt vor) oder die Zahl

3.2. PARAMETERSCHÄTZUNG

0 (= E liegt nicht vor). Dann ist $x = x_1 + \ldots + x_n$ die Anzahl der Stichprobenelemente mit E, also x/n die relative Häufigkeit des Auftretens von E in der Zufallsstichprobe, d.h. die relative Häufigkeit von E bei n unabhängigen Versuchen, und das *Bernoulli*sche Gesetz der großen Zahlen besagt (s.S. 66):

$$\lim_{n\to\infty} W(p - \varepsilon < \frac{x}{n} < p + \varepsilon) = 1, \qquad (3.4)$$

d.h. *die relative Häufigkeit x/n der Elemente mit einer Eigenschaft E in einer Zufallsstichprobe ist eine* **konsistente Schätzfunktion** *für den Anteil der Elemente mit der Eigenschaft E in der Grundgesamtheit.*

Wegen

$$\frac{x}{n} = \frac{x_1 + \ldots + x_n}{n} = \bar{x}$$

kann man diese relative Häufigkeit als empirisches Mittel auffassen und (3.4) erscheint als Spezialfall von (3.3).

So wie man wegen (3.4) die Wahrscheinlichkeit p als relative Häufigkeit bei hinreichend vielen Wiederholungen des Versuchs interpretieren kann, so kann man wegen (3.3) analog den Erwartungswert μ einer zufälligen Variablen als arithmetisches Mittel $\bar{x}$ von hinreichend vielen Stichprobenwerten $x_1, \ldots, x_n$ zu dieser zufälligen Variablen interpretieren – also als einen „**Durchschnittswert**" dieser zufälligen Variablen.

Deshalb kann man z.B. die sogleich als (3.7) zu beweisende Aussage $E[s^2] = \sigma^2$ folgendermaßen interpretieren: Benutzt man s^2 als Schätzfunktion für σ^2, so liegt man **durchschnittlich** weder zu hoch noch zu niedrig. Eine solche Schätzfunktion, deren Erwartungswert mit dem zu schätzenden Parameter übereinstimmt, nennt man eine **erwartungstreue Schätzfunktion**.

2. *Zur Definition der empirischen Varianz s^2:*

Die empirische Varianz s^2 soll zum Schätzen von σ^2, also zum Schätzen der durchschnittlichen quadratischen Abweichung der Zufallsgröße von ihrem wahren Mittelwert μ dienen; d.h. für σ^2 wäre sicherlich $\frac{1}{n}\sum_{i=1}^{n}(x_i - \mu)^2$ die geeignete Schätzfunktion. Man ist aber natürlich gezwungen, den unbekannten wahren Mittelwert μ durch den empirischen Mittelwert $\bar{x}$ zu ersetzen, wobei es einleuchtet, daß die Stichprobenwerte $x_1, \ldots, x_n$ um das aus ihnen hervorgegangene arithmetische Mittel $\bar{x}$ weniger streuen als um den wahren Mittelwert μ; z.B. können sämtliche Stichprobenwerte kleiner (oder größer) als μ ausfallen, während das Stichprobenmittel $\bar{x}$ natürlich immer „mittendrin" liegt. Folglich würde der vielleicht intuitiv zu erwartende Schätzwert $\frac{1}{n}\sum_{i=1}^{n}(x_i - \bar{x})^2$ durchschnittlich etwas zu niedrig ausfallen. Wie die dritte Aussage des nachfolgenden Satzes 3.2 zeigt, wird die erforderliche Vergrößerung genau dadurch erreicht, daß man den intuitiv erwarteten Schätzwert mit $n/(n-1)$ multipliziert, also das s^2 der Definition 3.2

als Schätzfunktion bzw. Schätzwert verwendet, d.h. der Faktor $\frac{1}{n-1}$ in der Definition von s^2 erzwingt die **Erwartungstreue der Schätzfunktion** s^2 für σ^2.

Die wichtigsten Eigenschaften des empirischen Mittelwertes und der empirischen Varianz, die ihre Verwendung zur Schätzung der entsprechenden Parameter der Grundgesamtheit rechtfertigen, enthält

Satz 3.2
Ist $\bar{x}$ der empirische Mittelwert und s^2 die empirische Varianz in einer Zufallsstichprobe vom Umfang n aus einer Grundgesamtheit mit dem (wahren) Mittelwert μ und der (wahren) Varianz σ^2, so gelten folgende Aussagen:
(1) Der empirische Mittelwert ist eine **erwartungstreue Schätzfunktion** *für den wahren Mittelwert μ, d.h. es ist*

$$E[\bar{x}] = \mu. \tag{3.5}$$

(2) Die Streuung des empirischen Mittelwertes $\bar{x}$ beträgt $\frac{\sigma}{\sqrt{n}}$, d.h. es ist

$$E\left[(\bar{x} - \mu)^2\right] = \frac{\sigma^2}{n}. \tag{3.6}$$

(3) Die empirische Varianz s^2 ist eine **erwartungstreue Schätzfunktion** *für die wahre Varianz σ^2, d.h. es ist*

$$E[s^2] = \sigma^2. \tag{3.7}$$

(4) Der empirische Mittelwert $\bar{x}$ ist bei „hinreichend großem" Stichprobenumfang n stets approximativ nach der Normalverteilung $N\left(\mu; \frac{\sigma^2}{n}\right)$ verteilt. Ist die Grundgesamtheit nach einer Normalverteilung verteilt, so ist $\bar{x}$ exakt nach $N\left(\mu; \frac{\sigma^2}{n}\right)$ verteilt.

Beweis
(1) und (2) wurden bereits als (2.66) und (2.67) bewiesen (s.S. 131) und zwar im Hinblick auf die Anwendung des Zentralen Grenzwertsatzes zur approximativen Bestimmung der Verteilung von $\bar{x}$. Das dabei erhaltene Ergebnis enthält (4).

Beweis zu (3):
Nach den beiden ersten Aussagen von Satz 2.1 (S. 98) ist

$$E[s^2] \stackrel{(2.13)}{=} \frac{1}{n-1} E\left[\sum_{i=1}^{n}(x_i - \bar{x})^2\right] \stackrel{(2.14)}{=} \frac{1}{n-1} \sum_{i=1}^{n} E\left[(x_i - \bar{x})^2\right]. \quad (*)$$

Für jedes $i (i = 1, \ldots, n)$ erhält man

$$E\left[(x_i - \bar{x})^2\right] = E\left[(x_i - \mu + \mu - \bar{x})^2\right] =$$
$$= E\left[(x_i - \mu)^2 - 2(x_i - \mu)(\bar{x} - \mu) + (\bar{x} - \mu)^2\right] =$$

3.2. PARAMETERSCHÄTZUNG

$$= \sigma^2 - 2E\left[(x_i - \mu)(\bar{x} - \mu)\right] + \frac{\sigma^2}{n} =$$

$$= \sigma^2 + \frac{\sigma^2}{n} - 2E\left[(x_i - \mu)\frac{x_1 + \ldots + x_n - n \cdot \mu}{n}\right] = \sigma^2 + \frac{\sigma^2}{n} - \frac{2}{n}$$

$$E\left[(x_i - \mu) \cdot ((x_1 - \mu) + \ldots + (x_i - \mu) + \ldots + (x_n - \mu))\right].$$

Da $E[(x_i - \mu) \cdot (x_j - \mu)] = \sigma^2$ für $i = j$ ist und wegen der vorausgesetzten Unabhängigkeit von x_i und x_j für $i \neq j$

$$E\left[(x_i - \mu)(x_j - \mu)\right] \stackrel{(2.15)}{=} 0$$

ist, so erhält man also

$$E\left[(x_i - \bar{x})^2\right] = \sigma^2 + \frac{\sigma^2}{n} - \frac{2}{n}\sigma^2 = \sigma^2 - \frac{\sigma^2}{n} = \frac{n-1}{n}\sigma^2.$$

Setzt man dieses Ergebnis in (∗) ein, so ergibt sich

$$E[s^2] = \frac{1}{n-1} \cdot \sum_{i=1}^{n} E\left[(x_i - \bar{x})^2\right] = \frac{1}{n-1} \cdot n \cdot \frac{n-1}{n}\sigma^2 = \sigma^2.$$

♣

Anmerkungen und Ergänzungen *zu den in Satz 3.2 festgestellten Eigenschaften der Schätzfunktionen* $\bar{x}, s^2$ *und* s:

1. Anmerkung: *Konsistenz und Erwartungstreue*

Die als **Konsistenz** bezeichnete Konvergenzaussage (3.3) für $\bar{x}$ enthält – wie jede Konsistenzaussage über irgendeine andere Schätzfunktion – für einen festen (nicht allzu großen) Stichprobenumfang n keine wesentliche praxisrelevante Aussage, da sie nur besagt, daß die Schätzfunktion für $n \to \infty$ gegen den zu schätzenden Parameter *stochastisch konvergiert* (s.S. 68). Die Eigenschaft der Konsistenz einer Schätzfunktion stellt damit die sinnvolle Benutzung des betreffenden Schätzverfahrens in der Praxis keineswegs sicher. Andererseits ist sie für praxisrelevante Schätzfunktionen in dem Sinne unverzichtbar, als eine nicht-konsistente Schätzfunktion von vornherein inakzeptabel wäre. Deshalb sind wohl alle in Statistik-Büchern behandelten Schätzfunktionen konsistent.

Demgegenüber enthält die **Erwartungstreue** einer Schätzfunktion auch für jeden kleinen Stichprobenumfang die Aussage, daß das durch die Schätzfunktion modellierte Schätzverfahren „durchschnittlich" (s.S. 151) weder zu hohe noch zu niedrige Werte liefert, d.h. das Verfahren macht keine „systematischen Fehler". Allerdings läßt sich Erwartungstreue nicht bei jeder ansonsten vielleicht „guten" Schätzfunktion erzwingen. Ein Beispiel dafür wird sogleich die empirische Streuung s als Schätzfunktion für σ liefern.

2. Anmerkung: *Eigenschaften von $\bar{x}$ als Schätzfunktion für μ*

Wesentlich größere Bedeutung als die Konsistenz und Erwartungstreue der Schätzfunktion $\bar{x}$ besitzt im Hinblick auf Anwendungen die Aussage (2) von Satz 3.2. Diese Aussage ist zwar insoweit anschaulich zu erwarten, als sie besagt, daß die Varianz bzw. Streuung von $\bar{x}$ mit wachsendem Stichprobenumfang kleiner wird. Man beachte aber:

Die Streuung von $\bar{x}$ ist nur zu $\sqrt{n}$ umgekehrt proportional. Um also beispielsweise die Streuung von $\bar{x}$ zu halbieren, d.h. um die Genauigkeit der Schätzung zu verdoppeln, benötigt man den 4fachen Stichprobenumfang; 10fache Genauigkeit (= eine zusätzliche Kommastelle!) erfordert 100fachen Stichprobenumfang.

Diese Form der Abhängigkeit der Genauigkeit vom Stichprobenumfang, stellt eine für viele statistische Verfahren gültige **Genauigkeitsregel** dar.

Im Falle einer normalverteilten Grundgesamtheit können die beiden ersten Aussagen von Satz 3.2 mit Hilfe der sog. **Ungleichung von** *Rao* **und** *Cramér* durch folgende erstaunliche Aussage wesentlich ergänzt werden:

Unter allen erwartungstreuen Schätzfunktionen für den Mittelwert μ einer **normalverteilten Grundgesamtheit** *gibt es keine, die eine kleinere Varianz als $\bar{x}$ besitzt; d.h. $\bar{x}$ ist unter dieser Voraussetzung eine Schätzfunktion mit* **Minimalvarianz.**

Eine solche erwartungstreue Schätzfunktion mit minimaler Streuung bezeichnet man als eine **wirksame** oder **effiziente Schätzfunktion** (gelegentlich auch als *wirksamste Schätzfunktion*).

Zum besseren Verständnis der angegebenen Aussage folgender Hinweis: Es lassen sich sehr viele erwartungstreue Schätzfunktionen für μ angeben bzw. konstruieren. Beispielsweise erhält man eine erwartungstreue Schätzfunktion für μ, wenn man von einer Zufallsstichprobe $x_1, \ldots, x_n$ generell die x_i mit $i > 1$ „wegwirft" und also die Schätzfunktion x_1 verwendet – die offensichtlich weder Minimalvarianz besitzt noch konsistent ist. Von zwei erwartungstreuen Schätzfunktionen (für den gleichen Parameter) bevorzugt man natürlich diejenige, mit der kleineren Varianz.

Die praktische Bedeutung der erläuterten Aussagen über die Varianz von $\bar{x}$ wird noch wesentlich gesteigert durch die Aussage (4) über die Verteilung von $\bar{x}$, die als „wichtigste Anwendung des Zentralen Grenzwertsatzes in der Mathematischen Statistik" (s.S. 130) erhalten wurde.

3. Anmerkung: *Eigenschaften von s^2 und s als Schätzfunktion für σ^2 und σ*

Nach der dritten Aussage von Satz 3.2 ist s^2 erwartungstreu für σ^2. Obwohl man naheliegenderweise auch die empirische Streuung s zum Schätzen der wahren Streuung σ verwendet, so ist diese Schätzung nicht mehr erwartungstreu, weil im allgemeinen $E[s] = E\left[\sqrt{s^2}\right] \neq \sqrt{E[s^2]} = \sigma$ ist; zur Veranschaulichung dieser Tatsache dient Aufgabe 3.2*. Ist die Grundgesamtheit normalverteilt, so ist es möglich, durch Multiplikation von s mit einem vom Stichprobenumfang n abhängigen Faktor die Erwartungstreue von s zu erzwingen. Diese Faktoren sind allerdings nur für sehr kleine n nennenswert von 1 verschieden; für $n = 10$ beträgt dieser Faktor z.B. nur noch 1,028 (s.z.B. *Uhlmann* (1982), S. 66).

3.3. KONFIDENZINTERVALLE

Auf eine weitere Schätzfunktion sei nur kurz hingewiesen: Bei Stichproben mit ungeradem n bezeichnet man den (oder die) der Größe nach genau „in der Mitte gelegenen Wert", also im Falle $n = 5$ den drittgrößten Wert, naheliegenderweise als *Zentralwert der Stichprobe* und benutzt ihn als Schätzwert für den *Zentralwert der Grundgesamtheit* (s. Definition 2.3, S. 94). Ferner sei an den *Bravaisschen Korrelationskoeffizienten* (2.79) (s.S. 139) erinnert, der als Schätzwert des wahren Korrelationskoeffizienten ρ in der Grundgesamtheit dient.

Aufgabe 3.1:
Man beweise die Identitäten (3.2) und (3.2').

Aufgabe 3.2*:
Bei Teilnahme an einer Partie eines Glücksspiels erhält man entweder 1 DM als Gewinn oder es erfolgt keine Auszahlung. Für jeden der beiden Fälle betrage die Wahrscheinlichkeit für sein Eintreten 1/2. Man berechne zunächst die Varianz σ^2 und die Streuung σ der Zufallsgröße „Gewinn".
Ein Spieler beteiligt sich an zwei unabhängigen Partien dieses Spiels (= Zufallsstichprobe vom Umfang $n = 2$) und berechnet nach Beendigung der beiden Partien die empirische Varianz s^2 und die empirische Streuung s seines Gewinnes als Schätzwerte für die wahre Varianz σ^2 und die wahre Streuung σ des Gewinnes.
Man berechne sowohl den Erwartungswert $E[s^2]$ der empirischen Varianz als auch den Erwartungswert $E[s]$ der empirischen Streuung und vergleiche sie mit den zu schätzenden Parametern σ^2 und σ.

Weitere Aufgabe: Nr. 68 der „Aufgabensammlung", *Basler* (1991).

3.3 Konfidenzintervalle

3.3.1 Konfidenzintervall für den Mittelwert einer normalverteilten Grundgesamtheit

Es sei μ der Mittelwert einer nach $N(\mu; \sigma^2)$ normalverteilten Grundgesamtheit bzw. der Mittelwert einer nach $N(\mu; \sigma^2)$ verteilten zufälligen Variablen.
Im vorangehenden Abschnitt wurde gezeigt: der empirische Mittelwert $\bar{x}$ einer Zufallsstichprobe $x_1, \ldots, x_n$ aus dieser nach $N(\mu; \sigma^2)$ verteilten Grundgesamtheit ist eine Schätzfunktion für den Mittelwert μ, die viele wünschenswerte Eigenschaften besitzt; ihre Streuung beträgt $\frac{\sigma}{\sqrt{n}}$.
Im folgenden wird gezeigt: Die Frage nach der Genauigkeit dieser Schätzung von μ mittels $\bar{x}$ läßt sich in sehr anschaulicher Weise durch die Konstruktion eines sogenannten *Konfidenzintervalls* für μ beantworten. Ein solches Intervall wird man naheliegend in der Gestalt $(\bar{x} - x_\beta; \bar{x} + x_\beta)$ konstruieren, wobei die (halbe) Länge x_β dieses Intervalls derart bestimmt werden soll, daß das Intervall den zu schätzenden Wert des Parameters μ mit einer vorgebbaren sogenannten *Vertrauenswahrscheinlichkeit* β überdeckt. (In der Praxis werden für β die Werte 0,90; 0,95; 0,99 und gelegentlich 0,999 benutzt.) Da die zu bestimmende

(halbe) Intervallänge x_β plausiblerweise proportional zur Streuung von $\bar{x}$ sein wird, so erscheint folgender Lösungsansatz für die Bestimmung von x_β geradezu zwingend:

$$x_\beta = \text{geeigneter Faktor} \cdot \text{Streuung von } \bar{x} = \lambda_\beta \cdot \frac{\sigma}{\sqrt{n}}, \qquad (3.8)$$

wobei nur noch der mit λ_β (Lambda) bezeichnete „geeignete Faktor" zu bestimmen bleibt. (Nochmalige Veranschaulichung dieses Ansatzes: Je größer die Streuung von $\bar{x}$, desto ungenauer die Schätzung von μ, desto länger das Konfidenzintervall.) Die Bestimmungsgleichung für λ_β lautet also

$$W\left(\bar{x} - \lambda_\beta \frac{\sigma}{\sqrt{n}} < \mu < \bar{x} + \lambda_\beta \frac{\sigma}{\sqrt{n}}\right) = \beta. \qquad (3.9)$$

Die Doppel-Ungleichung

$$\bar{x} - \lambda_\beta \frac{\sigma}{\sqrt{n}} < \mu < \bar{x} + \lambda_\beta \frac{\sigma}{\sqrt{n}}$$

ist wegen

$$\bar{x} - \lambda_\beta \frac{\sigma}{\sqrt{n}} < \mu \iff \frac{\bar{x} - \mu}{\sigma}\sqrt{n} < +\lambda_\beta$$

und

$$\mu < \bar{x} + \lambda_\beta \frac{\sigma}{\sqrt{n}} \iff \frac{\bar{x} - \mu}{\sigma}\sqrt{n} > -\lambda_\beta$$

äquivalent mit

$$-\lambda_\beta < \frac{\bar{x} - \mu}{\sigma}\sqrt{n} < +\lambda_\beta.$$

Also ist die Bestimmungsgleichung (3.9) äquivalent mit:

$$W\left(-\lambda_\beta < \frac{\bar{x} - \mu}{\sigma}\sqrt{n} < +\lambda_\beta\right) = \beta. \qquad (3.9')$$

Da $\frac{\bar{x}-\mu}{\sigma}\sqrt{n}$ durch Anwendung der Normierungstransformation aus $\bar{x}$ hervorgeht, so ist $\frac{\bar{x}-\mu}{\sigma}\sqrt{n}$ nach $N(0;1)$ verteilt und besitzt die Verteilungsfunktion Φ (s. Normierungstransformation, S. 100 und Aussage (1) von Satz 2.6, S. 122).

Damit erhält man für die linke Seite von (3.9'):

$$W\left(-\lambda_\beta < \frac{\bar{x} - \mu}{\sigma}\sqrt{n} < +\lambda_\beta\right) \stackrel{(2.2)}{=} \Phi(+\lambda_\beta) - \Phi(-\lambda_\beta) \stackrel{(2.47)}{=} 2\,\Phi(+\lambda_\beta) - 1;$$

d.h. aus (3.9') folgt als einfachste Form der Bestimmungsgleichung für λ_β:

$$\Phi(+\lambda_\beta) = \frac{1+\beta}{2}. \qquad (3.10)$$

Aus der Tabelle der Verteilungsfunktion Φ der normierten Normalverteilung bzw. mit Hilfe der am Ende der Tabelle angegebenen „besonders häufig benötigten Werte" liest man ab:

$$\Phi(1,645) = 0,9500 = \frac{1+0,90}{2} \quad \text{also} \quad \lambda_{90\%} = 1,645.$$

Analog erhält man: $\lambda_{95\%} = 1,960;\ \lambda_{99\%} = 2,576$.

3.3. KONFIDENZINTERVALLE

Damit hat man folgendes Ergebnis:
Das Intervall
$$\left(\bar{x} - \lambda_\beta \frac{\sigma}{\sqrt{n}};\ \bar{x} + \lambda_\beta \frac{\sigma}{\sqrt{n}}\right)$$
ist ein **Konfidenzintervall für den Mittelwert** μ einer (mit bekannter Streuung σ) *normalverteilten Grundgesamtheit zur Vertrauenswahrscheinlichkeit* β. Dabei ist λ_β die durch (3.10) definierte *2-seitige* $100\beta\%$-Schranke der (normierten) Normalverteilung.

Hinweis zu der Bezeichnung „2-seitige Schranke der Normalverteilung":
Der Faktor λ_β wird beim Testen von Hypothesen die Rolle einer *Testschranke* übernehmen und zwar in einem 2-seitigen Test (mit einer 2-seitigen Kritischen Region). Die Testschranke des analogen 1-seitigen Tests wird dann als 1-seitige (Test-)Schranke λ_β^* der (normierten) Normalverteilung bezeichnet werden.

Für die Aussage, daß das erhaltene Konfidenzintervall den wahren Wert von μ mit der Wahrscheinlichkeit β überdeckt – d.h. daß die Bestimmungsgleichung (3.9') erfüllt wird – ist offensichtlich nur erforderlich, daß $\bar{x}$ nach $N\left(\mu; \frac{\sigma^2}{n}\right)$ verteilt ist. Dies gilt aber nach dem Zentralen Grenzwertsatz approximativ auch dann, wenn die $x_1, \ldots, x_n$ nicht normalverteilt sind (s. Aussage (4) von Satz 3.2 und die „Hinweise zu einem hinreichend großen Stichprobenumfang", S. 132). Dies formuliert man in folgender Form: Das obige Konfidenz-Schätzverfahren ist (sehr) **robust** gegenüber Verletzungen seiner Normalverteilungsvoraussetzung. Diese Robustheitsaussage gilt auch für die nachfolgende praxisrelevante Variante des soeben erhaltenen Konfidenzintervalls.

Die Anwendbarkeit des bisherigen Konfidenzintervalls ist durch die Voraussetzung „σ (numerisch) bekannt" gravierend eingeschränkt. Von dieser Voraussetzung kann man sich auf folgende Weise befreien:
Man versucht naheliegenderweise die *wahre Streuung* σ durch die *empirische Streuung* s zu ersetzen. Anschaulich ist zu erwarten, daß man dann ein etwas längeres Konfidenzintervall in Kauf nehmen muß als bei bekanntem σ; d.h., an die Stelle der durch die Bestimmungsgleichung (3.9) definierten Faktoren λ_β werden irgendwelche andere Faktoren treten. Bezeichnet man diese neuen Faktoren mit t_β, so lautet die zu (3.9') analoge Bestimmungsgleichung für diese t_β

$$W\left(-t_\beta < \frac{\bar{x} - \mu}{s}\sqrt{n} < +t_\beta\right) = \beta, \tag{3.11}$$

d.h. die t_β sind die *2-seitigen* $100\beta\%$-*Schranken* der Verteilungsfunktion der zufälligen Variablen $\frac{\bar{x}-\mu}{s}\sqrt{n}$.
Dazu läßt sich beweisen: *Die zufällige Variable*

$$t = \frac{\bar{x} - \mu}{s}\sqrt{n} \tag{3.12}$$

ist *verteilt nach der sog. t-Verteilung mit dem Freiheitsgrad* $n - 1$.

Damit hat man das folgende Ergebnis:

> Es sei $x_1, \ldots, x_n$ eine Zufallsstichprobe zu einer normalverteilten zufälligen Variablen bzw. aus einer normalverteilten Grundgesamtheit mit dem numerisch unbekannten Mittelwert μ und der bekannten Streuung σ. Ist $\bar{x}$ der empirische Mittelwert und s die empirische Streuung dieser Zufallsstichprobe; dann ist das Intervall
>
> $$\left(\bar{x} - t_\beta \frac{s}{\sqrt{n}};\ \bar{x} + t_\beta \frac{s}{\sqrt{n}}\right)$$
>
> ein **Konfidenzintervall für den Mittelwert** μ dieser normalverteilten Grundgesamtheit zur Vertrauenswahrscheinlichkeit β.
> Dabei sind die t_β die (2-seitigen) Schranken der t-Verteilung mit dem Freiheitsgrad $n - 1$ (s. Tabelle der Schranken der t-Verteilung).
> Das Verfahren ist **robust** gegenüber Verletzungen der Normalverteilungsvoraussetzung.

Veranschaulichung der t-Verteilung: Ersetzt man in (3.12) s durch σ, so ist t nach der normierten Normalverteilung verteilt. Da nun s eine konsistente Schätzfunktion für σ ist, so ist plausibel: für $n \to \infty$ konvergiert die t-Verteilung gegen die normierte Normalverteilung, d.h. die Dichte der t-Verteilung hat die Form einer etwas deformierten *Gauß*schen Glockenkurve, wobei der „Deformationsgrad" mit wachsendem n kleiner wird. Dementsprechend stellt man in der Tabelle der Schranken der t-Verteilung (s.S. 284) fest, daß die Schranken mit wachsendem n sich von oben den entsprechenden Schranken der Normalverteilung nähern.

Erklärung für „Freiheitsgrad $n - 1$": Diese Aussage erklärt sich letztlich daraus, daß s^2 (und damit auch t) nicht aus n unabhängigen („freien") Summanden besteht, sondern daß zwischen ihnen die Beziehung $\sum_{i=1}^{n} x_i = n\bar{x}$ besteht, also ein „Freiheitsgrad" verlorengeht, z.B. ist der Wert von x_n bereits durch die Werte von $x_1, \ldots, x_{n-1}$ und $\bar{x}$ determiniert.

Für ein Anwendungsbeispiel kann man das in Beispiel 3.2 (S. 150) angegebene Stichprobenergebnis verwenden. Mit Hilfe der dort berechneten Werte $\bar{x} = 510{,}7$, $s = 7{,}95$ und dem aus der Tabelle der Schranken der t-Verteilung für den Stichprobenumfang $n = 7$ abzulesenden Wert $t_{99\%} = 3{,}71$ erhält man:
Das Intervall $(499{,}6\ ;\ 521{,}8)$ *ist ein Konfidenzintervall zur Vertrauenswahrscheinlichkeit von* 99% *für den wahren Mittelwert* μ *der betreffenden Grundgesamtheit.*

Zur Bedeutung dieser **Formulierung des Ergebnisses einer Konfidenzschätzung***:*

Das erhaltene numerische Intervall ist offenbar die **Realisation eines Zufallsintervalls**, d.h. eines Intervalls, dessen Grenzen zufällige Variable sind. Während man von einem solchen Zufallsintervall zur Vertrauenswahrscheinlichkeit β sagen kann, daß es den zu schätzenden Parameter mit der Wahrscheinlichkeit β überdeckt, läßt sich dies von einer erhaltenen Realisation eines solchen Zufallsintervalls strenggenommen nicht sagen: denn entweder überdeckt die Realisation den zu schätzenden Parameter oder sie überdeckt ihn nicht, d.h. das Ereignis „Überdeckung" besitzt entweder die Wahrscheinlichkeit 1 oder die Wahrscheinlichkeit 0; ein Wert von z.B. $\beta = 0,99$ ist nicht möglich. Die benutzte Formulierung „**Das Intervall (499,6 ; 521,8) ist ein Konfidenzintervall zur Vertrauenswahrscheinlichkeit von 99% für** ..." besagt also über das angegebene Intervall lediglich: **dieses Intervall wurde mit Hilfe eines (Konfidenz-Schätz-)Verfahrens berechnet, das in 99% aller denkbaren Anwendungsfälle Intervalle liefert, die den zu schätzenden Parameter überdecken.** (Würde man von der Realisation eines Konfidenzintervalls sagen, daß es den zu schätzenden Parameter mit einer Wahrscheinlichkeit von z.B. 99% überdeckt, so bedeutete dies, daß man die Wahrscheinlichkeit von 99% subjektivistisch interpretierte, nämlich als Maß für den **Grad der Überzeugtheit** von dem Ereignis „Überdeckung", vgl.S. 69).

3.3.2 Konfidenzintervall für eine unbekannte Wahrscheinlichkeit

Unbekannte Wahrscheinlichkeiten werden vor allem im Rahmen der Demoskopie ständig zu ermitteln versucht; denn jeder Anteil p von Elementen einer endlichen Grundgesamtheit, die eine bestimmte Eigenschaft E besitzen – z.B. der Anteil p der Personen einer Wahlbevölkerung, die eine Präferenz für eine Partei E haben – läßt sich als die Wahrscheinlichkeit dafür deuten, daß ein aus der Grundgesamtheit zufällig herausgegriffenes Element die Eigenschaft E besitzt. Um p zu schätzen, zieht man eine Zufallsstichprobe vom Umfang n und ermittelt darin die Anzahl x der Elemente mit der Eigenschaft E und benutzt die relative Häufigkeit $\frac{x}{n}$ als *Schätzfunktion* für p bzw. die zufällige Variable $\frac{x}{n}$ als *Schätzfunktion* für p.

Strenggenommen müßte man bei diesen Bezeichnungen unterscheiden zwischen der Schätzfunktion, die eine zufällige Variable ist, und einem Schätzwert, der eine Realisation darstellt; s. aber: 3. Anmerkung zu Definition 3.1, S. 146.

Da x nach der Binomialverteilung $Bi(n;p)$ verteilt ist, ist $\frac{x}{n}$ wegen $E\left[\frac{x}{n}\right] \stackrel{(2.28)}{=} \frac{1}{n} \cdot np = p$ eine *erwartungstreue* und wegen (3.4) eine *konsistente* Schätzfunktion für p mit der Varianz

$$\sigma_{\bar{x}}^2 \stackrel{(2.13)}{=} \frac{1}{n^2} \sigma_x^2 \stackrel{(2.29)}{=} \frac{np(1-p)}{n^2} = \frac{p(1-p)}{n}.$$

Falls die Stichprobe ohne Zurücklegen gezogen wird, so ist x nur approximativ $Bi(n;p)$-verteilt; ausreichende Approximationsgenauigkeit sichert die Faustregel $n \leq \frac{N}{10}$.

Allgemeinere Form des geschilderten Schätzproblems:

Bei einem Versuch sei $p = W(E)$ die numerisch unbekannte Wahrscheinlichkeit eines Ereignisses E. Bezeichnet bei *n-facher unabhängiger Wiederholung* dieses Versuchs (s. Beispiel 1.16, S. 63) x die absolute Häufigkeit des Eintretens von E, so ist x nach

$Bi(n;p)$ verteilt und die Schätzfunktion $\frac{x}{n}$ für p besitzt die vorangehend gezeigten Eigenschaften.

Analog zu dem benutzten Ansatz für ein Konfidenzintervall für μ erscheint der folgende Ansatz für ein Konfidenzintervall für p hoch plausibel:

$$\left(\frac{x}{n} - \text{geeigneter Faktor} \cdot \text{Streuung von } \frac{x}{n} ; \frac{x}{n} + \text{geeigneter Faktor} \cdot \text{Streuung von} \frac{x}{n}\right),$$

wobei die Streuung von $\frac{x}{n}$ den Wert $\sqrt{\frac{p(1-p)}{n}}$ hat.

Da für „große n" (Faustregel: $np(1-p) \geq 9$) nach dem Zentralen Grenzwertsatz $\frac{x}{n}$ approximativ normalverteilt ist (s. Approximation der Binomialverteilung mittels der Normalverteilung), führt dieser Lösungsansatz (abgesehen von der Approximation) auf den gleichen „geeigneten Faktor" wie der Ansatz (3.8) für ein Konfidenzintervall für den Mittelwert μ einer normalverteilten Grundgesamtheit; d.h. *geeigneter Faktor* ist hier wie dort die durch (3.10) definierte zweiseitige $100\beta\%$-Schranke λ_β der (normierten) Normalverteilung.

In der damit erhaltenen Form des Konfidenzintervalls tritt noch die numerisch unbekannte (wahre) Streuung $\sqrt{\frac{p(1-p)}{n}}$ auf. Ersetzt man darin $p(1-p)$ durch den Schätzwert $\frac{x}{n}\left(1 - \frac{x}{n}\right)$, so ist diese Schätzfunktion offensichtlich sehr unempfindlich gegen Schätzfehler; denn: Schätzfehler bei p und bei $(1-p)$ heben sich weitestgehend gegenseitig auf.

Umfangreiche numerische Vergleiche des damit erhaltenen approximativen Konfidenzintervalls für p mit der exakten Lösung – die am Schluß dieses Abschnitts angegeben wird, aber numerisch unbequem zu berechnen ist – haben ergeben:

Das Intervall

$$\left(\frac{x}{n} - \lambda_\beta \sqrt{\frac{\frac{x}{n}\left(1 - \frac{x}{n}\right)}{n}} \;;\; \frac{x}{n} + \lambda_\beta \sqrt{\frac{\frac{x}{n}\left(1 - \frac{x}{n}\right)}{n}}\right)$$

ist ein ausreichend genaues **Konfidenzintervall für die unbekannte Wahrscheinlichkeit** p *zur Vertrauenswahrscheinlichkeit β, falls folgende Faustregel erfüllt ist: die untere Intervallgrenze darf nicht kleiner als $\frac{12}{n+12}$ und die obere Intervallgrenze darf nicht größer als $\frac{n}{n+12}$ ausfallen. Dabei ist $\lambda_{90\%} = 1,64$, $\lambda_{95\%} = 1,96$, $\lambda_{99\%} = 2,58$.*

Beispiel 3.3

Zur Abkürzung werden in den folgenden beiden Zahlenbeispielen die beiden Intervallgrenzen mit π_1 und π_2 bezeichnet.

Beispiel 3.3.1: $n = 100$, $x = 50$, $\beta = 0,95$

$$\Rightarrow \pi_1 = 0,50 - 1,96\sqrt{\frac{0,50 \cdot 0,50}{100}} = 0,50 - 0,10 = 0,40$$

$$\pi_2 = 0,50 + 1,96\sqrt{\frac{0,50 \cdot 0,50}{100}} = 0,50 + 0,10 = 0,60$$

3.3. KONFIDENZINTERVALLE

Die ausreichende Approximationsgenauigkeit sicherstellende Faustregel

$$\pi_1 \geq \frac{12}{n+12} \quad \text{und} \quad \pi_2 \leq \frac{n}{n+12}$$

ist offensichtlich erfüllt; also hat man:
Das Intervall (40%; 60%) ist ein ausreichend genaues Konfidenzintervall zur Vertrauenswahrscheinlichkeit von 95% für die betreffende unbekannte Wahrscheinlichkeit p bzw. für den betreffenden unbekannten Anteil p.

Beispiel 3.3.2: $n = 400$, $x = 200$, $\beta = 0,95$

$$\Rightarrow \pi_1 = 0,50 - 0,05 = 0,45 \quad ; \quad \pi_2 = 0,50 + 0,05 = 0,55.$$

Der Vergleich mit dem vorangehenden Beispiel zeigt: Die Intervallänge $2 \cdot 0,05$ ist gegenüber $2 \cdot 0,10$ halbiert. Diese *Verdoppelung der Genauigkeit wurde erreicht durch 4fachen Stichprobenumfang*, nämlich 400 statt 100 (s. Genauigkeitsregel, S. 156). □

Anmerkungen zum Konfidenzintervall für eine unbekannte Wahrscheinlichkeit:

1. Anmerkung: *Unabhängigkeit vom Umfang N der Grundgesamtheit*

Die Länge $2\lambda_\beta \sqrt{\frac{\frac{x}{n}(1-\frac{x}{n})}{n}}$ des Konfidenzintervalls, d.h. die Genauigkeit des Schätzwertes x/n, hängt ersichtlich nicht vom Umfang N der Grundgesamtheit ab. (Natürlich ist immer vorausgesetzt, daß der Stichprobenumfang n relativ kleine gegenüber N ist; Faustregel $n \leq N/10$.) Beispiel: *Aufgrund einer Zufallsstichprobe vom Umfang $n = 1000$ läßt sich ein bestimmter Bevölkerungsanteil in der Bundesrepublik ebenso genau (bzw. ungenau!) schätzen wie in einem einzelnen Bundesland oder einer größeren Stadt.*

2. Anmerkung: *Maximale Länge des Konfidenzintervalls*
Die maximale Länge des Konfidenzintervalls beträgt $\frac{\lambda_\beta}{\sqrt{n}}$.

Dies sieht man so: Die Länge $2\lambda_\beta \cdot \sqrt{\frac{\frac{x}{n}(1-\frac{x}{n})}{n}}$ fällt offenbar dann am größten aus, wenn man für $\frac{x}{n}$ den Wert 0,5 einsetzt; denn die Funktion $\sqrt{y(1-y)}$ hat im Intervall [0,1] ihre Maximalstelle bei $y = 0,5$. Für $\frac{x}{n} = 0,5$ hat die Länge den angegebenen Wert.

Wichtige Anwendung: Wie groß muß man den Stichprobenumfang n wählen, falls man einen unbekannten Anteil p bei Zugrundelegung einer Vertrauenswahrscheinlichkeit von 95% „mit einer Genauigkeit von $\pm 0,5\%$" bestimmen will, d.h., falls die maximale Länge des Konfidenzintervalls 0,01 betragen soll?
Antwort: n so, daß $\frac{1,96}{\sqrt{n}} = 0,01$, d.h. $n = 196^2 = 38.416$.

Diese Antwort läßt sich auch deuten als Beitrag zu der Frage, weshalb die Ergebnisse der realen Demoskopie so sind wie sie sind.

3. Anmerkung: *„Genauigkeitsregel"*
Die Länge des Konfidenzintervalls ist umgekehrt proportional zu $\sqrt{n}$; d.h. die Genauigkeit der Schätzung wächst nur mit $\sqrt{n}$ (s. Genauigkeitsregel, S. 156).

4. Anmerkung: *Formulierung des Ergebnisses einer Konfidenzschätzung*

Die Erläuterungen zur Formulierung des Ergebnisses einer Konfidenzschätzung am Schluß der vorigen Abschnitts 3.3.1 gelten auch für den vorliegenden Fall.

Exaktes Konfidenzintervall für eine unbekannte Wahrscheinlichkeit:

Auch für die folgende sog. *exakte Lösung* wird wie bei der obigen Näherungslösung vorausgesetzt: Die Anzahl x der Stichprobenelemente mit der interessierenden Eigenschaft ist *binomialverteilt*. Dies bedeutet: Soll dieses Konfidenzintervall aufgrund einer *ohne Zurücklegen* gezogenen Zufallsstichprobe berechnet werden, so muß trotz der Bezeichnung „exakt" von der Approximation der hypergeometrischen Verteilung mittels der Binomialverteilung Gebrauch gemacht werden (Approximations-Faustregel: $n \leq N/10$).

Bezeichnet man die untere Grenze des Konfidenzintervalls für eine unbekannte Wahrscheinlichkeit zur Vertrauenswahrscheinlichkeit β mit π_1 und die obere Grenze mit π_2, so lautet die exakte Lösung (s.z.B. *Uhlmann* (1982), S. 73):

$$\pi_1 = \frac{x}{x + (n - x + 1) \cdot F_{(1+\beta)/2}(2(n - x + 1); 2x)}$$

$$\pi_2 = \frac{(x + 1) \cdot F_{(1+\beta)/2}(2(x + 1); 2(n - x))}{(n - x) + (x + 1) \cdot F_{(1+\beta)/2}(2(x + 1); 2(n - x))}$$

wobei $F_\alpha(\nu_1; \nu_2)$ die (einseitige) $100\alpha\%$-Schranke der sog. *F-Verteilung* mit den Parametern ν_1 und ν_2 bedeutet. Die Schranke $F_\alpha(\nu_1; \nu_2)$ ist dadurch definiert, daß für eine nach der F-Verteilung mit den Parametern ν_1 und ν_2 verteilte zufällige Variable ξ gilt: $W(\xi \leq F_\alpha(\nu_1; \nu_2)) = \alpha$. Die erforderlichen Schranken der F-Verteilung sind in vielen statistischen Tafelwerken tabelliert. Zur Erleichterung des Nachschlagens in den Tafelwerken sei noch erwähnt, daß der Parameter ν_1 der F-Verteilung auch als *Freiheitsgrad des Zählers* und ν_2 als *Freiheitsgrad des Nenners* bezeichnet wird.

Beispiel: Für den Stichprobenumfang $n = 75$ und $x = 7$ hat man im Falle einer Vertrauenswahrscheinlichkeit von 95% folgende Schranken der F-Verteilung abzulesen: Zur Bestimmung der unteren Intervallgrenze π_1 benötigt man

$$F_{(1+\beta)/2}(2(n - x + 1); 2x) = F_{0,975}(138; 14).$$

Analog benötigt man für die obere Intervallgrenze $F_{0,975}(16; 136)$.

Mit Hilfe einer Tabelle der Schranken der F-Verteilung erhält man die beiden Werte zu 2,54 und zu 1,90 und damit das Ergebnis:

Das Intervall (4%; 18%) ist ein exaktes Konfidenzintervall für die zu schätzende unbekannte Wahrscheinlichkeit p zur Vertrauenswahrscheinlichkeit von 95%.

3.4 Testen von Hypothesen (Signifikanztests)

Gegenstand der statistischen Methodenlehre ist: *Schließen von Stichproben auf Grundgesamtheiten.* Dabei repräsentiert eine Grundgesamtheit den zu untersuchenden Aspekt der Wirklichkeit. Eine Grundgesamtheit wird wahrscheinlichkeitstheoretisch komplett beschrieben durch die *Verteilungsfunktion der Grundgesamtheit* (vgl. Einleitung zu Kapitel 3 (Statistische Methodenlehre), S. 142). Eine Verteilungsfunktion kann ihrerseits durch bestimmte *Parameter*, wie z.B. Mittelwert, Varianz, Streuung etc., global charakterisiert werden. Im vorangehenden Abschnitt 3.3 (Parameterschätzung) wurde zur soeben beschriebenen Aufgabenstellung der statistischen Methodenlehre bereits beigetragen, und zwar durch die Behandlung von Schätzverfahren für solche Parameter einer Verteilungsfunktion bzw. der betreffenden Grundgesamtheit. Jetzt sollen Verfahren behandelt werden, die es gestatten, bestimmte interessierende Aussagen, sogenannte Hypothesen, über Verteilungsfunktionen von Grundgesamtheiten bzw. über deren Parameter zu überprüfen. Man bezeichnet solche Verfahren als **Testverfahren** oder **Tests** und die zu überprüfenden Hypothesen als **Nullhypothesen** mit der abkürzenden Bezeichnung H_0. *Nullhypothesen sind Präzisierungen der zu untersuchenden Fragestellung.* Sie können Folgerungen aus einer substanzwissenschaftlichen Theorie sein, die man überprüfen möchte; sie können aber auch die einer solchen Theorie zugrundeliegenden Modellannahmen betreffen. In weniger theoretisch durchdrungenen Bereichen irgendwelcher Praxis können sich in der Formulierung von Nullhypothesen Erfahrungen, Vermutungen und Hoffnungen niederschlagen. Jedenfalls ist eine solche zu überprüfende Hypothese hinsichtlich ihrer inhaltlichen Bedeutung vom Auftraggeber des Statistikers festzulegen, wenngleich der Statistiker die inhaltlichen Aussagen mit Hilfe geeigneter mathematisch-statistischer Begriffe adäquat im mathematischen Modell formulieren muß. Zur Konkretisierung einige **Beispiele solcher Nullhypothesen**:

<u>Beispiel 1</u>: $H_0 : F \equiv F_0$, wobei F die (unbekannte) Verteilungsfunktion einer konkreten Zufallsgröße bzw. einer konkret vorliegenden Grundgesamtheit ist und F_0 eine vorgegebene *hypothetische* Verteilungsfunktion für diese Zufallsgröße. Spezialfall: Ein vorgelegter realer Würfel ist ein *Laplace*-**Würfel**. In diesem Fall ist also F_0 diejenige Treppenfunktion, die in den Sprungstellen $1, 2, \ldots, 6$ jeweils die Sprunghöhe $1/6$ besitzt.

<u>Beispiel 2</u>: H_0 : eine konkrete Zufallsgröße ist nach *irgendeiner* Normalverteilung $N(\mu; \sigma^2)$ verteilt (μ, σ beliebig).

<u>Beispiel 3</u>: Nullhypothesen über den (numerisch unbekannten) Mittelwert μ einer normalverteilten Grundgesamtheit.
3.1: $H_0 : \mu = \mu_0$
3.2: $H_0^* : \mu \leq \mu_0$
3.3: $H_0^{**} : \mu \geq \mu_0$, wobei μ_0 ein durch die Problemstellung vorgegebener hypothetischer Wert für μ ist.

Beispiel 4: Nullhypothesen über eine (numerisch unbekannte) Wahrscheinlichkeit p bzw. einen unbekannten Anteil p.

4.1: $H_0 : p = p_0$
4.2: $H_0^* : p \leq p_0$
4.3: $H_0^{**} : p \geq p_0$, wobei p_0 ein durch die Problemstellung vorgegebener hypothetischer Wert für p ist.

Beispiel 5: H_0 : Für die (endliche) Menge der Elementarereignisse eines Versuchs gilt die *Laplace*-Voraussetzung, d.h. alle Elementarereignisse sind gleichwahrscheinlich.

Hinweise zur Relevanz der vorstehenden Beispiele von Nullhypothesen:
Die Beispiele 1, 2, 5 betreffen die empirische Überprüfung von *Modellannahmen*, die bereits verwendet wurden: Die *Laplace*-Voraussetzung bei der Anwendung aller Urnenmodelle, die Normalverteilungsvoraussetzung u.a. in Abschnitt 3.3.1 (Konfidenzintervall für den Mittelwert μ einer normalverteilten Grundgesamtheit).

Insgesamt gilt: Anwendungssituationen allein für die Fragestellungen der vorstehenden Beispiele gibt es unübersehbar viele.

Die Überprüfung solcher Nullhypothesen geschieht mit Hilfe sogenannter Signifikanztests gemäß dem im folgenden Abschnitt dargestellten Schema.

3.4.1 Das allgemeine Schema eines Signifikanztests

Das Überprüfen oder Testen von Nullhypothesen geschieht stets nach dem folgenden allgemeinen

Schema eines Signifikanztests:

> *„Man bestimmt"* im **Stichprobenraum** (= *Menge der möglichen Stichprobenergebnisse = Menge der Elementarereignisse des Versuchs Ziehen einer Zufallsstichprobe vom Umfang n aus der betreffenden Grundgesamtheit*) *eine sogenannte* **Kritische Region** K_α *derart, daß im Falle der Richtigkeit der Nullhypothese das Ergebnis einer Zufallsstichprobe vom Umfang n höchstens mit der vorgebbar kleinen Wahrscheinlichkeit α (hauptsächlich benutzte Werte der Praxis: $\alpha = 0,001; 0,01; 0,05$) in diese Kritische Region fällt und verfährt nach folgender*
>
> **Entscheidungsregel** (= *Testvorschrift*):
>
> *Fällt das Ergebnis einer Zufallsstichprobe vom Umfang n in die Kritische Region K_α, so wird die Nullhypothese* **abgelehnt** *bei Zugrundelegung der Irrtumswahrscheinlichkeit α. Andernfalls wird die Nullhypothese* **nicht abgelehnt** *bei Zugrundelegung der Irrtumswahrscheinlichkeit α.*

1. Anmerkung zum allgemeinen *Schema eines Signifikanztests*:

Anschauliche Beschreibung einer Kritischen Region K_α mit Hilfe ei-

3.4. TESTEN VON HYPOTHESEN (SIGNIFIKANZTESTS)

ner Testgröße

Für das obige Beispiel 3.1 einer Nullhypothese wird die *Kritische Region* oder *Ablehnregion* K_α plausiblerweise aus solchen möglichen Stichprobenergebnissen $x_1, \ldots, x_n$ aus der betreffenden normalverteilten Grundgesamtheit bestehen, für die der empirische Mittelwert $\bar{x}$ einer solchen möglichen Stichprobe „zu stark" vom hypothetischen Wert μ_0 des wahren Mittelwertes μ abweicht. Was dabei „zu stark" heißt, wird mit Hilfe einer (von der Irrtumswahrscheinlichkeit α abhängigen) sogenannten *Testschranke* für die *Testgröße* $\bar{x}$ quantifiziert werden.

Diese Beschreibung der Kritischen Region mit Hilfe einer solchen *Testgröße* ist bei fast allen Tests der Praxis möglich.

2. Anmerkung zum allgemeinen *Schema eines Signifikanztests*:

Analogie: Signifikanztest – indirekter Beweis

Offensichtlich schließt man beim Signifikanztest ganz analog wie beim *indirekten Beweis* oder *Widerspruchsbeweis*, nämlich so: Angenommen die Nullhypothese wäre richtig, dann dürfte ein Stichprobenergebnis „praktisch nicht" in die Kritische Region K_α fallen, genauer: höchstens mit einer vorgebbar kleinen Wahrscheinlichkeit α, z.B. $\alpha = 0,01$. Fällt nun das Stichprobenergebnis, aufgrund dessen die Testentscheidung getroffen werden soll, trotzdem in die Kritische Region, so entscheidet man: Dieses Stichprobenergebnis ist *mit der Nullhypothese nicht vereinbar*, d.h., *man lehnt die Nullhypothese ab* – und fügt zur vollständigen Information über die benutzte Schlußweise hinzu – *bei Zugrundelegung der Irrtumswahrscheinlichkeit α*, z.B. $\alpha = 0,01$.

Der Unterschied zum Widerspruchsbeweis in der reinen Mathematik besteht lediglich darin, daß dort sozusagen die Irrtumswahrscheinlichkeit $\alpha = 0$ benutzt werden kann. (Beispiel: Angenommen $\sqrt{2}$ wäre eine rationale Zahl. Hieraus folgt nach wenigen Schritten ein Widerspruch. Ergebnis: $\sqrt{2}$ ist keine rationale Zahl.)

Diese Analogie zum indirekten Beweis zeigt sofort: Falls eine Nullhypothese mit Hilfe eines Signifikanztests nicht abgelehnt werden kann, so bedeutet das keinesfalls den Nachweis ihrer Richtigkeit. (Auch wenn der soeben angeführte Widerspruchsbeweis bis heute in der Mathematik noch niemandem gelungen wäre, so wäre $\sqrt{2}$ trotzdem keine rationale Zahl.)

Dies bedeutet: Ein Signifikanztest gestattet nur eine der beiden folgenden *möglichen Entscheidungen*:

$$\text{Ablehnung der Nullhypothese} \tag{3.13}$$

(bei Zugrundelegung der Irrtumswahrscheinlichkeit α)

oder

$$\text{Nicht-Ablehnung der Nullhypothese} \tag{3.14}$$

(bei Zugrundelegung der Irrtumswahrscheinlichkeit α)

wobei *Nicht-Ablehnung* keinesfalls als ein statistischer Nachweis der Richtigkeit der Nullhypothese fehlinterpretiert werden darf; kurz ausgedrückt

$$\textbf{Nicht-Ablehnung} \neq \textbf{Annahme.} \quad (3.15)$$

Die „Ungleichung" (3.15) ist für viele Beispiele von Nullhypothesen auch aus inhaltlichen Gründen zu erwarten: die Richtigkeit der Nullhypothese „ein vorgelegter realer Würfel ist ein *Laplace*-Würfel" ist prinzipiell keinem empirischen Beweis zugänglich; denn es läßt sich sicherlich nie ausschließen, daß der wahre Wert von $W(„6")$ vom hypothetischen Wert 1/6 etwa in der 20sten Stelle nach dem Komma abweicht. Das gleiche zeigen die Nullhypothesen der obigen Beispiele 1, 2, 3.1, 4.1 und 5.

Streng genommen bedeutet Nicht-Ablehnung also *Stimmenthaltung* oder etwas positiver formuliert: *Das Stichprobenergebnis ist mit der Nullhypothese vereinbar* bei Zugrundelegung der Irrtumswahrscheinlichkeit α. Hat man etwa über einen konkreten Versuch die obige *Laplace*-Hypothese (Beispiel 5) mehrmals (oder einmal mit geeignet großem Stichprobenumfang) mit dem Ergebnis *Nicht-Ablehnung* getestet, so kann man auch sagen: *die Laplace-Annahme hat sich für diesen Versuch*, etwa das Ziehen von n Elementen aus einer Urne, *bewährt*.

Genau in diesem Sinne spricht man davon, daß sich irgendeine naturwissenschaftliche Theorie bewährt habe, wenn sie bei vielen Überprüfungen nie falsifiziert wurde. Auch hier gilt: die Richtigkeit etwa einer physikalischen Theorie ist prinzipiell keinem empirischen Beweis zugänglich. („Generelle, empirische Aussagen können, wenn sie unendliche oder unabgeschlossene Individuenbereiche betreffen, nicht verifiziert werden, wohl aber falsifiziert werden", s. Brockhaus-Enzyklopädie: „Verifikation".)

Insgesamt bedeutet dies: **Das Vorgehen bei einem Signifikanztest steht im Einklang mit dem generellen Vorgehen in den Naturwissenschaften.**

Einige, der in den obigen Beispielen als Nullhypothesen formulierten Aussagen, sind trotzdem einem empirischen Nachweis mit Hilfe eines Signifikanztests zugänglich, nämlich die Aussagen

$$H_0^* : \mu \leq \mu_0, \quad H_0^* : p \leq p_0$$

und

$$H_0^{**} : \mu \geq \mu_0, \quad H_0^{**} : p \geq p_0.$$

Generell gilt das für jede Aussage, die sich als Komplementäraussage einer als Nullhypothese überprüfbaren Aussage deuten läßt. Dies ist sozusagen: *Verifikation auf dem Umweg über eine Falsifikation.*

Bei diesem Umkehr-Trick sind allerdings folgende zwei Punkte zu beachten:

Eine zu testende Nullhypothese muß bereits vor der Einsichtnahme in das Stichprobenmaterial festgelegt werden. Dies wird später noch eingehend begründet werden können (u.a. Beispiel 3.15 (Zur Existenz sog. Glückspilze und anderer parapsychologischer Phänomene)).

3.4. TESTEN VON HYPOTHESEN (SIGNIFIKANZTESTS)

Dieser Umkehr-Trick ist keinesfalls immer möglich, z.B. ist er nicht möglich bei den obigen Beispielen 1, 2, 3.1, 4.1 und 5. Denn etwa die Komplementäraussage zu $H_0 : \mu = \mu_0$, nämlich die Hypothese $H_1 : \mu \neq \mu_0$, läßt sich nicht als Nullhypothese mit Hilfe eines Signifikanztests überprüfen, da sich unter der Annahme der Richtigkeit von H_1 offensichtlich keine Wahrscheinlichkeit für eine denkbare Kritische Region berechnen läßt, d.h. die Hypothese H_1 ist sozusagen zu „diffus" um aus ihr empirisch überprüfbare Folgerungen abzuleiten.

3. Anmerkung zum allgemeinen *Schema eines Signifikanztests*:

Fehlentscheidungen beim Testen: Fehler 1. Art, sog. „Fehler" 2. Art

Da einer Entscheidung mit Hilfe eines Tests das Ergebnis einer Zufallsstichprobe zugrunde liegt, so kann die Entscheidung falsch sein. Man bezeichnet als **Fehler 1. Art** eine Fehlentscheidung, die darin besteht, daß eine richtige Nullhypothese abgelehnt wird und
als **„Fehler" 2. Art** eine Fehlentscheidung, die darin besteht, daß eine falsche Nullhypothese nicht abgelehnt wird.
Nach den Erläuterungen zu (3.15) ist ein „Fehler" 2. Art *logisch gesehen* überhaupt kein Fehler; jedenfalls hat bei einer Nicht-Ablehnung ($\stackrel{\Delta}{=}$ Stimmenthaltung) „Fehler" nicht die gleiche Bedeutung wie ein Fehler bei der Entscheidung Ablehnung. Andererseits stellt die Nicht-Ablehnung einer falschen Nullhypothese eine außerordentlich unerwünschte Entscheidung dar, denn das Ziel der Anwendung eines Tests ist, das eventuelle Falschsein einer Nullhypothese auch aufzudecken; d.h., *praktisch gesehen* ist die Bezeichnung „Fehler" für diese Fehlentscheidung 2. Art durchaus berechtigt.
Anstelle Fehler 1. Art kann man auch die Bezeichnung *Scheinsignifikanz* verwenden. Diese Bezeichnung ist zwar unüblich, aber sehr anschaulich und sprachlogisch korrekt.

4. Anmerkung zum allgemeinen *Schema eines Signifikanztests*:

Signifikanztest – Alternativtest

Mit Hilfe der in der vorangehenden 3. Anmerkung eingeführten Begriffe Fehler 1. Art und „Fehler" 2. Art läßt sich ein Signifikanztest durch folgende Eigenschaft charakterisieren:

$$W(Fehler\ 1.\ Art) \leq \alpha, \qquad (3.16)$$

wobei α die vorgegebene *Irrtumswahrscheinlichkeit* ist.
Dies bedeutet: Bei einem Signifikanztest ist nach Konstruktion die *Wahrscheinlichkeit für den Fehler 1. Art kontrolliert klein*, während die *Wahrscheinlichkeit für den „Fehler" 2. Art unkontrolliert groß* werden kann. Letzteres ist von vornherein zu erwarten: Man denke etwa für das obige Beispiel $H_0 : \mu = \mu_0$ an den Fall, daß der in Wahrheit vorliegende Wert von μ nur ganz geringfügig vom vorgegebenen hypothetischen Wert μ_0 abweicht, also an den Fall, daß die Nullhypothese sozusagen nur ganz geringfügig falsch ist. In diesem Falle wird die

Ablehnwahrscheinlichkeit auch nur ganz geringfügig von der Ablehnwahrscheinlichkeit der richtigen Nullhypothese – die höchstens α beträgt – abweichen; d.h., die Wahrscheinlichkeit für den „Fehler" 2. Art wird nur ganz geringfügig von $1-\alpha$ abweichen, z.B. nur ganz geringfügig kleiner als $0,99$ sein. In manchen Extremfällen wird sich sogar $W(\text{„Fehler" 2. Art}) = 1$ ergeben können. Die Konsequenz aus

$$W(\text{„Fehler" 2. Art}) \text{ unkontrolliert groß} \qquad (3.17)$$

muß lauten:

$$\textit{Nicht-Ablehnung} \neq \textit{Annahme}.$$

(Denn: $W(\text{„Fehler" 2. Art}) = 0,99$ bedeutet „eine falsche Nullhypothese führt mit 99% Wahrscheinlichkeit zu Nicht-Ablehnung"; also spricht die Nicht-Ablehnung von H_0 keineswegs für die Richtigkeit von H_0.) Diese Einsicht ergab sich bereits aus der Analogie zwischen Signifikanztest und indirektem Beweis, s. (3.15).

Zwischen der vorgegebenen Irrtumswahrscheinlichkeit α bzw. der Wahrscheinlichkeit für den Fehler 1. Art einerseits und der Wahrscheinlichkeit für den „Fehler" 2. Art andererseits, besteht offensichtlich der folgende triviale Zusammenhang: Je kleiner α vorgegeben wird, desto größer wird $W(\textit{„Fehler" 2. Art})$. Dies ist der Grund, weshalb die auf den ersten Blick wohl in Frage kommende Vorgabe von $\alpha = 0$ sinnlos ist.

Unter bestimmten Umständen (die in der Praxis nicht häufig vorliegen) ist es bei manchen Testproblemen möglich, auch die Wahrscheinlichkeit für den „Fehler" 2. Art vorgebbar klein zu machen (s. Abschnitt 3.4.2.1). In solchen Fällen darf eine *Nicht-Ablehnung* einer Nullhypothese auch als *Annahme* interpretiert werden; denn $W(\text{„Fehler" 2. Art}) \leq \alpha^*$ bedeutet: Nicht-Ablehnung einer falschen Nullhypothese erfolgt höchstens mit der Wahrscheinlichkeit α^*, z.B. $\alpha^* = 0,01$. Also läßt sich aus Nicht-Ablehnung bei Zugrundelegung einer Irrtumswahrscheinlichkeit α^* schließen: die Nullhypothese ist richtig. (Wäre sie falsch gewesen, so wäre sie mit mindestens 99% Wahrscheinlichkeit abgelehnt worden.)

Man bezeichnet solche Tests, die alternativ zwischen Annahme und Ablehnung der Nullhypothese zu entscheiden gestatten, als **Alternativtests**.

5. Anmerkung zum allgemeinen *Schema eines Signifikanztests*:

Nullhypothese – Alternativhypothesen – Optimalitätseigenschaften

Bisher wurde stillschweigend davon ausgegangen, daß *Ablehnung von H_0* (bei Zugrundelegung der Irrtumswahrscheinlichkeit α) bedeutet: Man entscheidet sich gegen die Hypothese H_0 zugunsten der sogenannten **Alternativhypothese** „$H_1 : H_0$ *ist falsch*"; d.h., es wurden bei dieser Fragestellung alle denkbaren Möglichkeiten des Falschseins von H_0 ins Auge gefaßt.

Kann man sich bei der Festlegung der *Alternativhypothese* H_1 darauf beschränken, etwa nur eine einzige bestimmte Möglichkeit des Falschseins ins Auge zu fassen, so ist anschaulich sofort zu erwarten, daß es dann leichter sein wird,

3.4. TESTEN VON HYPOTHESEN (SIGNIFIKANZTESTS)

für diese eingeschränkte Fragestellung einen „guten Test" zu konstruieren, beispielsweise für die Fragestellung

$$H_0 : \mu = \mu_0 \quad \text{gegen} \quad H_1 : \mu = \mu_1 \qquad (3.18)$$

im Gegensatz zu der obigen Fragestellung

$$H_0 : \mu = \mu_0 \quad \text{gegen} \quad H_1 : \mu \neq \mu_0 \qquad (3.19)$$

wobei μ_1 ein gegebener, von μ_0 verschiedener numerischer Wert sei.

„Guter Test" kann dabei auf folgende Weise präzisiert werden: Im allgemeinen gibt es sehr viele (oft unendlich viele) Teilmengen K_α des Stichprobenraumes mit $W(K_\alpha) \leq \alpha$, d.h., es existieren prinzipiell sehr viele Signifikanztests zur Irrtumswahrscheinlichkeit α für eine bestimmte Fragestellung, die alle (3.16) erfüllen. Eine „möglichst gute", gegebenenfalls „eine beste" unter diesen vielen Möglichkeiten zu bestimmen, geschieht mit dem Ziel, die Wahrscheinlichkeit für den „Fehler" 2. Art „möglichst klein" zu machen. Für solche „einfachen" Fragestellungen wie (3.18) – bei denen H_0 und H_1 jeweils eine sog. *einfache Hypothese* darstellen, die jeweils eine Verteilungsfunktion der Grundgesamtheit vollständig festlegen – läßt sich beweisen: Für sie existiert stets ein *bester Test* in dem Sinne, daß für diesen Test die Wahrscheinlichkeit für den „Fehler" 2. Art minimal ausfällt unter allen möglichen Signifikanztests zur Irrtumswahrscheinlichkeit α (*Fundamental-Lemma von Neyman und Pearson*).

Die Konstruktionsidee von *Neyman* und *Pearson* für einen solchen *besten Test* ist sehr anschaulich: Sei $W_{H_0}(x_1, \ldots, x_n)$ die Wahrscheinlichkeit des Auftretens des möglichen Stichprobenergebnisses $(x_1, \ldots, x_n)$ unter der Annahme H_0 ist richtig und $W_{H_1}(x_1, \ldots, x_n)$ die analog definierte Wahrscheinlichkeit. (Diese Wahrscheinlichkeiten seien von Null verschieden.) Dann wird die Kritische Region K_α des besten Tests aus denjenigen möglichen Stichprobenergebnissen $x_1, \ldots, x_n$ aufgebaut, für die der Quotient

$$\frac{W_{H_1}(x_1, \ldots, x_n)}{W_{H_0}(x_1, \ldots, x_n)} \qquad (3.20)$$

die größten Werte besitzt, d.h., dies sind plausiblerweise solche Punkte des Stichprobenraumes, die im Falle der Richtigkeit von H_0 mit möglichst kleiner und im Falle der Richtigkeit von H_1 mit möglichst großer Wahrscheinlichkeit auftreten: eine richtige Nullhypothese soll mit möglichst kleiner Wahrscheinlichkeit abgelehnt werden und eine falsche mit möglichst großer Wahrscheinlichkeit. (Falls H_0 und H_1 Verteilungsfunktionen vom stetigen Typ festlegen, so daß die beiden Wahrscheinlichkeiten aus (3.20) jeweils Null sind, wird anstelle von (3.20) der Quotient

$$\frac{f_{H_1}(x_1, \ldots, x_n)}{f_{H_0}(x_1, \ldots, x_n)} \qquad (3.20')$$

der analog definierten Dichten verwendet.)

Generell läßt sich sagen: Im Hinblick auf die mathematisch-statistischen Eigenschaften, sog. *Optimalitätseigenschaften*, eines Tests ist die Form der Alternativhypothese H_1 von ausschlaggebender Bedeutung. Gelegentlich bezeichnet man

die im Hinblick auf Optimalitätseigenschaften oft „unschöne" Globalalternative „$H_1 : H_0$ ist falsch" als *Omnibus-Alternative* (Motto: Alles rein was kommt!).
Die wichtigsten solcher Optimalitätseigenschaften werden in 3.4.2.2 anhand konkreter Testverfahren unter Zuhilfenahme der sog. *Gütefunktion* eines Tests definiert und veranschaulicht.

6. Anmerkung zum allgemeinen *Schema eines Signifikanztests*:
Alternative Formulierung möglicher Testergebnisse

Der in der Formulierung jedes Testergebnisses auftretende Passus
„... bei Zugrundelegung der **Irrtumswahrscheinlichkeit** α ..."
wird oft ersetzt durch:
„... bei Zugrundelegung des **Signifikanzniveaus** α ..."
oder die positiver klingende Form:
„... bei Zugrundelegung der **Sicherheitswahrscheinlichkeit** $\beta = 1 - \alpha$ ...",
d.h. es wird die folgende Definition verwendet:

$$Sicherheitswahrscheinlichkeit = 1 - Irrtumswahrscheinlichkeit \qquad (3.21)$$

Anstelle der Formulierung

$$Ablehnung\ von\ H_0$$

werden unter Zuhilfenahme der Alternativhypothese H_1 (s. die vorangehende 5. Anmerkung) benutzt: *Verwerfung von H_0, Annahme von H_1, statistischer Nachweis von H_1.*
Anstelle der Formulierung

$$Nicht\text{-}Ablehnung\ von\ H_0$$

kann benutzt werden: „Keine Entscheidung über Richtigkeit oder Falschsein von H_0 möglich" oder „das Stichprobenergebnis ist mit H_0 vereinbar." (Sämtliche dieser Formulierungen von Testentscheidungen sind natürlich zu ergänzen durch „bei Zugrundelegung der Irrtumswahrscheinlichkeit α".)
Manche Autoren bezeichnen die Entscheidung *Nicht-Ablehnung von H_0* - im Gegensatz zu der hier verwendeten und in (3.15) zum Ausdruck kommenden Bezeichnung - als *Annahme von H_0*. Diese Terminologie halte ich in didaktischer Hinsicht für fahrlässig, weil sie gravierende Mißverständnisse geradezu provoziert. Zwar betonen die meisten dieser Autoren, daß ihr Terminus *Annahme von H_0* nicht verwechselt werden dürfe mit *Nachweis der Gültigkeit von H_0*, aber sie verstoßen damit gegen den Gebrauch der Worte „Annahme" und „Ablehnung" in der *natürlichen Sprache*. Denn in der natürlichen Sprache haben Annahme und Ablehnung konträre Bedeutung, d.h., bei einer Entscheidungssituation zwischen der Aussage H_0 und der Aussage H_1 gelten in der natürlichen Sprache die beiden folgenden Äquivalenzen:

3.4. TESTEN VON HYPOTHESEN (SIGNIFIKANZTESTS) 173

„Ablehnung von H_0" besagt das gleiche wie „Annahme von H_1" (*)
„Annahme von H_0" besagt das gleiche wie „Ablehnung von H_1". (**)
Auch im statistischen Fachjargon hält sich jedermann an die Äquivalenz (*), aber die genannten Autoren verstoßen gegen (**).
Hierzu ein Beispiel: Man betrachte die Nullhypothese, daß ein Medikament den Mittelwert μ einer bestimmten physiologisch bedeutsamen Meßgröße nicht verändert, kurz: $H_0 : \mu = \mu_0$ oder anschaulich:

H_0 : *das Medikament hat keine Nebenwirkungen* (auf die betreffende Meßgröße).

Die beiden folgenden Formulierungen sollen den gleichen Sachverhalt zum Ausdruck bringen:

1. „Die Nullhypothese, daß das Medikament keine Nebenwirkungen hat, kann *nicht abgelehnt* werden bei Zugrundelegung einer Sicherheitswahrscheinlichkeit von 99%."

2. „Die Nullhypothese, daß das Medikament keine Nebenwirkungen hat, kann *angenommen* werden bei Zugrundelegung einer Sicherheitswahrscheinlichkeit von 99%."

Meine Bedenken: Die zweite Formulierung kann bei statistischen Laien in einer Weise fehlinterpretiert werden, die fatale Konsequenzen haben kann; nämlich so, als ob diese Formulierung besagte, daß bei Zugrundelegung einer Sicherheitswahrscheinlichkeit von 99% nachgewiesen worden wäre: „das Medikament hat keine Nebenwirkungen".
Es sei daran erinnert: Das in den beiden Formulierungen ausgedrückte Testergebnis kann auch dann mit *„unkontrolliert großer Wahrscheinlichkeit"* (s. (3.17)) zustande kommen, wenn das Medikament in Wahrheit Nebenwirkungen hat.

7. Anmerkung zum allgemeinen *Schema eines Signifikanztests*:

Zur Interpretation der Sicherheitswahrscheinlichkeit

Besonders der in der Definition (3.21) eingeführte Begriff Sicherheitswahrscheinlichkeit scheint Fehlinterpretationen zu suggerieren, vor allem die, daß eine bei Zugrundelegung der Sicherheitswahrscheinlichkeit β getroffene Testentscheidung mit der Wahrscheinlichkeit β richtig sei. Dabei soll Richtigkeit der Entscheidung bedeuten: im Falle der Ablehnung der Nullhypothese ist die Nullhypothese auch tatsächlich falsch; im Falle der Nicht-Ablehnung der Nullhypothese ist die Nullhypothese tatsächlich richtig.
Daß sich die Sicherheitswahrscheinlichkeit nicht als Wahrscheinlichkeit für eine richtige Entscheidung deuten läßt, ersieht man bereits daraus, daß die Sicherheitswahrscheinlichkeit eine Eigenschaft des Testverfahrens ist, während natürlich der Anteil richtiger Entscheidungen unter den mit Hilfe des Verfahrens getroffenen Entscheidungen auch von den realen Verhältnissen abhängt, unter denen das Verfahren angewendet wird. Denkt man sich beispielsweise das Verfahren unter derartigen realen Verhältnissen angewendet, unter denen die vor-

gelegten Nullhypothesen stets falsch sind, so beträgt der Anteil richtiger Entscheidungen unter den Ablehnungen offenbar 100% während der Anteil richtiger Entscheidungen unter den Nicht-Ablehnungen 0% beträgt. Denkt man sich hingegen die realen Verhältnisse so, daß stets nur zutreffende Nullhypothesen vorgelegt werden, so beträgt der Anteil richtiger Entscheidungen unter den Ablehnungen jetzt 0% und unter den Nicht-Ablehnungen 100%.

Eine genauere Untersuchung der bedingten Wahrscheinlichkeit $W(H_0$ richtig $\mid H_0$ wurde abgelehnt$)$ erfolgt in Abschnitt 3.4.2.3.

8. Anmerkung zum allgemeinen *Schema eines Signifikanztests*:

Nullhypothesen und Testverfahren sind vor Einsichtnahme in das Stichprobenmaterial festzulegen (Versuchsplanungsregel)

Die in der Überschrift ausgedrückte Forderung soll sicherstellen: Die Kritische Region eines Tests darf nicht im Hinblick auf ein bereits erhaltenes Stichprobenergebnis „geeignet" festgelegt werden, sofern dieses Stichprobenergebnis der Testentscheidung zugrunde gelegt werden soll. Diese Forderung scheint von einfältiger Selbstverständlichkeit zu sein und ist doch von beträchtlicher Praxisrelevanz. Dies wird später u.a. anhand von Beispiel 3.15 (Zur Existenz sog. Glückspilze und anderer parapsychologischer Phänomene) konkretisiert werden.

Hinweis für einschlägig jungfräuliche Leser: Leser, die noch nie einen Test durchgeführt haben, sollten es als normal betrachten, wenn sie das Gefühl haben, später nochmals auf die vorangehende ausführliche Einleitung zum Kapitel *Testen von Hypothesen* zurückkommen zu müssen. Sie sollten diesem Gefühl nach Lektüre einiger spezieller Testverfahren der nächsten Abschnitte nachgeben. Kant sagt: Begriffe ohne Anschauung sind leer, Anschauung ohne Begriffe ist blind.

3.4.2 Testen von Hypothesen über den Mittelwert einer Grundgesamtheit (*Gauß*-Test und *t*-Test)

Über den numerisch unbekannten Mittelwert μ einer nach der Normalverteilung $N(\mu; \sigma^2)$ verteilten Grundgesamtheit bzw. einer nach dieser Normalverteilung verteilten zufälligen Variablen seien die folgenden *Nullhypothesen* zu testen:

$$H_0 : \mu = \mu_0 \quad \text{gegen die Alternative} \quad H_1 : \mu \neq \mu_0 \quad (3.22)$$
$$H_0^* : \mu \leq \mu_0 \quad \text{gegen die Alternative} \quad H_1^* : \mu > \mu_0 \quad (3.23)$$
$$H_0^{**} : \mu \geq \mu_0 \quad \text{gegen die Alternative} \quad H_1^{**} : \mu < \mu_0, \quad (3.24)$$

wobei μ_0 stets ein vorgegebener hypothetischer Wert für μ ist.

Man bezeichnet (3.22) als eine *zweiseitige* Fragestellung, (3.23) und (3.24) als *einseitige* Fragestellungen. Zur Unterscheidung der beiden einseitigen Fragestellungen kann man erforderlichenfalls (3.23) als *links-einseitig* und (3.24) als *rechts-einseitig* bezeichnen. Zunächst soll nur Fragestellung (3.22) oder kürzer die Nullhypothese $H_0 : \mu = \mu_0$ betrachtet werden. Ferner soll zunächst vorausgesetzt werden, daß der numerische Wert der Streuung σ bekannt sei.

3.4. TESTEN VON HYPOTHESEN (SIGNIFIKANZTESTS)

Fall I (*Gauß*-Test): σ bekannt

(Auf die Voraussetzung „σ bekannt", die bei Fragestellungen der Praxis nicht oft erfüllt ist, werden wir im nachfolgenden Fall II verzichten können.)

Aufgrund jeder naiven Anschauung und der bereits behandelten Aufgabe „Schätzen des Parameters μ" ist plausibel, daß man die Nullhypothese $H_0 : \mu = \mu_0$ genau dann ablehnen wird, falls der *empirische Mittelwert* $\overline{x}$ einer Zufallsstichprobe $x_1,\ldots,x_n$ aus der Grundgesamtheit – der eine erwartungstreue Schätzfunktion für μ ist – in einem zu präzisierenden Sinne „zu stark" vom hypothetischen Wert μ_0 abweicht. Mit anderen Worten: Die Testaufgabe besteht darin, zu prüfen, ob $\overline{x}$ signifikant (= bedeutsam = etwas anzeigend) von μ_0 abweicht, d.h., ob eine bestimmte beobachtete Abweichung bereits anzeigt, daß auch der unbekannte, *wahre Mittelwert* μ von μ_0 abweicht. Weiter ist anschaulich klar: was „zu stark" ist, hängt davon ab, wie genau $\overline{x}$ den wahren Wert von μ schätzt, wie groß also die Streuung von $\overline{x}$ ist. Da diese Streuung $\frac{\sigma}{\sqrt{n}}$ beträgt, so ist es naheliegend und im folgenden bequem, den Abstand $\overline{x} - \mu_0$ durch diese Streuung zu dividieren und auf diese Weise zu normieren. Dies ergibt die Größe

$$\xi = \frac{\overline{x} - \mu_0}{\sigma}\sqrt{n}, \qquad (3.25)$$

die sozusagen ein normiertes Maß für das Abweichen von $\overline{x}$ von seinem hypothetischen Erwartungswert μ_0 darstellt und also als *Prüf-* oder *Testgröße* für $H_0 : \mu = \mu_0$ geeignet erscheint. „Zu starke" Abweichung des $\overline{x}$ von μ_0 ist jetzt gleichbedeutend mit „zu starke" Abweichung der Größe ξ von Null (d.h. ξ „zu groß" negativ oder „zu groß" positiv) oder kürzer: „$|\xi|$ zu groß".

Letzeres wird auf folgende Weise präzisiert und quantifiziert: Man bestimmt eine sog. *Testschranke* derart, daß diese Schranke im Falle der Richtigkeit von H_0 von $|\xi|$ nur mit der vorgebbar kleinen Wahrscheinlichkeit α, z.B. $\alpha = 0,01$ überschritten wird und verfährt nach folgender

Testvorschrift:
Fällt $|\xi|$ größer als diese Testschranke aus, so wird H_0 abgelehnt bei Zugrundelegung der Irrtumswahrscheinlichkeit α oder äquivalent damit bei Zugrundelegung der Sicherheitswahrscheinlichkeit $1 - \alpha = \beta$. (Dieses Vorgehen stellt eine Anwendung des allgemeinen Schemas eines Signifikanztests aus der Einleitung zum vorliegenden Kapitel dar.)

Die Testschranke werde mit λ_β bezeichnet. Sie ist bestimmt durch die Forderung:

$$W(|\xi| > \lambda_\beta | H_0) = 1 - \beta, \qquad (3.26)$$

wobei in der Bezeichnung auf der linken Seite von (3.26) ausgedrückt werden soll, daß diese Wahrscheinlichkeit unter der Annahme der Richtigkeit von H_0 zu berechnen ist. •

Aus dieser Bestimmungsgleichung läßt sich λ_β berechnen, weil im Falle der Richtigkeit von H_0 die Verteilungsfunktion der Größe ξ aus (3.25) bekannt ist, es gilt nämlich: Die zufällige Variable ξ aus (3.25) ist im Falle der Richtigkeit der Nullhypothese, also im Falle $\mu = \mu_0$ nach der normierten Normalverteilung $N(0;1)$ mit der Verteilungsfunktion Φ verteilt (s. Normierungstransformation). Hiermit läßt sich die linke Seite von (3.26) ausrechnen:

$$W\left(\left|\frac{\overline{x}-\mu_0}{\sigma}\sqrt{n}\right| < \lambda_\beta \mid H_0\right) =$$

$$= W\left(\frac{\overline{x}-\mu_0}{\sigma}\sqrt{n} < -\lambda_\beta \text{ oder } \frac{\overline{x}-\mu_0}{\sigma}\sqrt{n} > +\lambda_\beta \mid H_0\right) =$$

$$= W\left(\frac{\overline{x}-\mu_0}{\sigma}\sqrt{n} < -\lambda_\beta \mid H_0\right) + W\left(\frac{\overline{x}-\mu_0}{\sigma}\sqrt{n} > +\sigma_\beta \mid H_0\right) =$$

$$= \Phi(-\lambda_\beta) + (1 - \Phi(+\lambda_\beta)) = 2\left(1 - \Phi(\lambda_\beta)\right).$$

Damit lautet die Bestimmungsgleichung (3.26):

$$2\left(1 - \Phi(\lambda_\beta)\right) = 1 - \beta.$$

Hieraus erhält man die Bestimmungsgleichung (3.26) für λ_β in ihrer einfachsten Form zu:

$$\Phi(\lambda_\beta) = \frac{1+\beta}{2}. \qquad (3.27)$$

Diese Bestimmungsgleichung für λ_β bedeutet: λ_β ist der $\frac{1+\beta}{2} \cdot 100\%$-Punkt der Verteilungsfunktion Φ der normierten Normalverteilung $N(0;1)$, den man auch als die zweiseitige $100\beta\%$-Schranke der (normierten) Normalverteilung bezeichnet. Einer Tabelle von Φ entnimmt man z.B. für $\beta = 0,95$ die zweiseitige 95%-Schranke zu $\lambda_{95\%} = 1,960$, da $\Phi(1,960) = 0,975$ ist.

Wir fassen dieses Ergebnis zusammen zu

Testvorschrift für den *Gauß*-**Test** (zweiseitige Fragestellung):

Über den Mittelwert μ einer normalverteilten Grundgesamtheit bzw. einer normalverteilten zufälligen Variablen mit bekannter Streuung σ *sei die Nullhypothese*

$$H_0 : \mu = \mu_0 \qquad \text{gegen die Alternative} \qquad H_1 : \mu \neq \mu_0 \qquad (3.28)$$

zu testen. Aufgrund einer Zufallsstichprobe vom Umfang n berechne man die Testgröße

$$\xi = \frac{\overline{x}-\mu_0}{\sigma}\sqrt{n}\,. \qquad (3.29)$$

Die Nullhypothese H_0 kann genau dann bei Zugrundelegung der Sicherheitswahrscheinlichkeit β abgelehnt werden (zugunsten der Alternative H_1), falls

$$|\xi| > \lambda_\beta \qquad (3.30)$$

ausfällt, wobei λ_β die durch (3.27) definierte zweiseitige $100\beta\%$-Schranke der (normierten) Normalverteilung ist. •

Anwendung des *Gauß*-**Tests auf einseitige Fragestellung:**

3.4. TESTEN VON HYPOTHESEN (SIGNIFIKANZTESTS)

Beim Übergang von der Fragestellung (3.28) zu

$$H_0^* : \mu \leq \mu_0 \quad \text{gegen die Alternative} \quad H_1^* : \mu_0$$

ist anschaulich zu erwarten, daß man die Ablehnvorschrift (3.30) durch eine Ablehnvorschrift der Gestalt

$$\xi = \frac{\overline{x} - \mu_0}{\sigma}\sqrt{n} > +\lambda_\beta^*$$

ersetzen muß, wobei λ_β^* eine noch geeignet zu bestimmende *einseitige Testschranke* bezeichnet.

Diese einseitige Testschranke λ_β^* läßt sich bestimmen aus (vgl. (3.26))

$$W(\xi > +\lambda_\beta^* | \mu = \mu_0) = 1 - \beta; \tag{3.31}$$

denn hieraus folgt sofort

$$W(\xi > +\lambda_\beta^* | \mu \leq \mu_0) \leq 1 - \beta \tag{3.32}$$

und (3.32) bedeutet: Die Menge der Stichprobenergebnisse $x_1, \ldots, x_n$ mit $\xi = \frac{\overline{x} - \mu_0}{\sigma}\sqrt{n} > +\lambda_\beta^*$ ist eine Kritische Region zur Irrtumswahrscheinlichkeit $\alpha = 1 - \beta$ zum Testen von $H_0^* : \mu \leq \mu_0$, weil nämlich wegen (3.32) das Ablehnereignis $\xi > +\lambda_\beta^*$ im Falle der Richtigkeit von $H_0^* : \mu \leq \mu_0$ höchstens mit der Wahrscheinlichkeit $\alpha = 1 - \beta$ eintritt.

Die Bestimmungsgleichung (3.31) für λ_β^* ist wegen

$$W\left(\frac{\overline{x} - \mu_0}{\sigma}\sqrt{n} > \lambda_\beta^* | \mu = \mu_0\right) = 1 - \Phi(\lambda_\beta^*)$$

äquivalent mit

$$\Phi(\lambda_\beta^*) = \beta, \tag{3.33}$$

d.h., λ_β^* erweist sich als der $100\beta\%$-*Punkt der Verteilungsfunktion* Φ *der normierten Normalverteilung*, den man auch als die einseitige 100%-Schranke der (normierten) Normalverteilung bezeichnet. Einer Tabelle von Φ entnimmt man z.B. $\lambda_{95\%} = 1,645$; $\lambda_{99\%} = 2,326$.

Testvorschrift für den *Gauß*-**Test** (einseitige Fragestellungen):

Über den Mittelwert μ einer normalverteilten Grundgesamtheit mit **bekannter Streuung** *kann die Nullhypothese*

$$H_0^* : \mu \leq \mu_0$$

bei Zugrundelegung der Sicherheitswahrscheinlichkeit β genau dann (zugunsten der Alternative $H_1^* : \mu > \mu_0$) abgelehnt werden, falls

$$\frac{\overline{x} - \mu_0}{\sigma}\sqrt{n} > +\lambda_\beta^* \tag{3.34}$$

ausfällt, wobei λ_β^* die durch (3.33) definierte einseitige $100\beta\%$-Schranke der (normierten) Normalverteilung ist.
Die Nullhypothese
$$H_0^{**} : \mu \geq \mu_0$$
kann genau dann bei Zugrundelegung der Sicherheitswahrscheinlichkeit β (zugunsten der Alternative $H_1^{**} : \mu < \mu_0$) abgelehnt werden, falls
$$\frac{\overline{x} - \mu_0}{\sigma}\sqrt{n} < -\lambda_\beta^* \qquad (3.35)$$
ausfällt. •

Fall II (t-Test): σ unbekannt

Die Anwendbarkeit des *Gauß*-Tests in der Praxis ist dadurch erheblich eingeschränkt, weil zur Berechnung seiner Testgröße (3.29) die wahre Streuung σ numerisch bekannt sein muß. Im Falle σ *unbekannt* liegt es nahe, σ durch einen Schätzwert, nämlich die *empirische Streuung* s zu ersetzen, d.h. die Testgröße
$$t = \frac{\overline{x} - \mu_0}{s}\sqrt{n}$$
zu verwenden. Allerdings hat dies zur Folge: t ist nicht mehr exakt nach $N(0;1)$ verteilt und als Testschranken ergeben sich deshalb nicht mehr die Schranken λ_β bzw. λ_β^* der (normierten) Normalverteilung, sondern irgendwelche geeigneten Schranken t_β bzw. t_β^*, nämlich die Schranken derjenigen Verteilungsfunktion, nach der t im Falle der Richtigkeit von $H_0 : \mu = \mu_0$ verteilt ist.

Im Falle der Richtigkeit von $H_0 : \mu = \mu_0$ gilt:

$t = \dfrac{\overline{x} - \mu_0}{s}\sqrt{n}$ ist verteilt nach der t-Verteilung mit dem Freiheitsgrad n-1

(s. (3.12)).
Damit hat man folgende

Testvorschrift für den t-Test (= Ein-Stichproben-t-Test):

Man ersetze in den vorstehenden Testvorschriften (3.30), (3.34), (3.35) für den Gauß-Test die Testgröße
$$\xi = \frac{\overline{x} - \mu_0}{\sigma}\sqrt{n} \quad durch \quad t = \frac{\overline{x} - \mu_0}{s}\sqrt{n}$$
und die Schranken λ_β und λ_β^* der (normierten) Normalverteilung durch die Schranken t_β und t_β^* der t-Verteilung mit dem Freiheitsgrad $n - 1$. •

Dabei sind t_β und t_β^* analog zu (3.26) und (3.31) definiert durch:
$$W(|t| > t_\beta | \mu = \mu_0) = 1 - \beta \qquad (3.36)$$
und
$$W(t > t_\beta^* | \mu = \mu_0) = 1 - \beta. \qquad (3.37)$$

3.4. TESTEN VON HYPOTHESEN (SIGNIFIKANZTESTS)

Eine Tabelle der zweiseitigen und einseitigen Schranken der t-Verteilung ist auf S.284 angegeben.

Anmerkungen zu *Gauß*-Test und t-Test:

1. Anmerkung: *Robustheit*

Die Voraussetzung, daß die Grundgesamtheit normalverteilt sein muß, wird bei beiden Tests nur zur Bestimmung der Testschranken benötigt. Dazu wird etwa beim *Gauß*-Test nur benötigt:
Die Testgröße

$$\frac{\overline{x} - \mu_0}{\sigma}\sqrt{n}$$

ist im Falle $\mu = \mu_0$ nach der normierten Normalverteilung $N(0;1)$ verteilt. Die hierin enthaltene Aussage über die normierten Parameterwerte (Mittelwert 0 und Varianz 1) ist jedoch wegen (3.5) und (3.6) auch bei beliebiger Verteilung der Grundgesamtheit exakt erfüllt während die Normalverteilungsaussage nach dem zentralen Grenzwertsatz bei *beliebiger* Verteilung der Grundgesamtheit jedenfalls für größere Stichprobenumfänge approximativ gilt. Dies bedeutet:
Der *Gauß*-Test ist *sehr robust* gegenüber Verletzungen seiner Normalverteilungsvoraussetzung.

Anschaulich wird man erwarten, daß dies auch für den t-Test gilt, da beim t-Test gegenüber dem *Gauß*-Test lediglich die wahre Streuung σ durch die empirische Streuung s ersetzt wird. (Unter Normalverteilungsvoraussetzung erhält man einen quantitativen Hinweis für die Auswirkungen dieser Ersetzung von σ durch s durch Vergleich der Schranken der t-Verteilung und der (normierten) Normalverteilung. Dieser Vergleich ergibt: für etwa $n > 30$ ist der Unterschied bereits sehr klein; die Schranken unterscheiden sich nur noch geringfügig in der ersten Stelle nach dem Komma.) Diese anschaulich zu erwartenden Robustheitsaussagen für den t-Test sind durch verschiedene Untersuchungen für spezielle, von der Normalverteilung abweichende Verteilungsannahmen im wesentlichen bestätigt worden. Einschlägige mathematische Ergebnisse werden beispielsweise in dem umfangreichen Statistik-Werk von *Kendall* und *Stuart*, 4. Auflage (1979), Bd. 2, S. 492ff, skizziert.

Eine gut begründete Faustregel für eine Mindestgröße von n läßt sich deshalb nicht angeben, weil die für eine Heilung einer Verletzung der Normalverteilungsvoraussetzung erforderliche Größe von n natürlich vom Grad der Verletzung der Voraussetzung abhängt. Manche Autoren geben trotzdem die Faustregel $n > 30$ an. Sieht man von extrem unsymmetrischen Verteilungen der Grundgesamtheit ab, so ist diese Faustregel wohl schon Ausdruck großer Vorsicht. Für viele Fälle der Praxis ist $n = 10$ zweifellos schon hinreichend groß (s. auch S. 132).

2. Anmerkung: *Vergleich zweier „Behandlungs"-Methoden aufgrund einer verbundenen Stichprobe mittels des t-Tests*

Eine wichtige Fragestellung der Praxis lautet: Besteht zwischen zwei „Behandlungs"-Methoden A und B ein signifikanter Unterschied? Oder: Besitzen die beiden Meßgrößen ξ_A und ξ_B – die beide jeweils für den gleichen Merkmalsträger (= Elementarereignis) definiert sind, z.B. für jede Versuchsperson gepaart gemessen werden – den gleichen Mittelwert? Diese Frage kann man offenbar prüfen, indem man über den Mittelwert μ der *gepaarten Differenz*

$$\xi = \xi_A - \xi_B \qquad (3.38)$$

eine geeignete Nullhypothese mit Hilfe des t-Tests testet, z.B.

$$H_0 : \mu = 0 \qquad \text{gegen} \qquad H_1 : \mu \neq 0.$$

Als Stichprobe benötigt man dazu n unabhängige Meßwert-Paare der zweidimensionalen zufälligen Variablen (ξ_A, ξ_B) beziehungsweise die zugehörigen n *Paar-Differenzen*. Man bezeichnet eine solche Stichprobe als eine **verbundene Stichprobe** vom Umfang n. Man sagt auch, daß man hierbei den t-Test als einen *Differenzentest* verwendet. Als weitere Differenzentests werden noch behandelt werden: Der *Zeichentest* und der *Vorzeichen-Rangtest von Wilcoxon*.

Anwendungsbeispiele:

1. ξ_A = meßbare Wirkung eines Medikaments A bei einer Versuchsperson.
   ξ_B = meßbare Wirkung eines Medikaments B bei derselben Versuchsperson.
   Dabei wird die Rolle des Medikaments B in vielen Anwendungsfällen von einem Placebo übernommen.

2. ξ_A = Leistungsmeßwert mittels Verfahren A, z.B. Schulnote in Fach A, bei einer Versuchsperson.
   ξ_B = Leistungsmeßwert mittels Verfahren B bei derselben Versuchsperson.

3. Vergleich der „**Behandlungs**"-Methoden A und B an n (zufällig herausgegriffenen) Paaren einer Population von Paaren (z.B. Zwillingspaare einer bestimmten zoologischen Art, Ehepaare, etc.), wobei die Zuordnung der Methoden A und B auf die beiden Partner des Paares jeweils zufällig (= randomisiert) erfolgen sollte.

Wie aus dem Vorangehenden zu ersehen, wurde die Bezeichnung „Behandlungs"-Methoden lediglich einer anschaulichen und gut merkfähigen Sprechweise zuliebe gewählt; sie bedeutet keineswegs eine Einschränkung auf Anwendungen bei denen irgendjemand im engeren Sinne „behandelt" wird. Allgemein formuliert geht es um den Vergleich zweier zufälliger Variablen ξ_A und ξ_B hinsichtlich ihrer Verteilungsfunktionen aufgrund einer verbundenen Stichprobe.

Als alternative Versuchsanlage zum Vergleich zweier „Behandlungs"-Methoden A und B kommt natürlich auch in Frage: *Vergleich aufgrund zweier unabhängiger* (unverbundener) *Stichproben* der (möglicherweise verschiedenen) Stichprobenumfänge n_1 und n_2. Im vorstehenden Anwendungsbeispiel 1: Man ermittelt

3.4. TESTEN VON HYPOTHESEN (SIGNIFIKANZTESTS)

die Wirkung von A in einer Zufallsstichprobe von n_1 Personen und die Wirkung von B in einer davon unabhängigen Zufallsstichprobe von n_2 Personen. Mit anderen Worten: Der Vergleich zweier „Behandlungs"-Methoden ist sowohl als *Ein-Stichprobenproblem* (verbundene Stichprobe) als auch als *Zwei-Stichprobenproblem* durchführbar. Als in Frage kommende Zwei-Stichprobentests werden der *Zwei-Stichprobentest von Wilcoxon* und der *t-Test für zwei unabhängige Stichproben* behandelt werden. Falls es im Wege der Versuchsplanung möglich ist, eine verbundene Stichprobe zu erheben, so ist diese Möglichkeit des Vergleichs vorzuziehen, da dabei individuelle Unterschiede zwischen den Versuchseinheiten, z.b. den Versuchspersonen, eliminiert werden und dadurch die Güte des Verfahrens (im Sinne einer Verkleinerung von $W($„Fehler" 2. Art$)$) verbessert wird.

Aufgrund einer verbundenen Stichprobe

$$(x_{A,1}, x_{B,1}), \ldots, (x_{A,n}, x_{B,n})$$

zu der zweidimensionalen zufälligen Variablen (ξ_A, ξ_B) läßt sich auch eine völlig andere Fragestellung als der hier behandelte „Vergleich von ξ_A und ξ_B" behandeln, nämlich die Frage, ob ξ_A und ξ_B *statistisch unabhängig* sind. Dies wird in 3.4.7 mit Hilfe von Korrelationskoeffizienten als Testgrößen geschehen, z.B. mit Hilfe des Stichproben-Korrelationskoeffizienten (2.79) als Testgröße.

An dieser Stelle sei vor allem betont, daß diese beiden Fragestellungen „nichts miteinander zu tun haben", was sich folgendermaßen präzisieren läßt:
Aus der Richtigkeit von

$$H_0 : \text{„kein Unterschied zwischen } \xi_A \text{ und } \xi_B\text{"}$$

folgt weder die Richtigkeit von

$$\tilde{H}_0 : \xi_A, \xi_B \text{ statistisch unabhängig}$$

noch umgekehrt aus der Richtigkeit von $\tilde{H}_0$ die Richtigkeit von H_0. Dies zeigen die folgenden zwei Gegenbeispiele:
Sei:

$$\xi_A = \text{„Bewertung" einer bestimmten Leistung durch Lehrer A}$$

und

$$\xi_B = \text{„Bewertung" der gleichen Leistung durch Lehrer B.}$$

1. Gegenbeispiel: Man wähle den denkbaren Fall, daß stets $\xi_A = \xi_B$ ist (einer der Lehrer „übernimmt" seine Noten vom anderen). Dieser Fall zeigt: H_0 ist richtig, aber $\tilde{H}_0$ offensichtlich falsch.

2. Gegenbeispiel: Man wähle den denkbaren Fall, daß A seine „Bewertung" in einer Punkte-Skala von 0 bis 10 ausdrückt, und B eine Punkte-Skala von 0 bis 100 verwendet und ferner ξ_A und ξ_B statistisch unabhängig sind. (Letzteres läge z.B. dann vor, wenn mindestens einer der Lehrer seine Punkte ohne Ansehen der Leistung willkürlich vergäbe.) Dieser Fall zeigt: H_0 ist falsch, aber $\tilde{H}_0$ richtig.
Dies bedeutet: Wenn man aufgrund einer verbundenen Stichprobe einen „Vergleich von ξ_A und ξ_B" durchführt (t-Test, Zeichentest, Vorzeichen-Rangtest), so enthält dies

keinerlei Beitrag zur Frage nach der Unabhängigkeit oder Abhängigkeit von ξ_A und ξ_B und umgekehrt. Praxisrelevant ist dieser Hinweis, weil gelegentlich zu beobachten ist, daß Anwender bei der „Auswertung" ihrer Meßdaten nicht immer das für eine sachgerechte Fragestellung erforderliche Verfahren anwenden, sondern eines das man gerade parat hat, etwa in Form eines Computer-Programms. Dies betrifft auch die spezielle Form von Praxis, die die Behandlung von Klausuraufgaben darstellt. Von Ironikern wird solche defizitäre Praxis erklärt mit Hilfe des sog. **Kartoffel-Theorems**, welches besagt: Wenn Kartoffeln schon mal im Keller sind, so werden sie auch gegessen.

3. Anmerkung: *Zusammenhang zwischen Test und Konfidenzintervall*

Die Nullhypothese $H_0 : \mu = \mu_0$ wird bei Zugrundelegung der Sicherheitswahrscheinlichkeit β genau dann *nicht abgelehnt*, falls

$$\left| \frac{\overline{x} - \mu_0}{s} \sqrt{n} \right| \leq t_\beta \qquad (3.39)$$

ausfällt.

Die nachfolgende äquivalente Umformung von (3.39) führt auf einen anschaulichen Zusammenhang zwischen Test und Konfidenzintervall:

$$(3.39) \quad \Leftrightarrow \quad \left| \frac{\mu_0 - \overline{x}}{s} \sqrt{n} \right| \leq t_\beta$$

$$\Leftrightarrow \quad -t_\beta \leq \frac{\mu_0 - \overline{x}}{s} \sqrt{n} \leq +t_\beta$$

$$\Leftrightarrow \quad \overline{x} - t_\beta \frac{s}{\sqrt{n}} \leq \mu_0 \leq \overline{x} + t_\beta \frac{s}{\sqrt{n}} \qquad (3.40)$$

$\Leftrightarrow \mu_0$ liegt im Konfidenzintervall für μ zur Vertrauenswahrscheinlichkeit β.

Ergebnis: $H_0 : \mu = \mu_0$ kann genau dann mit Hilfe des t-Tests bei Zugrundelegung der Sicherheitswahrscheinlichkeit β abgelehnt werden, wenn der hypothetische Wert μ_0 nicht im Konfidenzintervall für μ zur Vertrauenswahrscheinlichkeit β liegt.

Dieser Zusammenhang zwischen Test und Konfidenzintervall kann vielleicht für Anfänger den Eindruck erwecken, als ob das Testen einer Nullhypothese sich immer durch ein Konfidenz-Schätzverfahren erledigen ließe und also letztlich überflüssig wäre. Dies ist nicht so. Viele Testprobleme lassen sich keineswegs als Konfidenz-Schätzprobleme umformulieren (s. etwa die Beispiele 1, 2, 5 aus der Einleitung zum vorliegenden Kapitel 3.4).

Beispiel 3.4 *Ein Anwendungsbeispiel für den t-Test*

Aufgrund des in Beispiel 3.2 (S. 150) angegebenen Stichprobenmaterials sei bei Zugrundelegung einer Sicherheitswahrscheinlichkeit von 95% die Nullhypothese zu testen, daß der (wahre) Mittelwert μ des Nettogewichtes der von der betreffenden Abfüllmaschine gefüllten Pakete 500g beträgt, d.h. es ist zu testen:

$$H_0 : \mu = 500 \quad \text{gegen die Alternative} \quad H_1 : \mu \neq 500.$$

3.4. TESTEN VON HYPOTHESEN (SIGNIFIKANZTESTS)

Dazu werde als bekannt vorausgesetzt: Die Meßgröße ξ (= *Nettogewicht eines aus der Produktion zufällig herausgegriffenen Paketes*) ist ausreichend genau normalverteilt. Mit anderen Worten: Die Grundgesamtheit der von dieser Maschine gefüllten Pakete ist bezüglich des Nettogewichtes ausreichend genau normalverteilt.

Nach der vorangehenden Anmerkung zur Robustheit des t-Tests ist diese Modellvoraussetzung praktisch nicht sehr einschneidend.

Ferner gilt für das vorliegende Beispiel und viele andere: Der zentrale Grenzwertsatz liefert nicht nur gute Gründe dafür, daß $\overline{x}$ stets wenigstens approximativ normalverteilt ist, sondern auch dafür, daß die Meßgröße ξ selbst näherungsweise normalverteilt ist. Prinzipiell gilt allerdings: Diese Modellvoraussetzung ist nur empirisch überprüfbar und zwar mit Hilfe eines sogenannten *Anpassungstests*. Ein noch darzustellender χ^2-Test wird als ein solcher Anpassungstest verwendet werden können.

Durchführung des Tests zu Beispiel 3.4:

Mit Hilfe der in Beispiel 3.2 bereits berechneten Werte

$$\overline{x} = 510,7g \quad \text{und} \quad s = 7,9g$$

ergibt sich die Testgröße t des t-Tests zu

$$t = \frac{\overline{x} - \mu_0}{s}\sqrt{n} = \frac{510,7 - 500}{7,9}\sqrt{7} = +3,6.$$

Aus der Tabelle der Schranken der t-Verteilung liest man unter dem Freiheitsgrad $n - 1 = 6$ ab: $t_{95\%} = 2,45$.

Testergebnis:

Da $|t| = 3,6 > t_{95\%}$ ausgefallen ist, so kann die Nullhypothese $H_0 : \mu = 500$ bei Zugrundelegung einer Sicherheitswahrscheinlichkeit von 95% abgelehnt werden.

Oder: Damit ist bei Zugrundelegung einer Sicherheitswahrscheinlichkeit von 95% statistisch nachgewiesen, daß der wahre Mittelwert der Abfüllmaschine von seinem hypothetischen Wert 500 abweicht.

Als Beitrag zur Interpretation dieses Testergebnisses kann es zweckmäßig sein, folgende Vermutung zu äußern:

Vermutung: $\mu > 500$

Eine solche, durch $\overline{x} > 500$ begründete *Vermutung*, ist nicht das Ergebnis eines mathematisch-statistischen Verfahrens wie das vorstehende Testergebnis. Wollte man die hier als Vermutung geäußerte Aussage

„μ ist größer als 500"

bei Zugrundelegung einer Sicherheitswahrscheinlichkeit von 95% statistisch nachweisen, so müßte man aufgrund neuen Stichprobenmaterials die Nullhypothese $H_0^* : \mu \leq 500$ bei Zugrundelegung einer Sicherheitswahrscheinlichkeit von 95% testen. Eine nachträgliche Abänderung von $H_0 : \mu = \mu_0$ in $H_0^* : \mu \leq \mu_0$ ist nicht statthaft, wie auch die nachfolgende Betrachtung zweier abgeänderter Fragestellungen zeigen wird.

Didaktisch nützlich ist die Betrachtung der folgenden beiden abgeänderten Fragestellungen des Beispiels 3.4:

(a) Wegen $t_{99\%} = 3,71$ und also $|t| \leq t_{99\%}$ könnte H_0 bei Zugrundelegung einer Sicherheitswahrscheinlichkeit von 99% *nicht abgelehnt* werden. Der Vergleich mit dem obigen Testergebnis zu $\beta = 0,95$ unterstreicht nochmals die bereits mehrfach begründete „Ungleichung" (3.15)

$$\textit{Nicht-Ablehnung von } H_0 \neq \textit{Annahme von } H_0;$$

denn Nicht-Beachtung dieser „Ungleichung" führte im vorliegenden Beispiel zu dem absurden Resultat, daß H_0 bei Zugrundelegung von $\beta = 0,95$ als falsch und bei Zugrundelegung von $\beta = 0,99$ als richtig erwiesen würde.

(b) Wäre bei Zugrundelegung einer Sicherheitswahrscheinlichkeit von 99%

$$H_0^* : \mu \leq 500 \qquad \text{gegen} \qquad H_1^* : \mu > 500$$

zu testen gewesen, so hätte wegen $t_{99\%}^* = 3,14$ und also $t = +3,6 > +t_{99\%}^*$ die Nullhypothese H_0^* *abgelehnt* werden können.

Aus dem Vergleich dieser beiden unterschiedlichen Testergebnisse für die zweiseitige und die einseitige Fragestellung erwächst für manchen Praktiker folgende Versuchung:

Weil das ursprüngliche Ziel, die Nullhypothese H_0 einer zweiseitigen Fragestellung als falsch zu erweisen, fehlgeschlagen ist, geht man stillschweigend zu der Nullhypothese H_0^* der „geeigneten" Fragestellung über und eröffnet sich damit noch eine Möglichkeit, zu der wünschenswerten Ablehnentscheidung zu kommen. Daß ein solches Vorgehen nicht zulässig ist, sieht man so: Ist eine zweiseitige Fragestellung vorgelegt, z.B.

$$H_0 : \mu = \mu_0 \qquad \text{gegen} \qquad H_1 : \mu \neq \mu_0,$$

so bedeutet dies, daß beim Übergang zu einer einseitigen Fragestellung die beiden Nullhypothesen

$$H_0^* : \mu \leq \mu_0 \qquad \text{und} \qquad H_0^{**} : \mu \geq \mu_0$$

gleichberechtigt zur Debatte stehen. Natürlich würde unser fiktiver Praktiker wegen des erhaltenen positiven Wertes $t = +3,6$ der Testgröße die erste dieser beiden Nullhypothesen „wählen", da nur bezüglich $H_0^* : \mu \leq \mu_0$ die Testgröße hinsichtlich einer Ablehnentscheidung das „richtige" Vorzeichen besitzt. Da er aber zweifellos bereit gewesen wäre, bei einem negativen Wert der Testgröße die andere Nullhypothese zu „wählen", so hat er in Wahrheit als Kritische Region seines Testverfahrens die *Vereinigung der beiden einseitigen Kritischen Regionen*

3.4. TESTEN VON HYPOTHESEN (SIGNIFIKANZTESTS)

verwendet und die Irrtumswahrscheinlichkeit seines Verfahrens betrüge 2% und nicht wie verlangt 1%.

Dem aufgezeigten Mißbrauch wurde bereits vorgebeugt, nämlich durch die

Versuchsplanungsregel:

Nullhypothesen und Testverfahren sind vor Einsichtnahme in das Stichprobenmaterial festzulegen (s. „8. Anmerkung zum allgemeinen Schema eines Signifikanztests", s. auch S. 258). □

3.4.2.1 Die Gütefunktion eines Tests

Die Wahrscheinlichkeit, eine Nullhypothese über irgendeinen Parameter mit Hilfe eines bestimmten Tests ablehnen zu können, hängt naturgemäß vom in Wahrheit vorliegenden Wert Θ dieses Parameters ab. Die Wahrscheinlichkeit für die Ablehnung einer Nullhypothese ist also eine Funktion von Θ. Diese Funktion $g(\Theta)$ heißt die *Gütefunktion* des betreffenden Tests. Die Bezeichnung erscheint von vornherein plausibel; denn nach Definition der Begriffe *Fehler 1. Art* (= Ablehnung einer richtigen Nullhypothese) und „Fehler" 2. Art (= Nicht-Ablehnung einer falschen Nullhypothese) beschreibt diese Gütefunktion in folgender Weise die Wahrscheinlichkeiten für das Auftreten dieser Fehler:

$$g(\Theta) = \begin{cases} W(\text{Fehler 1. Art}) & \text{für alle } \Theta, \text{ für die die Nullhypothese richtig ist} \\ 1 - W(\text{„Fehler" 2. Art}) & \text{für alle } \Theta, \text{ für die die Nullhypothese falsch ist.} \end{cases} \quad (3.41)$$

Die Gütefunktion eines idealen Tests (den es für praxisrelevante Fragestellungen nicht gibt) müßte folgende Gestalt haben:

$$g(\Theta) = \begin{cases} 0 & \text{für alle } \Theta, \text{ für die die Nullhypothese richtig ist} \\ 1 & \text{für alle } \Theta, \text{ für die die Nullhypothese falsch ist.} \end{cases} \quad (3.42)$$

Beispiel 3.5 *Gütefunktion des Gauß-Tests für $H_0^*: \mu \leq \mu_0$*

Die Gütefunktion dieses links-einseitigen *Gauß*-Tests werde mit $g_n^*(\mu)$ bezeichnet. Nach der allgemeinen Definition der Gütefunktion und der einschlägigen Testvorschrift (3.34) des *Gauß*-Tests ist:

$$\begin{aligned} g_n^*(\mu) &= W(\text{Ablehnung von } H_0^* \text{ bei Zugrundelegung} \\ &\quad \text{einer Sicherheitswahrscheinlichkeit } \beta|\mu) = \\ &= W\left(\frac{\overline{x} - \mu_0}{\sigma}\sqrt{n} > +\lambda_\beta^*|\mu\right) \end{aligned} \quad (3.43)$$

wobei in der Bezeichnung von (3.43) ausgedrückt ist, daß die Wahrscheinlichkeit für das Ablehnereignis unter Zugrundelegung des Wertes μ für den wahren Mittelwert zu berechnen ist. Zur Berechnung von (3.43) kann man ausnutzen, daß

$$\frac{\overline{x} - \mu}{\sigma}\sqrt{n}$$

normiert normalverteilt ist (s. 4. Aussage von Satz 3.2, S. 154) und also als Verteilungsfunktion die Verteilungsfunktion Φ der normierten Normalverteilung besitzt. Diese Idee führt zu folgender Rechnung:

$$\begin{aligned}
g_n^*(\mu) &= W\left(\frac{\overline{x}-\mu_0}{\sigma}\sqrt{n} > +\lambda_\beta^*|\mu\right) = W\left(\frac{\overline{x}-\mu+\mu-\mu_0}{\sigma}\sqrt{n} > +\lambda_\beta^*|\mu\right) = \\
&= W\left(\frac{\overline{x}-\mu}{\sigma}\sqrt{n} > +\lambda_\beta^* - \frac{\mu-\mu_0}{\sigma}\sqrt{n}|\mu\right) = \\
&= 1 - \Phi\left(\lambda_\beta^* - \frac{\mu-\mu_0}{\sigma}\sqrt{n}\right) = \\
&= \Phi\left(\frac{\mu-\mu_0}{\sigma}\sqrt{n} - \lambda_\beta^*\right).
\end{aligned} \tag{3.44}$$

□

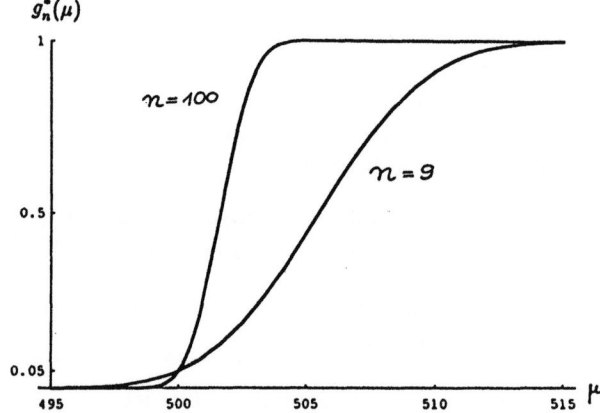

μ	$g_9^*(\mu)$	$g_{100}^*(\mu)$
500	0,05	0,05
499	0,03	0,00
501	0,09	0,26
503	0,23	0,91
505	0,44	1,00
510	0,91	1,00
515	1,00	1,00

Abb. 10: einseitige Gütefunktion

Vorstehend wurden für die numerischen Werte $\mu_0 = 500, \sigma = 10, \beta = 0,95$ $g_9^*(\mu)$ und $g_{100}^*(\mu)$ für einige Werte von μ berechnet und ihre Graphen gezeichnet (s.Abb. 10).

Kurvendiskussion und Interpretation der Gütefunktion (3.44) des links-einseitigen Gauß-Tests:

1. Es ist $g_n^*(\mu_0) = \Phi(-\lambda_\beta^*) = 1 - \beta = \alpha =$ Irrtumswahrscheinlichkeit.

2. Da die Verteilungsfunktion Φ monoton wächst, so wächst auch $g_n^*(\mu)$ monoton mit μ (vgl. auch Abb. 10).

3. Aus 1. und 2. folgt
$$g_n^*(\mu) \leq \alpha \quad \text{für } \mu \leq \mu_0 \tag{3.45}$$
und
$$g_n^*(\mu) > \alpha \quad \text{für } \mu > \mu_0 \tag{3.46}$$

3.4. TESTEN VON HYPOTHESEN (SIGNIFIKANZTESTS)

(3.45) bedeutet: die Wahrscheinlichkeit für den Fehler 1. Art beträgt – wie für einen Signifikanztest zur Irrtumswahrscheinlichkeit α verlangt (s. (3.16)) – höchstens α, d.h. die **Irrtumswahrscheinlichkeit** α erweist sich als *vorgebbare Obergrenze* für W(Fehler 1. Art).
(3.46) bedeutet: $W(\text{„Fehler"}\ 2.\ \text{Art}) < 1 - \alpha = \beta$, d.h. $W(\text{„Fehler"}\ 2.\ \text{Art})$ kann fast beliebig groß werden; jedenfalls ist $W(\text{„Fehler"}\ 2.\ \text{Art})$ im Gegensatz zu $W(\text{Fehler 1. Art})$ *nicht* kontrolliert klein, sondern kann **„unkontrolliert groß"** werden, wie bereits in (3.17) formuliert. Dies war der zentrale Grund für die „Ungleichung" (3.15)

Nicht-Ablehnung von $H_0 \neq$ Annahme von H_0.

4. *Abhängigkeit von $W(\text{„Fehler"}\ 2.\ \text{Art})$ von n:* Aus (3.44) sieht man wegen der Monotonie von Φ: Für festes μ mit $\mu > \mu_0$ wird $g_n^*(\mu)$ mit wachsendem n größer, d.h. $W(\text{„Fehler"}\ 2.\ \text{Art})$ wird - wie anschaulich zu erwarten – mit wachsendem Stichprobenumfang n kleiner.

5. Die Graphen aus Abbildung 10 lassen vermuten: Die Gütefunktion (3.44) des links-einseitigen *Gauß*-Tests hat die gleiche Gestalt wie die Verteilungsfunktion F einer Normalverteilung mit geeigneten Parametern μ^* und σ^*. Man kann leicht zeigen: die Vermutung ist richtig und mit ihrer Hilfe lassen sich Graphen der Gütefunktion (3.44) für numerische Werte von β, n, μ_0 und σ besonders einfach skizzieren (s. Aufgabe 49 der „Aufgabensammlung", *Basler* (1991)).

Zwei Anwendungen der Gütefunktion (3.44) des Gauß-Tests:

1. **Erforderlicher Stichprobenumfang:**
Eine häufige Frage laienhafter Anwender lautet: Wie groß muß der Stichprobenumfang n sein, damit meine Ergebnisse ausreichend genau werden? Ist eine Anwendung des *Gauß*-Tests auf $H_0^* : \mu \leq \mu_0$ ins Auge gefaßt, so läßt sich diese Frage auf folgende Weise präzisieren: Wie groß muß n sein, damit bei Zugrundelegung einer Sicherheitswahrscheinlichkeit β eine Abweichung von gegebener Größe $d = \mu_1 - \mu_0 > 0$ des tatsächlich vorliegenden Wertes μ_1 vom hypothetischen Wert μ_0 mit vorgebbar großer Wahrscheinlichkeit γ bemerkt wird? Oder: Wie groß muß n sein, damit die Gütefunktion (3.44) an der vorgegebenen Stelle μ_1 den vorgebbaren Wert γ annimmt? D.h. $n = n(\mu_1, \gamma)$ ist so zu bestimmen, daß

$$\Phi\left(\frac{\mu_1 - \mu_0}{\sigma}\sqrt{n} - \lambda_\beta^*\right) = \gamma \qquad (3.47)$$

ist. Zur Auflösung dieser Bestimmungsgleichung für n hat man zunächst in der Tabelle von Φ diejenige Stelle x mit $\Phi(x) = \gamma$ zu suchen (= Nachschlagen der Umkehrfunktion von Φ), diese Stelle ist jedoch die einseitige

$100\gamma\%$-Schranke λ_γ^*, der (normierten) Normalverteilung (s. (3.33)); d.h. es ist
$$\frac{\mu_1 - \mu_0}{\sigma}\sqrt{n} - \lambda_\beta^* = \lambda_\gamma^*$$
woraus sich der gesuchte Stichprobenumfang ergibt zu:
$$n = \frac{(\lambda_\beta^* + \lambda_\gamma^*)^2}{(\mu_1 - \mu_0)^2}\sigma^2. \tag{3.48}$$

Wegen der in der vorangehenden Kurvendiskussion festgestellten Monotonie-Eigenschaften der Gütefunktion besitzt der gefundene Stichprobenumfang (3.48) noch folgende praxisrelevante Eigenschaft: Der Stichprobenumfang n aus (3.48) ist der kleinste Stichprobenumfang mit dessen Hilfe jede positive Abweichung des tatsächlich vorliegenden Mittelwertes von μ_0, die mindestens $d = \mu_1 - \mu_0 > 0$ beträgt, mindestens mit der Wahrscheinlichkeit γ aufgedeckt wird.

Im Falle des t-Tests läßt sich ein analog zu (3.48) definierter „erforderlicher Stichprobenumfang" näherungweise bestimmen, s. *Rasch* (1978), S. 524. In diesem Buch zur Versuchsplanung wird diese Fragestellung für viele weitere praxisrelevante Verfahren behandelt.

2. **Alternativtest:**

Die vorangehende Bestimmung eines „erforderlichen Stichprobenumfangs" läßt sich auch als die Bestimmung des Stichprobenumfangs für einen sogenannten Alternativtest deuten. Ist nämlich das „einfache", allerdings nicht sehr praxisrelevante Testproblem

$$H_0 : \mu = \mu_0 \quad \text{gegen die Alternative} \quad H_1 : \mu = \mu_1$$

vorgelegt, bei dem lediglich zwischen diesen beiden sogenannten *einfachen Hypothesen* alternativ zu entscheiden ist, so gibt (3.48) offensichtlich denjenigen Stichprobenumfang an, für den die Wahrscheinlichkeit für den „Fehler" 2. Art den vorgebbar kleinen Wert $1 - \gamma$ annimmt. Für einen solchen Test, bei dem auch die Wahrscheinlichkeit für den „Fehler" 2. Art vorgebbar klein ist, wurde in der „4. Anmerkung zum allgemeinen Schema eines Signifikanztests" bereits die Bezeichnung *Alternativtest* eingeführt und erläutert, daß dabei gilt:

Nicht-Ablehnung von H_0 ist gleichbedeutend mit *Annahme* von H_0.

Ein numerisches Beispiel für eine Anwendung des *Gauß*-Tests als Alternativtest stellt Aufgabe 52 der „Aufgabensammlung", *Basler* (1991) dar.

Gütefunktion des rechts-einseitigen und des zweiseitigen Gauß-Tests:

Für die rechts-einseitige Fragestellung (3.24) ergibt sich die Gütefunktion des *Gauß*-Tests zu:
$$g_n^{**}(\mu) = \Phi\left(\frac{\mu_0 - \mu}{\sigma}\sqrt{n} - \lambda_\beta^*\right). \tag{3.49}$$

3.4. TESTEN VON HYPOTHESEN (SIGNIFIKANZTESTS)

Für die zweiseitige Fragestellung (3.22) folgt aus (3.44) und (3.49) sofort:

$$g_n(\mu) = \Phi\left(\frac{\mu - \mu_0}{\sigma}\sqrt{n} - \lambda_\beta\right) + \Phi\left(\frac{\mu_0 - \mu}{\sigma}\sqrt{n} - \lambda_\beta\right). \quad (3.50)$$

Wie anschaulich zu erwarten, liegen die Graphen der beiden einseitigen Gütefunktionen spiegelbildlich zueinander, während die zweiseitige Gütefunktion symmetrisch zum Punkte μ_0 ist.

3.4.2.2 Optimalitätseigenschaften von *Gauß*-Test und *t*-Test

Da nach der Konstruktion eines Signifikanztests zur Irrtumswahrscheinlichkeit α für W(Fehler 1. Art) die Obergrenze α vorgegeben ist, so ist es sinnvoll, zwei konkurrierende Signifikanztests zur gleichen Irrtumswahrscheinlichkeit α anhand ihrer Wahrscheinlichkeiten für den „Fehler" 2. Art zu vergleichen. Da jedoch W(„Fehler" 2. Art) von μ abhängt (s. Gütefunktion), so läßt sich nur dann in ganz unproblematischer Weise von einem Test 1 sagen, daß er besser als ein Test 2 ist, wenn für *jeden Wert* von μ die W(„Fehler" 2. Art) bei Test 1 kleiner ist als bei Test 2; man sagt dann: *Test 1 ist* **gleichmäßig besser** *als Test 2*.

Dementsprechend definiert man:
Ein Test heißt **gleichmäßig bester Test** (= *gleichmäßig mächtigster Test = uniformly most powerful test = UMP-Test = trennschärfer Test*) unter allen Signifikanztests zur Irrtumswahrscheinlichkeit α, die für ein bestimmtes Testproblem existieren, falls dieser Test die Wahrscheinlichkeit für den „Fehler" 2. Art für jeden Wert des zu testenden Parameters (z.B. des Mittelwertes μ) minimiert.

Zur Veranschaulichung dieser Definition von „bester Test" kann folgendes Analogon dienen: Ein Test ist in demselben Sinne Bester in einer bestimmten Menge von Konkurrenten, wie ein Zehnkämpfer Bester in einer bestimmten Menge von Konkurrenten wäre, der in jeder der 10 Einzeldisziplinen Bester wäre.

Auch dieses Analogon läßt von vornherein erwarten: Die Existenz eines in diesem sehr strengen Sinne optimalen Tests wird eher eine Ausnahme als die Regel im Hinblick auf praxisrelevante Testprobleme sein – (s. auch: „5. Anmerkung zu allgemeinen Schema eines Signifikanztests"). Trotzdem läßt sich beweisen (Beweis-Skizze am Schluß des vorliegenden Abschnitts):
Der *Gauß*-Test ist gleichmäßig bester Test zur Irrtumswahrscheinlichkeit α für die einseitigen Testprobleme (3.23) und (3.24).

Diese Optimalitätseigenschaft des einseitigen *Gauß*-Tests läßt sich mit Hilfe der Gütefunktion des Tests anschaulich so ausdrücken: Der „Abstand" der Gütefunktion eines einseitigen *Gauß*-Tests von der idealen Gütefunktion (3.42) ist optimal klein.

Bemerkenswert ist: Der zweiseitig angewendete *Gauß*-Test ist nicht gleichmäßig bester Test zur Irrtumswahrscheinlichkeit α.
Um dies zu zeigen, genügt es zum Testen von

$$H_0 : \mu = \mu_0 \quad \text{gegen} \quad H_1 : \mu \neq \mu_0,$$

irgendeinen Signifikanztest zur Irrtumswahrscheinlichkeit α anzugeben, für den $W(\text{„Fehler"}\ 2.\ \text{Art})$ für mindestens einen Wert μ_1 kleiner ist als für den zweiseitig verwendeten *Gauß*-Test.

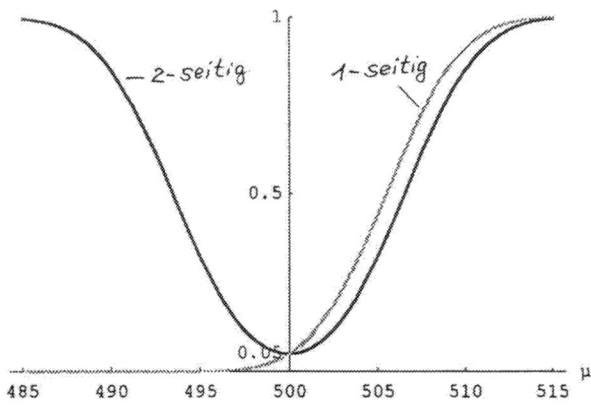

Abb. 11: Gütefunktion der *Gauß*-Tests (zweiseitig und einseitig)

Als solchen Konkurrenztest kann man einen der beiden einseitigen *Gauß*-Tests benutzen, z.B. den links-einseitigen, dessen Gütefunktion (3.44) neben der Gütefunktion (3.50) des zweiseitigen Tests in Abbildung 11 für die numerischen Werte $n = 9, \mu_0 = 500, \sigma = 10, \beta = 0,95$ gezeichnet ist; denn: wie man auch aus Abbildung 11 sieht, ist dieser einseitige Test auch ein Signifikanztest zur Irrtumswahrscheinlichkeit α für die zweiseitige Fragestellung, da er im Falle der Richtigkeit von $H_0 : \mu = \mu_0$ nur mit der verlangten Wahrscheinlichkeit α ablehnt. Andererseits sieht man, daß dieser „einseitige" Konkurrent rechts von μ_0 besser ist (im Sinne kleinerer Wahrscheinlichkeit für den „Fehler" 2. Art) als der zweiseitige Test. Damit verhindert dieser „einseitige" Konkurrent – der zwar rechts von μ_0 sehr mächtig, aber links von μ_0 katastrophal schwach ist –, daß der insgesamt doch vermutlich „sehr gute" zweiseitige Test gleichmäßig bester Test zur Irrtumswahrscheinlichkeit α ist.

Auf diese unbefriedigende Situation reagiert man dadurch, daß man solche „einseitigen" Konkurrenten in einem sogleich noch zu präzisierenden Sinne zu *verfälschten Tests* erklärt und sodann den abgeschwächten Optimalitätsbegriff des **gleichmäßig besten unverfälschten** Tests zur Irrtumswahrscheinlichkeit α verwendet, d.h., daß ein in diesem Sinne optimaler Test in der Menge der unverfälschten Konkurrenten gleichmäßig bester Test ist. Unverfälschtheit wird dabei durch folgende anschaulich sinnvolle Forderung präzisiert: Ein Signifikanztest zur Irrtumswahrscheinlichkeit α heißt *unverfälscht*, falls die Wahrscheinlichkeit für die Ablehnung der Nullhypothese im Falle ihres Falschseins stets mindestens so groß ist wie im Falle ihrer Richtigkeit; d.h. falls stets gilt:

$$W(\text{Ablehnung von } H_0 | H_0 \text{ falsch}) \geq W(\text{Ablehnung von } H_0 | H_0 \text{ richtig}). \quad (3.51)$$

Aus Abbildung 11 sieht man, daß der einseitige Test als Test zum Testen von

3.4. TESTEN VON HYPOTHESEN (SIGNIFIKANZTESTS)

$H_0 : \mu = \mu_0$ gegen $H_1 : \mu \neq \mu_0$ *nicht unverfälscht* (= verfälscht) ist, da die Ablehnwahrscheinlichkeit im Falle $\mu = \mu_0$ größer ist als in allen Fällen $\mu < \mu_0$.

Hinsichtlich des Optimalitätsbegriffs des *gleichmäßig besten unverfälschten Tests* (= uniformly most powerful unbiased test = UMPU-test) erweist sich der zweiseitige *Gauß*-Test als optimal. Ferner gilt:

Der t-Test ist sowohl bei einseitiger als auch bei zweiseitiger Anwendung gleichmäßig bester unverfälschter Test zur Irrtumswahrscheinlichkeit α.

Der Beweis dieser Aussage erfordert aufwendige mathematische Hilfsmittel. Gemessen hieran ist die nachfolgende Beweis-Skizze für etwas stärker mathematisch interessierte Leser einfach.

Beweis-Skizze zu:
Der einseitige *Gauß*-Test ist gleichmäßig bester Test zur Irrtumswahrscheinlichkeit α zum Testen von

$$H_0^* : \leq \mu_0 \quad \text{gegen} \quad H_1^* : \mu > \mu_0.$$

<u>1. Schritt:</u> Für die „einfache" Fragestellung

$$H_0 : \mu = \mu_0 \quad \text{gegen} \quad H_1 : \mu = \mu_1 \text{ mit } \mu_1 > \mu_0$$

existiert nach dem *Fundamental-Lemma von Neyman und Pearson* ein bester Test zur Irrtumswahrscheinlichkeit α (s. „5. Anmerkung zum allgemeinen Schema eines Signifikanztests"). Plausiblerweise besteht dessen Kritische Region aus solchen Stichprobenergebnissen $x_1, \ldots, x_n$ für die der Dichtequotient (3.20') „zu groß" ausfällt, was sich im vorliegenden Fall relativ leicht als äquivalent mit „$\bar{x}$ zu groß" erweisen läßt. Dies bedeutet: Der beste Test für die obigen „einfache" Fragestellung ist der *Gauß*-Test mit der Testvorschrift:

Ablehnung von $H_0 : \mu = \mu_0$ *zugunsten von* $H_1 : \mu = \mu_1$ *genau dann, wenn*

$$\frac{\bar{x} - \mu_0}{\sigma}\sqrt{n} > +\lambda_\beta^*$$

ausfällt. •

<u>2. Schritt:</u> In die im ersten Schritt erhaltene Testvorschrift für die „einfache" Fragestellung ist der Alternativwert μ_1 nicht eingegangen. Also ist dieser Test bester Test für $H_0 : \mu = \mu_0$ gegen jeden Alternativwert μ_1 mit $\mu_1 > \mu_0$, d.h. der *Gauß*-Test ist gleichmäßig bester Test für

$$H_0 : \mu = \mu_0 \quad \text{gegen} \quad H_1^* : \mu > \mu_0.$$

<u>3. Schritt:</u> Jeder Signifikanztest zur Irrtumswahrscheinlichkeit α für

$$H_0^* : \mu \leq \mu_0 \quad \text{gegen} \quad H_1^* : \mu > \mu_0$$

gehört auch zur Menge der Signifikanztests zur Irrtumswahrscheinlichkeit α für

$$H_0 : \mu = \mu_0 \quad \text{gegen} \quad H_1^* : \mu > \mu_0.$$

Nach dem zweiten Schritt ist der einseitige *Gauß*-Test sogar in dieser letztgenannten Menge von Tests gleichmäßig bester Test und also erst recht in der Teilmenge der Signifikanztests für die interessierende einseitige Fragestellung, was zu zeigen war.

3.4.2.3 Subjektive Wahrscheinlichkeiten für die Richtigkeit einer Testentscheidung

Bereits in der „7. Anmerkung zum allgemeinen Schema eines Signifikanztests" wurde erläutert, daß sich die Sicherheitswahrscheinlichkeit eines Tests nicht deuten läßt als die Wahrscheinlichkeit dafür, daß eine mit Hilfe des Tests getroffene Entscheidung tatsächlich richtig ist. Im folgenden wird dies noch dadurch konkretisiert, daß speziell die Wahrscheinlichkeit für die Richtigkeit einer Ablehnentscheidung unter Zuhilfenahme einer *subjektiven Vorbewertung* explizit berechnet wird.

Sei also eine subjektive Vorbewertung in Form von *Apriori-Wahrscheinlichkeiten* (vgl. Abschnitt 1.5.1) für die Richtigkeit einer Nullhypothese H_0 und der zugehörigen Alternativhypothese H_1 gegeben ($\stackrel{\wedge}{=}$ quantifizierter Informationsstand vor Anwendung des Tests):

p_0 = Apriori-Wahrscheinlichkeit für die Richtigkeit von H_0,

p_1 = Apriori-Wahrscheinlichkeit für die Richtigkeit von H_1,

wobei $p_0 + p_1 = 1$ sei.

Die Wahrscheinlichkeit (= *Aposteriori-Wahrscheinlichkeit*) für die Richtigkeit einer mit Hilfe eines Tests zur Irrtumswahrscheinlichkeit α getroffenen Entscheidung „Ablehnung von H_0" ergibt sich mit Hilfe der *Bayes*schen Formel (Satz 1.15, S. 77) sofort zu:

$$W(H_0 \text{ falsch} \mid \text{Ablehnung von } H_0) =$$
$$= \frac{W(\text{Ablehnung von } H_0 | H_0 \text{ falsch}) \cdot p_1}{W(\text{Abl. von } H_0|H_0 \text{ falsch})p_1 + W(\text{Abl. von } H_0|H_0 \text{ richtig}) \cdot p_0} \quad (3.52)$$

Zur Herkunft der Bezeichnungen apriori und aposteriori sei angefügt: a priori = lat. „vom früheren her", a posteriori = lat. „vom späteren her". In der philosophischen Erkenntnistheorie werden seit Kant erfahrungsunabhängige Urteile (= vor der Erfahrung liegende Urteile wie z.B. innermathematische Aussagen) apriorisch und erfahrungsabhängige Wahrnehmungsurteile aposteriorisch genannt.

Für den Spezialfall des zweiseitigen *Gauß*-Tests lautet (3.52):

$$W(H_0 \text{ falsch} \mid \text{Ablehnung von } H_0) = \frac{g_n(\mu)p_1}{g_n(\mu)p_1 + \alpha p_0}, \quad (3.53)$$

wobei α die Irrtumswahrscheinlichkeit und $g_n(\mu)$ die Gütefunktion (3.50) des *Gauß*-Tests ist; d.h. die Wahrscheinlichkeit (3.53) für die Richtigkeit einer Ablehnentscheidung hängt nicht nur von α und der Wahrscheinlichkeit für den „Fehler" 2. Art (= $1 - g_n(\mu)$), sondern auch von der Vorbewertung p_0, p_1 ab.

3.4. TESTEN VON HYPOTHESEN (SIGNIFIKANZTESTS)

Sinnvollerweise sollten bei Verwendung eines „ordentlichen" Testverfahrens die vor Anwendung des Verfahrens bestehenden Aussichten für das Falschsein von H_0 – quantifiziert durch p_1 – durch die Testentscheidung „Ablehnung von H_0" jedenfalls nicht verkleinert werden, d.h. die Wahrscheinlichkeit (3.52) bzw. (3.53) sollte mindestens p_1 betragen. Diese als außerordentlich zwingend erscheinende Forderung an einen Test erweist sich sofort als äquivalent mit der durch (3.51) definierten **Unverfälschtheit** eines Tests, was man auf folgende Weise sieht:

Dividiert man auf der rechten Seite von (3.52) Zähler und Nenner durch W(Ablehnung von $H_0|H_0$ falsch), so erhält man folgende Äquivalenz:

$$\frac{p_1}{p_1 + \dfrac{W(\text{Ablehnung von } H_0|H_0 \text{ richtig})}{W(\text{Ablehnung von } H_0|H_0 \text{ falsch})} \cdot p_0} \geq p_1$$

$$\Leftrightarrow \quad p_1 + \frac{W(\text{Ablehnung von } H_0|H_0 \text{ richtig})}{W(\text{Ablehnung von } H_0|H_0 \text{ falsch})}(1 - p_1) \leq 1$$

$$\Leftrightarrow \quad (3.51).$$

Wie bereits erwähnt, vermuten Laien oft, daß die Wahrscheinlichkeit dafür, daß eine bei Zugrundelegung der Sicherheitswahrscheinlichkeit β abgelehnte Nullhypothese tatsächlich falsch ist, β beträgt, d.h. daß die Wahrscheinlichkeit (3.52) stets $\beta = 1 - \alpha$ ist. Zur Beantwortung der Frage, unter welchen Umständen diese Vermutung zutrifft, betrachte man den Spezialfall eines Alternativtests mit der Vorgabe

$$W(\text{Fehler 1. Art}) = W(\text{„Fehler" 2. Art}) = \alpha.$$

In diesem Falle erhält (3.53) die Form:

$$W(H_0 \text{ falsch} \mid \text{Ablehnung von } H_0) = \frac{(1-\alpha)p_1}{(1-\alpha)p_1 + \alpha p_0}.$$

Wie man leicht nachrechnet, ist die obige Vermutung

$$\frac{(1-\alpha)p_1}{(1-\alpha)p_1 + \alpha p_0} = 1 - \alpha$$

dann und nur dann erfüllt, wenn

$$p_0 = p_1$$

ist. Dies bedeutet: **In aller Regel läßt sich die Sicherheitswahrscheinlichkeit nicht als Wahrscheinlichkeit dafür interpretieren, daß eine mit Hilfe des betreffenden Tests getroffene Entscheidung richtig ist.**

Analog kann man die zu (3.52) duale bedingte Wahrscheinlichkeit

$$W(H_0 \text{ richtig} \mid \text{Nicht-Ablehnung von } H_0)$$

untersuchen.

In konkreten Anwendungsfällen können numerisch angebbare Vorbewertungen eventuell dann vorliegen, wenn zu einer bestimmten zu untersuchenden Fragestellung bereits Ergebnisse, z.B. Testergebnisse, aus früheren Untersuchungen vorliegen.

Übungsaufgaben zu 3.4.2: 3.4 (S. 260). Nr. 46, 47, 48, 49, 50, 51, 52 der „Aufgabensammlung", *Basler* (1991).

3.4.3 Der Zeichentest

Die Bezeichnung *Zeichentest* oder *Vorzeichentest* kommt daher, daß man beim Vergleich zweier „Behandlungs"-Methoden A und B aufgrund einer verbundenen Stichprobe von der *gepaarten Differenz* (3.38) oft nur das Vorzeichen zu ermitteln in der Lage ist (z.B. nur: bei Versuchsperson Nr.i ist Methode A besser als B) und man also den Vergleich allein mit Hilfe der Anzahl der Minus-Zeichen (oder der Anzahl der Plus-Zeichen), die man unter n Realisationen der gepaarten Differenz $\xi = \xi_A - \xi_B$ beobachtet hat, durchführen muß. Die Nullhypothese, daß „kein Unterschied" zwischen den beiden „Behandlungs"-Methoden A und B bzw. zwischen den Verteilungsfunktionen der zufälligen Variablen ξ_A und ξ_B besteht, läßt sich offenbar testen, indem man etwa über die Wahrscheinlichkeit $W(-)$ für das Auftreten eines Minus-Zeichens die zweiseitige Fragestellung

$$H_0 : W(-) = 0,5 \quad \text{gegen} \quad H_1 : W(-) \neq 0,5 \tag{3.54}$$

testet, wobei das Minus-Zeichen als suggestive Bezeichnung für das Ereignis $\{\xi < 0\}$ gewählt wurde, d.h. es wurde benutzt:

$$\text{Minus-Zeichen} = \{\xi < 0\}. \tag{3.55}$$

Analog läßt sich die Nullhypothese, daß „ξ_A durchschnittlich mindestens so groß ist wie ξ_B" im Sinne von

$$W(\xi_A \geq \xi_B) \geq 0,5 \tag{3.56}$$

mit Hilfe der links-einseitigen Fragestellung

$$H_0^* : W(-) \leq 0,5 \quad \text{gegen} \quad H_1^* : W(-) > 0,5 \tag{3.57}$$

testen.

Duale Bedeutung hat die rechts-einseitige Fragestellung

$$H_0^{**} : W(-) \geq 0,5 \quad \text{gegen} \quad H_1^{**} : W(-) < 0,5. \tag{3.58}$$

Zur Veranschaulichung dieser Fragestellungen können wieder die nach (3.38) aufgeführten Anwendungsbeispiele 1, 2, 3, 4 dienen.

Über die Anwendungsmöglichkeiten des Zeichentests auf den Vergleich zweier „Behandlungs"-Methoden A und B aufgrund einer verbundenen Stichprobe hinaus sind folgende zwei Anwendungsmodelle wichtig.

3.4. TESTEN VON HYPOTHESEN (SIGNIFIKANZTESTS)

1. Anwendungsmodell des Zeichentests: *Testen einer hypothetischen Wahrscheinlichkeit*

Verallgemeinert man (3.55) in der Weise, daß man das Ereignis $\{\xi < 0\}$ durch ein beliebiges Ereignis E ersetzt, so werden die vorstehend formulierten Hypothesen zu Hypothesen über die unbekannte Wahrscheinlichkeit $W(E) = W(-)$, für die der hypothetische Wert 0,5 beträgt. Ist etwa E das Ereignis „gerade Augenzahl bei einem Wurf mit einem realen Würfel", so läßt sich also die Hypothese, daß dieser Würfel diesbezüglich „einwandfrei" ist, mit Hilfe der Fragestellung (3.54) überprüfen.

In 3.4.8.1 wird das Testen hypothetischer Wahrscheinlichkeiten in allgemeinerer Form (mehrere Ereignisse und beliebige hypothetische Werte) mit Hilfe eines Chi-Quadrat-Tests als einem Näherungsverfahren möglich sein.

2. Anwendungsmodell des Zeichentests: *Testen eines hypothetischen Zentralwertes*

Sei ξ eine zufällige Variable mit stetiger Verteilungsfunktion und dem Zentralwert (= Median) z, d.h. es sei (s. Definition 2.3, S. 94)

$$W(\xi < z) = W(\xi > z) = 1/2. \tag{3.59}$$

Ist z_0 ein hypothetischer Wert für z und bezeichnet man analog zu (3.55) das Ereignis $\{\xi < z_0\}$ mit einem Minus-Zeichen, so gelten nach der Definition (3.59) des Zentralwertes z folgende Äquivalenzen:

$$z = z_0 \quad \Leftrightarrow \quad W(-) = 0,5 \tag{3.60}$$
$$z \leq z_0 \quad \Leftrightarrow \quad W(-) \geq 0,5 \tag{3.61}$$
$$z \geq z_0 \quad \Leftrightarrow \quad W(-) \leq 0,5. \tag{3.62}$$

Damit läßt sich jede dieser drei Nullhypothesen über z mit Hilfe des Zeichentests testen.

Der eingangs behandelte Fall des Vergleichs zweier „Behandlungs"-Methoden läßt sich auch als Testen eines hypothetischen Zentralwertes deuten, nämlich als Hypothese über den Zentralwert der gepaarten Differenz $\xi = \xi_A - \xi_B$ mit dem hypothetischen Wert $z_0 = 0$.

Testverfahren des Zeichentests:

Es sei

$$k = \text{Anzahl der Minus-Zeichen}$$

unter den n' realisierten Vorzeichen in einer Zufallsstichprobe vom Umfang n. Dabei ist n' der sogenannte *reduzierte Stichprobenumfang*, der eventuell kleiner als n sein kann, da eine Realisation der gepaarten Differenz $\xi = \xi_A - \xi_B$ gelegentlich den Wert 0 haben kann.

Falls $W(-) = 0,5$ ist, d.h., wenn die Nullhypothesen aller drei Fragestellungen (3.54), (3.57), (3.58) richtig sind, so ist k nach der Binomialverteilung $Bi(n'; 0,5)$ verteilt; kurz: Die *Nullverteilung* von k ist die Binomialverteilung

$Bi(n'; 0,5)$; denn k läßt sich deuten als Anzahl ausgezeichneter Elemente in einer mit Zurücklegen gezogenen Zufallsstichprobe vom Umfang n' aus einer Urne, die unter ihren $N = 2$ Elementen genau eines enthält, das durch die Eigenschaft „Minus-Zeichen" ausgezeichnet ist. Erwartungswert und Varianz dieser Nullverteilung von k betragen

$$np = n' \cdot 0,5 = \frac{n'}{2} \quad \text{und} \quad np(1-p) = n' \cdot 0,5 \cdot 0,5 = \frac{n'}{4}. \tag{3.63}$$

Anschaulich sofort plausibel erscheint folgendes Testverfahren: Bei zweiseitiger Fragestellung wird $H_0 : W(-) = 0,5$ genau dann abgelehnt, wenn k „zu stark" vom Erwartungswert $\frac{n'}{2}$ abweicht, d.h. wenn $k - \frac{n'}{2}$ „zu stark" von Null abweicht; oder: wenn $\left|k - \frac{n'}{2}\right|$ „zu groß" ausfällt; wobei „zu groß" noch mit Hilfe einer geeigneten Testschranke k_β zur Sicherheitswahrscheinlichkeit β zu quantifizieren ist. Damit hat man folgende

Testvorschriften für den Zeichentest:

1. *Die Nullhypothese* $H_0 : W(-) = 0,5$
   kann genau dann bei Zugrundelegung der Sicherheitswahrscheinlichkeit β abgelehnt werden (zugunsten der Alternative $H_1 : W(-) \neq 0,5$), falls

$$\left|k - \frac{n'}{2}\right| > k_\beta \tag{3.64}$$

   ausfällt. Dabei bezeichnet k die Anzahl der Minus-Zeichen unter n' realisierten Vorzeichen in einer Zufallsstichprobe vom Umfang n.

2. *Die Nullhypothese* $H_0^* : W(-) \leq 0,5$
   kann genau dann bei Zugrundelegung der Sicherheitswahrscheinlichkeit β abgelehnt werden (zugunsten von $H_1^* : W(-) > 0,5$), falls

$$k - \frac{n'}{2} > +k_\beta^* \tag{3.65}$$

   ausfällt.

3. *Die Nullhypothese* $H_0^{**} : W(-) \geq 0,5$
   kann genau dann bei Zugrundelegung der Sicherheitswahrscheinlichkeit β abgelehnt werden (zugunsten von $H_1^{**} : W(-) < 0,5$), falls

$$k - \frac{n'}{2} < -k_\beta^* \tag{3.66}$$

   ausfällt. •

3.4. TESTEN VON HYPOTHESEN (SIGNIFIKANZTESTS)

Bestimmung der Testschranken k_β und k_β^* des Zeichentests:

1. *Approximative Bestimmung:*
   Nach dem zentralen Grenzwertsatz kann man die Nullverteilung von k, nämlich die Binomialverteilung $Bi(n'; 0,5)$, mittels der Normalverteilung mit den Parametern (3.63) approximieren. Wendet man auf k noch die Normierungstransformation (S. 100) an, so erhält man:

$$\frac{k - \frac{n'}{2}}{\sqrt{\frac{n'}{4}}} \tag{3.67}$$

ist im Falle $W(-) = 0,5$ ausreichend genau nach der normierten Normalverteilung $N(0; 1)$ verteilt, falls die Faustregel (2.61) erfüllt ist, die für den vorliegenden Fall lautet:

$$n' > 36.$$

Folglich kann man (3.67) als Testgröße verwenden: Testschranken sind die Schranken λ_β und λ_β^* der normierten Normalverteilung. Da jedoch in den obigen Testvorschriften statt (3.67) die Größe $k - \frac{n'}{2}$ als Testgröße verwendet wurde, so lauten deren *approximative Testschranken* für $n' > 36$:

$$k_\beta = \lambda_\beta \sqrt{\frac{n'}{4}} \quad \text{und} \quad k_\beta^* = \lambda_\beta^* \sqrt{\frac{n'}{4}} \tag{3.68}$$

wobei λ_β und λ_β^* die durch (3.27) und (3.33) definierten zweiseitigen und einseitigen $100\beta\%$-Schranken der normierten Normalverteilung sind.

2. *Exakte Bestimmung:*
   Zu vorgegebener Irrtumswahrscheinlichkeit $\alpha = 1 - \beta$ (= Obergrenze für W(Fehler 1. Art)) muß die zweiseitige Testschranke k_β wegen der Ablehnvorschrift (3.64) jedenfalls die Bedingung

$$W\left(\left|k - \frac{n'}{2}\right| > k_\beta | W(-) = 0,5\right) \leq \alpha \tag{3.69}$$

erfüllen.

Diese Bedingung allein legt jedoch k_β noch nicht eindeutig fest; denn (3.69) läßt sich immer auch trivial erfüllen, indem man k_β so groß wählt, daß die linke Seite von (3.69) Null wird, wodurch die Ablehnregion leer wäre. Um einen möglichst „guten" Test ($\stackrel{\wedge}{=}$ möglichst kleine Wahrscheinlichkeit für „Fehler" 2. Art) zur Irrtumswahrscheinlichkeit α zu erhalten, muß man die vorgegebene Obergrenze α für W(Fehler 1. Art) möglichst weit ausschöpfen, d.h. man muß k_β in (3.69) minimal wählen.

Wegen

$$W\left(\left|k - \frac{n'}{2}\right| > k_\beta | W(-) = 0,5\right) = W\left(k - \frac{n'}{2} > +k_\beta | W(-) = 0,5\right) +$$
$$+ W\left(k - \frac{n'}{2} < -k_\beta | W(-) = 0,5\right)$$

und der aus der Symmetrieeigenschaft (1.16) der Binomialkoeffizienten folgenden Symmetrie

$$W\left(k > \frac{n'}{2} + k_\beta | W(-) = 0,5\right) = W\left(k < \frac{n'}{2} - k_\beta | W(-) = 0,5\right) \quad (3.70)$$

der Binomialverteilung $Bi(n'; 0,5)$ ist (3.69) äquivalent mit

$$W\left(k < \frac{n'}{2} - k_\beta | W(-) = 0,5\right) \leq \frac{\alpha}{2} = \frac{1-\beta}{2}.$$

Da man die k_β und k_β^* offensichtlich als ganzzahlig vereinbaren kann, so erhält man folgende

Bestimmungs-Ungleichungen für die Testschranken k_β und k_β^* des Zeichentests:

k_β ganz, minimal und so, daß

$$W\left(k < \frac{n'}{2} - k_\beta | W(-) = 0,5\right) \leq \frac{1-\beta}{2}. \quad (3.71)$$

k_β^* ganz, minimal und so, daß

$$W\left(k < \frac{n'}{2} - k_\beta^* | W(-) = 0,5\right) \leq 1 - \beta. \quad (3.72)$$

Die linken Seiten dieser Ungleichungen berechnet man mit der Formel (1.26) für die Binomialverteilung $Bi(n'; 0,5)$ in der Form

$$W(k < x | W(-) = 0,5) = 0,5^{n'} \sum_{k<x} \binom{n'}{k} \quad (3.73)$$

wobei $x = \frac{n'}{2} - k_\beta$ bzw. $x = \frac{n'}{2} - k_\beta^*$ zu wählen ist.

Die numerische Bestimmung von k_β und k_β^* geschieht durch probeweises Einsetzen von ganzen Zahlen für k_β und k_β^*, wobei man mit der jeweils größtmöglichen ganzen Zahl beginnt und von dieser absteigend die gesuchte minimale ganze Zahl bestimmt. Dies bedeutet: Man erstellt eine Wertetabelle hinreichenden Umfangs der Verteilungsfunktion $F(x)$ der Binomialverteilung $Bi(n'; 0,5)$, wobei man zweckmäßig an der Stelle $x = 0$ beginnt.

Beispiel 3.6
Bestimmung der exakten Testschranken k_β und k_β^* des Zeichentests für $n' = 13$ und $\beta = 0,99$ sowie $\beta = 0,95$.
Die erforderliche Wertetabelle der Verteilungsfunktion $F(x)$ der Binomialverteilung $Bi(13; 0,5)$ bzw. der linken Seiten von (3.71) und (3.72) lautet:

3.4. TESTEN VON HYPOTHESEN (SIGNIFIKANZTESTS)

k_β	$W(k < 6,5 - k_\beta \mid W(-) = 0,5) = F(6 - k_\beta)$
6	$W(k < 0,5 \mid W(-) = 0,5) = F(0) = 0,5^{13} \binom{13}{0} = 0,00012$
5	$W(k < 1,5 \mid W(-) = 0,5) = F(1) = 0,5^{13} \left(\binom{13}{0} + \binom{13}{1}\right) = 0,0017$
4	$W(k < 2,5 \mid W(-) = 0,5) = F(2) = F(1) + 0,5^{13} \binom{13}{2} = 0,011$
3	$W(k < 3,5 \mid W(-) = 0,5) = F(3) = F(2) + 0,5^{13} \binom{13}{3} = 0,046$
2	$W(k < 4,5 \mid W(-) = 0,5) = F(4) = F(3) + 0,5^{13} \binom{13}{4} = 0,13$

Aus dieser Wertetabelle der Verteilungsfunktion der Binomialverteilung $Bi(13; 0,5)$ liest man ab: Die kleinste ganze Zahl, die (3.71) für $\beta = 0,99$ erfüllt, ist $k_{99\%} = 5$; denn es ist:

$$F(1) = 0,0017 \leq \frac{1-\beta}{2} = 0,005 \quad \text{aber} \quad F(2) = 0,011 > 0,005.$$

Aus der gleichen Zeile folgt auch $k^*_{99\%} = 5$; denn es ist:

$$F(1) = 0,0017 \leq 1 - \beta = 0,01 \quad \text{aber} \quad F(2) = 0,011 > 0,01.$$

Insgesamt lauten die erforderlichen Testschranken:

$$k_{99\%} = k^*_{99\%} = 5, \quad k_{95\%} = 4, \quad k^*_{95\%} = 3.$$

Wie man eine Testentscheidung mit Hilfe des Zeichentests auch ohne die explizite Berechnung der Testschranken treffen kann, wird am Schluß des Beispiels 3.8 gezeigt (Berechnung der bei Ablehnung einer Nullhypothese zu akzeptierenden Irrtumswahrscheinlichkeit (3.78)).

3.4.3.1 Gütefunktion und Optimalitätseigenschaften des Zeichentests

Gemäß der allgemeinen Definition der Gütefunktion eines Tests gibt die Gütefunktion des Zeichentests die Wahrscheinlichkeit für die Ablehnung einer Nullhypothese in Abhängigkeit vom tatsächlich vorliegenden Wert $p = W(-)$ der Wahrscheinlichkeit $W(-)$ für das Vorliegen eines Minus-Zeichens an.

Beispiel 3.7
Approximative Gütefunktion des Zeichentests für $H_0^* : W(-) \leq 0,5$
Wegen der Ablehnvorschrift (3.65) und der approximativen Testschranke k^*_β aus (3.68) lautet die Gütefunktion

$$g_n^*(p) = W\left(k - \frac{n'}{2} > +\lambda_\beta^* \sqrt{\frac{n'}{4}} \mid W(-) = p\right) =$$

$$= 1 - W\left(k \leq \frac{n'}{2} + \lambda_\beta^* \sqrt{\frac{n'}{4}} \mid W(-) = p\right).$$

Da im Falle $W(-) = p$ die Anzahl k der Minus-Zeichen unter n' ermittelten Vorzeichen nach der Binomialverteilung $Bi(n'; p)$ verteilt ist, erhält man mittels der Normalverteilungs-Approximation (2.47'):

$$g_n^*(p) \approx 1 - \Phi\left(\frac{\frac{n'}{2} + \lambda_\beta^* \sqrt{\frac{n'}{4}} - n'p}{\sqrt{n'p(1-p)}}\right) =$$

$$= \Phi\left(\frac{(p - 0,5)\sqrt{n'} - 0,5\lambda_\beta^*}{\sqrt{p(1-p)}}\right). \qquad (3.74)$$

Der Graph von $g_n^*(p)$ hat ähnliche Gestalt wie der Graph der entsprechenden links-einseitigen Gütefunktion (3.44) des *Gauß*-Tests (s.Abb. 10). Auch die dort behandelten „Zwei Anwendungen der Gütefunktion (3.44) des *Gauß*-Tests" (Bestimmung eines „erforderlichen Stichprobenumfangs" und eines Alternativtests) lassen sich im vorliegenden Fall bequem durchführen (s. z.B. Aufgabe 54 der „Aufgabensammlung", *Basler* (1991)). □

Als eine weitere Anwendung der Gütefunktion (3.74) soll im folgenden die „Güte" des Zeichentests mit der des *Gauß*-Tests verglichen werden. Dies geschieht mit Hilfe des Begriffs der **Wirksamkeit des Zeichentests**:
Eine Nullhypothese über den unbekannten Mittelwert μ einer mit bekannter Streuung σ normalverteilten zufälligen Variablen ξ, etwa $H_0^{**} : \mu \geq \mu_0$, kann prinzipiell auch mit Hilfe des Zeichentests geprüft werden; denn: aus $\mu \geq \mu_0$ folgt anschaulich und rechnerisch sofort $W(\xi < \mu_0) \leq 0,5$ und diese letzte Aussage läßt sich in der Form

$$H_0^* : W(-) \leq 0,5$$

schreiben und mit Hilfe des Zeichentests testen, wobei das Minus-Zeichen als Abkürzung für $\{\xi < \mu_0\}$ verwendet wird (s. auch die Äquivalenz (3.62)).

Anschaulich ist sofort klar: die Verwendung des Zeichentests anstatt des auch anwendbaren *Gauß*-Tests bedeutet eine beträchtliche Informationsverschwendung. Ein sehr anschauliches Maß für den Grad dieser Informationsverschwendung erhält man auf folgende Weise: Man berechnet für einen bestimmten Alternativwert $\mu_1 < \mu_0$ zunächst den Wert der einschlägigen Gütefunktion (3.49) des *Gauß*-Tests (= 1-W(„Fehler" 2. Art)) bei Verwendung des Stichprobenumfangs n und sodann für die Anwendung des Zeichentests einen Stichprobenumfang $n' = n_0$ derart, daß auch bei Verwendung des Zeichentests dessen Gütefunktion (3.74) an der μ_1 entsprechenden Stelle $p_1 = W(\xi < \mu_0 | \mu = \mu_1)$ den gleichen Wert besitzt (d.h. die gleiche Wahrscheinlichkeit für den „Fehler" 2. Art besitzt) wie die zuerst berechnete Gütefunktion des *Gauß*-Tests.

Den Quotienten $\frac{n}{n_0}$ bezeichnet man dann als die **Wirksamkeit des Zeichentests**.

Beträgt dieser Quotient unter bestimmten (noch zu präzisierenden) Voraussetzungen 0,64, so bedeutet dies offenbar: Zur Erzielung der „Güte" des Zeichentests brauchte man bei Verwendung des einschlägig gleichmäßig besten Tests,

3.4. TESTEN VON HYPOTHESEN (SIGNIFIKANZTESTS)

nämlich des *Gauß*-Tests, nur 64% des Prüfaufwands, kurz: die Wirksamkeit des Zeichentests beträgt 64%.

Nach Definition von n_0 ist n_0 so zu bestimmen, daß im Falle $\mu = \mu_1$ die Gütefunktion (3.74) den gleichen Wert wie die Gütefunktion (3.49) besitzt, d.h. als Bestimmungsgleichung für n_0 hat man:

$$\frac{(p_1 - 0,5)\sqrt{n_0} - 0,5\lambda_\beta^*}{\sqrt{p_1(1-p_1)}} = \frac{\mu_0 - \mu_1}{\sigma}\sqrt{n} - \lambda_\beta^* \tag{3.75}$$

wobei p_1 derjenige Wert für $W(-)$ ist, der dem Wert μ_1 entspricht, d.h. man erhält mit Hilfe von (2.46)

$$p_1 = W(\xi < \mu_0 | \mu = \mu_1) = \Phi\left(\frac{\mu_0 - \mu_1}{\sigma}\right). \tag{3.76}$$

Für gegebene numerische Werte von β, n, σ, μ_0 und μ_1 läßt sich damit n_0 aus (3.75) trivial berechnen (numerisches Beispiel: Aufgabe 55* der „Aufgabensammlung"). Allerdings hängt n_0 und damit die Wirksamkeit von diesen fünf Parametern ab. Von diesen Abhängigkeiten kann man sich auf folgende Weise befreien und letztlich eine einzige Zahl als Wirksamkeit erhalten, nämlich die sogenannte asymptotische Wirksamkeit:

Führt man in der Bestimmungsgleichung (3.75) den Grenzübergang $n \to \infty$ durch – wozu man zunächst beiderseits durch $\sqrt{n}$ dividiert – so erhält man sofort

$$\lim_{n\to\infty} \frac{n}{n_0} = \frac{\left(\Phi\left(\frac{\mu_0 - \mu_1}{\sigma}\right) - 0,5\right)^2}{\left(\frac{\mu_0 - \mu_1}{\sigma}\right)^2 \Phi\left(\frac{\mu_0 - \mu_1}{\sigma}\right)\left(1 - \Phi\left(\frac{\mu_0 - \mu_1}{\sigma}\right)\right)}. \tag{3.77}$$

Dieser Grenzwert (3.77) der Wirksamkeit des Zeichentests hängt ersichtlich nur noch von der normierten Abweichung $\frac{\mu_0 - \mu_1}{\sigma}$ des Alternativwertes μ_1 von μ_0 ab; diese Abhängigkeit ist in der folgenden trivial nachrechenbaren Wertetabelle des Grenzwertes (3.77) numerisch veranschaulicht:

$\frac{\mu_0 - \mu_1}{\sigma}$	1	0,5	0,1	„0"
$\lim_{n\to\infty} \frac{n}{n_0}$	0,872	0,688	0,638	$\frac{2}{\Pi} = 0,637$

Man sieht aus der Tabelle: Der Grenzwert der Wirksamkeit fällt, wenn die Abweichung $\frac{\mu_0 - \mu_1}{\sigma}$ des tatsächlichen Mittelwertes μ_1 vom hypothetischen Wert μ_0 kleiner wird, was anschaulich plausibel ist, da Abweichungen desto schwerer aufzudecken sind je kleiner sie sind. Es läßt sich ferner nachrechnen (Übungsaufgabe für Mathematiker!): Konvergiert $\frac{\mu_0 - \mu_1}{\sigma}$ gegen Null, so konvergiert der Wirksamkeitsgrenzwert (3.77) gegen $\frac{2}{\Pi} = 0,637$, wie in der Tabelle bereits angegeben. Gemessen an einer naiven Anschauung kann diese sogenannte **asymptotische Wirksamkeit des Zeichentests** von rund 64% wohl als relativ hoch erscheinen.

Die naheliegende Frage, ob auch der Zeichentest wie der *Gauß*-Test gleichmäßig bester Test bei einseitiger Anwendung bzw. gleichmäßig bester unverfälschter Test bei zweiseitiger Anwendung ist, läßt sich erst nach Einführung des Begriffs des randomisierten Tests beantworten und bejahen. Dies hat folgenden Grund: als ein Test mit diskreter Testgröße schöpft der Zeichentest die durch die Irrtumswahrscheinlichkeit α vorgegebene Obergrenze für W(Fehler 1. Art) in der Regel nicht voll aus; beispielsweise beträgt im obigen Beispiel 3.6 für $\alpha = 0,01$ bei einseitiger Anwendung die tatsächliche Irrtumswahrscheinlichkeit (= Maximum von W(Fehler 1. Art)) nur $W(k \leq 1 | W(-) = 0,5) = F(1) = 0,0017$. Dies führt dazu, daß Konkurrenten des Zeichentests existieren, die die vorgegebene Obergrenze für W(Fehler 1. Art) besser ausschöpfen, also hinsichtlich der Wahrscheinlichkeit für den Fehler 1. Art „schlechter" sind als der Zeichentest, dafür aber hinsichtlich der (für den Vergleich zweier Tests zur Irrtumswahrscheinlichkeit α maßgeblichen) Wahrscheinlichkeit für den „Fehler" 2. Art „besser" sein können als der Zeichentest. (Übungsaufgabe für Mathematiker: Man rechne nach, daß in Beispiel 3.6 derjenige Konkurrent des rechts-einseitigen Zeichentests für $\alpha = 0,01$, der H_0^{**} nur im Falle $k = 2$ ablehnt, auch ein Test zur Irrtumswahrscheinlichkeit $\alpha = 0,01$ ist und an der Stelle $W(-) = 0,4$ „besser" ist als der Zeichentest.) Dies bedeutet: Zur Gewährleistung eines fairen Vergleichs verschiedener Tests zur Irrtumswahrscheinlichkeit α muß man zunächst dafür sorgen, daß alle Tests die vorgegebene Obergrenze α für W(Fehler 1. Art) voll ausschöpfen.

Dies erreicht man durch sog. *Randomisierung*, wie anhand des soeben bereits verwendeten Beispiels 0.0 gezeigt werden soll: Wegen der erhaltenen Testschranke $k_{99\%}^* = 5$ wird H_0^{**} bei Zugrundelegung der Irrtumswahrscheinlichkeit $\alpha = 0,01$ genau dann abgelehnt, wenn $k - \frac{n'}{2} = k - 6,5 < -5$ ausfällt, d.h. genau dann, wenn entweder $k = 0$ oder $k = 1$ ist. Die tatsächliche Irrtumswahrscheinlichkeit beträgt also nur

$$W(k \leq 1 | W(-) = 0,5) = 0,0017.$$

Würde man jedoch auch noch bei $k = 2$ ablehnen, so hätte man zu 0,0017 noch $W(k = 2 | W(-) = 0,5) = 0,0095$ zu addieren und die vorgegebene Obergrenze $\alpha = 0,01$ würde unzulässig überschritten. Deshalb entschließt man sich zu folgendem Kunstgriff: Falls das Stichprobenergebnis $k = 2$ eintritt, so lehnt man die Nullhypothese unter Zuhilfenahme eines zusätzlichen Zufallsexperiments, z.B. eines geeigneten Urnenexperiments, nur mit einer ganz bestimmten Wahrscheinlichkeit x ab, wobei man x so wählt, daß die *totale Wahrscheinlichkeit* für die Ablehnung der Nullhypothese im Falle $W(-) = 0,5$ exakt $\alpha = 0,01$ beträgt; kurz: man benutzt einen **randomisierten Test**.

Für die erforderliche Randomisierungs-Wahrscheinlichkeit x erhält man mit Hilfe des *Satzes über die totale Wahrscheinlichkeit* (Satz 1.14) folgende Bestimmungsgleichung:

$$0,0017 + x \cdot 0,0095 \stackrel{!}{=} 0,01$$

und also $x = 0,87$.

3.4. TESTEN VON HYPOTHESEN (SIGNIFIKANZTESTS)

In folgender Lesart erscheint dieses Ergebnis anschaulich sehr plausibel: Man füllt nämlich die tatsächliche Irrtumswahrscheinlichkeit von 0,0017 dadurch auf den verlangten Wert $\alpha = 0,01$ auf, daß man von der Wahrscheinlichkeit 0,0095 des Grenzfalls $k = 2$ genau 87% addiert; denn:

$$0,0017 + 87\% \text{ von } 0,0095 \text{ ergibt } 0,01.$$

Wie bereits angedeutet läßt sich beweisen: **Der randomisierte Zeichentest ist bei einseitiger Anwendung gleichmäßig bester Test und bei zweiseitiger Anwendung gleichmäßig bester unverfälschter Test zur Irrtumswahrscheinlichkeit α.**

Anmerkung zur Bedeutung randomisierter Tests für die Praxis:

Die Verwendung solcher Randomisierungen in der Praxis wäre deshalb bedenklich, weil ein Testergebnis, das unter Zuhilfenahme eines sachfremden Zufallsexperiments zustande kommt, nicht mehr eindeutig reproduzierbar ist, d.h. ein von einem bestimmten Auswerter eines Stichprobenergebnisses erhaltenes Testresultat läßt sich von einem anderen Auswerter nicht mehr durch Nachrechnen auf seine Richtigkeit überprüfen. In der statistischen Praxis spielen deshalb randomisierte Tests keine Rolle. Im Hinblick auf die mathematische Beschreibung von Optimalitätsaussagen über Tests ist das Modell des randomisierten Tests jedoch unverzichtbar.

Die für den Zeichentest angegebene Optimalitätsaussage gilt natürlich nur bei Anwendung auf die Fragestellungen (3.54), (3.57), (3.58), wenn als Stichprobenergebnis lediglich die Anzahl k der Minus-Zeichen zur Verfügung steht, d.h. wenn etwa beim Vergleich zweier „Behandlungs"-Methoden A und B aufgrund einer verbundenen Stichprobe die gepaarte Differenz (3.38) nur die Werte -1 und $+1$ annehmen kann. Nimmt hingegen die gepaarte Differenz $\xi = \xi_A - \xi_B$ viele verschiedene reelle Zahlen als Werte an, so stellt der Zeichentest naturgemäß kein optimales Verfahren für den Vergleich dar. Vielmehr wird man in solchen Fällen für den Vergleich nicht nur die Anzahl der Minus-Zeichen zählen, sondern berücksichtigen, ob ein Minus-Zeichen ein größeres oder kleineres „Gewicht" besitzt, je nachdem ob es an einer betragsmäßig größeren oder kleineren Realisation der gepaarten Differenz ermittelt wurde. Benutzt man als solche „Gewichte" die Rangzahlen (= Platzziffern) der Beträge der Realisationen, an denen das jeweilige Vorzeichen ermittelt wurde und als Testgröße statt der Anzahl der Minus-Zeichen die Summe der „Gewichte" aller Minus-Zeichen, so erhält man den im folgenden Abschnitt dargestellten *Vorzeichen-Rangtest von Wilcoxon*.

Übungsaufgaben zum Zeichentest: Nr. 53, 54, 55*, 56 der „Aufgabensammlung", *Basler* (1991).

3.4.4 Der Vorzeichen-Rangtest von *Wilcoxon*

Die wichtigste Anwendung des darzustellenden Testverfahrens ist der Vergleich zweier „Behandlungs"-Methoden A und B bzw. zweier zufälliger Variabler ξ_A und ξ_B aufgrund einer verbundenen Stichprobe, wobei die Testgröße allein auf der gepaarten Differenz $\xi = \xi_A - \xi_B$ aufgebaut wird. Bei geeigneter Normalverteilungsvoraussetzung konnte diese Aufgabe bereits mit dem t-Test (s. Erläuterungen zu (3.38)) und voraussetzungsfrei (verteilungsfrei) mit dem Zeichentest behandelt werden. Der jetzt einzuführende Test wird trotz Verzicht auf die Normalverteilungsvoraussetzung nur geringfügig „schwächer" als der t-Test und wesentlich „stärker" (im Sinne kleinerer Wahrscheinlichkeit für den „Fehler" 2. Art) als der Zeichentest sein.

Noch vor einer modellmäßigen Präzisierung der Fragestellung soll das Testverfahren – das am Schluß des vorangehenden Abschnitts bereits skizziert wurde – vorgeführt werden anhand von

Beispiel 3.8 *Vorzeichen-Rangtest von Wilcoxon*

Bei Zugrundelegung einer Sicherheitswahrscheinlichkeit von 95% sei die Nullhypothese zu testen, daß sich zwei bestimmte „Behandlungs"-Methoden A und B nicht signifikant unterscheiden. Zur Konkretisierung von „Behandlungs"-Methoden können die Anwendungsbeispiele nach (3.38) dienen.

Ergebnis einer verbundenen Zufallsstichprobe vom Umfang $n = 10$:

Nr. der Versuchsperson	1	2	3	4	5	6	7	8	9	10
Meßwert bei „Behandlungs"-Methode A	6,7	7,2	8,2	6,7	7,6	8,2	7,9	7,6	8,7	7,2
Meßwert bei „Behandlungs-"Methode B	7,0	5,8	7,7	7,4	6,9	7,0	7,0	8,0	7,9	6,1

Zur Durchführung des Tests markiert man die $n = 10$ Realisationen der gepaarten Differenz $\xi = \xi_A - \xi_B$

$$x_1 = -0,3,\ x_2 = +1,4,\ x_3 = +0,5,\ x_4 = -0,7,\ x_5 = +0,7,$$
$$x_6 = +1,2,\ x_7 = +0,9,\ x_8 = -0,4,\ x_9 = +0,8,\ x_{10} + 1,1$$

in einer mit 0 beginnenden Werte-Skala als „Bäumchen" (positive Werte nach oben, negative nach unten) und numeriert die n Werte der Größe nach, also von links nach rechts, mit den Zahlen $1, 2, \ldots, n$ als *Rangzahlen* (Platzziffern) durch:

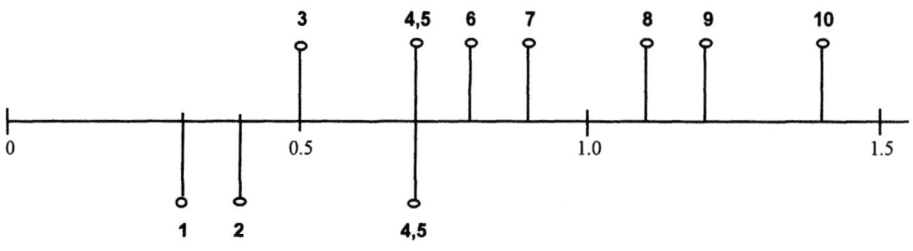

Abb. 12

3.4. TESTEN VON HYPOTHESEN (SIGNIFIKANZTESTS)

Bei der Vergabe der in Abbildung 12 eingetragenen Rangzahlen tritt eine sog. *Bindung* (engl. *Tie*) auf, d.h. an einer Stelle der Skala stehen zwei Meßwerte und die Vergabe der Rangzahlen für diese zwei Werte ist problematisch. In der Praxis verfährt man bei „nicht allzu vielen" Ties so wie hier geschehen: man vergibt an die beteiligten Werte (hier $+0,7$ und $-0,7$) das arithmetische Mittel der in Frage kommenden Rangzahlen (hier 4 und 5). Da man jedoch bei der exakten Berechnung von Testschranken Ties nicht ohne weiteres zu berücksichtigen vermag, so formuliert man als Voraussetzung für die Anwendung des Vorzeichen-Rangtests „Die Verteilungsfunktion von ξ sei stetig" womit Ties mit Wahrscheinlichkeit Null auftreten (s. (2.6')). In der Praxis verfährt man jedoch bei „nicht allzu vielen" Ties wie in Abbildung 12 und benutzt trotzdem die üblichen Testschranken und erhält also prinzipiell ein Näherungsverfahren. Diese Näherung ist in aller Regel konservativ, d.h. die durch die Irrtumswahrscheinlichkeit α vorgegebene Obergrenze für W(Fehler 1. Art) wird nicht überschritten. Für eine detaillierte Behandlung von Ties sei auf ein einschlägiges Standardwerk von *Lehmann* (1975) über Rang-Verfahren verwiesen (s. auch S. 212).

Durchführung des Tests aufgrund der in Abbildung 12 *dargestellten Stichprobenergebnisse:*

Der Zeichentest würde als Testgröße die *Anzahl* $k = 3$ der in Abbildung 12 unten stehenden Bäumchen verwenden. Benutzt man statt dessen die *Summe* S_- *der Rangzahlen der unten stehenden Bäumchen* als Testgröße, so erhält man den *Vorzeichen-Rangtest von Wilcoxon*.
Wie bereits beim Zeichentest, ist es auch hier zweckmäßig, die Testgröße zu normieren, d.h. den Erwartungswert $E[S_-|H_0]$ ($=$ bei Richtigkeit von H_0 erwarteter Wert von S_-) zu subtrahieren.
Da stets
$$S_- + S_+ = 1 + 2 + \ldots + n = \frac{n(n+1)}{2}$$
ist, und im Falle der Richtigkeit der Nullhypothese S_- und S_+ die gleiche Verteilung besitzen, so erhält man mit Hilfe von (2.14)
$$E[S_-|H_0] = \frac{n(n+1)}{4} \ ;$$
d.h. man benutzt sinnvollerweise als

Testgröße des Vorzeichen-Rangtests:
$$S = S_- - \frac{n(n+1)}{4} \ ;$$
sie hat im vorliegenden Beispiel den Wert
$$S = (1 + 2 + 4,5) - \frac{10 \cdot 11}{4} = -20 \ .$$

Bei zweiseitiger Fragestellung wird die Nullhypothese genau dann abgelehnt, wenn diese Testgröße S, die bei Richtigkeit von H_0 den Erwartungswert 0 besitzt,

„zu groß" ausfällt, d.h. falls $|S| \geq c_\beta$ ausfällt und c_β eine geeignet zu bestimmende zweiseitige Testschranke zur Sicherheitswahrscheinlichkeit β ist. Wegen $c_{95\%} = 19,5$ (s. Tabelle am Schluß des Buches) und also $|S| \geq c_{95\%}$ lautet also das Testergebnis: **Die eingangs formulierte Nullhypothese kann bei Zugrundelegung einer Sicherheitswahrscheinlichkeit von 95% abgelehnt werden.**

Offensichtlich kann man diesen Vorzeichen-Rangtest auch einseitig anwenden, etwa zum Testen der Nullhypothese, daß „Behandlungs"-Methode A durchschnittlich höchstens so große Werte liefert wie „Behandlungs"-Methode B. Diese Nullhypothese würde man genau dann ablehnen, wenn S_- „zu klein" bzw. S „zu stark negativ" ausfällt, d.h. falls $S \leq -c_\beta^*$ ausfällt, wobei c_β^* eine geeignete einseitige Testschranke ist.

Im Hinblick auf eine geeignete Präzisierung der Fragestellung soll die Frage beantwortet werden, was mit Hilfe des durchgeführten Testverfahrens im einzelnen geprüft wird. Neben der Prüfung, ob der Zentralwert der gepaarten Differenz ξ Null ist, wurde offensichtlich auch geprüft, ob ξ symmetrisch zu Null verteilt ist, d.h. ob für jedes $x > 0$ gilt:

$$W(\xi < -x) = W(\xi > +x) \;;$$

denn die benutzte Testgröße reagiert offenbar auch auf Symmetrieverletzungen: in unserem numerischen Beispiel rührt der sehr große Wert der Testgröße $|S|$ offensichtlich nicht nur daher, daß die Anzahl der drei Minus-Zeichen (= drei unten stehende Bäumchen) gemessen am Erwartungswert 5 „zu klein" ist, sondern vor allem daher, daß diese drei Minus-Zeichen ausschließlich zu relativ kleinen Rangzahlen gehören. Will man sich diese Reaktion von S auf Symmetrieverletzung noch schärfer verdeutlichen, so denke man sich das Stichprobenergebnis der Abbildung 12 derart abgeändert, daß unten und oben je genau fünf Bäumchen stehen, aber die fünf unteren Bäumchen die kleinen Rangzahlen 1,2,...,5 besitzen. Dieses Stichprobenergebnis enthält nicht den geringsten Hinweis auf eine Abweichung des tatsächlichen Zentralwertes vom hypothetischen Wert 0 – dementsprechend ist die Testgröße $k - \frac{n'}{2}$ des Zeichentests 0 – und trotzdem fällt die Testgröße S bzw. $|S|$ relativ groß aus, nämlich zu $S = -12,5$; sie reagiert auf Unsymmetrie. □

Im Hinblick auf den Vergleich der verschiedenen Tests zum Vergleich zweier „Behandlungs"-Methoden sei noch angefügt die

Behandlung von Beispiel 3.8 mittels Zeichentest und t-Test:

Zeichentest:
Die erforderliche Testschranke erhält man nach (3.71) (vgl. Beispiel 3.6) zu $k_{95\%} = 3$. Wegen $\left|k - \frac{n'}{2}\right| = |3 - 5| = 2$ und also $\left|k - \frac{n'}{2}\right| < k_{95\%}$ erhält man: Nicht-Ablehnung der Nullhypothese bei $\beta = 0,95$.

Ein anderer Weg zu diesem Testergebnis: Falls man H_0 aufgrund des erhaltenen Wertes $k = 3$ ablehnte, so benutzte man als *Kritische Region* offenbar die k-Werte mit $k \leq 3$ sowie (wegen zweiseitiger Fragestellung) die zugehörigen

3.4. TESTEN VON HYPOTHESEN (SIGNIFIKANZTESTS)

symmetrischen Werte $k \geq 10 - 3 = 7$; d.h. die **zu akzeptierende Irrtumswahrscheinlichkeit** betrüge

$$2 \cdot W(k \leq 3 | W(-) = 0,5) = 2 \cdot \frac{\binom{10}{0} + \binom{10}{1} + \binom{10}{2} + \binom{10}{3}}{2^{10}} = 0,34, \quad (3.78)$$

also Nicht-Ablehnung von H_0 bei $\beta = 0,95$.

t-Test:
Da der *t*-Test bei Normalverteilungsvoraussetzung das einschlägig optimale Testverfahren ist, also die Wahrscheinlichkeit für den „Fehler" 2. Art kleiner ist als beim Vorzeichen-Rangtest, so wird man wohl Ablehnung von H_0 bei $\beta = 0,95$ erwarten, da ja sogar der Vorzeichen-Rangtest zu Ablehnung geführt hat. Trotzdem erhält man hier: Nicht-Ablehnung von H_0 bei $\beta = 0,95$, da sich $t = +2,24$ ergibt und $t_{95\%} = 2,26$ ist. Dieses aus didaktischen Gründen so eingerichtete Ergebnis soll einen Hinweis darauf geben, daß der Vorzeichen-Rangtest eine bemerkenswert große Wirksamkeit besitzt. Ein Untersuchungsergebnis hierzu lautet:

Die *asymptotische Wirksamkeit des Vorzeichen-Rangtests von Wilcoxon* relativ zum *t*-Test beträgt $\frac{3}{\pi} \stackrel{\wedge}{=} 95,5\%$ (s. *Lehmann* (1975), S. 171ff, vgl. asymptotische Wirksamkeit des Zeichentests am Schluß von 3.4.3.1).

Nach der Veranschaulichung mittels Beispiel 3.8 folgt die

Formulierung des Vorzeichen-Rangtests und seiner Fragestellungen im mathematischen Modell:

Sei ξ eine zufällige Variable mit stetiger Verteilungsfunktion und dem (numerisch unbekannten) Zentralwert z. Dann läßt sich aufgrund einer Zufallsstichprobe von n Meßwerten $x_1, \ldots, x_n$ zu dieser zufälligen Variablen ξ mit Hilfe des Vorzeichen-Rangtests von *Wilcoxon* die Nullhypothese testen, daß folgende Aussagen zugleich zutreffen:

1. ξ ist symmetrisch zu z verteilt.

2. ξ besitzt den Zentralwert z_0, wobei z_0 ein vorgegebener Wert ist; d.h. die Nullhypothese lautet:

$$H_0 : W(\xi \leq z - x) = W(\xi \geq z + x) \quad \text{für jedes } x > 0 \quad (3.79)$$

und

$$z = z_0. \quad (3.80)$$

Als Alternativhypothese soll zunächst die sog. Omnibus-Alternative „$H_1 : H_0$ falsch" zugrunde gelegt werden (s. Ausführungen nach (3.20')). Besonders wichtig ist die Formulierung von Alternativen im Hinblick auf einseitige Fragestellungen. Hinweise dazu werden anläßlich der Beschreibung der verschiedenen Anwendungsvarianten des Vorzeichen-Rangtests gegeben werden.

Testvorschrift des Vorzeichen-Rangtests von *Wilcoxon*:

Man bilde $x_i - z_0$ für $i = 1, \ldots, n$ und bestimme die Rangzahlen $r_1, \ldots, r_n$ der Beträge $|x_i - z_0|$. Als Testgröße berechne man

$$S = S_- - \frac{n(n+1)}{4}, \qquad (3.81)$$

wobei

$$S_- = \sum_{\substack{i \text{ mit} \\ x_i < z_0}} r_i \;\; = \text{Summe der } r_i, \text{ die zu negativen } x_i - z_0 \text{ gehören}.$$

Die Nullhypothese (3.79), (3.80) wird genau dann bei Zugrundelegung der Sicherheitswahrscheinlichkeit β abgelehnt, falls

$$|S| \geq c_\beta$$

ausfällt, wobei c_β die zweiseitige Testschranke des Vorzeichen-Rangtests zur Sicherheitswahrscheinlichkeit β ist (s. nachfolgende „Berechnung der Testschranken" und die Tabelle am Schluß des Buches). •

Anwendungsvarianten des Vorzeichen-Rangtests:

Anwendungsvariante 1: *Verbundene Stichprobe*

Die wichtigste Form der Anwendung des Vorzeichen-Rangtests, nämlich den Vergleich zweier „Behandlungs"-Methoden (s. Beispiel 3.8) erhält man als Spezialfall, indem man in (3.79) als ξ die gepaarte Differenz $\xi_A - \xi_B$ einer verbundenen Stichprobe wählt und in (3.80) als hypothetischen Zentralwert $z_0 = 0$ benutzt. In diesem Fall kann man die beiden Teilaussagen (3.79) und (3.80) von H_0 sinnvollerweise zusammenfassen, d.h. der Vorzeichen-Rangtest prüft in diesem Fall die Nullhypothese

H_0 : *die gepaarte Differenz $\xi = \xi_A - \xi_B$ ist symmetrisch zu 0 verteilt.*

Für manche Anwendungssituationen ist die folgende Erweiterung dieses Modells interessant: Man kann zulassen, daß die an den n Merkmals-Paaren meßbaren gepaarten Differenzen nicht für alle Paare die gleiche Verteilung besitzen, d.h. man kann auch die Nullhypothese prüfen, daß alle n gepaarten Differenzen $\xi_i = \xi_{A,i} - \xi_{B,i}$ für $i = 1, \ldots, n$ jeweils symmetrisch zu 0 verteilt sind (s. *Lehmann* (1975), S. 161). Dies kann beispielsweise dann interessant sein, wenn Merkmalsträger-Paare im Wege der Versuchsplanung künstlich zusammengefügt werden, z.B. Personen-Paare, bei denen die jeweiligen Paar-Partner gleiche Einkommen beziehen oder in anderer Hinsicht als gut vergleichbar erscheinen, aber die n Paare in verschiedenen Einkommensklassen gebildet werden und die Wirkung der zu vergleichenden „Behandlungs"-Methoden eventuell vom Einkommen abhängt.

3.4. TESTEN VON HYPOTHESEN (SIGNIFIKANZTESTS)

Die hier behandelte Aufgabe, zwei „Behandlungs"-Methoden mit Hilfe eines Rang-Verfahrens zu vergleichen, läßt sich auch für mehr als zwei „Behandlungs"-Methoden behandeln und zwar mit Hilfe des *Tests von Friedman*, s. z.B. *Pfanzagl* (1978).

Anwendungsvariante 2: *Mediantest*

Weiß man bereits, daß ξ symmetrisch zu seinem (unbekannten) Zentralwert oder Median z verteilt ist, d.h. daß (3.79) erfüllt ist, so prüft der Vorzeichen-Rangtest offenbar eine Nullhypothese über den Zentralwert z.

Anwendungsvariante 3: *Symmetrietest*

Weiß man bereits, daß ξ den Zentralwert $z = z_0$ besitzt, d.h. daß (3.80) erfüllt ist, so prüft der Vorzeichen-Rangtest die Symmetrie (3.79) der Verteilung der vorgelegten Zufallsgröße ξ.

Einseitige Fragestellungen und Alternativhypothesen:

Völlig unproblematisch lassen sich Alternativhypothesen für alle Fragestellungen der Anwendungsvariante 2 formulieren:

$$H_0 : z = z_0 \quad \text{gegen die Alternativhypothese} \quad H_1 : z \neq z_0$$

und beispielsweise

$$H_0^* : z \leq z_0 \quad \text{gegen die Alternativhypothese} \quad H_1^* : z > z_0.$$

Für Anwendungsvariante 3 erscheinen einseitige Fragestellungen wenig sinnvoll, während die wichtigste Anwendungsvariante 1 sehr sinnvolle einseitige Fragestellungen zuläßt. Die zugehörigen Alternativen lauten in anschaulicher Form: „Behandlungs"-Methode A liefert „durchschnittlich" größere Werte als „Behandlungs"-Methoden B bzw. umgekehrt.

Im Hinblick auf praktische Anwendungen sind solche anschaulichen Formulierungen völlig ausreichend. Im Hinblick auf den Nachweis wünschenswerter Eigenschaften des Testverfahrens, beispielsweise seiner Unverfälschtheit, sind jedoch mathematische Präzisierungen erforderlich. Verschiedene solcher Präzisierungsmöglichkeiten gibt z.B. *Lehmann* (1975), S. 157ff. Die wichtigste besagt, daß sich die Wirkungen der Methoden A und B lediglich durch eine additive Konstante unterscheiden (sog. *Verschiebungsalternative*).

Man beachte hierbei, daß es bei Rangverfahren nicht sinnvoll wäre, zur Präzisierung von „durchschnittlich größer" den metrischen Begriff Erwartungswert heranzuziehen, denn ein wichtiger Vorzug von Rangverfahren besteht gerade darin, daß die zu untersuchenden Größen lediglich in einer *Ordinal-Skala* meßbar sein müssen, die nur die Reihenfolge der Meßwerte wiedergibt und keine metrischen Eigenschaften besitzt. Somit erscheinen Rangverfahren besonders adäquat etwa bei der Auswertung irgendwelcher Leistungsmessungen (Schulnoten, Examensnoten, etc.), weil in der Regel solche Größen genaugenommen lediglich *ordinal skaliert* sind, obgleich in einer gewissen Form von Praxis ständig einschlägige arithmetische Mittelwerte gebildet und interpretiert werden und damit implizit metrische Eigenschaften unterstellt werden.

Berechnung der Testschranken des Vorzeichen-Rangtests:

1. *Exakte Berechnung anhand des Beispiels* $n = 7$:
   Wie bei jeder Testschranken-Berechnung benötigt man die Verteilungsfunktion der Testgröße für den Fall der Richtigkeit der Nullhypothese, kurz: man muß die *Nullverteilung* von S bzw. S_- berechnen. Dazu macht man davon Gebrauch, daß im Falle der Richtigkeit von H_0 alle $2^7 = 128$ möglichen Verteilungen von Vorzeichen $+$ und $-$ auf die Rangzahlen 1,2,...,7 gleichwahrscheinlich sind. Demnach beträgt beispielsweise die Wahrscheinlichkeit für die spezielle Möglichkeit „alle Vorzeichen Plus" (= alle Bäumchen stehen oben) $\frac{1}{128} = 0,008$; d.h.

$$W(S_- = 0|H_0) = 0,008.$$

Hieraus folgt bereits: Die Kritische Region zur Irrtumswahrscheinlichkeit $\alpha = 0,01$ ist für den zweiseitigen Test leer; denn selbst die kleinstmögliche zweiseitige Kritische Region, die aus dem extrem kleinen S_--Wert 0 und dem zugehörigen extrem großen S_--Wert besteht, führte bereits zu einem Test mit der Irrtumswahrscheinlichkeit $2 \cdot 0,008 = 0,016 > \alpha = 0,01$. (Bei diesem Schluß wurde die leicht erkennbare Symmetrie der Nullverteilung von S_- benutzt.) Man drückt dies kurz so aus:

$$c_{99\%} \text{ existiert nicht.}$$

Anders formuliert: Im Falle $n = 7$ und $\beta = 0,99$ ist $W(\text{„Fehler" 2. Art}) = 1$. Daß solche Fälle existieren, wurde bereits als Beleg dafür herangezogen, daß $W(\text{„Fehler" 2. Art})$ „unkontrolliert groß" werden kann (s. unmittelbar vor (3.17)).

Zur systematischen Berechnung der Nullverteilung von S_- legt man eine Tabelle der 128 möglichen Vorzeichenverteilungen auf die Rangzahlen 1,2,...,7 an:

	Mögliche Vorzeichenverteilung auf die Rangzahlen							
	1	2	3	4	5	6	7	S_-
1. Möglichkeit	+	+	+	+	+	+	+	0
2. Möglichkeit	−	+	+	+	+	+	+	1
3. Möglichkeit	+	−	+	+	+	+	+	2
4. Möglichkeit	+	+	−	+	+	+	+	3
5. Möglichkeit	−	−	+	+	+	+	+	3
6. Möglichkeit	+	+	+	−	+	+	+	4
7. Möglichkeit	−	+	−	+	+	+	+	4
⋮								⋮
128. Möglichkeit	−	−	−	−	−	−	−	28

3.4. TESTEN VON HYPOTHESEN (SIGNIFIKANZTESTS)

Die erforderlichen Werte der Verteilungsfunktion F der Nullverteilung von S_- erhält man in der Form

$$W(S_- \leq x|H_0) = \frac{\text{Anzahl der günstigen „Möglichkeiten" für } S_- \leq x}{128}. \quad (3.82)$$

Da die 128 „Möglichkeiten" in der Tabelle nach steigenden Werten von S_- geordnet werden konnten, so erhält man nach (3.82) folgende Wertetabelle:

x	$F(x) = W(S_- \leq x|H_0)$
0	$1/128 = 0,008$
1	$2/128 = 0,016$
2	$3/128 = 0,023$
3	$5/128 = 0,039$
4	$7/128 = 0,055$

Hieraus liest man folgende Testschranken für die Testgröße $S = S_- - \frac{n(n+1)}{4} = S_- - 14$ ab:

$c_{99\%}$ existiert nicht; denn es ist: $2 \cdot F(0) = 0,016 > 0,01$.

Wegen

$$W(S_- \leq 0|H_0) = 0,008 \leq 0,01, \quad \text{aber} \quad W(S_- \leq 1|H_0) = 0,016 > 0,01$$

wird die einseitige 99%-Schranke durch $S_- = 0$ festgelegt; Umrechnung auf die normierte Testgröße $S = S_- - 14$ ergibt:

$$c^*_{99\%} = |0 - 14| = 14,0.$$

Analog erhält man:

$$c_{95\%} = |2 - 14| = 12,0; \quad c^*_{95\%} = |3 - 14| = 11,0.$$

2. *Approximative Testschranken des Vorzeichen-Rangtests für $n > 25$:*
Berechnet man die Varianz der Nullverteilung von S_- bzw. S, so erhält man

$$\sigma_S^2 = \frac{n(n+1)(2n+1)}{24}.$$

Da sich S als approximativ normalverteilt erweisen läßt, so ist also S/σ_S bei Richtigkeit von H_0 approximativ nach $N(0;1)$ verteilt, d.h. Testschranken für S/σ_S sind die Schranken λ_β und λ^*_β der normierten Normalverteilung. Damit hat man für die tatsächlich benutzte Testgröße S folgende *approximative Testschranken*:

$$c_\beta = \lambda_\beta \sqrt{\frac{n(n+1)(2n+1)}{24}}$$

und
$$c_\beta^* = \lambda_\beta^* \sqrt{\frac{n(n+1)(2n+1)}{24}}$$

wobei λ_β und λ_β^* die durch (3.27) und (3.33) definierten Schranken der Normalverteilung sind.

Der Vergleich mit den exakten Schranken ergibt, daß man für $n > 25$ die Approximation als ausreichend genau ansehen kann.

Bei Vorliegen von Bindungen (Ties) läßt sich diese Approximation in Richtung geringfügig kleinerer Testschranken c_β und c_β^* etwas verbessern, indem man anstelle der vorstehend benutzten Streuung die bei auftretenden Ties sich ergebende wahre Streuung, nämlich

$$\sqrt{\frac{n(n+1)(2n+1)]}{24} - \frac{1}{48}\sum_{k=1}^{m} d_k(d_k - 1)(d_k + 1)}$$

verwendet (*Lehmann* (1975), S. 130), wobei d_k die Anzahl der Werte $|x_i - z_0|$ ist, die an der k-ten Stelle der m besetzten Stellen der Betrags-Skala (vgl. Abb. 12) gebunden sind. (Treten keine Bindungen auf, so ist $m = n$ und $d_k = 1$ für $k = 1,\ldots,n$.) Dabei soll davon ausgegangen werden, daß Werte $|x_i - z_0| = 0$ fortgelassen werden und der Stichprobenumfang entsprechend reduziert wird. Verzicht auf diese Verbesserung bedeutet die Verwendung eines leicht konservativen Verfahrens.

Generelle Eigenschaften von Rangverfahren:

Ein Vorzug aller Rangverfahren besteht zunächst darin, daß mit ihrer Hilfe auch Fragestellungen über lediglich *ordinal skalierte* Untersuchungsgrößen behandelt werden können, bei deren stilreiner Formulierung keine metrischen Begriffe verwendet werden sollten. Dies wurde bereits konkretisiert (s. unmittelbar vor „Berechnung der Testschranken").

Als weiterer Vorteil im Hinblick auf Anwendungen kommt hinzu, daß Rangverfahren im Gegensatz zu den meisten parametrischen Verfahren, wie z.B. dem t-Test, **verteilungsfrei** (= verteilungsunabhängig) sind, d.h. daß für ihre Anwendung keine speziellen Voraussetzungen über die Gestalt der Verteilungsfunktion der zu untersuchenden Größe bzw. der zu untersuchenden Grundgesamtheit erfüllt sein müssen.

In jüngster Zeit findet noch ein weiterer Robustheitsaspekt zunehmend Beachtung (s. *Hartung, Elpelt, Klösener* (1985), S. 861ff). So wird beispielsweise das sonst kaum befriedigend behandelbare Problem sogenannter *Ausreißer* unter den Stichprobenwerten weitgehend entschärft; denn ein solcher aus dem Rahmen (der übrigen Stichprobenwerte) fallender Stichprobenwert geht in das Rangverfahren nur mit einer Rangzahl ein, wie sie bei jedem „ganz normalen" Stichprobenergebnis auch vergeben wird. In der Zeit ihrer ersten Verwendung vor rund 50 Jahren war auch die Einfachheit ihrer rechnerischen Durchführung ein gewichtiger Vorteil gegenüber den einschlägigen klassischen, parametrischen Verfahren.

3.4. TESTEN VON HYPOTHESEN (SIGNIFIKANZTESTS)

Obgleich dieser Gesichtspunkt durch die heutigen Rechenhilfsmittel relativiert ist, so bleibt die Einfachheit und Anschaulichkeit der praktischen Anwendung von Rangverfahren ein wichtiger didaktischer Gesichtspunkt. Allerdings korrespondiert mit der Einfachheit der praktischen Anwendbarkeit ein beträchtlicher Schwierigkeitsgrad bei theoretischen Untersuchungen im Hinblick auf Optimalitätseigenschaften. Dies kommt auch in der vorliegenden Darstellung darin zum Ausdruck, daß solche Optimalitätsuntersuchungen beispielsweise für den *Gauß-Test* relativ bequem zu überraschend „schönen" Resultaten (*gleichmäßig bester Test*) führten, während beim Vorzeichen-Rangtest bereits die mathematische Präzisierung von Nullhypothesen und Alternativhypothesen sich nicht als ganz bequem erwies.

Ganz besonders bemerkenswert ist, daß der „Preis" für die aufgeführten Vorzüge von Rangverfahren unerwartet günstig ausfällt; d.h. ihre Wirksamkeit ist in aller Regel unerwartet groß. Hierfür ist die angegebene asymptotische Wirksamkeit des Vorzeichen-Rangtests (relativ zum t-Test) von 95,5% ein typisches Beispiel.

Übungsaufgaben zum Vorzeichen-Rangtest: Aufgaben Nr. 46 und 57 der „Aufgabensammlung", *Basler* (1991).

3.4.5 Der Zwei-Stichprobentest von *Wilcoxon*

Mit Hilfe des t-Tests, des Zeichentests und des Vorzeichen-Rangtests konnte jeweils u.a. auch über zwei zufällige Variable ξ_A und ξ_B die Nullhypothese der Gleichheit ihrer Verteilungsfunktionen getestet werden, sofern für diese beiden zufälligen Variablen eine *verbundene Stichprobe* vorlag. In der benutzten anschaulichen Sprechweise: Es konnte der Vergleich von zwei „Behandlungs"-Methoden A und B aufgrund einer verbundenen Stichprobe durchgeführt werden. Sowohl im vorliegenden als auch im nachfolgenden Abschnitt 3.4.6 werden Tests vorgestellt, die die Behandlung dieser Frage aufgrund *zweier unabhängiger Stichproben* der Umfänge n_1 und n_2 gestatten und zwar zunächst ein Rangverfahren, nämlich der *Zwei-Stichprobentest von Wilcoxon* (= *Rangsummentest von Wilcoxon* = *U-Test von Mann-Whitney*) und sodann ein parametrisches Verfahren in Form eines t-Tests.

Die beiden zu vergleichenden zufälligen Variablen sollen jetzt mit ξ und η bezeichnet werden. Etwas vergröbernd anschaulich gesprochen prüfen beide Verfahren die folgende *Nullhypothese*:

Es besteht „kein Unterschied" zwischen den beiden Meßgrößen ξ und η.

oder:

Es besteht „kein Unterschied" zwischen den beiden zu untersuchenden Grundgesamtheiten (bzgl. der Meßgrößen ξ und η).

Im Hinblick auf das Rangverfahren des vorliegenden Abschnitts wird diese Nullhypothese präzisiert werden zu (s. (3.85))

H_0 : *Die Verteilungsfunktionen von ξ und η sind identisch* und im Hinblick auf den parametrischen t-Test zu (s. (3.88))

$$H_0 : E[\xi] = E[\eta].$$

Anwendungssituationen:

1. Zunächst können natürlich alle Fragestellungen der nach (3.38) aufgeführten *Anwendungsbeispiele* 1 bis 4 für den Vergleich zweier „Behandlungs"-Methoden aufgrund einer verbundenen Stichprobe unter Einbuße an Wirksamkeit auch in einer Versuchsanlage mit zwei *unabhängigen* Stichproben behandelt werden (s. Erläuterungen im Anschluß an die zitierten *Anwendungsbeispiele*).

2. *Behandlungsgruppe und Kontrollgruppe (Doppel-Blind-Versuche)*. Irgendeine „Behandlungs"-Methode A (z.B. neues Medikament, neue Therapie, neues Produktionsverfahren) soll mit dem Ziel geprüft werden, sich als „besser" als eine „Behandlungs"-Methode B (z.B. herkömmliches Medikament oder auch Placebo, bewährte Therapie oder auch „keinerlei therapeutische Maßnahmen", altes Produktionsverfahren) zu erweisen. Dieser Vergleich kann folgendermaßen angelegt werden: Die Menge der zur Verfügung stehenden Versuchseinheiten, z.B. Versuchspersonen, wird zufällig in eine sog. **Behandlungsgruppe** ($\stackrel{\wedge}{=}$ „Behandlungs"-Methode $A \stackrel{\wedge}{=}$ Meßgröße ξ) und eine sog. **Kontrollgruppe** ($\stackrel{\wedge}{=}$ „Behandlungs"-Methode $B \stackrel{\wedge}{=}$ Meßgröße η) aufgeteilt. Ein Idealfall der Versuchsplanung liegt dann vor, wenn die Zuordnung zu den beiden Gruppen verschlüsselt werden kann und weder den Versuchspersonen noch den mit der Erhebung der Meßwerte befaßten Personen bekannt ist. Man spricht dann von einem **Doppel-Blind-Versuch**. Prinzipiell ist es zwar möglich, für solche Doppel-Blind-Versuche auch verbundene Stichproben zu erheben, aber in der Praxis ist dies seltener realisierbar.

3. *Vergleich zweier Grundgesamtheiten hinsichtlich einer bestimmten Meßgröße.* Beispiel: ξ = Meßwert einer Größe (z.B. Einkommen, IQ-Wert, etc.) an einer zufällig herausgegriffenen Person aus Grundgesamtheit 1, η = Meßwert der gleichen Größe an einer zufällig herausgegriffenen Person aus Grundgesamtheit 2.

Einführung des Zwei-Stichprobentests von *Wilcoxon* anhand von

Beispiel 3.9

Um die Fleischpreise in zwei Großstädten A und B zu vergleichen, wurde ein bestimmtes Fleischsortiment (6 Fleischsorten à 250g) bei $n_1 = 8$ zufällig ausgewählten Fleischereien in A und bei $n_2 = 10$ zufällig ausgewählten Fleischereien in B eingekauft und der jeweilige Preis ermittelt:

Preise für das Sortiment in A (in DM): 22,10; 24,60; 23,90; 19,45;
23,00; 20,50; 23,35; 23,70.

Preise für das Sortiment in B (in DM): 21,60; 23,20; 18,80; 24,35; 21,60;
22,50; 23,00; 19,80; 20,70; 21,15.

3.4. TESTEN VON HYPOTHESEN (SIGNIFIKANZTESTS)

Anhand dieser Stichprobenergebnisse soll bei Zugrundelegung einer Sicherheitswahrscheinlichkeit von 95% die Nullhypothese getestet werden, daß „die Fleischpreise" in beiden Städten nach der gleichen Verteilungsfunktion verteilt sind; anschaulich gesprochen: daß sich „die Fleischpreise" in den beiden Städten nicht unterscheiden.

Zur Durchführung des Tests sollen diese $n_1+n_2 = 18$ Stichprobenwerte zunächst in einer gemeinsamen Werte-Skala als „Bäumchen" markiert werden; und zwar die Stichprobenwerte $x_1, \ldots, x_{n_1}$ aus der ersten Grundgesamtheit (= Fleischereien aus A) oberhalb der Skala und die Stichprobenwerte $y_1, \ldots, y_{n_2}$ unterhalb der Skala (s. Abb. 13).

Aus Abbildung 13 sieht man bereits, daß die Stichprobenwerte aus der ersten Grundgesamtheit durchschnittlich etwas weiter rechts stehen als die Stichprobenwerte aus der zweiten Grundgesamtheit; d.h. die beiden Stichprobenresultate enthalten zum mindesten einen Hinweis darauf, daß die Nullhypothese falsch ist. Um diesen Hinweis quantitativ zu erfassen, numeriert man die $n_1 + n_2$ Stichprobenwerte gemeinsam der Größe nach, also von links nach rechts, mit den Zahlen $1, 2, \ldots, n_1 + n_2$ als *Rangzahlen* (Platzziffern) durch, die in Abbildung 13 bereits eingetragen sind.

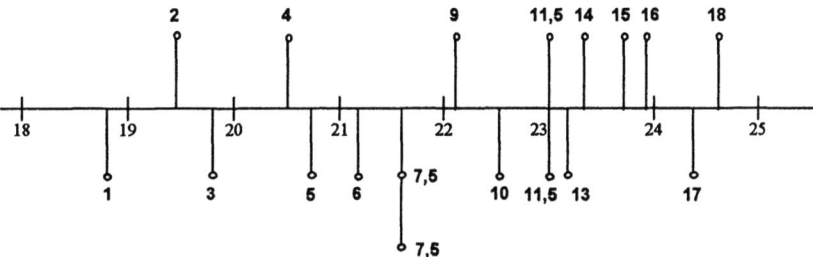

Abb. 13

Die dabei auftretenden zwei Fälle von *Bindungen* (= *Ties*) an den Stellen 21,60 und 23,00 wurden wieder so behandelt wie beim Vorzeichen-Rangtest, d.h. man vergibt an die beteiligten *gebundenen Werte* das arithmetische Mittel der in Frage kommenden Rangzahlen (s. Ausführungen nach Abb. 12).

Seien nun $r_1, \ldots, r_{n_1}$ die Rangzahlen der Stichprobenwerte aus der ersten Grundgesamtheit und $s_1, \ldots, s_{n_2}$ diejenigen der Stichprobenwerte aus der zweiten Grundgesamtheit. Fällt etwa die Summe $\sum r_i$ aller r_i „unerwartet klein" oder „unerwartet groß" aus, so ist dies wieder der bereits angedeutete anschauliche Hinweis auf ein Falschsein der Nullhypothese. Als Testgröße wird man also wieder (ganz ähnlich wie bei allen übrigen bisher behandelten Tests) die Abweichung R der Summe $\sum r_i$ von ihrem unter der Annahme der Richtigkeit von H_0 berechneten Erwartungswert $E[\sum r_i | H_0]$ (= Erwartungswert der Nullverteilung von $\sum r_i$) benutzen, d.h.

$$R = \sum_{i=1}^{n_1} r_i - E\left[\sum r_i | H_0\right].$$

Plausiblerweise muß sich dieser Erwartungswert ergeben als der Anteil $\frac{n_1}{n_1+n_2}$ von der Summe

$$1 + 2 + \ldots + (n_1 + n_2) = \frac{(n_1 + n_2) \cdot (n_1 + n_2 + 1)}{2}$$

aller zu vergebenden Rangzahlen, also zu

$$E\left[\sum r_i | H_0\right] = \frac{n_1}{n_1 + n_2} \cdot \frac{(n_1 + n_2)(n_1 + n_2 + 1)}{2} = \frac{n_1(n_1 + n_2 + 1)}{2}. \quad (3.83)$$

Ein Beweis von (3.83) lautet so: die Ranggröße r_i $(i = 1, \ldots, n_1)$ kann die natürlichen Zahlen von 1 bis $n_1 + n_2$ als mögliche Werte annehmen; alle diese $n_1 + n_2$ möglichen Werte sind bei Richtigkeit der Nullhypothese gleichwahrscheinlich, weshalb

$$\begin{aligned} E[r_i] &= 1 \cdot \frac{1}{n_1 + n_2} + 2 \cdot \frac{1}{n_1 + n_2} + \ldots + (n_1 + n_2) \cdot \frac{1}{n_1 + n_2} = \\ &= \frac{(n_1 + n_2) \cdot (n_1 + n_2 + 1)}{2} \cdot \frac{1}{n_1 + n_2} = \frac{n_1 + n_2 + 1}{2} \end{aligned}$$

ist. Da der Erwartungswert der Summe $\sum_{i=1}^{n_1} r_i$ gleich der Summe der einzelnen Erwartungswerte $E[r_i]$ ist, so ist (3.83) bewiesen.

Damit lautet die Testgröße des Zwei-Stichprobentests von *Wilcoxon*:

$$R = \sum_{i=1}^{n_1} r_i - \frac{n_1(n_1 + n_2 + 1)}{2} \quad (3.84)$$

und die Ablehnvorschrift bei zweiseitiger Fragestellung

$$|R| \geq c_\beta,$$

wobei c_β eine geeignete zweiseitige Testschranke zur Sicherheitswahrscheinlichkeit β bezeichnet.

Im vorliegenden Beispiel 3.9 erhält man (s. Abb. 13):

$$R = 2 + 4 + 9 + 11,5 + 14 + 15 + 16 + 18 - \frac{8 \cdot 19}{2} = +13,5.$$

Da man einer einschlägigen Tabelle $c_{95\%} = 23,0$ entnehmen kann, so lautet also das Testergebnis zu Beispiel 3.9: Die Nullhypothese, daß sich „die Fleischpreise" in A und B nicht unterscheiden, kann nicht abgelehnt werden bei Zugrundelegung einer Sicherheitswahrscheinlichkeit von 95%. □

Nach der Veranschaulichung mittels Beispiel 3.9 folgt die

3.4. TESTEN VON HYPOTHESEN (SIGNIFIKANZTESTS)

Formulierung des Zwei-Stichprobentests von *Wilcoxon* und seiner Fragestellungen im mathematischen Modell:

Seien ξ und η unabhängige zufällige Variable mit den stetigen Verteilungsfunktionen F und G. Aufgrund der Ergebnisse $x_1, \ldots, x_{n_1}$ und $y_1, \ldots, y_{n_1}$ von zwei unabhängigen Zufallsstichproben der Umfänge n_1 und n_2 zu den zufälligen Variablen ξ und η bzw. aus den beiden Grundgesamtheiten, soll bei Zugrundelegung einer Sicherheitswahrscheinlichkeit β die Nullhypothese

$$H_0 : F(x) = G(x) \quad \text{für jedes reelle } x \tag{3.85}$$

gegen die Alternativhypothese

$$H_1 : H_0 \quad \text{falsch}$$

getestet werden.

Diese bereits etwas abschätzig als *Omnibus-Alternative* bezeichnete Formulierung von H_1 (s. Erläuterungen nach (3.20')), ist zwar akzeptabel für etwas biedere Formen von Praxis, aber ungeeignet im Hinblick auf wünschenswerte Testeigenschaften, wie z.B. Unverfälschtheit. Nach Formulierung der Testvorschrift werden adäquatere Formen angegeben und begründet werden können.

Testvorschrift des Zwei-Stichprobentests von *Wilcoxon*:

Als Testgröße berechne man gemäß (3.84)

$$R = \sum_{i=1}^{n_1} r_i - \frac{n_1(n_1 + n_2 + 1)}{2},$$

wobei $r_1, \ldots, r_{n_1}$ die zu den Stichprobenwerten $x_1, \ldots, x_{n_1}$ aus der ersten Grundgesamtheit gehörigen Rangzahlen bedeuten. Die Nullhypothese (3.85) wird genau dann bei Zugrundelegung der Sicherheitswahrscheinlichkeit β abgelehnt, falls

$$|R| \geq c_\beta$$

ausfällt, wobei c_β die zweiseitige Testschranke des Zwei-Stichprobentests zur Sicherheitswahrscheinlichkeit β ist (s. nachfolgende „Berechnung der Testschranken" und die dort gegebenen Hinweise auf Vertafelungen). •

Anmerkungen zum Zwei-Stichprobentest von *Wilcoxon*:

<u>1. Anmerkung:</u> *Äquivalente Testvorschriften und Rechenkontrollen*

Statt der Summe $\sum r_i$ der Rangzahlen der Stichprobenwerte aus der ersten Grundgesamtheit kann man natürlich auch die Summe $\sum s_j$ der Rangzahlen der Stichprobenwerte aus der zweiten Grundgesamtheit als Testgröße verwenden. Dieser Übergang ist gleichbedeutend mit dem Vertauschen der Bezeichnungen „1. Grundgesamtheit" und „2. Grundgesamtheit".

Außerdem folgt aus

$$\sum_{i=1}^{n_1} r_i + \sum_{j=1}^{n_2} s_j = \frac{(n_1 + n_2)(n_1 + n_2 + 1)}{2}$$

für die in der vorliegenden Darstellung benutzte Testgröße R die Form

$$R = \left(\frac{(n_1+n_2)(n_1+n_2+1)}{2} - \sum_{j=1}^{n_2} s_j\right) - \frac{n_1(n_1+n_2+1)}{2} =$$
$$= \frac{n_2(n_1+n_2+1)}{2} - \sum_{j=1}^{n_2} s_j,$$

die man zum Zwecke der Rechenkontrolle neben der Darstellung (3.84) verwenden kann.

Ferner kann man die sog. *Anzahl U der Inversionen* als Testgröße verwenden. Es ist

$$U = \sum_{i=1}^{n_1} U_i,$$

wobei U_i die Anzahl derjenigen y_j ($j = 1, \ldots, n_2$) mit $y_j < x_i$ ist.

Aus Abbildung 13 liest man für das Beispiel 3.9 ab:

$$U = 1 + 2 + 6 + 7,5 + 9 + 9 + 9 + 10 = 53,5.$$

Da sich zwischen U und R die Beziehung

$$U = R + \frac{n_1 n_2}{2} \qquad (3.86)$$

leicht zeigen läßt, so sieht man, daß die Testgrößen U und R zu äquivalenten Tests, d.h. zu identischen Kritischen Regionen führen. (Als Rechenkontrolle kann man für Beispiel 3.9 überprüfen, daß die erhaltenen Werte $R = 13,5$ und $U = 53,5$ die Gleichung (3.86) erfüllen.)

2. Anmerkung: *Test von Kruskal und Wallis*

Der hier behandelte Vergleich von zwei Grundgesamtheiten ist auch für mehr als zwei Grundgesamtheiten mit Hilfe eines Rangverfahrens durchführbar, nämlich mit Hilfe des *Tests von Kruskal und Wallis*, s. z.B. *Pfanzagl* (1978).

3. Anmerkung: *Alternativhypothesen und einseitige Fragestellungen*

Die nach der Nullhypothese (3.85) formulierte Alternative „$H_1 : H_0$ falsch" kann den Eindruck erwecken, daß der Zwei-Stichprobentest geeignet wäre, jede Form des Falschseins von H_0 aufzudecken. Daß dies nicht der Fall ist, kann anhand der in Abbildung 14 eingetragenen Stichprobenergebnisse exemplarisch

3.4. TESTEN VON HYPOTHESEN (SIGNIFIKANZTESTS)

demonstriert werden:

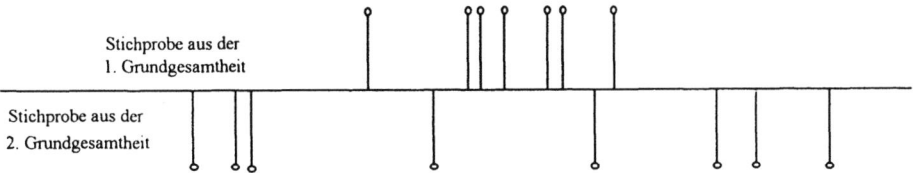

Abb. 14

Die in Abbildung 14 eingetragenen Stichprobenergebnisse enthalten ersichtlich einen deutlichen Hinweis auf ein Falschsein von H_0 – nämlich darauf, daß die erste Grundgesamtheit eine kleinere Varianz besitzt als die zweite Grundgesamtheit –, was jedoch der Zwei-Stichprobentest in keiner Weise bemerkt, denn seine Testgröße R fällt zu Null aus, wie man aus Abbildung 14 sofort „sieht" oder leicht nachrechnet. Die positiv gewendete Lehre aus diesem Beispiel der Abbildung 14 lautet: Der Zwei-Stichprobentest von *Wilcoxon* deckt vor allem solche Abweichungen von der Nullhypothese auf, die darin bestehen, daß die *Meßwerte der einen Grundgesamtheit „durchschnittlich größer" oder „durchschnittlich kleiner" als die der anderen Grundgesamtheit* sind. Solches Falschsein von H_0 soll jetzt zu einer Alternativhypothese H_1 präzisiert werden, wobei bei einem Rangverfahren wieder der metrische Begriff Erwartungswert zu vermeiden ist (s. die einschlägigen Erläuterungen zum Vorzeichen-Rangtest unmittelbar vor „Berechnung der Testschranken").

Eine im Hinblick auf wünschenswerte Testeigenschaften sehr handliche, einfache Präzisierung von „durchschnittlich größer" oder „durchschnittlich kleiner" ist die folgende Alternative zur Nullhypothese (3.85):

$$H_1 : G(x) = F(x + \Delta) \quad \text{für jedes } x \tag{3.87}$$

wobei Δ eine von Null verschiedene feste Zahl, die sog. *Verschiebungskonstante*, ist. Im Falle der oben geschilderten Anwendungssituation „Behandlungsgruppe – Kontrollgruppe" ist Δ ein Maß für die Stärke des Behandlungseffekts.

Anhand von Skizzen von F und G verdeutliche man sich:

$\Delta > 0$ bedeutet: F ist gegenüber G um den Betrag Δ nach rechts verschoben, d.h. die erste Grundgesamtheit (= F-Grundgesamtheit) besitzt durchschnittlich größere Meßwerte als die zweite Grundgesamtheit (= G-Grundgesamtheit).
Man beachte hierbei: für jedes x ist $F(x) \leq G(x)$.

Duale Bedeutung hat: $\Delta < 0$.

Damit sind offensichtlich auch einseitige Alternativen und Testprobleme präzise formulierbar und mit naheliegenden einseitigen Testvorschriften behandelbar.

Wie soeben angemerkt, hat $\Delta > 0$ in (3.87) zur Folge $F(x) \leq G(x)$ für jedes x. Diese letzte Aussage verwendet man in folgender Weise als definierende Eigenschaft in der folgenden

Definition:
Die zufällige Variable ξ heißt genau dann **stochastisch größer** als die zufällige Variable η, wenn für die beiden zugehörigen Verteilungsfunktionen F und G gilt:

$$F(x) < G(x) \quad \text{für mindestens eine reelle Zahl } x \quad \text{und}$$
$$F(x) \leq G(x) \quad \text{sonst.}$$

Mit dieser Definition ist offenbar eine gegenüber (3.87) mit $\Delta > 0$ allgemeinere Präzisierung von „ξ durchschnittlich größer als η" gegeben (s. *Lehmann* (1975), S. 66).

Berechnung der Testschranken des Zwei-Stichprobentests von *Wilcoxon*:

1. **Exakte Berechnung**
   Wenn die beiden Grundgesamtheiten identische Verteilungsfunktionen besitzen, so kann man sich die n_1 zu der Stichprobe aus der 1. Grundgesamtheit gehörenden Rangzahlen $r_1, r_2, \ldots, r_{n_1}$ offensichtlich durch zufälliges Herausgreifen aus den $n_1 + n_2$ überhaupt zu vergebenden Rangzahlen $1, 2, \ldots, n_1 + n_2$ zustande gekommen denken; dafür gibt es $\binom{n_1+n_2}{n_1}$ gleichwahrscheinliche Möglichkeiten. Jede dieser $\binom{n_1+n_2}{n_1}$ Möglichkeiten legt einen Wert der Testgröße R fest. Daher kann man jeden Wert $F(x) = W(R \leq x)$ der Verteilungsfunktion der Testgröße R ausrechnen, indem man unter allen $\binom{n_1+n_2}{n_1}$ möglichen Fällen die Anzahl derer abzählt, deren R zu $R \leq x$ ausfällt und diese Anzahl der „günstigen Fälle" durch die Anzahl $\binom{n_1+n_2}{n_1}$ der möglichen Fälle dividiert. Kennt man aber die Verteilungsfunktion der Testgröße R, so kann man auch die erforderlichen Schranken c_β dieser Verteilungsfunktion ermitteln.

Beispiel 3.10
Exakte Berechnung der Testschranken des Zwei-Stichprobentests für $n_1 = 3, n_2 = 6$

In der folgenden Tabelle sind die Rangzahlen r_i, die zur Stichprobe aus der ersten Grundgesamtheit gehören sollen, mit * gekennzeichnet. Hier gibt es $\binom{9}{3} = 84$ mögliche Wahlen der r_1, r_2, r_3.

3.4. TESTEN VON HYPOTHESEN (SIGNIFIKANZTESTS)

	\multicolumn{9}{c}{Mögliche Rangzahlen}		
	1	2	3	4	5	6	7	8	9	$r_1 + r_2 + r_3$	R
1. Möglichkeit für r_i	*	*	*							6	-9
2. Möglichkeit für r_i	*	*		*						7	-8
3. Möglichkeit für r_i	*		*	*						8	-7
4. Möglichkeit für r_i	*	*			*					8	-7
5. Möglichkeit für r_i	*		*		*					9	-6
⋮										⋮	⋮
83. Möglichkeit für r_i						*		*	*	23	+8
84. Möglichkeit für r_i							*	*	*	24	+9

Aus dieser Tabelle der 84 „Möglichkeiten" (= Elementarereignisse) erhält man folgende (unvollständige) Wertetabelle der Nullverteilung der Testgröße R (vgl. (3.82)):

x	$F(x) = W(R \leq x \mid H_0)$
-9	$1/84 = 0,012$
-8	$2/84 = 0,024$
-7	$4/84 = 0,048$

Hieraus liest man ab:

$c_{99\%}$ existiert nicht;

denn wegen der Symmetrie der Nullverteilung von R ist

$W(|R| \geq 9 \mid H_0) = 2 \cdot W(R \leq -9 \mid H_0) = 0,024 > 0,01;$

d.h. selbst bei Verwendung des größtmöglichen (nicht-trivialen) Schrankenwertes 9 betrüge bei zweiseitiger Anwendung die zu akzeptierende Irrtumswahrscheinlichkeit 0,024.

Auch die einseitige Testschranke $c_{99\%}^*$ existiert nicht, da auch bei einseitiger Anwendung die zu akzeptierende Irrtumswahrscheinlichkeit beim Schrankenwert 9 noch 0,012 betrüge.

Weiter liest man ab:

$c_{95\%} = 8;$ denn es ist $W(|R| \geq 8 \mid H_0) = 2 \cdot 0,024 \leq 0,05,$

aber $W(|R| \geq 7 \mid H_0) = 2 \cdot 0,048 > 0,05.$

$c_{95\%}^* = 7;$ denn es ist $W(R \geq +7 \mid H_0) = W(R \leq -7 \mid H_0) = 0,048 < 0,05,$

aber $W(R \geq +6 \mid H_0) = W(R \leq -6 \mid H_0) \geq \dfrac{5}{84} = 0,060 > 0,05.$

Für Vertafelungen der Testschranken des Zwei-Stichprobentests sei verwiesen auf z.B. *Owen* (1962) oder auch *Pfanzagl* (1983). □

2. **Approximative Testschranken des Zwei-Stichprobentests von *Wilcoxon***

Durch Approximation der Nullverteilung der Testgröße R mittels der Normalverteilung erhält man (vgl. „Approximative Testschranken des Vorzeichen-Rangtests"):

$$c_\beta = \lambda_\beta \sqrt{\frac{n_1 n_2 (n_1 + n_2 + 1)}{12}}$$

und

$$c_\beta^* = \lambda_\beta^* \sqrt{\frac{n_1 n_2 (n_1 + n_2 + 1)}{12}}$$

wobei λ_β und λ_β^* die durch (3.27) und (3.33) definierten Schranken der Normalverteilung sind.

Der Vergleich mit den exakten Schranken ergibt, daß man die Approximation für

$$n_1 + n_2 \geq 30, \quad n_1 \geq 4, \quad n_2 \geq 4$$

als ausreichend genau ansehen kann.

Bei Vorliegen von Bindungen (Ties) läßt sich diese Approximation in Richtung geringfügig kleinerer Testschranken etwas verbessern, indem man die vorstehend verwendete Streuung durch die bei auftretenden Bindungen sich ergebende wahre Streuung, nämlich

$$\sqrt{\frac{n_1 \cdot n_2 (n_1 + n_2 + 1)}{12} - \frac{n_1 \cdot n_2 \sum_{k=1}^{m} (d_k^3 - d_k)}{12(n_1 + n_2)(n_1 + n_2 - 1)}}$$

ersetzt (s. *Lehmann* (1975), S. 20), wobei d_k die Anzahl derjenigen Werte unter den $n_1 + n_2$ Meßwerten ist, die an der k-ten Stelle der m besetzten Stellen der Werte-Skala gebunden sind.

Übungsaufgaben zum Zwei-Stichprobentest: Nr. 3.7 (S. 261) und Nr. 76 der „Aufgabensammlung", *Basler* (1991).

3.4.6 Vergleich der Mittelwerte von zwei Grundgesamtheiten (t-Test für zwei unabhängige Stichproben)

Der darzustellende Test behandelt im wesentlichen die gleiche praktische Fragestellung wie der Zwei-Stichprobentest von *Wilcoxon*. Diese Fragestellung wurde zu Beginn des Abschnitts 3.4.5 bereits ausführlich erläutert und anhand wichtiger „Anwendungssituationen" konkretisiert.

Im Unterschied zum vorangehenden verteilungsfreien Rangverfahren benötigt man jetzt u.a. die *Voraussetzung*, daß die beiden zu vergleichenden zufälligen Variablen ξ und η bzw. die zu vergleichenden Grundgesamtheiten jeweils nach einer *Normalverteilung* verteilt sind. Dafür wird die Wirksamkeit des parametrischen t-Tests etwas größer sein als die des Zwei-Stichprobentests von

3.4. TESTEN VON HYPOTHESEN (SIGNIFIKANZTESTS)

Wilcoxon. Es sei hier schon angeführt: Die *asymptotische Wirksamkeit* des Zwei-Stichprobentests von *Wilcoxon* relativ zum t-Test ist genauso groß wie die des Vorzeichen-Rangtests relativ zum obigen Ein-Stichproben-t-Test, nämlich $\frac{3}{\pi} \stackrel{\wedge}{=} 95,5\%$ (vgl. die asymptotische Wirksamkeit des Zeichentests am Schluß von 3.4.3.1).

Formulierung des Testproblems:

Seien ξ und η nach den Normalverteilungen $N(\mu_1; \sigma_1^2)$ und $N(\mu_2; \sigma_2^2)$ verteilte unabhängige zufällige Variable. Aufgrund der Ergebnisse $x_1, \ldots, x_{n_1}$ und $y_1, \ldots, y_{n_2}$ von zwei unabhängigen Zufallsstichproben der Umfänge n_1 und n_2 zu diesen beiden zufälligen Variablen bzw. aus den beiden Grundgesamtheiten soll bei Zugrundelegung einer Sicherheitswahrscheinlichkeit β die Nullhypothese

$$H_0 : \mu_1 = \mu_2 \qquad (3.88)$$

gegen die Alternativhypothese

$$H_1 : \mu_1 \neq \mu_2$$

getestet werden.

Entwicklung von Testverfahren:

Von vornherein erscheint es zwingend, den Vergleich der *wahren Mittelwerte* μ_1 und μ_2 der beiden Grundgesamtheiten im wesentlichen durch Vergleich der *empirischen Mittelwerte* $\overline{x}$ und $\overline{y}$ der beiden Stichproben durchzuführen; d.h. man wird als Testgröße im wesentlichen $\overline{x} - \overline{y}$ verwenden. Zur Bestimmung geeigneter Testschranken benötigt man die Verteilungsfunktion der Testgröße im Falle der Richtigkeit der Nullhypothese. Dazu läßt sich leicht zeigen:

Im Falle $\mu_1 = \mu_2$ ist $\overline{x} - \overline{y}$ normalverteilt mit dem Mittelwert 0 und der Varianz

$$\frac{\sigma_1^2}{n_1} + \frac{\sigma_2^2}{n_2}. \qquad (3.89)$$

Beweis

$\overline{x}$ und $\overline{y}$ sind nach der vierten Aussage von Satz 3.1 nach $N\left(\mu_1; \frac{\sigma_1^2}{n_1}\right)$ und $N\left(\mu_2; \frac{\sigma_2^2}{n_2}\right)$ verteilt. Berechnet man mit Hilfe von (2.36) und (2.37) die Verteilungsfunktion F von $-\overline{y}$, so erhält man

$$F(x) = W(-\overline{y} \leq x) = W(\overline{y} \geq -x) = \Phi\left(\frac{x - (-\mu_2)}{\sigma_2/\sqrt{n_2}}\right),$$

d.h. $-\overline{y}$ ist – wie anschaulich zu erwarten – nach $N\left(-\mu_2; \frac{\sigma_2^2}{n_2}\right)$ verteilt. Also ist $\overline{x} - \overline{y} = \overline{x} + (-\overline{y})$ als Summe von zwei unabhängigen, normalverteilten zufälligen Variablen nach $N\left(0; \frac{\sigma_1^2}{n_1} + \frac{\sigma_2^2}{n_2}\right)$ verteilt. ♣

Sind also σ_1 und σ_2 numerisch bekannt – was in der Praxis kaum vorkommt –, so hat man mit

$$\frac{\bar{x} - \bar{y}}{\sqrt{\dfrac{\sigma_1^2}{n_1} + \dfrac{\sigma_2^2}{n_2}}} \qquad (3.90)$$

eine im Falle der Richtigkeit der Nullhypothese (3.88) nach der normierten Normalverteilung $N(0;1)$ verteilte Testgröße. Den Test, den man erhält, wenn man für die Testgröße (3.90) die Testschranken λ_β bzw. λ_β^* der (normierten) Normalverteilung verwendet, bezeichnet man als den *Gauß*-Test **für zwei unabhängige Stichproben**.

Analog wie beim Übergang vom *Gauß*-Test zum *t*-Test im Ein-Stichprobenfall in 3.4.2 (s. nach (3.35) „Fall II: σ unbekannt") wird man im anwendungsrelevanten Fall „σ_1 und σ_2 unbekannt" die in der Testgröße (3.90) verwendete wahre Varianz (3.89) durch eine Schätzung ersetzen müssen. Schätzt man (3.89) in der naheliegenden Weise, daß man die wahren Varianzen σ_1^2 und σ_2^2 durch die empirischen Varianzen s_1^2 und s_2^2 der beiden Stichproben (s. Definition 3.2) ersetzt, so wird man aufgrund der Erfahrung aus dem Ein-Stichprobenfall vermuten, daß

$$\frac{\bar{x} - \bar{y}}{\sqrt{\dfrac{s_1^2}{n_1} + \dfrac{s_2^2}{n_2}}} \qquad (3.91)$$

im Falle der Richtigkeit von H_0 nach einer *t*-Verteilung verteilt ist. Diese Vermutung ist jedoch falsch (sog. *Behrens-Fisher-Problem*).

Unter der zusätzlichen Voraussetzung $\sigma_1 = \sigma_2$ läßt sich jedoch beweisen: Im Falle der Richtigkeit der Nullhypothese (3.88) ist die Größe

$$t = \frac{\bar{x} - \bar{y}}{\sqrt{\dfrac{(n_1 + n_2)\left((n_1 - 1)s_1^2 + (n_2 - 1)s_2^2\right)}{n_1 \cdot n_2 (n_1 + n_2 - 2)}}} \qquad (3.92)$$

verteilt nach der *t*-Verteilung mit dem Freiheitsgrad $n_1 + n_2 - 2$. (Für $n_1 = n_2$ rechnet man trivial nach, daß (3.92) mit der anschaulich plausiblen Testgröße (3.91) übereinstimmt.)

Damit hat man folgende

Testvorschriften für den *t*-Test für zwei unabhängige Stichproben:

Über die Mittelwerte μ_1 und μ_2 von zwei normalverteilten Grundgesamtheiten mit gleichen Varianzen bzw. von zwei normalverteilten zufälligen Variablen mit gleichen Varianzen sei die Nullhypothese

$$H_0 : \mu_1 = \mu_2 \qquad gegen \qquad H_1 : \mu_1 \neq \mu_2$$

zu testen.

Dazu berechnet man aus zwei unabhängigen Zufallsstichproben der Umfänge n_1 und n_2 aus diesen Grundgesamtheiten bzw. zu diesen zufälligen Variablen die

3.4. TESTEN VON HYPOTHESEN (SIGNIFIKANZTESTS)

durch (3.92) definierte Testgröße t. Die Nullhypothese H_0 kann genau dann bei Zugrundelegung der Sicherheitswahrscheinlichkeit β abgelehnt werden (zugunsten der Alternative H_1), falls

$$|t| > t_\beta$$

ausfällt.

Die Nullhypothesen der beiden einseitigen Fragestellungen, nämlich

$$H_0^*: \mu_1 \leq \mu_2 \quad bzw. \quad H_0^{**}: \mu_1 \geq \mu_2$$

können genau dann bei Zugrundelegung der Sicherheitswahrscheinlichkeit β abgelehnt werden, falls

$$t > +t_\beta^* \quad bzw. \quad t < -t_\beta^*$$

ausfällt. Dabei sind t_β und t_β^* die durch (3.36) und (3.37) definierten zweiseitigen und einseitigen $100\beta\%$-Schranken der t-Verteilung zum Freiheitsgrad $n_1 + n_2 - 2$. •

Numerisches Beispiel: Man behandle die Fragestellung des Beispiels 3.9 nunmehr mit Hilfe des t-Tests.

Lösung: Man erhält $\bar{x} = 22,575$, $\bar{y} = 21,670$, $s_1^2 = 3,171$, $s_2^2 = 2,771$ und damit $t = +1,11$. Wegen $t_{95\%} = 2,12$ und also $|t| \leq t_{95\%}$ kann die Nullhypothese, daß sich die Mittelwerte der Fleischpreise in A und B nicht unterscheiden, nicht abgelehnt werden bei Zugrundelegung einer Sicherheitswahrscheinlichkeit von 95%.

Anmerkungen und Ergänzungen zum t-Test für zwei unabhängige Stichproben:

1. **Anmerkung:** *Näherungsverfahren von Welch*

Die Frage, ob die Voraussetzung der Varianzgleichheit erfüllt ist, läßt sich bei erfüllter Normalverteilungsvoraussetzung sehr einfach mit Hilfe eines *F-Tests* mit $\frac{s_1^2}{s_2^2}$ als Testgröße prüfen, s. z.B. *Pfanzagl* (1983), S. 197f. Muß man aufgrund einer solchen Prüfung oder aufgrund anderer Vorkenntnisse davon ausgehen, daß Varianzgleichheit nicht erfüllt ist, so kann man die Testgröße (3.92) durch (3.91) ersetzen und als Testschranken die Schranke der t-Verteilung verwenden, deren Freiheitsgrad die größte ganze Zahl ist, die kleiner oder gleich

$$\frac{\left(\dfrac{s_1^2}{n_1} + \dfrac{s_2^2}{n_2}\right)^2}{\dfrac{s_1^4}{n_1^2(n_1-1)} + \dfrac{s_2^4}{n_2^2(n_2-1)}} \qquad (3.93)$$

ist (*Näherungsverfahren von Welch*). (Für $n_1 = n_2 = n$ und $s_1 = s_2$ stimmt dieser Freiheitsgrad mit dem beim exakten t-Test zu benutzenden Freiheitsgrad $n_1 + n_2 - 2$ überein.)

Da sich für größere Stichprobenumfänge und damit größere Freiheitsgrade die Schranken der t-Verteilung praktisch nicht von den Schranken der Normalverteilung unterscheiden, so ist also das Näherungsverfahren von *Welch* identisch mit der approximativen Verwendung des *Gauß*-Tests, die man erhält, wenn man in dessen Testgröße (3.90) die wahren Varianzen mittels der empirischen Varianzen approximiert.

2. Anmerkung: *Vergleich von mehr als zwei Mittelwerten*

Der hier behandelte Vergleich von zwei Grundgesamtheiten ist auch für mehr als zwei normalverteilte Grundgesamtheiten bei Varianzgleichheit durchführbar, nämlich mit Hilfe der sog. **Einfachen Varianzanalyse**, s. z.B. *Pfanzagl* (1983), S. 223ff.

3. Anmerkung: *Robustheit*

Zunächst gelten die nach (3.37) angestellten Überlegungen zur Robustheit des Ein-Stichproben-*Gauß*-Tests auch für den Zwei-Stichproben-*Gauß*-Test mit der Testgröße (3.90). Auch der dort angegebene Literaturhinweis betrifft die vorliegende Fragestellung. Hauptsächlich für den vorliegenden t-Test stellt *Bortz* (1985), S. 171f für Praktiker formulierte Robustheitsaussagen zusammen. Im übrigen gilt natürlich: Bei gravierenden Bedenken hinsichtlich des Erfülltseins der Voraussetzungen für die Anwendung des *t-Tests für zwei unabhängige Stichproben* benutze man den verteilungsfreien *Zwei-Stichprobentest von Wilcoxon*.

Übungsaufgabe: Nr. 76 der „Aufgabensammlung", *Basler* (1991).

3.4.7 Unabhängigkeitstests mit Hilfe von Korrelationskoeffizienten

3.4.7.1 Unabhängigkeitstest mit Hilfe des Korrelationskoeffizienten von *Bravais*

Bereits bei der Definiton (2.79) des *Bravaisschen Korrelationskoeffizienten* r für eine verbundene Zufallsstichprobe (2.78) wurde ausführlich erläutert (s. S. 139), daß die Berechnung von r vor allem dazu dient zu prüfen, ob zwei zufällige Variable ξ und η *statistisch unabhängig* sind. Zu diesem Zweck testet man über den wahren Korrelationskoeffizienten ρ der Grundgesamtheit die Nullhypothese

$$H_0 : \rho = 0,$$

denn wenn diese Nullhypothese abgelehnt werden kann, so ist damit zugleich die Nullhypothese der Unabhängigkeit der beiden zufälligen Variablen abgelehnt. (Aus Unabhängigkeit folgt $\rho = 0$.) Diese Nullhypothese läßt sich unter der Voraussetzung testen, daß jede der beiden auf ihre Abhängigkeit zu untersuchenden Zufallsgrößen nach einer *Normalverteilung* verteilt ist; denn es läßt sich beweisen:
Die Größe

$$t = \frac{r}{\sqrt{1 - r^2}} \sqrt{n - 2}$$

3.4. TESTEN VON HYPOTHESEN (SIGNIFIKANZTESTS)

ist, falls ξ und η unabhängig und normalverteilt sind, nach der t-Verteilung mit dem Freiheitsgrad $n-2$ verteilt. Damit lautet die

Testvorschrift:

Es sei die Nullhypothese zu testen, daß die normalverteilten zufälligen Variablen ξ und η statistisch unabhängig sind. Dazu berechne man aus einer verbundenen Zufallsstichprobe

$$(x_1, y_1), \ldots, (x_n, y_n)$$

vom Umfang n zunächst den Bravaisschen **Korrelationskoeffizienten** r *(2.79) und sodann*

$$t = \frac{r}{\sqrt{1-r^2}}\sqrt{n-2} \qquad (3.94)$$

als Testgröße.
Die Nullhypothese kann genau dann bei Zugrundelegung der Sicherheitswahrscheinlichkeit β abgelehnt werden, falls

$$|t| > t_\beta$$

ausfällt.
Die Nullhypothesen der beiden einseitigen Fragestellungen, nämlich

$$H_0^* : \xi, \eta \text{ unabhängig oder negativ korreliert}$$

bzw.

$$H_0^{**} : \xi, \eta \text{ unabhängig oder positiv korreliert}$$

können jeweils bei Zugrundelegung der Sicherheitswahrscheinlichkeit β genau dann abgelehnt werden, falls

$$t > +t_\beta^* \quad bzw. \quad t < -t_\beta^*$$

ausfällt. Dabei sind t_β und t_β^* die durch (3.36) und (3.37) definierten zweiseitigen und einseitigen $100\beta\%$-Schranken der t-Verteilung mit dem Freiheitsgrad $n-2$ (s. Tabelle am Schluß des Buches). •

Numerisches Beispiel: Aufgabe 3.3 (S. 260).

Anmerkung: Das Testverfahren ist sehr robust gegenüber Verletzungen seiner Normalverteilungsvoraussetzung.

3.4.7.2 Unabhängigkeitstest mit Hilfe des Rang-Korrelationskoeffizienten von *Spearman*

Man kann die Unabhängigkeitshypothese des vorigen Abschnitts auch mit Hilfe eines Rangverfahrens testen, nämlich mit Hilfe des *Rang-Korrelationskoeffizienten von Spearman* als Testgröße. Um sicherzustellen, daß bei der erforderlichen Vergabe von Rangzahlen „nicht allzu viele Bindungen (Ties)" auftreten, benötigt man die Voraussetzung, daß die Verteilungsfunktionen der auf Unabhängigkeit zu untersuchenden zufälligen Variablen „*näherungsweise stetig*" sind.

Den *Spearman*schen Rang-Korrelationskoeffizienten ρ_S erhält man für ein Stichprobenergebnis
$$(x_1, y_1), \ldots, (x_n, y_n),$$
indem man von diesen n Werte-Paaren zu den zugehörigen n Rangzahl-Paaren
$$(p_1, q_1), \ldots, (p_n, q_n)$$
übergeht – wobei p_i die Rangzahl von x_i und q_i die Rangzahl von y_i bezeichnet – und für diese n Rangzahl-Paare den *Bravais*schen Korrelationskoeffizienten berechnet, d.h. man benutzt folgende

Definition:
Der Rang-Korrelationskoeffizient ρ_S von Spearman des Stichprobenergebnisses $(x_1, y_1), \ldots, (x_n, y_n)$ ist der für die zugehörigen Rangzahl-Paare $(p_1, q_1), \ldots, (p_n, q_n)$ berechnete Korrelationskoeffizient von Bravais, d.h. es ist

$$\rho_S = \frac{\sum\limits_{i=1}^{n}(p_i - \overline{p})(q_i - \overline{q})}{\sqrt{\sum\limits_{i=1}^{n}(p_i - \overline{p})^2 \cdot \sum\limits_{i=1}^{n}(q_i - \overline{q})^2}}. \tag{3.95}$$

Dieser Ausdruck (3.95) läßt sich im Hinblick auf seine numerische Berechnung auf folgende Weise erheblich vereinfachen: zunächst kann man die arithmetischen Mittel $\overline{p}$ und $\overline{q}$ der Rangzahlen p_i und q_i ein für allemal ausrechnen, da sie nicht mehr zufallsabhängig sind, sondern lediglich das arithmetische Mittel der Zahlen $1, 2, \ldots, n$ darstellen; d.h. es ist $\overline{p} = \overline{q} = \frac{n+1}{2}$.

Analog erhält man durch einfache Rechnung:

$$\sum_{i=1}^{n}(p_i - \overline{p})^2 = \sum_{i=1}^{n}(q_i - \overline{q})^2 = \frac{n(n+1)(n-1)}{12} \tag{*}$$

und

$$\sum_{i=1}^{n}(p_i - \overline{p})(q_i - \overline{q}) = \frac{n(n+1)(n-1)}{12} - \frac{\sum\limits_{i=1}^{n}(p_i - q_i)^2}{2}. \tag{**}$$

Einsetzen von (*) und (**) in (3.95) ergibt folgende *einfache Form* des **Rang-Korrelationskoeffizienten von** *Spearman*:

$$\rho_S = 1 - \frac{6 \sum\limits_{i=1}^{n}(p_i - q_i)^2}{n(n+1)(n-1)}. \tag{3.96}$$

Einige Eigenschaften des Rang-Korrelationskoeffizienten von Spearman:

1. Da ρ_S als ein *Bravais*scher Korrelationskoeffizient definiert wurde, gilt also auch für ρ_S stets
$$-1 \leq \rho_S \leq +1.$$

3.4. TESTEN VON HYPOTHESEN (SIGNIFIKANZTESTS)

2. Aus (3.96) sieht man sofort:

$$\rho_S = +1 \quad \Leftrightarrow \quad p_i = q_i \quad \text{für alle } i,$$

d.h. $\rho_S = +1$ bedeutet, wie für ein Zusammenhangsmaß anschaulich zu erwarten, *strikte Gleichläufigkeit* der Rangzahlen der Meßwert-Paare (kleinster ξ-Wert gepaart mit kleinstem η-Wert, etc.).

Analog läßt sich zeigen:

$$\rho_S = -1 \quad \Leftrightarrow \quad p_i = n + 1 - q_i,$$

d.h. $\rho_S = -1$ bedeutet *strikte Gegenläufigkeit* der Rangzahlen der Meßwert-Paare (s. auch S. 138 nach (2.77)).

Testvorschriften für einen Unabhängigkeitstest mit Hilfe des *Spearman*schen Rang-Korrelationskoeffizienten:

Es sei die Nullhypothese zu testen, daß die nach stetigen Verteilungsfunktionen verteilten zufälligen Variablen ξ und η statistisch unabhängig sind. Dazu berechne man aus einer Zufallsstichprobe vom Umfang n den Rang-Korrelationskoeffizienten ρ_S von Spearman nach (3.96). Die Nullhypothese kann genau dann bei Zugrundelegung der Sicherheitswahrscheinlichkeit β abgelehnt werden, falls

$$|\rho_S| \geq \rho_\beta$$

ausfällt.
Die Nullhypothesen der beiden einseitigen Fragestellungen, nämlich

$$H_0^* : \xi, \eta \text{ unabhängig oder negativ korreliert}$$

bzw.

$$H_0^{**} : \xi, \eta \text{ unabhängig oder positiv korreliert}$$

können jeweils genau dann bei Zugrundelegung der Sicherheitswahrscheinlichkeit β abgelehnt werden, falls

$$\rho_S \geq +\rho_\beta^* \quad \text{bzw.} \quad \rho_S \leq -\rho_\beta^*$$

ausfällt, wobei ρ_β und ρ_β^* die zweiseitigen und einseitigen Testschranken des Spearmanschen Rang-Korrelationskoeffizienten zur Sicherheitswahrscheinlichkeit β sind (s. nachfolgende „Berechnung der Testschranken" und die Tabelle am Schluß des Buches.) •

Beispiel 3.11
In einem Betrieb wurden bei sieben Auszubildenden jeweils die Größen

$$\xi = Punktzahl\ einer\ Leistungsbewertung\ im\ Betrieb$$

und

$$\eta = Schulnotendurchschnitt$$

ermittelt:

Person Nr. i	1	2	3	4	5	6	7
$x_i = \xi$-Meßwert bei Nr. i	61	79	82	71	66	89	71
$y_i = \eta$-Meßwert bei Nr. i	3,6	3,2	2,9	3,4	4,3	2,3	2,8
p_i = Rangzahl von x_i	1	5	6	3,5	2	7	3,5
q_i = Rangzahl von y_i	6	4	3	5	7	1	2

Untersuchungsziel ist der statistische Beweis der Vermutung, daß Schulnoten und Leistungen im Betrieb in der Weise „positiv korreliert" sind, daß gute Schulnoten mit guten Leistungen im Betrieb einhergehen.

Lösung: Da im Gegensatz zu Schulnoten bei einer Punktbewertung guten Leistungen große Meßwerte (= Punktzahlen) zugeordnet werden, so besteht das Untersuchungsziel im Nachweis einer formal negativen Korrelation, d.h. die zu testende Nullhypothese lautet:

$$H_0^* : \xi, \eta \text{ unabhängig oder positiv korreliert.}$$

Da in der Tabelle der Stichprobenwerte die zugehörigen Rangzahlen p_i und q_i bereits eingetragen sind, so erhält man sofort:

$$\sum_{i=1}^{n}(p_i - q_i)^2 = 100,5$$

und nach (3.96)

$$\rho_S = 1 - \frac{6 \cdot 100,5}{7 \cdot 8 \cdot 6} = -0.795.$$

Wegen $\rho_{95\%}^* = 0,714$ (s. Tabelle) und also $\rho_S \leq -\rho_{95\%}^*$, ist der gewünschte Nachweis bei Zugrundelegung einer Sicherheitswahrscheinlichkeit von 95% gelungen.

Berechnet man ρ_S nach (3.95), so erhält man überraschenderweise einen etwas anderen Wert als nach (3.96) nämlich $\rho_S = -0,811$. Dies liegt daran, daß bei der Umformung von (3.95) in (3.96) aufgrund der vorausgesetzten Stetigkeit der Verteilungsfunktionen davon ausgegangen wurde, daß keine Bindungen auftreten, während in Beispiel 3.11 eine Bindung auftritt. In solchen Fällen benutzt man üblicher- und sinnvollerweise den Rang-Korrelationskoeffizienten von *Spearman* in der vereinfachten Form (3.96). Der Grund dafür ist, daß die Nullverteilung von (3.96) bei Vorliegen von Bindungen bequemer beherrschbar ist als die Nullverteilung von (3.95). □

Zur kausalen Deutung eines (nachgewiesenen) statistischen Zusammenhangs:

Statistische Abhängigkeit zweier Größen braucht keineswegs zu bedeuten, daß eine Änderung der einen Größe eine Änderung der anderen *direkt kausal bewirkt*. Ein Beispiel hierfür ist offensichtlich der in Würzburg gelegentlich nachgewiesene statistische Zusammenhang „je länger die Studiendauer, desto schlechter die Examensnoten". Man bezeichnet solche Korrelationen, bei denen die Möglichkeit zu einer falschen kausalen Deutung offenkundig ist und erkannt wird, oft recht unglücklich als **Scheinkorrelationen**.

3.4. TESTEN VON HYPOTHESEN (SIGNIFIKANZTESTS)

Berechnung der Testschranken für den Rang-Korrelationskoeffizienten von *Spearman***:**

1. *Exakte Berechnung:*
   Da man die Reihenfolge der Rangzahl-Paare (p_i, q_i) des Stichprobenergebnisses stets so wählen kann, daß die p_i in der natürlichen Reihenfolge $1, 2, \ldots, n$ erscheinen, so sieht man, daß es $n!$ (= Anzahl der möglichen Reihenfolgen für die n Rangzahlen $q_1, \ldots, q_n$) *mögliche Stichprobenergebnisse* (= *Elementarereignisse*) gibt.
   Bei Unabhängigkeit von ξ und η sind alle diese $n!$ „Fälle" gleichwahrscheinlich und man erhält die erforderliche Nullverteilung $W(\rho_S \leq x | H_0)$ der Testgröße nach Abzählen der für $\rho_S \leq x$ „günstigen Fälle" unter diesen $n!$ „möglichen Fällen" als *Laplace*-Wahrscheinlichkeit nach (1.5) (vgl. die ausführliche analoge Rechnung für den Vorzeichen-Rangtest nach (3.82)). Eine Tabelle der so berechneten Testschranken ist am Schluß dieses Buches angegeben.

2. *Approximative Testschranken für den Rang-Korrelationskoeffizienten von Spearman:*
   Durch Approximation der Nullverteilung der Testgröße ρ_S mittels der Normalverteilung erhält man:

$$\rho_\beta = \frac{\lambda_\beta}{\sqrt{n-1}} \quad \text{und} \quad \rho_\beta^* = \frac{\lambda_\beta^*}{\sqrt{n-1}} \tag{3.97}$$

wobei λ_β und λ_β^* die durch (3.27) und (3.33) definierten Schranken der Normalverteilung sind. Die Approximationen sind jedenfalls für $n > 20$ ausreichend genau. (Durch Vergleich mit den in der Tabelle ausgedruckten exakten Werten stellt man sogar für kleinere Stichprobenumfänge hervorragende Genauigkeit der Approximationen (3.97) fest.) Falls Bindungen (Ties) auftreten, so läßt sich der auf den Schranken (3.97) basierende Test auf folgende Weise verbessern: Man benutzt im wesentlichen (d.h. abgesehen von einer sogleich noch vorzunehmenden Normierung) statt ρ_S die allein zufallsabhängige Komponente

$$S = \sum_{i=1}^{n}(p_i - q_i)^2 \tag{3.98}$$

aus (3.96) als Testgröße. Die so erhältliche normierte und bei Richtigkeit von H_0 approximativ nach $N(0;1)$ verteilte Testgröße lautet:

$$\frac{S - E[S]}{\sqrt{\sigma_S^2}}, \tag{3.99}$$

wobei sich die unter Annahme der Richtigkeit von H_0 zu berechnenden Parameter $E[S]$ und σ_S^2 ergeben zu (s. *Lehmann* (1975), S. 301f):

$$E[S] = \frac{1}{6}(n^3 - n) - \frac{1}{12}\sum_{i=1}^{r}(d_i^3 - d_i) - \frac{1}{12}\sum_{j=1}^{s}(f_j^3 - f_j) \tag{3.100}$$

$$\sigma_S^2 = \frac{(n-1)n^2(n+1)^2}{36} \left(1 - \frac{\sum_{i=1}^{r}(d_i^3 - d_i)}{n^3 - n}\right) \left(1 - \frac{\sum_{j=1}^{s}(f_j^3 - f_j)}{n^3 - n}\right),$$
(3.101)

wobei d_i die Anzahl derjenigen unter den ξ-Werten $x_1, \ldots, x_n$ der Stichprobe ist, die an der i-ten Stelle der r besetzten Stellen der ξ-Skala gebunden sind. Analog ist f_j für die η-Werte $y_1, \ldots, y_n$ definiert. (Treten keine Bindungen auf, so ist $r = s = n$ und die d_i und f_j sind sämtlich 1.)

Für die Testgröße (3.99) hat man als Testschranken die zweiseitigen bzw. einseitigen Schranken λ_β und λ_β^* der Normalverteilung zu verwenden.

Es läßt sich leicht zeigen (Übungsaufgabe): Falls keine Bindungen auftreten, so ist dieses Testverfahren äquivalent mit der Verwendung der Schranken (3.97) für ρ_S als Testgröße.

Anwendung auf obiges Beispiel 3.11: Für die Parameter (3.100) und (3.101) der Nullverteilung von S erhält man

$$E[S] = \frac{7^3 - 7}{6} - \frac{1}{12}(2^3 - 2) = 56 - 0,5 = 55,5$$

$$\sigma_S^2 = \frac{6 \cdot 7^2 \cdot 64}{36}\left(1 - \frac{2^3 - 2}{7^3 - 7}\right) = 513,33.$$

Mit $S = 100,5$ (s. Beispiel 3.11) erhält man damit für die Testgröße (3.99) den Wert 1,986. Wegen $1,986 > \lambda_{95\%} = 1,960$ könnte man also bei zweiseitiger Fragestellung gerade noch ablehnen bei einer Sicherheitswahrscheinlichkeit von 95%. Mit dem oben erhaltenen Wert $|\rho_S| = 0,795$ und der exakten Testschranke $\rho_{95\%} = 0,786$ (s. Tabelle) erhält man ebenfalls Gerade-Noch-Ablehnung bei $\beta = 0,95$, d.h. trotz des unzulässig kleinen Stichprobenumfangs von $n = 7$ bewährt sich das Näherungsverfahren mittels der Testgröße (3.99) im vorliegenden Beispiel glänzend.

Übungsaufgabe: Nr. 67 der „Aufgabensammlung", *Basler* (1991).

3.4.7.3 Äquivalenz des Unabhängigkeitstests von *Spearman* mit einem Chi-Quadrat-Test in einer Vier-Felder-Tafel

Für die beiden Unabhängigkeitstests mit Korrelationskoeffizienten als Testgrößen wurde prinzipiell vorausgesetzt, daß die Verteilungsfunktionen der auf Unabhängigkeit zu untersuchenden zufälligen Variablen ξ und η stetig sind. In vielen Anwendungsfällen vermag man jedoch nur zu ermitteln, zu welcher Klasse einer Klasseneinteilung $G_1, \ldots, G_r$ der ξ-Werte ein einzelner ξ-Wert x_i gehört und zu welcher Klasse einer Klasseneinteilung $K_1, \ldots, K_s$ der η-Werte der zu x_i gehörige η-Wert y_i gehört. Dieser Fall liegt vor allem dann vor, wenn ξ und η von vornherein lediglich die Zugehörigkeit von Stichprobenelementen zu Klassen

3.4. TESTEN VON HYPOTHESEN (SIGNIFIKANZTESTS)

beschreiben, wie dies im nachfolgenden Beispiel 3.12 der Fall ist. Das Ergebnis einer Zufallsstichprobe vom Umfang n stellt man in solchen Fällen zweckmäßigerweise in einer sog. $r \times s$-*Felder-Tafel* oder *Kontingenztafel* in folgender Form dar.

	K_1	...	K_j	...	K_s
G_1	n_{11}	...	n_{1j}	...	n_{1s}
⋮	⋮		⋮		⋮
G_i	n_{i1}	...	n_{ij}	...	n_{is}
⋮	⋮		⋮		⋮
G_r	n_{r1}	...	n_{rj}	...	n_{rs}

wobei n_{ij} = Anzahl derjenigen Meßwert-Paare unter allen n Meßwert-Paaren ist, deren ξ-Wert zur Klasse G_i und deren η-Wert zur Klasse K_j gehört.

Dabei ergibt die Summe aller dieser „Besetzungszahlen" n_{ij} den Stichprobenumfang n.

Ein Test auf Unabhängigkeit der beiden Klasseneinteilungen einer solchen Kontingenztafel wird in Abschnitt 3.4.8.3 in Gestalt eines χ^2-Tests dargestellt. Im folgenden Beispiel 3.12 soll jedoch für den Spezialfall einer Vier-Felder-Tafel gezeigt werden, daß diese Fragestellung auch mit Hilfe des Rang-Korrelationskoeffizienten von *Spearman* behandelt werden kann, obgleich hierbei extrem viele Bindungen (Ties) auftreten; d.h. das nachfolgende Beispiel zeigt: *Man darf Rangverfahren auch bei Vorliegen extrem vieler Ties anwenden,* wobei dann allerdings die einschlägigen **Tie-Korrekturformeln** von *Lehmann* (1975) (s. z.B. (3.99) bis (3.101)) verwendet werden müssen.

Beispiel 3.12

Rang-Korrelationskoeffizient von Spearman für eine Vier-Felder-Tafel

Im Zwischenprüfungsfach Statistik hatte ein Kandidat an der Universität Würzburg zwei je 2-stündige Klausuren zur Statistik I und zur Statistik II zu schreiben, wobei die Prüfung in diesem Fach genau dann als bestanden galt, wenn der Kandidat in beiden Klausuren jeweils eine mindestens ausreichende Note erzielte.

In einem bestimmten Prüfungstermin wurden 249 Kandidaten mit folgenden Ergebnissen geprüft:

    in Statistik I: .... 49 nicht-ausreichende und
                                                 200 ausreichende Noten,
    in Statistik II: .... 51 nicht-ausreichende und
                                                 198 ausreichende Noten.
    Prüfungsergebnis insgesamt: 66 Kandidaten nicht bestanden,
                                                   183 Kandidaten bestanden.

Darstellung dieses Stichprobenergebnisses in einer **Vier-Felder-Kontingenztafel:**

		Klassen bzgl. Statistik II		
		nicht-ausreichend	ausreichend	
Klassen bzgl.	nicht-ausreichend	34	15	49
Statistik I	ausreichend	17	**183**	**200**
		51	198	**249**

(Die fettgedruckten Besetzungszahlen bzw. Randwerte der Tafel wurden im Stichprobenergebnis direkt angegeben, während die übrigen drei Besetzungszahlen durch Differenzbildungen in der Tafel bestimmt sind.)

Aufgrund dieses Stichprobenergebnisses soll folgende Nullhypothese bei Zugrundelegung einer Sicherheitswahrscheinlichkeit von $99,9\%$ getestet werden:

H_0 : *die Ergebnisse der beiden Teilklausuren sind unabhängig voneinander,*

d.h. die beiden Klasseneinteilungen bzgl. der Ergebnisse zur Statistik I und zur Statistik II sind statistisch unabhängig. (Diese Nullhypothese ist eine Präzisierung der gelegentlich von Studenten geäußerten Vermutung, daß die Teilnahme an Statistik-Klausuren äquivalent mit der Teilnahme an einem Glücksspiel sei. Das nachfolgende Testergebnis widerlegt diese Vermutung gründlich.)

Durchführung des Tests:

Für „Kenner" des einschlägigen χ^2-Tests sei angemerkt, daß die Durchführung des χ^2-Tests trivial ist im Gegensatz zur Berechnung der *Spearman*schen Testgröße (3.99). Die Berechnung des Rang-Korrelationskoeffizienten von *Spearman* wäre auch trivial, wenn für jeden der 249 Kandidaten ein Meßwert-Paar (x_i, y_i) vorläge, wobei x_i das Ergebnis einer möglichst fein abgestuften Punktbewertung der Statistik-I-Klausur des Kandidaten Nr.i wäre und y_i analog für die Statistik-II-Klausur definiert wäre; denn dann könnte die Vergabe der Rangzahlen p_i und q_i wie üblich erfolgen. Hier liegen jedoch für Statistik I und Statistik II jeweils nur zwei „Meßwerte" vor, d.h. die 249 Meßwerte sind an nur zwei Stellen der Meßwerte-Skala gebunden, und zwar gilt für Statistik I:

49 gebundene Werte an der ersten der beiden besetzten Stellen der Skala der Statistik-I-Werte (eine 49fache Bindung) und 200 gebundene Werte an der zweiten besetzten Stelle. Da für die 49 an der ersten Stelle gebundenen Werte als Rangzahlen die Zahlen 1,2,...,49 in Frage kommen, so erhält jeder einzelne dieser 49 Werte den „Mittelrang" (engl. *Midrank*, vgl. Rangzahl-Vergabe nach Abb. 12)

$$\frac{1+2+\ldots+49}{49} = \frac{\frac{49 \cdot 50}{2}}{49} = 25.$$

Mittelrang der 200 an der zweiten besetzten Stelle gebundenen Werte:

$$\frac{(1+\ldots+249) - (1+\ldots+49)}{200} = 149,50$$

3.4. TESTEN VON HYPOTHESEN (SIGNIFIKANZTESTS)

$$\left(\text{Kontrolle: } 49 \cdot 25 + 200 \cdot 149,50 \stackrel{!}{=} \frac{249 \cdot (249+1)}{2}\right).$$

Analog erhält man für Statistik II:

$$51 \text{mal} \quad 26 \quad \text{als Mittelrang}$$
$$198 \text{mal} \quad 150,5 \quad \text{als Mittelrang}.$$

Berechnung von $S = \sum_{i=1}^{249}(p_i - q_i)^2$ (s. (3.98)):

Nach der obigen Vier-Felder-Tafel ist 34mal der Mittelrang 25 bzgl. Statistik I gepaart mit dem Mittelrang 26 bzgl. Statistik II, d.h. die ersten 34 Summanden der insgesamt 249 Summanden von S haben alle den Wert $(25-26)^2$. Insgesamt erhält man auf diese Weise:

$$\begin{aligned}
S &= 34 \cdot (25-26)^2 + 15 \cdot (25-150,5)^2 + 17 \cdot (149,5-26)^2 + \\
&\quad + 183 \cdot (149,50-150,5)^2 = 495759.
\end{aligned}$$

Berechnung der Testgröße (3.99):

Zunächst berechnet man (3.100) und (3.101), nämlich

$$\begin{aligned}
E[S] &= \frac{249^3 - 249}{6} - \frac{(49^3 - 49) + (200^3 - 200)}{12} + \\
&\quad + \frac{(51^3 - 51) + (198^3 - 198)}{12} = \\
&= 1238650,5 \\
\sigma_S^2 &= \frac{248 \cdot 249^2 \cdot 250^2}{36}\left(1 - \frac{(49^3 - 49) + (200^3 - 200)}{249^3 - 249}\right) \\
&\quad \left(1 - \frac{(51^3 - 51) + (198^3 - 198)}{249^3 - 249}\right) = 6,185125 \cdot 10^9.
\end{aligned}$$

Damit erhält man die gesuchte Testgröße (3.99) zu

$$\frac{S - E[S]}{\sigma_S} = \frac{495759 - 1238650,5}{\sqrt{6,185125 \cdot 10^9}} = -9,44607.$$

Dieser Wert ist mit der zweiseitigen 99,9%-Schranke $\lambda_{99,9\%} = 3,291$ der Normalverteilung zu vergleichen.

Wegen $|-9,44607| > \lambda_{99,9\%}$ *kann die Nullhypothese* H_0 *bei Zugrundlegung einer Sicherheitswahrscheinlichkeit von 99,9% abgelehnt werden.*

Bemerkenswert ist, daß diese exzessive Verwendung von Ties explizit zum gleichen Ergebnis geführt hat wie die Verwendung eines einschlägigen χ^2-Tests (s. späteren Abschnitt 3.4.8.3), bei dem man die Testgröße

$$\frac{(n-1)(n_{11} \cdot n_{22} - n_{12} \cdot n_{21})^2}{n_{1.} \cdot n_{2.} \cdot n_{.1} \cdot n_{.2}} = \frac{248(34 \cdot 183 - 15 \cdot 17)^2}{51 \cdot 198 \cdot 49 \cdot 200} = 89,2282$$

verwendet, die bei Richtigkeit von H_0 das Quadrat einer asymptotisch normiert normalverteilten Größe darstellt. Wegen $(-9,44607)^2 = 89,2282$ liegt Äquivalenz vor.

Die hier verwendete Form der Testgröße des χ^2-Tests ist eine nach *van der Waerden* (1971), S. 41ff korrigierte Variante der üblichen Form (3.115).

Die für das vorangehende Zahlenbeispiel gezeigte Äquivalenz der beiden Unabhängigkeitstests läßt sich für beliebige Besetzungszahlen einer Vier-Felder-Tafel beweisen (s. Metrika 35(1988), S. 203-209). □

3.4.8 Chi-Quadrat-Tests

Bei allen drei nachfolgenden χ^2-Tests ist die Testgröße bei Richtigkeit der jeweiligen Nullhypothese approximativ nach einer χ^2-Verteilung verteilt; d.h. die χ^2-Verteilung ist approximative Nullverteilung bei diesen Tests. Deshalb zunächst folgende

Definition:
Es seien $\xi_1, \ldots, \xi_n$ unabhängige zufällige Variable, die alle nach der normierten Normalverteilung $N(0;1)$ verteilt sind; dann heißt die Verteilung der zufälligen Variablen

$$\sum_{i=1}^{n} \xi_i^2 \qquad (3.102)$$

die χ^2-Verteilung zum Freiheitsgrad n.

Einige Eigenschaften der χ^2-Verteilung:

1. Die χ^2-Verteilung ist eine Verteilung von stetigem Typ mit der Dichte

$$g_n(x) = \begin{cases} 0 & \text{für } x \leq 0 \\ \dfrac{1}{2^{n/2} \cdot \Gamma(\frac{n}{2})} \cdot x^{\frac{n}{2}-1} \cdot e^{-\frac{x}{2}} & \text{für } x > 0 \end{cases},$$

wobei Γ die berühmte **Gamma-Funktion** bezeichnet, die eine stetige Fortsetzung der zunächst nur für natürliche Zahlen definierten Fakultätsfunktion $k!$ ist; denn es ist

$$\Gamma(k+1) = k! \qquad \text{für jede natürliche Zahl } k.$$

2. *Mittelwert* und *Varianz* einer nach einer χ^2-Verteilung mit dem Freiheitsgrad n verteilten zufälligen Variablen ξ betragen

$$E[\xi] = n \qquad \text{und} \qquad E[(\xi - n)^2] = 2n.$$

3.4. TESTEN VON HYPOTHESEN (SIGNIFIKANZTESTS)

3.4.8.1 Testen hypothetischer Wahrscheinlichkeiten

Bei einem Versuch sei $K_1, \ldots, K_s$ ein sog. **vollständiges Ereignissystem**, d.h. es seien $K_1, \ldots, K_s$ sich paarweise gegenseitig ausschließende Ereignisse, deren Vereinigung das sichere Ereignis Ω ist.

Für den wichtigen Spezialfall „zufälliges Herausgreifen eines Elementes aus einer endlichen Grundgesamtheit von Elementen" bedeutet dies:

Es ist eine Klasseneinteilung $K_1, \ldots, K_s$ aller Elemente der Grundgesamtheit gegeben, d.h. jedes Element der Grundgesamtheit gehört zu genau einer Klasse der Klasseneinteilung. Die zu untersuchende Fragestellung lautet für diesen Spezialfall: Stimmen die als numerisch unbekannt anzusehenden *Anteile* oder Prozentsätze der Klassen an der Grundgesamtheit mit numerisch vorgegebenen Anteilen oder Prozentsätzen (= *hypothetische Anteile*) überein?

Mit anderen Worten: *Über die unbekannten Wahrscheinlichkeiten $W(K_i)$ ist die Nullhypothese*

$$H_0 : W(K_i) = p_i \quad \text{für } i = 1, \ldots, s \qquad (3.103)$$

zu testen, wobei die p_i vorgegebene Zahlen (= hypothetische Wahrscheinlichkeiten) mit

$$p_i > 0 \quad \text{und} \quad \sum_{i=1}^{s} p_i = 1$$

sind.

Diese Formulierung der Fragestellung ist offensichtlich für beliebige vollständige Ereignissysteme möglich.

Beispiele für Nullhypothesen der Form (3.103):

1. Beispiel:

H_0 : Für die (endliche) Menge Ω der Elementarereignisse eines Versuchs gilt die *Laplace-Voraussetzung*, d.h. alle einelementigen Ereignisse besitzen die Wahrscheinlichkeit $1/|\Omega|$.

Dies bedeutet, daß es jetzt möglich ist, bisher benutzte *Modellannahmen*, wie beispielsweise die der Anwendung aller Urnenmodelle zugrundegelegte *Laplace-Voraussetzung* empirisch zu überprüfen (s. auch Erläuterungen zu Beispiel 5 der Einleitung zum vorliegenden Kapitel 3.4). Speziell ist damit auch empirisch überprüfbar, ob ein bestimmtes Ziehungsverfahren für Stichproben Zufallsstichproben liefert.

2. Beispiel:

H_0 : Das Wahlverhalten einer bestimmten Wahlbevölkerung hat sich seit der letzten Wahl nicht geändert.

Klasseneinteilung ist hier das Parteiensystem (eventuell einschließlich der Nicht-Wähler unter den Wahlberechtigten) bei der letzten Wahl und hypothetische

Wahrscheinlichkeiten sind die auf die einzelnen Parteien seinerzeit entfallenen Anteile.

Zur empirischen Überprüfung der Nullhypothese (3.103) zieht man eine Zufallsstichprobe vom Umfang n, d.h. man führt n *unabhängige Wiederholungen* (s.S. 62) des Versuchs durch und ermittelt für jedes Ereignis K_i die Häufigkeit x_i seines Eintretens bei diesen n Wiederholungen des Basis-Versuchs:

Klasse (Ereignis)	K_1	...	K_i	...	K_s
Klassen-Besetzungszahl	x_1	...	x_i	...	x_s

wobei $x_1 + \ldots x_n = n$ ist.

Bei Richtigkeit der Nullhypothese ist x_i offensichtlich nach der Binomialverteilung $Bi(n; p_i)$ verteilt; d.h. der Erwartungswert der Besetzungszahl x_i beträgt

$$E[x_i|H_0] = np_i . \qquad (3.104)$$

Für den Spezialfall der endlichen Grundgesamtheiten bedeutet dies: Man ermittelt in einer *mit Zurücklegen* gezogenen Zufallsstichprobe von n Elementen aus der Grundgesamtheit die Besetzungszahl x_i für jede Klasse K_i. Im Falle der Richtigkeit von H_0 ist dann x_i deutbar als Anzahl ausgezeichneter Elemente in einer *mit Zurücklegen* gezogenen Zufallsstichprobe aus einer Urne, deren Anteil ausgezeichneter Elemente p_i beträgt; d.h. x_i ist nach $Bi(n; p_i)$ verteilt mit dem Erwartungswert np_i.

Zur weiteren Veranschaulichung: Ist z.B. $p_1 = 0,20$ und $n = 1000$, so wird „jedermann" auch ohne Zuhilfenahme von Mathematik für x_1 den Wert $1000 \cdot 0,2 = 200$ „erwarten", also den Erwartungswert (3.104). Wird die Stichprobe *ohne Zurücklegen* gezogen – was in der Praxis häufig vorkommt – so muß die Faustregel $n \leq N/10$ erfüllt sein, um eine ausreichende Approximationsgenauigkeit der dann vorliegenden hypergeometrischen Verteilung mittels der Binomialverteilung sicherzustellen.

Als Testgröße berechnet man eine gewisse Meßzahl dafür, wie stark die erhaltenen tatsächlichen Besetzungszahlen x_i von den aufgrund der Nullhypothese zu erwartenden Besetzungszahlen np_i abweichen: für jede Klasse K_i berechnet man den Ausdruck

$$\frac{(\text{erwartete Besetzungszahl} - \text{tatsächliche Besetzungszahl})^2}{\text{erwartete Besetzungszahl}} = \frac{(np_i - x_i)^2}{np_i}$$

und addiert die erhaltenen s Zahlen zur Testgröße V auf, d.h. es ist

$$V = \sum_{i=1}^{s} \frac{(np_i - x_i)^2}{np_i} . \qquad (3.105)$$

Da man beweisen kann, daß bei Richtigkeit der Nullhypothese H_0 die Größe V näherungsweise nach der χ^2-Verteilung mit dem Freiheitsgrad $s - 1$ verteilt ist, falls die nachfolgende Faustregel erfüllt ist, so lautet die

3.4. TESTEN VON HYPOTHESEN (SIGNIFIKANZTESTS)

Testvorschrift für das Testen hypothetischer Wahrscheinlichkeiten:

Die Nullhypothese

$$H_0 : W(K_i) = p_i \quad \text{für } i = 1, \ldots, s$$

kann genau dann bei Zugrundelegung der Sicherheitswahrscheinlichkeit β abgelehnt werden, wenn

$$V > \chi_\beta^2$$

ausfällt, wobei χ_β^2 die 100%-Schranke der χ^2-Verteilung mit dem Freiheitsgrad $s - 1$ ist (s. Tabelle am Schluß des Buches). •

Dabei soll folgende **Faustregel** erfüllt sein (die allerdings von verschiedenen Autoren etwas unterschiedlich angegeben wird): Im Falle von nur zwei Klassen ($s = 2$) soll n mindestens 30 sein und keine der erwarteten Besetzungszahlen np_i darf kleiner als 5 sein; auch im Falle $s > 2$ sollte keine der erwarteten Besetzungszahlen kleiner als 5 sein, allerdings ist es bei größeren Werten von s statthaft, daß einige erwartete Besetzungszahlen zwischen 5 und 1 liegen. Erforderlichenfalls muß man zu kleine Klassen geeignet zu größeren Klassen zusammenfassen.

Anmerkungen und Ergänzungen zum Testen hypothetischer Wahrscheinlichkeiten:

1. Anmerkung: Umformung der Testgröße

Die Testgröße (3.105) läßt sich durch folgende triviale Rechnung umformen:

$$\begin{aligned} V &= \sum_{i=1}^{s} \frac{x_i^2 - 2x_i np_i + (np_i)^2}{np_i} = \sum_{i=1}^{s} \frac{x_i^2}{np_i} - \sum_{i=1}^{s} 2x_i + \sum_{i=1}^{s} np_i = \\ &= \frac{1}{n} \sum_{i=1}^{s} \frac{x_i^2}{p_i} - n. \end{aligned} \quad (3.106)$$

Diese Form der Testgröße ist für die numerische Rechnung zwar prinzipiell sehr einfach, aber recht empfindlich gegen Rundungsfehler. (Um z.B. bei $n = 10000$ den Wert $V = 6,72$ auf zwei Stellen nach dem Komma zu rechnen, benötigt man bei der Berechnung des ersten Summanden 10006,72 aus (3.106) bereits sieben gültige Ziffern!)

2. Anmerkung: Herleitung der Nullverteilung der Testgröße für $s = 2$

Im Falle $s = 2$ kann man im zweiten Summanden von (3.105) die Werte x_2 und p_2 durch $x_2 = n - x_1$ und $p_2 = 1 - p_1$ ersetzen und erhält nach Addition der beiden Summanden

$$V = \frac{(x_1 - np_1)^2}{np_1(1 - p_1)}. \quad (3.107)$$

Da x_1 bei Richtigkeit von H_0 nach $Bi(n; p_1)$ verteilt ist mit dem Mittelwert np_1 und der Varianz $np_1(1-p_1)$, so ist V das Quadrat einer auf Mittelwert 0 und

Varianz 1 normierten zufälligen Variablen, die für $np_1(1-p_1) > 9$ approximativ normalverteilt ist (s. Approximation (2.60) der Binomialverteilung mittels der Normalverteilung). Nach Definition der χ^2-Verteilung ist also V bei Richtigkeit von H_0 approximativ χ^2-verteilt mit dem Freiheitsgrad 1.

3. Anmerkung: Zeichentest als Spezialfall

Im Falle $s = 2$ und $p_1 = p_2 = 0,5$ reduziert sich die Nullhypothese (3.103) auf

$$H_0 : W(K_1) = 0,5,$$

die man auch mit Hilfe des Zeichentests testen kann (s. 1. Anwendungsmodell des Zeichentests nach (3.58)):
Benutzt man die Testgröße des χ^2-Tests in der Form (3.107), so erfolgt Ablehnung von H_0 genau dann, wenn

$$\frac{(x_1 - np_1)^2}{np_1(1-p_1)} = \frac{\left(x_1 - \frac{n}{2}\right)^2}{\frac{n}{4}} > \chi^2_\beta$$

– oder äquivalent damit – wenn

$$\left|x_1 - \frac{n}{2}\right| > \sqrt{\chi^2_\beta}\sqrt{\frac{n}{4}} \qquad (3.108)$$

ausfällt. Da für den hier vorliegenden Freiheitsgrad 1 eine χ^2-verteilte Größe nach Definition das Quadrat einer normierten normalverteilten Größe ist, so ist

$$\sqrt{\chi^2_\beta} = \lambda_\beta$$

und somit die Ablehnvorschrift (3.108) identisch mit der Ablehnvorschrift (3.64) des Zeichentests bei Verwendung der approximativen zweiseitigen Testschranke aus (3.68).

4. Anmerkung: Testen hypothetischer Wahrscheinlichkeiten als **Anpassungstest**

Anpassungstests sind Tests, die es gestatten, eine Hypothese über die Gestalt einer Verteilungsfunktion zu testen, beispielsweise die Nullhypothese

$$H_0 : \xi \text{ ist normalverteilt nach } N(\mu; \sigma^2),$$

wobei zunächst der einfache Fall betrachtet werden soll, daß μ und σ numerisch vorgegeben sind.

Zur Durchführung des Tests benötigt man eine Klasseneinteilung $K_1, \ldots, K_s$ auf der Zahlengeraden als dem Wertebereich von ξ. (In vielen Anwendungsfällen ist eine solche Klasseneinteilung bereits vorgegeben und man ist bei der Ermittlung der ξ-Werte überhaupt nur in der Lage festzustellen, zu welcher Klasse sie gehören.)

3.4. TESTEN VON HYPOTHESEN (SIGNIFIKANZTESTS)

Bei Richtigkeit von H_0 kann man die Wahrscheinlichkeiten für das Auftreten der Klassen (= Ereignisse) K_i mittels (2.49) und (2.46) trivial berechnen. Dies sind die hypothetischen Wahrscheinlichkeiten für die K_i, die man durch Testen hypothetischer Wahrscheinlichkeiten überprüfen kann.

Numerisches Beispiel: Aufgabe 60 der „Aufgabensammlung", *Basler* (1991).

Die praktisch relevantere Fragestellung lautet natürlich, ob eine vorgelegte Zufallsgröße überhaupt nach irgendeiner Normalverteilung mit irgendwelchen unbekannten Werten ihrer Parameter μ und σ verteilt ist. Auch diese Fragestellung läßt sich prinzipiell genauso mit Hilfe des χ^2-Tests als Anpassungstest behandeln mit lediglich folgenden Abänderungen:

1. Anstelle der gegebenen Werte der Parameter benutzt man aus der Stichprobe zu berechnende *Schätzwerte* für die Parameter.

2. Die Zahl der Freiheitsgrade der χ^2-Verteilung, deren Testschranken man benutzt, muß um die Anzahl der aus der Stichprobe geschätzten Parameter (hier also 2, falls sowohl μ als auch σ unbekannt sind) vermindert werden. Dabei müssen streng genommen die Schätzwerte nach der *Maximum-Likelihood-Methode* aus den Klassenhäufigkeiten geschätzt werden. (Diese Schätzmethode wird bei der Behandlung von Aufgabe 68b der „Aufgabensammlung" angewendet.)

Ein weiterer Anpassungstest ist der *Test von Kolmogoroff-Smirnow* (s. z.B. *Hartung, Elpelt, Klösener* (1985)).

Übungsaufgaben: Nr. 58, 59, 60, 61, 62, 78b, 79, 81d, LOTTO-Aufgabe 1 der „Aufgabensammlung", *Basler* (1991).

3.4.8.2 Vergleich mehrerer unbekannter Wahrscheinlichkeiten

Es seien r Grundgesamtheiten $G_1, \ldots, G_r$ von Elementen, z.B. Personen, gegeben; in allen diesen Grundgesamtheiten sei die gleiche Klasseneinteilung $K_1, \ldots, K_s$ aller Elemente gegeben.
Folgende Nullhypothese soll getestet werden:
Die r Grundgesamtheiten unterscheiden sich nicht hinsichtlich der Aufteilung ihrer Elemente auf die Klassen $K_1, \ldots, K_s$, z.B. die r Wahlbevölkerungen von r Bundesländern unterscheiden sich nicht hinsichtlich ihrer Präferenzen für die politischen Parteien SPD, CDU/CSU, FDP und GRÜNE.
Formulierung dieser Nullhypothese im mathematischen Modell:
Bezeichnet $W_i(K_j)$ die Wahrscheinlichkeit dafür, daß ein aus der Grundgesamtheit G_i herausgegriffenes Element zur Klasse K_j gehört, so besagt die Nullhypothese, daß für jede Klasse K_j gilt: alle r Wahrscheinlichkeiten $W_1, \ldots, W_r$

besitzen für K_j den gleichen Wert, d.h. man hat

$$H_0: \begin{array}{ccccc} W_1(K_1) & = & W_2(K_1) & = \ldots = & W_r(K_1), \\ W_1(K_2) & = & W_2(K_2) & = \ldots = & W_r(K_2), \\ \vdots & & \vdots & & \vdots \\ W_1(K_s) & = & W_2(K_s) & = \ldots = & W_r(K_s). \end{array} \qquad (3.109)$$

Zur empirischen Überprüfung von H_0 wird aus jeder Grundgesamtheit eine Zufallsstichprobe gezogen, und zwar aus G_i eine Zufallsstichprobe vom Umfang n_i.
Die Stichprobenergebnisse dieser r unabhängigen Zufallsstichproben werden in eine $r \times s$-Felder-Tafel in folgender Form eingetragen:

	K_1	$\ldots$	K_j	$\ldots$	K_s	
G_1	n_{11}	$\ldots$	n_{1j}	$\ldots$	n_{1s}	$n_{1.}$
$\vdots$	$\vdots$		$\vdots$		$\vdots$	$\vdots$
G_i	n_{i1}	$\ldots$	n_{ij}	$\ldots$	n_{is}	$n_{i.}$
$\vdots$	$\vdots$		$\vdots$		$\vdots$	$\vdots$
G_r	n_{r1}	$\ldots$	n_{rj}	$\ldots$	n_{rs}	$n_{r.}$
	$n_{.1}$	$\ldots$	$n_{.j}$	$\ldots$	$n_{.s}$	$n_{..}$

wobei die Besetzungszahl n_{ij} des Feldes $G_i \times K_j$ die Anzahl der Elemente aus K_j bezeichnet, die in der Stichprobe aus G_i gefunden werden.
Die Testgröße wird nach dem gleichen Muster aufgebaut wie die Testgröße (3.105) für das Testen hypothetischer Wahrscheinlichkeiten: Man berechnet aus jedem der $r \times s$-Felder einen Beitrag der Form

$$\frac{(\text{tatsächliche Besetzungszahl} - \text{erwartete Besetzungszahl})^2}{\text{erwartete Besetzungszahl}}. \qquad (3.110)$$

Die bei Richtigkeit von H_0 erwartete Besetzungszahl für das Feld $G_i \times K_j$ beträgt

$$E[n_{ij}|H_0] = n_{i.} \cdot W(K_j), \qquad (3.111)$$

wobei $W(K_j)$ als naheliegende Bezeichnung für den Wert

$$W_1(K_j) = \ldots = W_r(K_j)$$

verwendet ist, d.h. $W(K_j)$ ist der bei Richtigkeit von H_0 existierende gemeinsame Wahrscheinlichkeitswert für die r Felder der j-ten Spalte der $r \times s$-Felder-Tafel, z.B. der nach H_0 übereinstimmende Anteil der SPD-Wähler in den Wahlbevölkerungen von r Bundesländern. Da $W(K_j)$ durch H_0 nicht numerisch bestimmt ist, so muß man seinen Wert schätzen.
Weil bei Richtigkeit von H_0 kein Unterschied zwischen den r Grundgesamtheiten besteht, so kann man die r Stichproben zu einer Stichprobe vom Umfang

3.4. TESTEN VON HYPOTHESEN (SIGNIFIKANZTESTS)

$n_1 + \ldots + n_r = n_{..}$ zusammenfassen und $W(K_j)$ schätzen durch den Anteil $\frac{n_{.j}}{n_{..}}$ aller Elemente in K_j in der zusammengelegten Stichprobe.

Für obiges Beispiel: Man benutzt den insgesamt in den r Bundesländern ermittelten SPD-Wähler-Anteil als Schätzwert für die unbekannten, aber nach H_0 gleich großen SPD-Wähler-Anteile in den r Bundesländern.

Damit hat man für (3.111) die Schätzung

$$E[n_{ij}|H_0] \approx \frac{n_{i.} n_{.j}}{n_{..}} \qquad (3.112)$$

und die aus den Beiträgen der Form (3.110) aufgebaute Testgröße lautet:

$$V = \sum_{i=1}^{r} \sum_{j=1}^{s} \frac{\left(n_{ij} - \frac{n_{i.} \cdot n_{.j}}{n_{..}}\right)^2}{\frac{n_{i.} \cdot n_{.j}}{n_{..}}}. \qquad (3.113)$$

Da man wie beim Testen hypothetischer Wahrscheinlichkeiten auch hier beweisen kann, daß bei Richtigkeit von H_0 die Testgröße V asymptotisch nach der χ^2-Verteilung mit dem Freiheitsgrad $(r-1)(s-1)$ verteilt ist, so hat man folgende

Testvorschrift für den Vergleich mehrerer unbekannter Wahrscheinlichkeiten:

Die Nullhypothese (3.109) kann genau dann bei Zugrundelegung der Sicherheitswahrscheinlichkeit β abgelehnt werden, falls

$$V > \chi_\beta^2$$

ausfällt, wobei V die durch (3.113) definierte Testgröße ist und χ_β^2 die $100\beta\%$-Schranke der χ^2-Verteilung mit dem Freiheitsgrad $(r-1)(s-1)$ ist (s. Tabelle am Schluß des Buches). •

Dabei soll die für das Testen hypothetischer Wahrscheinlichkeiten formulierte Faustregel über die erwarteten Besetzungszahlen erfüllt sein, wobei jetzt Klasse durch Feld und erwartete Besetzungszahl durch geschätzte erwartete Besetzungszahl zu ersetzen sind.

Anmerkungen und Ergänzungen zum Vergleich mehrerer unbekannter Wahrscheinlichkeiten:

1. Anmerkung: Umformung der Testgröße

Die Testgröße (3.113) läßt sich umformen zu

$$V = n_{..} \left(\sum_{i=1}^{r} \sum_{j=1}^{s} \frac{n_{ij}^2}{n_{i.} \cdot n_{.j}} - 1 \right).$$

Im Hinblick auf numerische Rechnungen gilt wieder die Bemerkung nach (3.106).

2. Anmerkung: Vier-Felder-Tafeln

Für den Spezialfall $r = s = 2$ reduziert sich die $r \times s$-Felder-Tafel zu einer Vier-Felder-Tafel der Form:

	K_1	K_2	
G_1	n_{11}	n_{12}	$n_{1.}$
G_2	n_{21}	n_{22}	$n_{2.}$
	$n_{.1}$	$n_{.2}$	$n_{..}$

Die Nullhypothese (3.109) lautet jetzt:

$$H_0: \quad W_1(K_1) = W_2(K_1)$$
$$W_1(K_2) = W_2(K_2).$$

Da K_2 wegen $K_1 \cup K_2 = \Omega$ das Komplement von K_1 ist, so ist diese Formulierung äquivalent mit

$$H_0: W_1(K_1) = W_2(K_1).$$

In noch knapperer und anschaulicher Bezeichnung lautet die *Nullhypothese für den Vergleich mehrerer unbekannter Wahrscheinlichkeiten in einer Vier-Felder-Tafel*

$$H_0: p_1 = p_2, \qquad (3.114)$$

wobei p_1 und p_2 zwei unbekannte Wahrscheinlichkeiten sind, etwa die Wahrscheinlichkeiten für das Ereignis „Erfolg" ($= K_1$) bei Anwendung der beiden „Behandlungs"-Methoden 1 und 2.

Für den Spezialfall der Vier-Felder-Tafel läßt sich (3.113) durch triviale Rechnung umformen zu:

$$V = \frac{n_{..}(n_{11}n_{22} - n_{12}n_{21})^2}{n_{1.}n_{2.}n_{.1}n_{.2}}. \qquad (3.115)$$

3. Anmerkung: „Kleine Besetzungszahlen" bei Vier-Felder-Tafeln

Für „kleine Besetzungszahlen" erweist sich der χ^2-Test oft in dem Sinne als unzulässig (= zu liberal = Gegenteil von konservativ), daß er die durch die Irrtumswahrscheinlichkeit α für W(Fehler 1. Art) vorgegebene Schranke (s. (3.16)) nicht einhält (s. späteres Beispiel 3.14). Dies gilt insbesondere dann, wenn die Faustregel „alle geschätzten erwarteten Besetzungszahlen ≥ 5" nicht erfüllt ist. Für dieses Problem gibt es viele Lösungsversuche. Vielfach verwendet man anstelle von (3.115) die nach *Yates* korrigierte Testgröße

$$V_{Yates} = \frac{n_{..}\left(|n_{11}n_{22} - n_{12}n_{21}| - \frac{n_{..}}{2}\right)^2}{n_{1.}n_{2.}n_{.1}n_{.2}}. \qquad (3.116)$$

3.4. TESTEN VON HYPOTHESEN (SIGNIFIKANZTESTS)

Diese *Yatessche Korrektur* hat folgende sehr anschauliche Bedeutung: In (3.110) bzw. (3.113) erscheint es wegen der zwangsläufigen *Ganzzahligkeit* der tatsächlichen Besetzungszahl n_{ij} (im Gegensatz zu der geschätzten erwarteten Besetzungszahl $\frac{n_{i.}n_{.j}}{n_{..}}$) angebracht, die Differenz $\left|n_{ij} - \frac{n_{i.}n_{.j}}{n_{..}}\right|$ durch $\left|n_{ij} - \frac{n_{i.}n_{.j}}{n_{..}}\right| - 1/2$ zu ersetzen. Diese Ersetzung führt für $r = s = 2$ auf (3.116).

Eine andere Korrektur der Testgröße (3.115) stammt von *van der Waerden* (1971), S. 41ff, sie besteht darin, in (3.115) den Wert $n_{..}$ durch $n_{..} - 1$ zu ersetzen. Diese Variante wurde bereits bei der Behandlung von Beispiel 3.12 in 3.4.7.3 benutzt.

Als perfekte Lösung des Problems wird im allgemeinen der sog. **Exakte Test von** *R. A. Fisher* angesehen, der im übernächsten Abschnitt dargestellt ist. Durch Vergleich mit einer verbesserten (nicht-randomisierten) Variante des Tests von *Fisher* (= *Fisher 2*) läßt sich durch aufwendige numerische Rechnungen u.a. zeigen, daß die *Yates*sche Korrektur (für den noch anzugebenden bisher untersuchten Bereich) stets konservativ ist, d.h., daß die Nullhypothese (3.114) jedenfalls dann zu Recht abgelehnt werden kann, wenn sogar die konservative Testgröße (3.116) größer als χ^2_β ausfällt. (Wie Gegenbeispiele zeigen, gilt diese Konservativitätsaussage nicht, wenn man die *Yates*sche Korrektur mit dem üblichen Exakten Test von *Fisher* vergleicht.)

Genauer gilt nach eigenen Untersuchungen (Metrika 34 (1987), S. 287-322): Für den bisher untersuchten Bereich $n_{..} \leq 20$ und die Sicherheitswahrscheinlichkeiten $\beta = 0,99; 0,95; 0,90$ läßt sich die Gültigkeit der folgenden **Praxisregeln** nachweisen:

1. *Gilt für die nach Yates korrigierte Testgröße* (3.116)

$$V_{Yates} \geq \chi^2_\beta, \qquad (3.117)$$

   so kann H_0 abgelehnt werden bei Zugrundelegung der Sicherheitswahrscheinlichkeit β.

2. *Gilt für die unkorrigierte Testgröße* (3.115)

$$V < \chi^2_\beta, \qquad (3.118)$$

   so kann H_0 nicht abgelehnt werden bei Zugrundelegung der Sicherheitswahrscheinlichkeit β.

3. *Im verbleibenden Falle*

$$V_{Yates} < \chi^2_\beta \leq V \qquad (3.119)$$

   ist die Entscheidung mit Hilfe des neuen Verfahrens Fisher 2 zu treffen.

Anmerkungen:
1. Für das neue Verfahren *Fisher 2* liegt eine veröffentlichte Vertafelung noch nicht vor.
2. Die Regel (3.117) bedarf streng genommen noch der folgenden Ergänzung:

Man muß Fälle ausschließen, in denen die *Yates*sche Korrektur nicht zu einer erwünschten Verkleinerung der Testgröße führt, sondern paradoxerweise zu einer Vergrößerung. Ein solches Beispiel liefert die Tafel

	0	1
	1	12

da hier $V_{Yates} = 2,98 > V = 0,08$ ist.

Vom Standpunkt der Praxis betrachtet, sind wohl solche Fälle als pathologisch zu bezeichnen und nicht sehr relevant.

Übungsaufgaben zu 3.4.8.2: Nr. 63, 64, 66, 69, 70, 73 der „Aufgabensammlung" *Basler* (1991).

3.4.8.3 Unabhängigkeitstests in Kontingenztafeln

Bei einem Versuch seien zwei *vollständige Ereignissysteme* $G_1, \ldots, G_r$ und $K_1, \ldots, K_s$ gegeben, d.h. es sind $G_1, \ldots, G_r$ sich paarweise gegenseitig ausschließende Ereignisse, deren Vereinigung das sichere Ereignis Ω ergibt; analog ist das andere Ereignissystem definiert.

Für den wichtigen Spezialfall „zufälliges Herausgreifen eines Elementes aus einer *endlichen Grundgesamtheit* von Elementen" bedeutet dies: es sind zwei *Klasseneinteilungen* $G_1, \ldots, G_r$ und $K_1, \ldots, K_s$ aller Elemente der Grundgesamtheit gegeben, d.h. jedes Element gehört zu genau einer der G-Klassen und zu genau einer der K-Klassen.

Die zu untersuchende Fragestellung lautet: Sind die beiden vollständigen Ereignissysteme bzw. die beiden Klasseneinteilungen *statistisch unabhängig*, d.h. es soll folgende Nullhypothese getestet werden:

H_0 : $G_1, \ldots, G_r$ und $K_1, \ldots, K_s$ *sind statistisch unabhängig*;

d.h. es gilt für alle i, j

$$W(G_i \cap K_j) = W(G_i) \cdot W(K_j) \tag{3.120}$$

Beispiel für Nullhypothesen der Form (3.120): Rauchen – Lungenkrebs

In einer bestimmten Menge verstorbener Menschen seien folgende Klassen definiert:

$K_1 = $ Raucher
$K_2 = $ Nicht-Raucher
$G_1 = $ Lungenkrebs-Fälle
$G_2 = $ Nicht-Lungenkrebs-Fälle.

3.4. TESTEN VON HYPOTHESEN (SIGNIFIKANZTESTS)

Die Frage nach der statistischen Unabhängigkeit der Klasseneinteilungen K_1, K_2 und G_1, G_2 ist offenbar die bekannte Frage nach dem Zusammenhang zwischen Rauchen und Lungenkrebs.

Offensichtlich gibt es unübersehbar viele weitere Anwendungsmöglichkeiten für solche Fragestellungen nach einem statistischen Zusammenhang. Insbesondere läßt sich auch die in 3.4.7 behandelte Frage nach der statistischen Unabhängigkeit von zwei zufälligen Variablen ξ und η prinzipiell auf die vorliegende Weise behandeln, wie dies zu Beginn des Abschnitts 3.4.7.3 dargestellt wurde.

Zum Testen der Nullhypothese (3.120) zieht man eine Zufallsstichprobe vom Umfang n, d.h. man führt n *unabhängige* Wiederholungen des Versuchs durch und ermittelt für jedes der $r \cdot s$ Ereignisse $G_i \cap K_j$ die Häufigkeit n_{ij} seines Eintretens bei diesen n Durchführungen des Versuchs. Im Spezialfall einer Stichprobe aus einer endlichen Grundgesamtheit von N Elementen ist die Stichprobe *mit Zurücklegen* zu ziehen. Bei Verwendung einer *ohne Zurücklegen* gezogenen Zufallsstichprobe muß die Approximations-Faustregel $n \leq \frac{N}{10}$ erfüllt sein.

Zur übersichtlichen Darstellung trägt man das Stichprobenergebnis in folgende $r \times s$-**Kontingenztafel** ein (s. Abschnitt 3.4.7.3):

	K_1	...	K_j	...	K_s	
G_1	n_{11}	...	n_{1j}	...	n_{1s}	$n_{1.}$
⋮	⋮		⋮		⋮	⋮
G_i	n_{i1}	...	n_{ij}	...	n_{is}	$n_{i.}$
⋮	⋮		⋮		⋮	⋮
G_r	n_{r1}	...	n_{rj}	...	n_{rs}	$n_{r.}$
	$n_{.1}$	...	$n_{.j}$	...	$n_{.s}$	$n_{..}$

Bei der Durchführung des Tests benötigt man für jede Spalte und Zeile dieser Kontingenztafel die Summe ihrer Besetzungszahlen, die sog. **Randwerte**, die vorstehend bereits mit den bequemen Bezeichnungen $n_{1.}, \ldots$ eingetragen sind.

Bei Richtigkeit der Nullhypothese (3.120) ist die Häufigkeit n_{ij} des Ereignisses $G_i \cap K_j$, also die *Besetzungszahl* n_{ij} des Feldes $G_i \times K_j$ nach der Binomialverteilung $Bi(n_{..}, W(G_i) \cdot W(K_j))$ verteilt mit dem Erwartungswert

$$E[n_{ij}|H_0] = nW(G_i)W(K_j). \tag{3.121}$$

Da man die Wahrscheinlichkeiten $W(G_i)$ und $W(K_j)$ mit Hilfe der relativen Häufigkeiten $\frac{n_{i.}}{n}$ und $\frac{n_{.j}}{n}$ der Klassen G_i und K_j in der Stichprobe schätzen kann, so hat man für (3.121) die Schätzung

$$E[n_{ij}|H_0] \approx \frac{n_{i.} \cdot n_{.j}}{n}, \tag{3.122}$$

die mit der Schätzung (3.112) der Besetzungszahl n_{ij} der $r \times s$-Felder-Tafel beim *Vergleich mehrerer unbekannter Wahrscheinlichkeiten* übereinstimmt.

Man kann daher zum Testen der Unabhängigkeitshypothese (3.120) wieder die Testgröße (3.113) verwenden, d.h. *die numerische Durchführung des Unabhängigkeitstests in einer $r \times s$-Kontingenztafel erfolgt genauso wie der Vergleich mehrerer unbekannter Wahrscheinlichkeiten mit Hilfe des nach* (3.113) *angegebenen χ^2-Tests als Näherungsverfahren.*

Insbesondere gelten damit alle dortigen Ausführungen für Vier-Felder-Tafeln auch für Vier-Felder-Kontingenztafeln.

Die Benutzung identischer Testverfahren zum Testen der Nullhypothese (3.109) (Vergleich mehrerer Wahrscheinlichkeiten) und (3.120) (Test auf Unabhängigkeit) erscheint auch deshalb plausibel, weil sich diese beiden Nullhypothesen im folgenden Sinn als äquivalent erweisen: Die Unabhängigkeitshypothese (3.120) läßt sich unter Zuhilfenahme bedingter Wahrscheinlichkeiten sofort in folgender Form schreiben (s. Satz 1.12, S. 73): für alle i, j ist

$$W(K_j|G_i) = W(K_j). \qquad (3.123)$$

Deutet man das Ziehen eines Stichprobenelementes aus der *Klasse G_i* als das Ziehen eines Stichprobenelementes aus einer *Grundgesamtheit G_i*, so bedeutet (3.123): Die Wahrscheinlichkeit für die Klasse K_j besitzt für alle Grundgesamtheiten $G_1, \ldots, G_r$ den gleichen Wert, nämlich den Wert $W(K_j)$ – und dies ist gerade die Nullhypothese (3.109) für den *Vergleich mehrerer unbekannter Wahrscheinlichkeiten.*

Die Äquivalenz von (3.123) mit (3.109) würde besonders augenfällig, wenn man die in (3.109) benutzte Bezeichnung $W_i(K_j)$ für die Wahrscheinlichkeit der Klasse K_j in der Grundgesamtheit G_i durch die Bezeichnung $W(K_j|G_i)$ ersetzen würde. Diese durchaus anschauliche Bezeichnung wurde in (3.109) nur deshalb nicht gewählt, weil im dortigen Modell G_i eine Grundgesamtheit bezeichnet und also kein zufälliges Ereignis darstellt. In der Bezeichnung $W(K_j|G_i)$ für eine bedingte Wahrscheinlichkeit ist jedoch G_i ein zufälliges Ereignis.

Von der soeben gezeigten Äquivalenz macht jeder Praktiver intuitiv Gebrauch: Beispielsweise würde ein Anatom, der über eine Stichprobe von Lungenkrebs-Toten verfügt, die als Beispiel für eine Nullhypothese der Form (3.120) angeführte Frage nach der Unabhängigkeit von Rauchen und Lungenkrebs sicherlich in der Weise prüfen, daß er den Raucheranteil in seiner Stichprobe mit dem Raucheranteil in einer Stichprobe aus Nicht-Lungenkrebs-Toten vergliche, also einen *Vergleich mehrerer unbekannter Wahrscheinlichkeiten* durchführte.

Es sei noch angemerkt, daß sich die Verwendung des gleichen Testverfahrens zum Testen der Nullhypothesen (3.120) und (3.109) nicht allein schon aus der gezeigten Äquivalenz dieser beiden Nullhypothesen zwingend folgern läßt, weil nämlich die Stichprobenergebnisse zum Testen der beiden Nullhypothesen auf unterschiedliche Weise gewonnen werden: in der $r \times s$-Felder-Tafel für den Vergleich mehrerer unbekannter Wahrscheinlichkeiten sind die rechten Randwerte $n_{i\cdot}$ *vorgegebene Zahlen*, nämlich Stichprobenumfänge, während in der Kontingenztafel für den Unabhängigkeitstest die analogen Randwerte $n_{i\cdot}$ *Realisationen*

3.4. TESTEN VON HYPOTHESEN (SIGNIFIKANZTESTS)

von zufälligen Variablen sind, d.h. die Nullhypothesen (3.120) und (3.109) werden aufgrund unterschiedlicher Versuchsanlagen überprüft.

Übungsaufgaben zu 3.4.8.3: Nr. 62b, 65, 66, 74, 79d, LOTTO-Aufgaben 2 und 3 der „Aufgabensammlung", *Basler* (1991).

3.4.9 Der Exakte Test von *Fisher* und eine nicht-randomisierte Verbesserung *Fisher 2*

Der Vergleich zweier unbekannter Wahrscheinlichkeiten (3.114) in einer Vier-Felder-Tafel mit Hilfe des χ^2-Tests ist bei „kleinen Besetzungszahlen" der Vier-Felder-Tafel problematisch. Dies wurde in der „3. Anmerkung" nach (3.115) ausführlich erläutert. Im vorliegenden Abschnitt wird zunächst der allgemein als perfekte Lösung dieses Problems angesehene sog. *Exakte Test von R. A. Fisher* anhand von Beispiel 3.13 (Fishers Lady) eingeführt und sodann eine Verbesserung *Fisher 2* dieses Tests anhand des Beispiels 3.14 erläutert.

Beispiel 3.13 *Fishers Lady*

Eine Lady beurteilt durch Geschmacksprüfung jede von acht Tassen, die jeweils mit Tee und einer adäquaten Zugabe von Milch gefüllt sind, hinsichtlich der Frage, ob sie in der Reihenfolge „Milch zu Tee" oder „Tee zu Milch" gefüllt wurden. Der Lady ist bekannt, daß je vier Tassen nach je einem der beiden Verfahren gefüllt wurden.

Aufgrund des (fiktiven) Stichprobenergebnisses, daß es der Lady gelingt, die acht Tassen fehlerlos zu klassifizieren, soll bei Zugrundelegung einer Sicherheitswahrscheinlichkeit von 95% die Nullhypothese getestet werden, daß die Lady die Tassen durch zufälliges Raten klassifiziert.

Lösung: Zur Behandlung dieses Testproblems ist es zweckmäßig, das angegebene Stichprobenergebnis in folgender Form in eine Vier-Felder-Tafel einzutragen.

		Aussagen der Lady		
		„Milch zu Tee"	„Tee zu Milch"	
tatsächliches	Milch zu Tee	$n_{11} = 4$	$n_{12} = 0$	$n_{1.} = 4 = M$
Füllverfahren	Tee zu Milch	$n_{21} = 0$	$n_{22} = 4$	$n_{2.} = 4$
		$n_{.1} = 4 = n$	$n_{.2} = 4$	$n_{..} = 8 = N$

Hierbei sind die rechten Randwerte $n_{1.} = 4$, $n_{2.} = 4$ der Lady bekannte, *vorgegebene* Zahlen. (Die eingetragenen Bezeichnungen N, M, n werden sich bei der Durchführung des Tests als sinnvoll erweisen.) Die unteren Randwerte $n_{.1} = 4$, $n_{.2} = 4$ können jedenfalls im vorliegenden Beispiel als *vorgegeben* betrachtet werden, denn die Lady wird aufgrund ihres Informationsstandes ihre Aussagen über die acht Tassen vernünftigerweise jedenfalls so einrichten, daß sich diese Randwerte ergeben. (Andernfalls wäre mindestens eine ihrer acht Aussagen falsch.) In Anbetracht dieser Vorgabe aller Randwerte der Vier-Felder-Tafel ist ein Stichprobenergebnis (= Ergebnis der Beurteilung der acht Tassen) allein durch Angabe einer einzigen der vier Besetzungszahlen der Tafel vollständig festgelegt, beispielsweise ist das eingangs angegebene (fiktive) Stichrobenergebnis durch $n_{11} = 4$ vollständig bestimmt, d.h. die Aufgabe der Lady läßt sich jetzt so formulieren: In einer Urne mit $N = n_{..} = 8$ Elementen ($\stackrel{\triangle}{=}$ Tassen) befinden sich $M = n_{1.} = 4$ ausgezeichnete Elemente ($\stackrel{\triangle}{=}$ Milch-zu-Tee-Tassen). Die Lady hat die $M = 4$ ausgezeichneten Elemente herauszufinden. Falls die Nullhypothese zutrifft, daß die Lady rät, so bedeutet dies, daß sie $n = n_{.1} = 4$ Elemente zufällig herausgreift (ohne Zurücklegen) und als die verlangten ausgezeichneten Elemente bezeichnet, wobei die tatsächliche Anzahl ausgezeichneter Elemente unter den $n = 4$ herausgegriffenen Elementen n_{11} ist. Bei diesem Vorgehen beträgt die Wahrscheinlichkeit dafür, daß n_{11} mindestens zu 4 ausfällt, d.h. daß die Lady zufällig die vier „richtigen" Tassen erhält, nach (2.33)

$$W(n_{11} \geq 4|H_0) = \frac{\binom{4}{4}\binom{4}{0}}{\binom{8}{4}} = \frac{1}{70} = 0,014. \qquad (3.124)$$

Dies bedeutet: *Lehnte man die Nullhypothese aufgrund des angegebenen* (fiktiven) *Stichprobenergebnisses* $n_{11} = 4$ *ab, so betrüge die zu akzeptierende Irrtumswahrscheinlichkeit* 0,014.

Damit hat man folgendes Testergebnis: *Aufgrund des Stichprobenergebnisses* $n_{11} = 4$ *kann die obige Nullhypothese bei Zugrundelegung einer Sicherheitswahrscheinlichkeit von* 95% *abgelehnt werden.*

Für das Stichprobenergebnis $n_{11} = 3$, d.h. die Lady beurteilt eine der vier Milch-zu-Tee-Tassen falsch, erhält man die bei Ablehnung der Nullhypothese zu akzeptierende Irrtumswahrscheinlichkeit

$$W(n_{11} \geq 3|H_0) = \frac{\binom{4}{3}\binom{4}{1} + \binom{4}{4}\binom{4}{0}}{\binom{8}{4}} = \frac{17}{70} = 0,24 , \qquad (3.125)$$

d.h. aufgrund von $n_{11} = 3$ kann die obige Nullhypothese nicht abgelehnt werden bei Zugrundelegung einer Sicherheitswahrscheinlichkeit von 95%.

Die soeben angewendete Form der Durchführung eines Tests durch Berechnung der bei Ablehnung der Nullhypothese **zu akzeptierenden Irrtumswahrscheinlichkeit** ist prinzipiell bei jedem Test möglich; sie wurde beispielsweise für den Zeichentest durch Berechnung der zu akzeptierenden Irrtumswahrscheinlichkeit (3.78) angewendet. Dieses Vorgehen läßt sich auch folgendermaßen deuten: man benutzt bei vorgelegtem Stichprobenergebnis $n_{11} = x$ probeweise als Kritische Region des Tests die Menge der möglichen Stichprobenergebnisse mit $n_{11} \geq x$ und rechnet nach, wie groß die (maximale) Wahrscheinlichkeit für den Fehler 1. Art bei Benutzung dieser Kritischen Region wäre, d.h. welche Irrtumswahrscheinlichkeit man bei Ablehnung der Nullhypothese aufgrund von $n_{11} = x$ zu akzeptieren hätte.

Da man die Nullhypothese, daß die Lady rät, naturgemäß nur dann zu verwerfen bereit ist, wenn die Anzahl n_{11} ihrer richtigen Klassifizierungen „zu groß" ausfällt, wurde hier die Kritische Region in der rechts-einseitigen Form $n_{11} \geq x$

3.4. TESTEN VON HYPOTHESEN (SIGNIFIKANZTESTS)

angesetzt. Bei zweiseitiger Anwendung des Tests verdoppelt man die berechnete Wahrscheinlichkeit.

Offensichtlich läßt sich das im vorangehenden Beispiel 3.13 angewendete Testverfahren für Vier-Felder-Tafeln mit beliebigen Besetzungszahlen durchführen, sofern nur alle vier Randwerte vorgegeben sind; denn dann läßt sich für jedes Stichprobenergebnis $n_{11} = x$ die bei Ablehnung der Nullhypothese zu akzeptierende Irrtumswahrscheinlichkeit bei einseitiger Anwendung in einer der Formen

$$W(n_{11} \leq x | H_0) \quad \text{oder} \quad W(n_{11} \geq x | H_0) \quad (3.126)$$

berechnen, da n_{11} bei Richtigkeit von H_0 nach der hypergeometrischen Verteilung $H\left(N; n; \frac{M}{N}\right)$ mit $N = n_{..}, M = n_{1.}, n = n_{.1}$ verteilt ist. Bei zweiseitiger Anwendung verdoppelt man die betreffende Wahrscheinlichkeit aus (3.126).

Diese Verdoppelung läßt sich nicht ohne weiteres generell rechtfertigen, da die bei der Berechnung der Wahrscheinlichkeiten (3.126) zu verwendende hypergeometrische Verteilung nicht generell symmetrisch ist (vgl. Begründung zu (3.78)). Trotzdem wird bei dem sogleich einzuführenden sog. *Exakten Test von Fisher* – der eine Übertragung des vorliegenden Testverfahrens auf Vier-Felder-Tafeln mit nicht-vorgegebenen Randwerten darstellt – bei zweiseitiger Anwendung stets von dieser Verdoppelung Gebrauch gemacht; d.h. man verwendet den Test von *Fisher* in einer *symmetrisierten Form*. □

Der Exakte Test von R. A. Fisher: *Der Test, den man erhält, wenn man das vorstehend definierte Testverfahren für Vier-Felder-Tafeln mit* **vorgegebenen Randwerten** *auf beliebige Vier-Felder-Tafeln in der Weise überträgt, daß man die mit dem Stichprobenergebnis erhaltenen Realisationen für die Randwerte so behandelt, als ob sie vorgegeben gewesen wären, heißt der* **Exakte Test von** *Fisher.* (Beim Test auf Unabhängigkeit in einer Vier-Felder-Kontingenztafel sind alle vier Randwerte Realisationen von zufälligen Variablen; beim Vergleich zweier unbekannter Wahrscheinlichkeiten (3.114) sind die beiden rechten Randwerte vorgegeben und nur die beiden unteren Randwerte Realisationen von zufälligen Variablen.)

Dieser Test von *Fisher* wird im allgemeinen deshalb als optimales Testverfahren für die Auswertung von Vier-Felder-Tafeln bei „kleinen Besetzungszahlen" angesehen, da bewiesen werden konnte, daß er sowohl für den Vergleich zweier unbekannter Wahrscheinlichkeiten als auch für den Test auf Unabhängigkeit *gleichmäßig bester unverfälschter Test zur Sicherheitswahrscheinlichkeit* β ist (z.B. *Witting* (1985), S. 379ff).

Diese Optimalitätsaussage bezieht sich allerdings auf eine randomisierte Form des Tests, während der Test in der Praxis stets nicht-randomisiert verwendet wird (s. „Anmerkung zur Bedeutung randomisierter Tests", S. 000).

Da die Berechnung der Wahrscheinlichkeiten (3.126) numerisch recht aufwendig sein kann, wurden immer wieder umfangreiche Vertafelungen des (nicht-randomisierten) Tests von *Fisher* vorgelegt.

Trotz alledem kann anhand des nachfolgenden Beispiels 3.14 exemplarisch vorgeführt werden, daß sich der (nicht-randomisierte) Test von *Fisher* beträchtlich verbessern läßt. Die verbesserte Variante soll als *Fisher 2* bezeichnet werden.

Beispiel 3.14
Eine verbesserte Variante Fisher 2 des sog. Exakten Tests von Fisher
Über die unbekannten Wahrscheinlichkeiten p_1 und p_2 sei die Nullhypothese
(3.114)
$$H_0 : p_1 = p_2 \quad \text{gegen die Alternative} \quad H_1 : p_1 \neq p_2$$
zu testen aufgrund der Realisationen $\xi_1 = 0, \xi_2 = 3$ der *unabhängigen* zufälligen Variablen ξ_1 und ξ_2, die nach den Binomialverteilungen $Bi(3; p_1)$ und $Bi(3; p_2)$ verteilt sind. Zur Veranschaulichung benutze man beispielsweise: ξ_i = Anzahl „Erfolge" bei $n_{i.} = 3$ Anwendungen der Methode Nr.i ($i = 1, 2$).

1. Man berechne die zu akzeptierende Irrtumswahrscheinlichkeit bei Ablehnung von H_0 aufgrund des angegebenen Stichprobenergebnisses bei Benutzung des *Exakten Tests von R. A. Fisher*.

2. Nunmehr soll folgendes Testverfahren *Fisher 2* zum Testen der obigen Nullhypothese untersucht werden:
   Man lehnt H_0 genau dann ab, wenn entweder das eingangs angegebene „extreme" Stichprobenergebnis $\xi_1 = 0, \xi_2 = 3$ oder das andere „extreme" Stichprobenergebnis $\xi_1 = 3, \xi_2 = 0$ auftritt.
   Es soll die Wahrscheinlichkeit für den Fehler 1. Art dieses Tests berechnet werden: Unter Annahme der Richtigkeit von H_0 berechne man
   $$W(\text{entweder } \xi_1 = 0, \xi_2 = 3 \text{ oder } \xi_1 = 3, \xi_2 = 0 | H_0) \quad (3.127)$$
   für beliebige Werte von $p_1 = p_2 = p$, d.h. man berechne die Wahrscheinlichkeit für den Fehler 1. Art als Funktion von p.
   Schließlich berechne man das Maximum dieser Funktion von p im Intervall $[0; 1]$.

3. Aufgrund des eingangs angegebenen Stichprobenergebnisses teste man die obige Nullhypothese bei Zugrundelegung einer Sicherheitswahrscheinlichkeit von 95% sowohl mit Hilfe des sog. *Exakten Tests von Fisher*, als auch mit Hilfe des Tests *Fisher 2*.

Lösungen:
Zu 1: Das angegebene Stichprobenergebnis kann man auf folgende Weise in einer Vier-Felder-Tafel darstellen:

	Erfolg	Nicht-Erfolg	
Methode 1	0	3	3
Methode 2	3	0	3
	3	3	6

3.4. TESTEN VON HYPOTHESEN (SIGNIFIKANZTESTS) 253

Bei Ablehnung von H_0 mit Hilfe des Tests von *Fisher* ergibt sich die zu akzeptierende Irrtumswahrscheinlichkeit zu (vgl. Beispiel 3.13):

$$2 \cdot W(n_{11} \leq 0 | H_0) = 2 \frac{\binom{3}{0}\binom{3}{3}}{\binom{6}{3}} = 0,10.$$

Zu 2: Die Wahrscheinlichkeit für den *Fehler 1. Art* erhält man gemäß (3.127) unter Benutzung der Unabhängigkeit von ξ_1 und ξ_2 und (2.20) auf folgende Weise

$$W(\text{Fehler 1. Art}) = W(\xi_1 = 0, \xi_2 = 3 | H_0) + W(\xi_1 = 3, \xi_2 = 0 | H_0) =$$

$$= W(\xi_1 = 0 | H_0) \cdot W(\xi_2 = 3 | H_0) + W(\xi_1 = 3 | H_0) \cdot W(\xi_2 = 0 | H_0) =$$

$$= \binom{3}{0} p^0 (1-p)^3 \cdot \binom{3}{3} p^3 (1-p)^0 + \binom{3}{3} p^3 (1-p)^0 \cdot \binom{3}{0} p^0 (1-p)^3 =$$

$$= 2 p^3 (1-p)^3. \tag{3.128}$$

Die erste Ableitung dieser Funktion (3.128) lautet

$$6(1-p)^2 p^2 (1-2p);$$

sie besitzt im Innern des Intervalls $[0;1]$, d.h. für $p \neq 0$ und $p \neq 1$ ersichtlich nur die Nullstelle $p = 0,5$. Da die Funktion (3.128) an dieser Stelle $p = 0,5$ positiv und an den Rändern des Intervalls $[0;1]$ Null ist, so ist $p = 0,5$ Maximalstelle; d.h. der gesuchte *Maximalwert der Wahrscheinlichkeit für den Fehler 1. Art* beträgt

$$2 \cdot 0,5^3 (1-0,5)^3 = 0,031.$$

Zu 3: Da bei Verwendung des sog. *Exakten Tests von Fisher* die zu akzeptierende Irrtumswahrscheinlichkeit 0,10 beträgt, so kann mit Hilfe dieses Tests H_0 *nicht abgelehnt* werden bei Zugrundelegung einer Sicherheitswahrscheinlichkeit von 95%.

Da bei Benutzung der angegebenen Kritischen Region von *Fisher 2* die Wahrscheinlichkeit für den Fehler 1. Art höchstens 0,031 beträgt, und das angegebene Stichprobenergebnis in diese Kritische Region gefallen ist, so kann H_0 mit Hilfe des Tests *Fisher 2 abgelehnt* werden bei Zugrundelegung einer Sicherheitswahrscheinlichkeit von 95%. □

Ergänzungen zum Test *Fisher 2* aus Beispiel 3.14:

Da sich im Teil 1 von Beispiel 3.14 gezeigt hat, daß im Falle der Stichprobenumfänge $n_{1.} = n_{2.} = 3$ der Test von *Fisher* selbst aufgrund des extremsten aller denkbaren Stichprobenergebnisse bei vorgegebener Irrtumswahrscheinlichkeit von 5% zu *Nicht-Ablehnung* von H_0 führt, so läßt sich leicht folgern:

Die (zweiseitige) Kritische Region $K_{Fisher;0,05}$ des sog. *Exakten Tests von Fisher* ist leer, d.h.

$$K_{Fisher;0,05} = \emptyset. \tag{3.129}$$

Demgegenüber hat sich die in Teil 2 angegebene Kritsche Region des Tests *Fisher 2*, die aus den beiden möglichen extremsten Stichprobenergebnissen (= Punkten des Stichprobenraumes)

$$(n_{11}; n_{21}) = (0; 3) \quad \text{und} \quad (n_{11}; n_{21}) = (3; 0)$$

besteht, bei Zugrundelegung einer Irrtumswahrscheinlichkeit von 0,05 als *zulässig* erwiesen, da bei Verwendung dieser Kritischen Region die Wahrscheinlichkeit für den Fehler 1. Art höchstens 0,031 beträgt. Da sich ferner nachrechnen läßt, daß bei jeder denkbaren Vergrößerung dieser Kritischen Region durch Hinzunahme weiterer Punkte des Stichprobenraumes das Maximum von *W(Fehler 1. Art)* nicht mehr kleiner als 0,05 bleibt, so lautet die Kritische Region des Tests *Fisher 2* zur Irrtumswahrscheinlichkeit von 0,05

$$K_{Fisher2;0,05} = \{(0,3),(3,0)\}. \tag{3.130}$$

Der Vergleich von (3.130) und (3.129) ergibt:
Der Test Fisher 2 ist im Falle $n_{1.} = n_{2.} = 3$ zum Testen der Nullhypothese

$$H_0 : p_1 = p_2 \quad \text{gegen} \quad H_1 : p_1 \neq p_2$$

bei Zugrundelegung einer Sicherheitswahrscheinlichkeit von 95% **gleichmäßig besser** *als der sog.* **Exakte Test von** *Fisher.*

Ein allgemeiner Aspekt des vorstehenden Ergebnisses ist folgender:

Da einerseits der Test von *Fisher* gleichmäßig bester unverfälschter (randomisierter) Test ist, und andererseits der Test *Fisher 2* gleichmäßig besser ist als der nicht-randomisierte sog. *Exakte Test von Fisher*, so heißt dies, daß **der wichtige Optimalitätsbegriff** *des gleichmäßig besten unverfälschten Tests* **seine Aussagekraft verliert, sobald man bei der Anwendung eines solchen Tests auf Randomisierung verzichtet.**

Einige einfache Zusatzüberlegungen zur Herleitung dieses Ergebnisses zeigen sogar: Der Test (3.130) ist *gleichmäßig bester* (nicht-randomisierter) Test. Diese Aussage gilt allerdings nur für den vorliegenden Spezialfall $n_{1.} = n_{2.} = 3$, $\beta = 0,95$.

Obgleich die Approximations-Faustregel für χ^2-Tests (s. Vorbemerkungen zu (3.116)) die Anwendung des χ^2-Tests auf die Vier-Felder-Tafel des Beispiels 3.14 eigentlich nicht gestattet, ist es trotzdem aufschlußreich, das Verhalten der verschiedenen Varianten des χ^2-Tests für dieses Beispiel zu untersuchen: Für die unkorrigierte Testgröße (3.115) ergibt sich der Wert $V = 6,00$, während die nach *Yates* korrigierte Testgröße (3.116) den Wert $V_{Yates} = 2,67$ besitzt. Die 95%-Schranke des χ^2-Tests ist 3.84.
Damit hat man:
Der unkorrigierte χ^2-Test erscheint bei $\beta = 0,95$ relativ zum *Test von Fisher* als unzulässig, aber relativ zu *Fisher 2* als durchaus zulässig.

3.4. TESTEN VON HYPOTHESEN (SIGNIFIKANZTESTS)

Benutzt man für diese Untersuchung des χ^2-Tests einmal die ansonsten unübliche Sicherheitswahrscheinlichkeit $\beta = 0,98$, so zeigt der unkorrigierte χ^2-Test wegen $V > \chi^2_{98\%} = 5,41$ Ablehnung an, was unzulässig ist; denn bei $\beta = 0,98$ existiert keine nicht-leere Kritische Region. (Selbst bei Verwendung der Kritischen Region (3.130) erreicht die Wahrscheinlichkeit für den Fehler 1. Art Werte bis 0,031.)

Die nach *Yates* korrigierte Variante des χ^2-Tests liefert zwar bei $\beta = 0,95$ das gleiche Ergebnis (Nicht-Ablehnung) wie der Test von *Fisher*, erweist sich jedoch relativ zu *Fisher 2* als zu konservativ. Wegen $\chi^2_{90\%} = 2,71$ erweist sie sich bei $\beta = 0,90$ sogar relativ zum Test von *Fisher* als zu konservativ.

Die **generelle Konstruktion des Tests** *Fisher 2* erfolgt nach folgendem Schema: Man definiert für die Punkte des *Stichprobenraumes* eine *geeignete Reihenfolge* und erweitert die Kritische Region des Tests von *Fisher* schrittweise durch Hinzunahme weiterer Punkte gemäß der definierten Reihenfolge und prüft bei jedem dieser Erweiterungsschritte nach, ob das *Maximum der Wahrscheinlichkeit für den Fehler 1. Art* (dies ist das Maximum der zu (3.128) analogen Funktion) die mit der Irrtumswahrscheinlichkeit α vorgegebene Obergrenze noch einhält. Sobald bei einem Erweiterungsschritt diese Bedingung erstmals nicht mehr erfüllt ist, bricht man das Erweiterungsverfahren ab und benutzt die im vorangehenden Schritt erreichte Kritische Region als Kritische Region von *Fisher 2* zur Irrtumswahrscheinlichkeit α. (Eine eingehende Darstellung des Tests *Fisher 2* enthält Metrika 34 (1987), S. 297-322.) Die relativ aufwendige numerische Durchführung des angedeuteten Konstruktionsverfahrens für *Fisher 2* ergibt in vielen Fällen eine beträchtliche Vergrößerung der Kritischen Region des sog. *Exakten Tests von Fisher* und damit eine Verbesserung dieses Tests von *Fisher*. Beispielsweise beträgt für $\beta = 0,99$ die Gesamt-Anzahl der Punkte aller Kritischen Regionen für den bisher untersuchten Bereich aller Paare (n_1, n_2) von Stichprobenumfängen mit $n_1 + n_2 \leq 20$ und $n_1 \leq n_2$:

für den *Exakten Test von Fisher*: $2 \cdot 226 = 452$
und für den Test *Fisher 2*: $2 \cdot 394 = 788$.

Für den Praktiker leicht anwendbare Konsequenzen aus dieser Verbesserung des Tests von *Fisher* wurden im Abschnitt 3.4.8.2 (Vergleich mehrerer unbekannter Wahrscheinlichkeiten) in Gestalt der Praxisregeln (3.117) und (3.118) bereits angegeben.

3.4.10 Zur Existenz sog. Glückspilze und anderer parapsychologischer Phänomene – ein Beispiel

Anhand des nachfolgenden Beispiels soll zum Abschluß des Kapitels „Testen von Hypothesen" eine häufig anzutreffende fehlerhafte oder auch mißbräuchliche Verwendung statistischer Testverfahren exemplarisch aufgezeigt werden.

Beispiel 3.15
Zur Existenz sog. Glückspilze und anderer parapsychologischer Phänomene

1. Ein Roulett-Beobachter unternimmt folgenden *langen Gang durch einen Roulett-Saal*: Er beobachtet jeden von 1000 unabhängig voneinander setzenden Spielern während genau zehn unabhängiger Partien, bei denen jeder der beobachteten Spieler stets auf genau eine „einfache Chance" setzt. Wie groß ist die Wahrscheinlichkeit dafür, daß dieser Beobachter auf seinem vorangehend präzisierten *langen Gang durch den Roulett-Saal* mindestens einen Spieler trifft, der in allen seinen zehn beobachteten Partien gewinnt?

2. Ein gewisser Roulett-Spieler A beteiligt sich an zehn Partien und setzt jeweils auf genau eine „einfache Chance".
Könnte man die Nullhypothese, daß A kein Glückspilz ist, d.h. daß auch für Spieler A die Wahrscheinlichkeit, in einer Partie zu gewinnen, gleich 1/2 ist bei Zugrundelegung einer Sicherheitswahrscheinlichkeit von 99,9% ablehnen, falls A in sämtlichen zehn Partien gewönne?

Daß es tatsächlich Personen gibt, die das Eintreten eines bestimmten Ereignisses bei einem Zufallsexperiment mit größerer Wahrscheinlichkeit richtig voraussagen können als dies bei zufälligem Raten der Fall ist, versucht die Parapsychologie nachzuweisen (s. Aufgabe 1.11*, S. 65). Ein eventuell existierender Glückspilz im obigen Sinne, also eine Person, die in einem Glücksspiel (unter regulären Bedingungen!) mit größerer Wahrscheinlichkeit gewinnt als es der kombinatorisch berechneten Wahrscheinlichkeit entspricht, würde von der Parapsychologie als mit der Fähigkeit zu *außersinnlicher Wahrnehmung* begabt angesehen werden.

Lösung: Hierbei kann davon ausgegangen werden, daß man beim Setzen auf eine „einfache Chance", z.B. Rot, Gerade, etc. mit der Wahrscheinlichkeit 1/2 gewinnt.

Eigentlich beträgt diese Wahrscheinlichkeit 18/37. Da es jedoch bei den meisten Spielbanken üblich ist, daß Spieler, die auf „einfache Chance" gesetzt haben, beim Erscheinen der Null ihren Einsatz stehen lassen dürfen, so ist unsere Annahme gerechtfertigt. Im übrigen lassen sich die formulierten Aufgaben 1 und 2 des vorliegenden Beispiels 3.15 auch rechnen, wenn man die Wahrscheinlichkeit 1/2 durch 18/37 ersetzt.

Zu 1: Die Wahrscheinlichkeit, daß ein bestimmter Spieler alle zehn Partien gewinnt, ist $(1/2)^{10} = 1/1024$. Folglich beträgt die Wahrscheinlichkeit, daß ein Spieler nicht alle seine zehn Partien gewinnt, 1023/1024. Daß jeder der 1000 unabhängig voneinander setzenden Spieler nicht alle seine zehn Partien gewinnt, ist $(1023/1024)^{1000}$. Die gesuchte Wahrscheinlichkeit, daß wenigstens einer der 1000 Spieler in allen seinen zehn Partien gewinnt, beträgt also

$$1 - \left(\frac{1023}{1024}\right)^{1000} = 0,62.$$

3.4. TESTEN VON HYPOTHESEN (SIGNIFIKANZTESTS) 257

(Bei Verwendung von 18/37 anstelle von 1/2 ergibt sich diese Wahrscheinlichkeit zu 0,52.)

Zu 2: Die Wahrscheinlichkeit, daß A in allen zehn Partien gewinnt, falls auch für ihn die Wahrscheinlichkeit in einer Partie zu gewinnen 1/2 ist, beträgt $(1/2)^{10} = 1/1024 < 0,001$. Folglich könnte man die Nullhypothese, daß A kein Glückspilz ist, bei Zugrundelegung einer Sicherheitswahrscheinlichkeit von 99,9% ablehnen, falls A alle zehn Partien gewönne: A könnte als ein bei Zugrundelegung einer Sicherheitswahrscheinlichkeit von 99,9% erwiesener Glückspilz gelten.

Diese sehr anschauliche Schlußweise läßt sich als eine Anwendung des *Zeichentests* auf die einseitige Fragestellung (3.57), nämlich

$$H_0^* : W(-) \leq 0,5 \qquad \text{gegen} \qquad H_1^* : W(-) > 0,5 \qquad (3.131)$$

deuten, wobei das Minus-Zeichen hier eine Abkürzung für das Ereignis „A gewinnt in einer Partie" bedeutet. Die bei Ablehnung von H_0^* aufgrund des genannten fiktiven Stichprobenergebnisses $k = 10$ zu akzeptierende Irrtumswahrscheinlichkeit betrüge (vgl. (3.78))

$$W(k \geq 10 | W(-) = 1/2) = \left(\frac{1}{2}\right)^{10} = 1/1024.$$

Wegen $1/1024 < 1 - \beta = 0,001$ könnte als H_0^* bei Zugrundelegung der Sicherheitswahrscheinlichkeit $\beta = 0,999$ abgelehnt werden zugunsten der Alternative $W(-) > 0,5$.

Mit anderen Worten: Bei Zugrundelegung einer Sicherheitswahrscheinlichkeit von 99,9% wäre statistisch nachgewiesen, daß A Glückspilz (im obigen erläuterten parapsychologischen Sinne) wäre, *wenn* A in allen seinen zehn Partien gewönne. □

Konsequenzen aus einem Vergleich von 1 und 2 des Beispiels 3.15:

Während nach dem soeben erhaltenen Ergebnis zu 2, Spieler A im Falle des Gewinns aller seiner zehn Partien einwandfrei als Glückspilz statistisch erwiesen wäre, wäre es hingegen offensichtlich ein grober Fehler, auch denjenigen Gewinner seiner zehn Partien, den unser Roulett-Beobachter aus 1 auf seinem *langen Gang durch den Roulett-Saal* eventuell angetroffen hat, als erwiesenen Glückspilz zu bezeichnen; man könnte ihn vielleicht einen sogenannten Glückspilz nennen. Wollte man untersuchen, ob ein solcher sog. Glückspilz tatsächlich Glückspilz ist, so dürfte man sein bisher gebotenes Ergebnis lediglich als *Anlaß zur Formulierung und Prüfung der Nullhypothese*, daß er kein Glückspilz ist, nehmen. Um diese nunmehr *vor dem Experiment aufgestellte Nullhypothese* testen zu können, müßte dieser sog. Glückspilz nochmals zehn Partien (und auch nur zehn Partien) spielen. Erst aufgrund des dabei erzielten Stichprobenergebnisses wäre der Test einwandfrei durchführbar.

Eine Konsequenz hieraus wurde bereits in der „8. Anmerkung zum allgemeinen Schema eines Signifikanztests" (s. auch S. 174) formuliert in Gestalt der

Versuchsplanungsregel:

Nullhypothesen und Testverfahren sind vor *Einsichtnahme in das Stichprobenmaterial festzulegen.*

Die Berechtigung der zweiten Forderung der vorstehenden Regel, daß nämlich auch das Testverfahren, also die zu verwendende Kritische Region, vor dem Versuch festzulegen ist, erkennt man so:

Probierte man auf einem *langen Gang durch die Galerie der prinzipiell möglichen Testverfahren bzw. Kritischen Regionen* verschiedene Tests aus und benutzte schließlich das dabei erhaltene genehme Testergebnis, so bedeutete dies: die tatsächlich benutzte Kritische Region ist die *Vereinigung* aller auf dem „langen Gang" angetroffenen Kritischen Regionen. Aber diese Vereinigung liefert im allgemeinen keinen Signifikanztest zu der vorgegebenen Irrtumswahrscheinlichkeit α, weil die Wahrscheinlichkeit für den Fehler 1. Art, nämlich die Wahrscheinlichkeit für das Hineinfallen eines Stichprobenergebnisses in die Vereinigung bei Richtigkeit der Nullhypothese im allgemeinen die durch α vorgegebene Obergrenze nicht einhält.

Gegen die formulierte Versuchsplanungsregel wird häufig verstoßen; vor allem in folgender Form: Jemand stöbert in irgendeinem statistischen Datenmaterial herum und entdeckt irgendeine ihn interessierende Auffälligkeit, von der er sodann (im Hinblick auf potentiellen Entdeckerruhm) nachweisen möchte, daß sie nicht bloß einen zufälligen Effekt darstellt sondern einen *statistisch signifikanten Effekt*. Wenn er dann eine hinsichtlich des gewünschten statistischen Nachweises geeignete Nullhypothese formuliert und diese aufgrund des bereits vorliegenden Datenmaterials testet, so verfährt er genauso wie der Roulett-Beobachter aus Beispiel 3.15 verführe, wenn dieser über einen auf seinem *langen Gang durch den Roulett-Saal* angetroffenen Gewinner von zehn Partien die Nullhypothese testete, daß dieser kein Glückspilz ist und dabei als Stichprobenmaterial diese zehn Gewinnpartien verwendete; d.h. er verfährt grob fehlerhaft. Solches Vorgehen ist ein strenges Analogon zum **Kaffeesatz-Deuten**.

Zur Veranschaulichung solcher Verstöße gegen die obige Versuchsplanungsregel noch einige Beispiele:

1. Beispiel: Intelligenzvergleich der Studentenschaften verschiedener Fachbereiche

Bei einer Intelligenzuntersuchung wurden in zehn Fachbereichen jeweils Intelligenzmeßwerte bei Studenten ermittelt. Schließlich wurden der Fachbereich mit den „niedrigsten" und der Fachbereich mit den „höchsten" Meßwerten mit Hilfe des Zwei-Stichprobentests von *Wilcoxon* verglichen.

Dieses Vorgehen ist unzulässig, denn: gerade diese beiden Fachbereiche miteinander zu vergleichen, hätte vorher festgelegt sein müssen. Dagegen bedeutet die hier angegebene Versuchsanlage: der durchgeführte Zweier-Vergleich wurde aus $\binom{10}{2} = 45$ möglichen Zweier-Vergleichen auf einem „langen Gang" durch die gesamten Meßergebnisse „ausgewählt" (vgl. Beispiel 3.15).

3.4. TESTEN VON HYPOTHESEN (SIGNIFIKANZTESTS)

2. Beispiel: Wünschelruten-Phänomene

Sehr viele Wissenschaftler haben irgendwann einmal versucht, die Existenz von Wünschelruten-Phänomenen unter Benutzung statistischer Testverfahren bei der Auswertung ihrer Meßergebnisse nachzuweisen. Bis auf ganz wenige Ausnahmen lautete das Ergebnis: Nicht-Ablehnung der Nullhypothese der Zufälligkeit der Meßergebnisse.

Trotzdem ist natürlich jeder Vertreter der einschlägigen Zunft in der Lage, als Ergebnis eines „langen Ganges" durch die Geschichte und seine eigene Erfahrung eindrucksvolle Belege für die Existenz des Phänomens vorzulegen. Aber die Parallelität zum *langen Gang durch den Roulett-Saal* ist offenkundig. Statistisch befriedigende Nachweise liegen meines Wissens bisher nicht vor. Dies gilt auch nach meiner gründlichen Einsichtnahme in den Schlußbericht (Mai 1990) zu einer großangelegten Untersuchung zu diesem Fragenkomplex, die im Auftrag des Bundesministeriums für Forschung und Technologie durchgeführt wurde. Vielmehr weist mindestens die *Darstellung der statistischen Ergebnisse dieses offiziellen Schlußberichts* mehrfach Verstöße gegen die vorangehend formulierte Versuchsplanungsregel auf.

3. Beispiel: „Planeten - Temperamente"

Vor einiger Zeit berichtete das Bayerische Fernsehen über eine aparte astrologische Variante, die französische Forscher bei ihrem erfolgreichen Versuch der Widerlegung traditioneller astrologischer Theorien entdeckt haben, nämlich einen statistisch hochsignifikanten Zusammenhang zwischen der Planetenstellung bei der Geburt eines Menschen und dessen „Temperament".

Obwohl ich keinen Einblick in das ausgewertete Datenmaterial habe, so erscheint es mir angesichts der Relevanz der behaupteten Zusammenhangsaussage angezeigt zu überprüfen, ob diese Aussage nicht vielleicht das Ergebnis eines „langen Ganges durch viele Beobachtungsergebnisse" ist.

4. Beispiel: Zufällige Entstehung von Leben

Gelegentlich „berechnet" jemand die Wahrscheinlichkeit dafür, daß Leben durch zufällige Kombination der endlich vielen Elementarteilchen des Weltalls entstanden ist und erhält dabei auf beeindruckend viele Kommastellen Null. Insofern aus diesem Ergebnis geschlossen wird, daß Leben nicht zufällig entstanden sein kann, so verstößt diese Schlußweise gegen die obige Versuchsplanungsregel; denn die zu prüfende Zufälligkeitshypothese hätte bereits vor dem „Versuch" (= Ausgießen der „Elementarteilchen-Suppe") formuliert werden müssen.

Generell gilt im Hinblick auf die obige Versuchsplanungsregel: Angesichts der Selektivität des menschlichen Gedächtnisses ist es nicht leicht auszuschließen, daß ein auszuwertendes Stichprobenmaterial als Ergebnis eines „langen Ganges" durch Datenmaterialien zustande gekommen ist; d.h. selbst im Bereich der Anwendung objektiver mathematisch-statistischer Verfahren ist wissenschaftliche Objektivität ein nicht leicht erreichbares Ideal.

Aufgaben zu: 3.4 Testen von Hypothesen

Aufgabe 3.3:
Man behandle die in den Teilen 1 und 2 der Aufgabe 2.14 (S. 140) formulierten Testprobleme.

Aufgabe 3.4:
Um den Mittelwert μ und die Varianz σ^2 der Größe der mittels einer bestimmten Maschine produzierten elektrischen Widerstände schätzen zu können, wurden bei den Elementen einer Zufallsstichprobe vom Umfang $n = 11$ folgende Werte (in Ohm) gemessen:
$x_1 = 153,0$; $x_2 = 149,3$; $x_3 = 153,0$; $x_4 = 152,4$; $x_5 = 152,9$; $x_6 = 150,9$;
$x_7 = 151,0$; $x_8 = 149,1$; $x_9 = 148,2$; $x_{10} = 153,6$; $x_{11} = 155,8$.

Man berechne Schätzwerte für μ und σ^2 sowie ein Konfidenzintervall, das mit einer Vertrauenswahrscheinlichkeit von 95% den wahren Mittelwert μ der Grundgesamtheit überdeckt.

Unter welcher Voraussetzung ist die Berechnung dieses Konfidenzintervalls möglich?

Aufgabe 3.5:
Unter dem Titel „Was denken die Studenten?" berichtete das Nachrichtenmagazin „Der Spiegel" am 19.6.1967 u.a.: „Die Idee, das Wahlrecht zu modifizieren, und etwa der Stimme eines Professors mehr Gewicht zu geben als der eines Arbeiters, hält in Berlin nur jeder zehnte, im Westen hingegen jeder sechste Student für gut." Eine Anfrage beim Institut für Demoskopie in Allensbach, das die dem Spiegel-Bericht zugrunde liegende Befragung im Sommersemester 1966 durchführte, ergab, daß das vom Spiegel referierte Resultat auf einer Stichprobe vom Umfang 75 aus der Westberliner Studentenschaft und einer Stichprobe vom Umfang 450 aus der übrigen Studentenschaft basiert.

Unter der Annahme, daß die beiden Stichproben Zufallsstichproben darstellen, berechne man für die Anteile der Befürworter der angedeuteten Wahlrechtsmodifikation in den beiden Grundgesamtheiten jeweils ein Konfidenzintervall zur Vertrauenswahrscheinlichkeit von 95%.

Ferner teste man bei Zugrundelegung einer Sicherheitswahrscheinlichkeit von 95% die Nullhypothese, daß die beiden unbekannten Anteile der Befürworter in den beiden Grundgesamtheiten gleich sind.

Aufgabe 3.6:
Mittels einer verborgenen Spezialkamera wurde bei jeder von zehn Versuchspersonen die durchschnittliche Anzahl der Lidschläge pro Minute sowohl bei der Betrachtung eines Werbeplakates A als auch bei Betrachtung eines Werbeplakates B ermittelt:

Nr. der Versuchsperson	1	2	3	4	5	6	7	8	9	10
Lidschlagfrequenz bei A	14,1	15,9	9,0	18,3	12,1	10,9	12,5	12,9	7,9	10,2
Lidschlagfrequenz bei B	16,2	16,7	10,2	18,2	11,3	13,9	13,6	15,2	8,6	10,0

Bei Zugrundlegung einer Sicherheitswahrscheinlichkeit von 95% teste man die Nullhypothese, daß sich die Mittelwerte der Lidschlagfrequenzen bei Betrachtung der beiden Plakate nicht signifikant unterscheiden.

3.4. TESTEN VON HYPOTHESEN (SIGNIFIKANZTESTS) 261

Zur Behandlung dieser Aufgabe möge angenommen werden, daß die Lidschlagfrequenzdifferenzen in der Grundgesamtheit hinreichend genau normalverteilt sind.
Man teste diese Nullhypothese auch mit Hilfe eines geeigneten Rang-Verfahrens.
Hierbei sehe man davon ab, daß es in konkreten Anwendungsfällen nicht gestattet ist, eine Nullhypothese aufgrund des gleichen Stichprobenmaterials mit Hilfe verschiedener Testverfahren zu testen, s. „8. Anmerkung zum allgemeinen Schema eines Signifikanztests" in 3.4.1.

Aufgabe 3.7:
Im Sommersemester 1960 und im Wintersemester 1960/61 wurde am Institut für Psychologie der Universität Würzburg eine Intelligenzuntersuchung mittels *des Amthauer-Intelligenz-Struktur-Tests* durchgeführt, die u.a. zum Ziel hatte, eventuelle Intelligenzunterschiede der Studenten der verschiedenen Fakultäten aufzuweisen. Die Untersuchung ergab u.a. für die 21 Versuchspersonen aus der Naturwissenschaftlichen Fakultät und die 22 Versuchspersonen aus der Rechts- und Staatswissenschaftlichen Fakultät die folgenden Gesamt-Punktzahlen:
Naturwissenschaftliche Fakultät: 138, 134, 137, 124, 149, 109, 115, 100, 132, 152, 120, 139, 123, 132, 108, 161, 137, 99, 127, 127, 124.
Rechts- und Staatswissenschaftliche Fakultät: 117, 121, 142, 132, 149, 84, 94, 107, 104, 106, 150, 129, 107, 127, 110, 122, 103, 134, 105, 130, 138, 94.
Unter der Annahme, daß die Versuchspersonen jeweils eine Zufallsstichprobe darstellen, teste man bei Zugrundelegung einer Sicherheitswahrscheinlichkeit von 95% die Nullhypothese, daß sich die Studenten der beiden Fakultäten hinsichtlich ihrer Intelligenz (nach *Amthauer*) nicht signifikant unterscheiden. (Das Ziel, gerade diese beiden Fakultäten zu vergleichen, stand bereits vor der Einsichtnahme in das gesamte Untersuchungsmaterial des Institutes für Psychologie fest!! Man beachte hierzu Beispiel 3.15.)
Anmerkung: Die Nullhypothese, daß die Intelligenz der Studenten in allen fünf Fakultäten die gleiche Verteilung aufweist, ließe sich mit Hilfe des Tests von *Kruskal* und *Wallis* testen, der eine eine Verallgemeinerung des Zwei-Stichprobentests von *Wilcoxon* darstellt.

Weitere Aufgaben zum Testen von Hypothesen enthält die „Aufgabensammlung", *Basler* (1991).

Lösungen der Aufgaben

Zu Aufgabe 1.1 (S. 5):
Das angegebene Ereignis (= Teilmenge) beschreibt das „konkrete Ereignis", daß man beim Würfeln mit zwei Würfeln eine größere Augensumme als 10 erhält.

Zu Aufgabe 1.2 (S. 54):
Es ist die Wahrscheinlichkeit dafür zu berechnen, daß eine Lieferung, die genau zehn schlechte Stücke enthält, bei Verwendung des angegebenen Prüfplans abgelehnt wird, weil in der Zufallsstichprobe vom Umfang 20 mehr als ein defektes Stück gefunden wird.

Die Wahrscheinlichkeit für die (ungerechtfertigte) Ablehnung beim „Ziehen ohne Zurücklegen" erhält man somit mit Hilfe der Z.o.Z.-Grundaufgabenlösung (1.24) zu

$$1 - \frac{\binom{10}{0} \cdot \binom{190}{20} + \binom{10}{1} \cdot \binom{190}{19}}{\binom{200}{20}} = 1 - \frac{180 \cdot 179 \cdot \ldots \cdot 172(171 + 200)}{200 \cdot 199 \cdot \ldots \cdot 191} = 0,263.$$

Die Wahrscheinlichkeit für die (ungerechtfertigte) Ablehnung beim „Ziehen mit Zurücklegen" erhält man analog mit Hilfe der Z.m.Z.-Grundaufgabenlösung (1.26) zu

$$1 - \binom{20}{0} \cdot 0,05^0 \cdot 0,95^{20} - \binom{20}{1} 0,05^1 \cdot 0,95^{19} = 0,264.$$

Zu Aufgabe 1.3 (S. 54):
Nachdem A unter seinen zehn Karten keinen Buben erhalten hat, kann er sich die beiden Karten, die im Skat liegen, durch zufälliges Herausgreifen („ohne Zurücklegen") aus den restlichen 22 Karten zustande gekommen denken. Mit Hilfe der Z.o.Z.-Grundaufgabenlösung (1.24) erhält man:

$$W(E_0) = \frac{\binom{4}{0}\binom{18}{2}}{\binom{22}{2}} = \frac{51}{77} = 0,66$$

$$W(E_1) = \frac{\binom{4}{1} \cdot \binom{18}{1}}{\binom{22}{2}} = \frac{24}{77} = 0,31$$

$$W(E_2) = \frac{\binom{4}{2} \cdot \binom{18}{0}}{\binom{22}{2}} = \frac{2}{77} = 0,03.$$

Kontrolle: Es muß gelten $W(E_1)+W(E_2)+W(E_3) = 1$ (s. Satz 1.8 über vollständige Ereignissysteme).

Zu Aufgabe 1.4 (S. 54):
Mit Hilfe der Z.m.Z.-Grundaufgabenlösung (1.26) erhält man die Wahrscheinlichkeiten von E_1 und E_{10} in der Form

$$W(E_1) = \binom{3}{0} \cdot 0,5^0 \cdot 0,5^3 = 0,125$$

Lösungen der Aufgaben 263

$$W(E_{10}) = \binom{3}{1} \cdot 0,8^1 \cdot 0,2^2 = 0,096.$$

Die übrigen Wahrscheinlichkeiten erhält man durch unmittelbare Anwendung der *Laplace*schen Formel (1.5), wobei $|\Omega| = 10^3 = 1000$ ist (s. (1.21')).

Da E_2 aus denjenigen Elementarereignissen (i_1, i_2, i_3) besteht, bei denen jede der drei Komponenten mit einer der vier Nummern 7, 8, 9, 10 besetzt ist, erhält man $|E_2| = 4^3$ und $W(E_2) = \frac{4^3}{1000} = 0,064$.

Analog erhält man $\quad W(E_3) = \frac{2^3}{1000} = 0,008$.

Wegen $E_2 \subset E_1$ ist $E_1 \cap E_2 = E_2$ und somit

$W(E_4) \;=\; W(E_1 \cap E_2) = W(E_2) = 0,064,$

$W(E_5) \;=\; W(E_3) = 0,008,$

$W(E_6) \;=\; \frac{\binom{3}{1} \cdot 2 \cdot 6 \cdot 6}{1000} = 0,216,$

$W(E_7) \;=\; \frac{\binom{3}{1} \cdot 1 \cdot 6 \cdot 6}{1000} = 0,108,$

$W(E_8) \;=\; W(E_6 \cup E_7) = W(E_6) + W(E_7) = 0,216 + 0,108 = 0,324,$

$W(E_9) \;=\; W(E_7 \cup E_8) = W(E_8) = 0,324.$

Die Berechnung von $W(E_8) = W(\xi_B + \xi_C = 1)$ stellt im Gegensatz zur Berechnung von $W(E_{10}) = W(\xi_A + \xi_C = 1)$ keine Urnen-Grundaufgabe dar (s. Hinweis für eilige Leser nach Beispiel 1.8). Dies liegt daran, daß $\xi_A + \xi_C$ identisch ist mit $\xi_{A \cup C}$, also sich als eine Anzahl ausgezeichneter Elemente in der Stichprobe vom Umfang 3 deuten läßt. Dies ist für $\xi_B + \xi_C$ offenkundig nicht möglich; z.B. besitzt $\xi_B + \xi_C$ als einen möglichen Wert den Wert 6, der nicht als Anzahl «ausgezeichnet» in einer Stichprobe vom Umfang 3 deutbar ist, d.h. $\xi_B + \xi_C$ ist nicht binomialverteilt.

Zu Aufgabe 1.5 (S. 54):

1. $W(\text{mindestens 1 schlechtes Stück unter 5}) = 1 - W(\text{0 schlechte Stücke unter 5})$
   $= 1 - (0,9)^5 = 0,41.$

2. Es ist die kleinste natürliche Zahl n mit der Eigenschaft

$$1 - (0,9)^n \geq 0,90$$

zu bestimmen.
Dazu bestimmt man zunächst die reelle Zahl x so, daß

$$1 - (0,9)^x = 0,90$$

ist. Es ist $(0,9)^x = 0,10$, also $\lg(0,9^x) = -1$, also $x \cdot \lg 0,9 = -1$ und folglich

$$x = \frac{-1}{\lg 0,9} = \frac{-1}{0,9542 - 1} = 21,8.$$

Also muß man wenigstens $n = 22$ Stücke herausgreifen, um mit mindestens 90% Wahrscheinlichkeit ein schlechtes Stück zu erhalten.

Zu Aufgabe 1.6 (S. 55):

1. $\binom{5}{2} = 10$.
2. $2^{10} = 1024$.
3. Genau die 5-elementigen Ereignisse besitzen die (*Laplace-*)Wahrscheinlichkeit 1/2. Die Anzahl dieser 5-elementigen Teilmengen der 10-elementigen Menge Ω beträgt $\binom{10}{5} = 252$.

Zu Aufgabe 1.7* (S. 58):

Es bezeichne $E_k(k = 1, 2, \ldots, n)$ das Ereignis, daß wenigstens Herr Nr.k seinen eigenen Hut erhält.
Dann ist
$$W_n = W(E_1 \cup E_2 \cup \ldots \cup E_n).$$
Die einzelnen Summanden der Siebformel (1.27) erhält man zu:

1. $W(E_k) = \frac{(n-1)!}{n!} = \frac{1}{n}$.
   Damit lautet die erste Summe der rechten Seite der Siebformel:
   $$\sum_{1 \leq i \leq n} W(E_i) = n \cdot \frac{(n-1)!}{n!} = 1.$$

2. $W(E_i \cap E_j) = \frac{(n-2)!}{n!}$ für $i \neq j$;
   denn wenn sowohl Herr Nr.i als auch Herr Nr.j wenigstens ihre eigenen Hüte bekommen sollen, so können nur die $(n-2)$ Hüte der restlichen $(n-2)$ Herren noch untereinander auf $(n-2)!$ Arten permutiert werden.
   Die zweite Summe der rechten Seite der Siebformel weist aber $\binom{n}{2}$ gleiche Summanden auf; die beiden Herren können auf $\binom{n}{2}$ verschiedene Weisen aus den n Herren herausgegriffen werden. Damit ist
   $$\sum_{1 \leq i < j \leq n} W(E_i \cap E_j) = \binom{n}{2} \cdot \frac{(n-2)!}{n!} = \frac{1}{2!}.$$

3. Analog ergibt sich
   $$\sum_{1 \leq i < j < k \leq n} W(E_i \cap E_j \cap E_k) = \binom{n}{3} \cdot \frac{(n-3)!}{n!} = \frac{1}{3!}.$$

Damit ergibt sich die gesuchte Wahrscheinlichkeit W_n gemäß der Siebformel zu:
$$W_n = \binom{n}{1} \cdot \frac{(n-1)!}{n!} - \binom{n}{2} \frac{(n-2)!}{n!} + \binom{n}{3} \frac{(n-3)!}{n!} - \ldots + (-1)^{n+1} \binom{n}{n} \frac{0!}{n!} =$$
$$= \frac{1}{1!} - \frac{1}{2!} + \frac{1}{3!} - \ldots + (-1)^{n+1} \cdot \frac{1}{n!},$$
also
$$W_n = \sum_{\nu=1}^{n} (-1)^{\nu+1} \frac{1}{\nu!}.$$

Die verlangten numerischen Werte:

(a) $W_6 = 1 - \frac{1}{2!} + \frac{1}{3!} - \frac{1}{4!} + \frac{1}{5!} - \frac{1}{6!} = \frac{91}{144} = 0,6319$.

(b) Um $\lim\limits_{n\to\infty} W_n$ zu berechnen, sei daran erinnert, daß $\sum\limits_{\nu=0}^{\infty} \frac{x^\nu}{\nu!} = e^x$ ist.
Um dies ausnutzen zu können, formt man W_n wie folgt um:

$$W_n = \sum_{\nu=1}^{n}(-1)^{\nu+1} \cdot \frac{1}{\nu!} = -\sum_{\nu=1}^{n}\frac{(-1)^\nu}{\nu!} = 1 - \sum_{\nu=0}^{n}\frac{(-1)^\nu}{\nu!}.$$

Damit hat man schließlich

$$\lim_{n\to\infty} W_n = 1 - \sum_{\nu=0}^{\infty}\frac{(-1)^\nu}{\nu!} = 1 - e^{-1} = 1 - \frac{1}{e} = 0,6321.$$

Zu Aufgabe 1.8 (S. 64):
Die Wahrscheinlichkeit, bei einmaliger Anwendung des Tests den *Fehler 1. Art* nicht zu begehen, beträgt (nach Satz 1.6) 0,95. Mit Hilfe der Unabhängigkeitseigenschaft als Modellannahme erhält man W(bei n-maliger Anwendung nie Fehler 1. Art) = $0,95^n$ und $0,95^{10} = 0,60$; $0,95^{100} = 0,0059$.

Anmerkung zur Bedeutung dieses Ergebnisses: Bei der Anwendung jedes statistischen Tests sind Fehlentscheidungen prinzipiell unvermeidbar. Als Fehler 1. Art bezeichnet man diejenige Fehlentscheidung, die darin besteht, eine zu testende Hypothese, die tatsächlich richtig ist, für falsch zu erklären. Für das Beispiel der Hypothese „ein zu testendes Medikament hat keine Wirkung" bedeutet also das vorstehende Ergebnis: Bei Durchführung von zehn unabhängigen Prüfungen dieses Medikamentes (bei Verwendung eines Tests mit 5% Wahrscheinlichkeit für den Fehler 1. Art) beträgt die Wahrscheinlichkeit dafür, daß das Medikament bei mindestens einer der Prüfungen fälschlich als wirksam erklärt wird 40%.

Zu Aufgabe 1.9 (S. 64):
Die Wahrscheinlichkeit für einen Gewinn mit einer Tippreihe in einer Ausspielung beträgt (s. Beispiel 1.9) $p = \frac{260.624}{13.983.816} = 0,018638$.
Bezeichnet η die Anzahl der Gewinne in zehn *unabhängigen* Ausspielungen, an denen der Spieler mit jeweils einer Tippreihe beteiligt ist, so ist η nach der Binomialverteilung $Bi(10;p)$ verteilt, d.h. man erhält die gesuchten Wahrscheinlichkeiten mit Hilfe von (1.37) bzw. der Z.m.Z.-Grundaufgabenlösung (1.26) zu

(a) $W(\text{mindestens ein Gewinn}) = W(\eta \geq 1) =$
$= 1 - W(\eta = 0) = 1 - \binom{10}{0}p^0 \cdot (1-p)^{10} = 0,1715$

(b) $W(\eta \geq 2) = 1 - W(\eta \leq 1) =$
$= 1 - \binom{10}{0}p^0 \cdot (1-p)^{10} - \binom{10}{1}p^1 \cdot (1-p)^9 = 0,0142$.

(c) Die gesuchte Mindest-Anzahl von Ausspielung ist die kleinste ganze Zahl n_0, für die gilt
$$1 - (1-p)^n \geq 0,50.$$
Dazu bestimmt man zunächst (wie bei der Lösung zu Aufgabe 1.5) durch Logarithmieren die reelle Zahl x so, daß
$$(1-p)^x = 0,50$$

ist. Man erhält

$$x = \frac{lg\, 0,50}{lg\,(1-p)} = \frac{-0,3010}{-0,00817} = 36,8$$

und damit $n_0 = 37$.

Bezeichnet η^* die Anzahl der Gewinne bei zehn unabhängigen Ausspielungen, falls sich der Spieler jeweils mit 2 *total verschiedenen* Tippreihen beteiligt, so ist η^* nach $Bi(10; 2p)$ verteilt und man erhält

$W(\eta^* \geq 1) = 0,3161$

$W(\eta^* \geq 2) = 0,0512$ und

die gesuchte Mindest-Anzahl zu 19.

Anmerkung zu der benutzten Unabhängigkeitsvoraussetzung und zum sog. **Lotto-Barometer**: Empirisch belegbare Hinweise darauf, daß diese Modellannahme bei den realen Lotto-Ausspielungen verletzt sein könnte, sind mir nicht bekannt – trotz umfangreicher Untersuchungen über die Ausspielungen aus 25 Jahren (s. Anhang über „Tippstrategien für das LOTTO" der „Aufgabensammlung", *Basler* (1991)). Andererseits suggerieren die staatlichen Lotteriegesellschaften mit ihrem seit vielen Jahren allwöchentlich publizierten „Lotto-Barometer" – das über die einzelnen Lottozahlen Angaben unter den Rubriken „Wie lange nicht gezogen?" und „Wie oft schon gezogen?" enthält – daß die Gewinnzahlen vergangener Ausspielungen einem Barometer analog Hinweise über künftige Ausspielungen geben könnten, was *statistische Abhängigkeit* der Ausspielungen bedeuten würde. Falls allerdings das „Lotto-Barometer" tatsächlich zur Prognose verwertbare Informationen enthielte – wofür es, wie bereits gesagt, keinerlei empirische Belege gibt – so hätten sie die Grundlage für staatsanwaltschaftliche Ermittlungen gegen die Lotteriegesellschaften zu sein. Auf meinen Vorhalt, warum man denn solchen Unsinn ständig publiziere, hat mir ein zuständiger Lotto-Beamter geantwortet, daß die staatlichen Lotteriegesellschaften damit den okkulten Bedürfnissen ihrer Kundschaft entgegenkommen wollen.

Zu Aufgabe 1.10 (S. 65):

Bezeichnet man mit A, B, C die Ereignisse, daß bei einem Exemplar des Gerätes ein Fehler des Typs A, B oder C auftritt, und mit $\bar{A}, \bar{B}, \bar{C}$ die Komplemente dieser Ereignisse, so erhält man unter Verwendung der Modellannahme der statistischen Unabhängigkeit für A, B, C

$W(\xi = 0) = W(\bar{A} \cap \bar{B} \cap \bar{C}) = 0,96 \cdot 0,95 \cdot 0,90 = 0,8208$

$W(\xi = 1) = W(A \cap \bar{B} \cap \bar{C}) + W(\bar{A} \cap B \cap \bar{C}) + W(\bar{A} \cap \bar{B} \cap C) =$
$= 0,04 \cdot 0,95 \cdot 0,90 + 0,96 \cdot 0,05 \cdot 0,90 + 0,96 \cdot 0,95 \cdot 0,10 = 0,1686$

$W(\xi = 2) = \ldots = 0,0104$

$W(\xi = 3) = \ldots = 0,0002.$

Simulation der Produktion eines Exemplares des Gerätes mit Hilfe eines Urnenmodells: Um die angegebenen Fehlerwahrscheinlichkeiten $0,04; 0,05; 0,10$ sowie die vorstehend erhaltenen Wahrscheinlichkeitswerte als Anteile von Elementen einer Urne deuten zu können, wählt man naheliegend eine Urne mit $N = 10.000$ Elementen, von denen $M_A = 400$ die Eigenschaft A, $M_B = 500$ die Eigenschaft B und $M_C = 1000$

Lösungen der Aufgaben 267

die Eigenschaft C besitzen. Um z.B. die Unabhängigkeitsbedingung $W(A \cap B) = 0,04 \cdot 0,05 = 0,0020$ zu gewährleisten, hat man genau $M_{A \cap B} = 20$ Urnenelementen gleichzeitig die Eigenschaften A und B zuzuordnen. Das verlangte Simulationsmodell wird also durch folgende Urnenparameter vollständig festgelegt:

$N = 10.000$,
$M_A = 400$, $\quad M_B = 500$, $\quad M_C = 1000$,
$M_{A \cap B} = 20$, $\quad M_{A \cap C} = 40$, $\quad M_{B \cap C} = 50$, $\quad M_{A \cap B \cap C} = 2$.

Es sei noch angefügt, daß die Berechnung der Wahrscheinlichkeiten $W(\xi = m)$ keine Urnen-Grundaufgabe darstellt, da sich die zufällige Variable ξ nicht deuten läßt als eine Anzahl ausgezeichneter Elemente in einer Stichprobe vom Umfang 3.

Zu Aufgabe 1.11* (S. 65):

1. Berücksichtigt die Versuchsperson die Zusammensetzung der 25 Karten aus 5 mal 5 verschiedenen Karten, d.h. nennt sie bei den 25 Abhebungen jedes der fünf Symbole genau fünfmal, so hat sie

$$\binom{25}{5} \cdot \binom{20}{5} \cdot \binom{15}{5} \cdot \binom{10}{5} \cdot \binom{5}{5}$$

verschiedene, gleichwahrscheinliche Möglichkeiten die Reihenfolge anzusagen. Die gesuchte Wahrscheinlichkeit für 25 Treffer beträgt also

$$W(25 \text{ Treffer}) = \frac{1}{\binom{25}{5} \cdot \binom{20}{5} \cdot \binom{15}{5} \cdot \binom{10}{5} \cdot \binom{5}{5}} = \frac{(5!)^5}{25!} = 1,6 \cdot 10^{-15}.$$

(Zur numerischen Berechnung benutzt man zweckmäßigerweise Logarithmen der Fakultäten, s.S. 00.)

2. Die Wahrscheinlichkeit, bei 25 unabhängigen Rateversuchen 25 Treffer zu erzielen, beträgt

$$W(25 \text{ Treffer}) = \left(\frac{1}{5}\right)^{25} = 3,4 \cdot 10^{-18}.$$

Dies bedeutet: die Wahrscheinlichkeit, 25 Treffer zu erzielen, ist unter Berücksichtigung der Zusammensetzung des Kartenspiels rund 500mal größer als bei 25 *unabhängigen* Rateversuchen.

Zu Aufgabe 1.12 (S. 83): „*Drei-Türen-Problem*"

1. Lösung:
Sähen die Spielbedingungen den „Hinweis" des Moderators nicht vor, so beträge die Erfolgswahrscheinlichkeit beim Raten offensichtlich 1/3 – jedenfalls wäre dies die einzige sinnvolle Modellierung von „Raten". Wenn also der Rate-Kandidat den „Hinweis" systematisch ignoriert, indem er Strategie A wählt, so beträgt seine Erfolgswahrscheinlichkeit auch 1/3. Da das Ereignis „Gewinn mit Strategie B" das Komplement von „Gewinn mit Strategie A" ist, so beträgt die Erfolgswahrscheinlichkeit für Strategie B (nach Satz 1.6, S. 55) also 2/3.

Da diese Lösung vor allem für Nicht-Mathematiker möglicherweise mathematisch nicht ganz überzeugt (= sich nicht vollständig erschließt), noch zwei weitere Lösungen.

2. Lösung: *Eine äquivalente Umformung*
Die Übergangsstrategie B ist im Hinblick auf den Rate-Erfolg äquivalent mit der Möglichkeit, beim ersten Rateversuch nicht nur auf eines der drei Gefäße tippen zu dürfen, sondern gleichzeitig auf zwei der drei Gefäße, z.B. auf Nr.1 und Nr.2. Da ein realer Moderator vermutlich diesen Doppel-Tipp für unzulässig erklären würde, so bräuchte der Kandidat zur Durchsetzung seines beabsichtigten Doppel-Tipps nur so zu verfahren: Er tippt zum Schein zunächst auf Nr.3 und zwingt damit den Moderator, eine der beiden Nummern des Doppel-Tipps „zu streichen", womit der Kandidat mit Strategie B dann und nur dann gewinnt, wenn sein Doppel-Tipp Erfolg hat; d.h. die Erfolgswahrscheinlichkeit für Strategie B ist 2/3.

3. Lösung:
Eine etwas eindrucksvollere und deshalb wohl beliebte Lösung erhält man durch folgende Anwendung des *Satzes über die totale Wahrscheinlichkeit* (S. 76):

$$\begin{aligned}W(\text{Erfolg mit } B) &= W(\text{Erfolg mit } B|1.\text{Tipp richtig}) \cdot \\ &\quad \cdot W(1.\text{Tipp richtig}) + \\ &\quad + W(\text{Erfolg mit } B|1.\text{Tipp falsch}) \cdot \\ &\quad \cdot W(1.\text{Tipp falsch}) = \\ &= 0 \cdot \frac{1}{3} + 1 \cdot \frac{2}{3} = \frac{2}{3}.\end{aligned}$$

Wie man sieht, erfordert natürlich auch diese Lösung die Modellannahme $W(1.\text{Tipp richtig}) = 1/3$, die allein bereits für die vorangehenden Lösungen ausreichte.

Anmerkung: Nach meiner Erfahrung kann folgende „Lösung" Verwirrung stiften: „Nach dem Hinweis des Moderators gibt es offenkundig nur noch zwei Möglichkeiten für das Versteck des Gewinns – „also" beträgt die Wahrscheinlichkeit für jede dieser beiden Möglichkeiten 1/2 und Strategie A und B besitzen gleiche Erfolgswahrscheinlichkeiten".

Diese „Lösung" ist Ausdruck eines ungezügelten Sinnes für Symmetrie. Die Schlußweise ist von der gleichen Relevanz wie die folgende: „Nach Vollendung des soeben begonnenen Satzes, werde ich meinen Schreibtisch verlassen, und über eine Treppe zum Kühlschrank gehen, wobei es zwei Möglichkeiten gibt: entweder ich gelange unfallfrei zum Kühlschrank oder nicht. Also beträgt die Wahrscheinlichkeit für einen Unfall 1/2".

Anmerkung zur „Geschichte" des sog. „Drei-Türen-Problems": Dieses mathematische Problemchen hat merkwürdigerweise das Interesse der Medien gefunden. So berichtete etwa das Wochenblatt „Der Spiegel" (Nr. 34, 1991, Rubrik WISSENSCHAFT) ausführlich über diese „Knacknuß der Wahrscheinlichkeitsrechnung", wobei man erfährt, daß die korrekte Lösung von der US-Kolumnistin *vos Savant* verbreitet wurde („Sie gilt mit ihrem Intelligenzquotienten von 228, dem höchsten weltweit je ermittelten, als absolutes Superhirn."). Aber: „Die mit insgesamt etwa 1000 Doktorhüten geschmückte Phalanx der US-Mathematiker" verwarf ihre Lösung „mit Schmäh und Schimpf". Auch nach einer ausgiebigen Leserbrief-Diskussion („Spiegel", Nr. 36, 1991) ist zu befürchten, daß bei manchen Lesern wohl der Eindruck entstanden ist, daß die jetzige korrekte Lösung auch nur den derzeitigen Wissensstand wiedergibt und man noch auf Neues gefaßt bleiben muß.

Zu Aufgabe 1.13 (S. 83):
Es bezeichne p die Wahrscheinlichkeit für eine Jungengeburt. Die Aufgabe soll

Lösungen der Aufgaben

sowohl für den Wert $p = 0,5$ als auch für den realistischeren Wert $p = 0,52$ behandelt werden.

1. Lösung zu Situation A: Den vorliegenden „Versuch" kann man so deuten, daß aus der Menge aller 2-Kinder-Väter ein Element (= ein Vater) zufällig herausgegriffen wird. Als Menge der Elementarereignisse dieses „Versuchs" kann man benutzen

$$\Omega = \{(J,J), \quad (J,M), \quad (M,J), \quad (M,M)\}$$
W-Werte bei $p = 0,5$: $\quad\quad 0,25 \quad\quad 0,25 \quad\quad 0,25 \quad\quad 0,25$
W-Werte bei $p = 0,52$: $\quad\quad 0,52^2 \quad 0,52 \cdot 0,48 \quad 0,48 \cdot 0,52 \quad 0,48^2$.

Die gesuchte Wahrscheinlichkeit erhält man als bedingte Wahrscheinlichkeit

$$W\left(\{(J,J)\} \mid \{(J,J),(J,M),(M,J)\}\right) = \frac{W(\{(J,J)\})}{W(\{(J,J),(J,M),(M,J)\})};$$

für $p = 0,5$ erhält man: $\frac{0,25}{0,25+0,25+0,25} = 0,333$.

für $p = 0,52$ erhält man: $\frac{0,52^2}{0,52^2 + 2 \cdot 0,52 \cdot 0,48} = 0,351$.

Als Variante dieser Lösung kann man auch

$$\Omega = \{[J,J],[J,M],[M,M]\}$$

benutzen, wobei jetzt $[J,M]$ bedeutet: der herausgegriffene 2-Kinder-Vater ist Vater eines Pärchens; im Falle $p = 0,52$ hätte man $W(\{[J,M]\})$ den Wert $2 \cdot 0,52 \cdot 0,48$ zu geben.

2. Lösung zu Situation A: Man kann die Verwendung bedingter Wahrscheinlichkeiten vermeiden, indem man als Grundgesamtheit die Teilmenge der Jungen-Väter unter den 2-Kinder-Vätern betrachtet, d.h. man benutzt

$$\Omega = \{(J,J), \quad (J,M), \quad (M,J)\}$$
W-Werte für $p = 0,5$: $\quad \frac{0,25}{0,75} \quad\quad \frac{0,25}{0,75} \quad\quad \frac{0,25}{0,75}$.

D.h. man benutzt als W-Werte die W-Werte aus der ersten Lösung und normiert auf $W(\Omega) = 1$. Die gesuchte Lösung ist jetzt trivial, nämlich

$$W(\{J,J\}) = \frac{0,25}{0,75} = 1/3.$$

Analog erhält man wieder die obige Lösung für $p = 0,52$.

Lösung zu Situation B: Grundgesamtheit sind hier Jungen von 2-Kinder-Vätern. Als Menge der Elementarereignisse des Versuchs Herausgreifen eines Jungen aus dieser Grundgesamtheit kann man

$$\Omega = \{J_1, J_2, J_3, J_4\}$$

wählen, wobei
J_1 bedeutet: 1.Junge aus $(\underline{J},J)$; d.h. $W(J_1) = p^2 \cdot c$
J_2 bedeutet: 2.Junge aus $(J,\underline{J})$; d.h. $W(J_2) = p^2 \cdot c$
J_3 bedeutet: Junge aus (J,M); d.h. $W(J_3) = p(1-p) \cdot c$
J_4 bedeutet: Junge aus (M,J); d.h. $W(J_4) = (1-p) \cdot p \cdot c$.

Dabei bezeichnet c den Normierungsfaktor, der $W(\Omega) = 1$ sicherstellen soll; d.h. es muß gelten $(2 \cdot p^2 + 2p(1-p)) \cdot c = 1$. Hieraus folgt: $c = \frac{1}{2p}$.

Damit erhält man die gesuchte Wahrscheinlichkeit in der Form

$$W(\{J_1, J_2\}) = 2p^2 \cdot c = p.$$

Situation C erweist sich als identisch mit Situation B.

Zu Aufgabe 2.1 (S. 105):
Die Verteilungsfunktionen von ξ und η wurden für die gegebenen Parameterwerte in Beispiel 2.1 (S. 87) berechnet. Erwartungswert, Varianz und Zentralwert wurden für ξ und η in Beispiel 2.2 (S. 95) berechnet.

Zu Aufgabe 2.2 (S. 105):
ξ = Reingewinn bei einem Wurf. Die zufällige Variable ξ nimmt folgende Werte an:

$$x_1 = -9,80 \text{ DM}, \quad x_2 = -4,80 \text{ DM}, \quad x_3 = +0,20 \text{ DM}.$$

Die Wahrscheinlichkeiten für diese Werte betragen:

$$W(\xi = x_1) = \frac{1}{6^3}; \quad W(\xi = x_2) = \frac{3}{6^3}; \quad W(\xi = x_3) = \frac{6^3 - 4}{6^3},$$

also ist

$$E[\xi] = \frac{-9,80 - 3 \cdot 4,80 + 212 \cdot 0,20}{216} = 0,084;$$

d.h. der durchschnittliche Gewinn pro Wurf beträgt 8,4 Pfennige.

Bequemer berechnet man den Erwartungswert und vor allem die Varianz bzw. Streuung von ξ, indem man die zufällige Variable $\eta = \xi - 0,20$ betrachtet.
Es ist

$$E[\eta] = \frac{-10,00 - 3 \cdot 5,00 + 212 \cdot 0,00}{216} = -\frac{25,00}{216} = -0,116,$$

also $\mu = E[\xi] = 0,20 - 0,116 = 0,084$.

Die Varianz von η, die mit der Varianz von ξ identisch ist (s. (2.17)), erhält man besonders bequem mit Hilfe des Verschiebungssatzes (2.19') in der Form

$$E\left[(\eta - (-0,116))^2\right] = E\left[\eta^2\right] - (0,116)^2 = \frac{(-10)^2 + 3 \cdot (-5)^2 + 212 \cdot 0^2}{216} - 0,013 =$$
$$= \frac{175}{216} - 0,013 = 0,797.$$

Die Streuung des Reingewinns ξ bei einem Wurf beträgt also $\sigma = \sqrt{0,797} = 0,89$ DM. Verdoppelte man die Einsätze und Gewinne, so verdoppelten sich nach (2.13) und (2.18) sowohl der Erwartungswert als auch die Streuung.

Für 1.000 bzw. 10.000 unabhängige Würfe erhält man mit Hilfe des in Beispiel 2.4 (S. 101) eingeführten *additiven Modells*:

1.000 *unabhängige Würfe*:
Erwartungswert des Reingewinns: $1.000\,\mu \approx 84$ DM
Streuung des Reingewinns: $\sqrt{1.000}\,\sigma \approx 28$ DM

10.000 *unabhängige Würfe*:
Erwartungswert des Reingewinns: $10.000\,\mu \approx 840$ DM
Streuung des Reingewinns: $\sqrt{10.000}\,\sigma \approx 89$ DM

Hierbei bezeichnen μ und σ den Erwartungswert und die Streuung des Reingewinns bei einem Wurf.

Zu Aufgabe 2.3 (S. 106):

1. $1 - (0,95)^{10} - \binom{10}{1} 0,05 \cdot 0,95^9 = 1 - (0,95)^{10} \cdot \frac{145}{95} = 0,086$.

2. $E[\text{Kosten}] = 40 \cdot 0,914 + 200 \cdot 0,086 = 54$ DM.

Zu Aufgabe 2.4* (S. 106):
Vorbemerkungen:
Die Wahrscheinlichkeit für die Ereignisse „Rot" und „Schwarz" bei einer Roulettpartie betrage jeweils 1/2 (vgl. die Vorbemerkungen zur Lösung von Beispiel 3.15, S. 000).

Summenformel für eine endliche geometrische Reihe: $\sum_{\nu=0}^{n} q^\nu = \frac{1 - q^{n+1}}{1 - q}$.

1. *Unbegrenzte Anzahl von Partien*
Das Spiel, das darin besteht, solange seinen Einsatz zu verdoppeln, bis das erste Mal „Rot" erscheint, kann auf verschiedene Weisen zu Ende gehen: z.B. kann bei den ersten beiden Partien „Schwarz" und bei der dritten Partie „Rot" erscheinen; in diesem Fall (in der nachstehenden Tabelle als 3. Fall bezeichnet) betrüge die Summe der bis einschließlich der dritten Partie getätigten Einsätze $1 + 2 + 4 = 7$ DM; als Auszahlung erhielte der Spieler in der dritten Partie neben seinen in dieser Partie eingesetzten 4 DM noch 4 DM als Gewinn, die Gesamtauszahlung betrüge also 8 DM und der Spieler hätte insgesamt $8 - 7 = 1$ DM als echten Gewinn (in der Tabelle als „Reingewinn" bezeichnet) erzielt. Die Wahrscheinlichkeit, daß genau dieser Fall eintritt, beträgt wegen der Unabhängigkeit der Partien $(1/2)^3$.

	Gesamteinsatz	Auszahlung	Reingewinn	Wahrscheinlichkeit für diesen Fall
1. Fall: Spiel nach 1 Partie beendet	1	$2 \cdot 1 = 2$	1	1/2
2. Fall: Spiel nach 2 Partien beendet	$1 + 2 = 3$	$2 \cdot 2 = 4$	1	$(1/2)^2$
3. Fall: Spiel nach 3 Partien beendet	$1 + 2 + 4 = 7$	$2 \cdot 4 = 8$	1	$(1/2)^3$
⋮	⋮	⋮	⋮	⋮
n. Fall: Spiel nach n Partien beendet	$\sum_{\nu=0}^{n-1} 2^\nu = 2^n - 1$	$2 \cdot 2^{n-1} = 2^n$	1	$(1/2)^n$
⋮	⋮	⋮	⋮	⋮

Offensichtlich nimmt die zufällige Variable „Reingewinn" nur den Wert $+1$ an, wenn man solange spielt, bis zum ersten Mal „Rot" erscheint, d.h. bis das Spiel beendet ist. (Wegen $\lim_{n\to\infty}(1/2)^n = 0$ ist die Wahrscheinlichkeit 1, daß das Spiel irgendwann zu Ende geht.)

Also ergibt sich für den Erwartungswert μ_1 und die Varianz σ_1^2 des Reingewinns ξ:

$$\mu_1 = E[\xi] = +1 \cdot W(\xi = +1) = +1 \cdot 1 = 1$$

und

$$\sigma_1^2 = E\left[(\xi - \mu_1)^2\right] = (1-1)^2 \cdot 1 = 0.$$

Dieses Verfahren, mit Sicherheit zu gewinnen (man könnte natürlich anstatt mit 1 DM Einsatz zu beginnen auch mit einem beliebig großen Betrag a anfangen und würde dann bei dem Verfahren der verdoppelten Einsätze mit Wahrscheinlichkeit 1 den Betrag a gewinnen!), ist natürlich schon deshalb unrealistisch, weil es die Annahme enthält, man könnte auf jeden Fall solange teilnehmen bis „Rot" erscheint, was bedeutet, daß jede endliche Einsatzsumme als überschreitbar angenommen wird.

2. *Begrenzte Anzahl von Partien*

Es sei N die maximale Partienzahl und η der Reingewinn nach Beendigung eines Spieles. (In manchen Spielbanken ist die Höhe des Einsatzes auf „einfache Chancen", wie z.B. „Rot", auf 2400 DM begrenzt; in diesem Fall wäre $N = 12$, denn der Einsatz in der 12. Partie beträgt bei diesem Verfahren $2^{11} = 2048$ DM, während in der 13. Partie bereits 4096 DM erforderlich wären.)

Die zufällige Variable η nimmt folgende Werte an (vgl. Tabelle unter 1.):

$$x_1 = +1 \quad \text{und} \quad x_2 = -\left(2^N - 1\right).$$

Der Wert x_2 wird dann angenommen, wenn in allen N möglichen Partien „Schwarz" erscheint; also ist

$$W(\eta = x_2) = \left(\frac{1}{2}\right)^N \quad \text{und} \quad W(\eta = x_1) = 1 - \left(\frac{1}{2}\right)^N.$$

Somit erhält man:

$$\mu_2 = E[\eta] = +1 \cdot \left(1 - \left(\frac{1}{2}\right)^N\right) - \left(2^N - 1\right) \cdot \left(\frac{1}{2}\right)^N = 1 - \left(\frac{1}{2}\right)^N - \left(1 - \left(\frac{1}{2}\right)^N\right) = 0$$

$$\sigma_2^2 = E\left[(\eta - 0)^2\right] = (+1-0)^2 \cdot \left(1 - \left(\frac{1}{2}\right)^N\right) + \left(-2^N + 1 - 0\right)^2 \cdot \left(\frac{1}{2}\right)^N = 2^N - 1.$$

Zu Aufgabe 2.5 (S. 112):

Mit Hilfe der in Aufgabe 1.10 berechneten Wahrscheinlichkeiten $W(\xi = m)$ für $m = 0, \ldots, 3$ erhält man

$$W(\eta = 0) = 0{,}8208, \quad W(\eta = 20) = 0{,}1790, \quad W(\eta = 300) = 0{,}0002$$

und daraus

$$E[\eta] = 3{,}64 \text{ DM} \quad ; \quad \sigma_\eta = 8{,}74 \text{ DM}$$

Lösungen der Aufgaben

und für die Kostensumme η^* mit Hilfe des Additiven Modells (2.22)

$$E[\eta^*] = 3640 \quad ; \quad \sigma_{\eta^*} = \sqrt{1000} \cdot \sigma_\eta = 276,32 \text{ DM}.$$

Zu Aufgabe 2.6 (S. 112):

Berechnung des Erwartungswertes der Binomialverteilung $Bi(n;p)$:

$$\begin{aligned}\mu &= \sum_{m=0}^{n} m \binom{n}{m} p^m (1-p)^{n-m} = \sum_{m=1}^{n} m \binom{n-1}{m-1} \frac{n}{m} p^m \cdot (1-p)^{n-m} = \\ &= np \sum_{m=1}^{n} \binom{n-1}{m-1} p^{m-1} (1-p)^{(n-1)-(m-1)}.\end{aligned}$$

Setzt man $m - 1 = k$, so erhält man

$$\mu = np \sum_{k=0}^{n-1} \binom{n-1}{k} p^k (1-p)^{n-1-k}.$$

Da stets $\sum_{m=0}^{n} \binom{n}{m} p^m (1-p)^{n-m} = 1$ ist, so ist also $\mu = n \cdot p$.

Berechnung der Varianz der Binomialverteilung $Bi(n;p)$:

$$\begin{aligned}\sigma^2 &= \sum_{m=0}^{n} (m-np)^2 \binom{n}{m} p^m (1-p)^{n-m} \\ &= \sum_{m=0}^{n} \left(m^2 - 2npm + (np)^2\right) \binom{n}{m} p^m (1-p)^{n-m} \\ &= \sum_{m=0}^{n} m^2 \binom{n}{m} p^m (1-p)^{n-m} - 2np \cdot np + (np)^2 \\ &= \sum_{m=1}^{n} m \binom{n-1}{m-1} np^m (1-p)^{n-m} - (np)^2 \\ &= np \sum_{m=1}^{n} m \binom{n-1}{m-1} p^{m-1} (1-p)^{n-1-(m-1)} - (np)^2 \\ &= np \sum_{k=0}^{n-1} (k+1) \binom{n-1}{k} p^k (1-p)^{n-1-k} - (np)^2 \\ &= np \left(\sum_{k=0}^{n-1} k \binom{n-1}{k} p^k (1-p)^{n-1-k} + \sum_{k=0}^{n-1} \binom{n-1}{k} p^k (1-p)^{n-1-k} \right) - (np)^2 \\ &= np((n-1) \cdot p + 1) - (np)^2 = np(np - p + 1 - np) = np(1-p).\end{aligned}$$

Zu Aufgabe 2.7 (S. 114):

Es sei ξ die Anzahl schlechter Stücke unter den 500 zufällig herausgegriffenen Stücken; da der Umfang des Lagers sehr groß ist (es genügt nach der Faustregel $n \leq \frac{N}{10}$, wenn es mindestens $10 \cdot 500 = 5000$ Stücke enthält), ist ξ annähernd nach der Binomialverteilung $Bi(500; 0,03)$ verteilt.

Zur Approximation benutzt man die *Poisson*-Verteilung $Po(15)$ und erhält

$$W(\xi \le 10) \approx \sum_{m=0}^{10} \frac{(np)^m}{m!} e^{-np} = e^{-15} \sum_{m=0}^{10} \frac{15^m}{m!} = 0,118.$$

Bequemer läßt sich diese Wahrscheinlichkeit mit Hilfe der Normalverteilung approximativ berechnen (s. Aufgabe 2.11, S. 133).

Zu Aufgabe 2.8* (S. 115):
Es ist

$$\binom{n}{m} p^m (1-p)^{n-m} = \binom{n}{m} \left(\frac{\mu}{n}\right)^m \left(1 - \frac{\mu}{n}\right)^{n-m} =$$

$$= \frac{n(n-1) \cdot \ldots \cdot (n-m+1)}{n^m} \cdot \frac{\mu^m}{m!} \cdot \left(1 - \frac{\mu}{n}\right)^{n-m} =$$

$$= \frac{\mu^m}{m!} \left(1 - \frac{\mu}{n}\right)^n \left(1 - \frac{\mu}{n}\right)^{-m} \left(1 - \frac{1}{n}\right) \left(1 - \frac{2}{n}\right) \cdot \ldots \cdot \left(1 - \frac{m-1}{n}\right).$$

Hieraus folgt bei konstant gehaltenem μ für jedes m

$$\lim_{n \to \infty} \binom{n}{m} p^m (1-p)^{n-m} = \frac{\mu^m}{m!} e^{-\mu},$$

also (2.40).

Zu Aufgabe 2.9 (S. 132):

1. Mit Hilfe des Transformationssatzes 2.4 (S. 118) sowie (2.49) und (2.50) erhält man:
$$W(\xi \le 515) \stackrel{(2.46)}{=} \Phi(+1) = 0,8413; \quad W(\xi \le 530) = 0,9772;$$
$$W(485 < \xi < 515) \stackrel{(2.49)}{=} \Phi(+1) - \Phi(-1) = 2\Phi(+1) - 1 = 0,6826.$$

Umformung der linken Seite der angegebenen Bestimmungsgleichung für x ergibt zunächst

$$2\Phi\left(\frac{x}{15}\right) - 1 \stackrel{!}{=} 0,90 \text{ und somit } \Phi\left(\frac{x}{15}\right) = 0,95.$$

Wegen $\Phi(1,645) = 0,95$ folgt $x = 1,645 \cdot 15 = 24,675$.

2. Nach (2.50) ist $W(\xi = a) = 0$.

3. $W(\xi = 500g) \stackrel{(2.51)}{=} W(499,500\ldots g < \xi < 500,500\ldots g) = 2\Phi(0,0333) - 1 = 2 \cdot 0,5133 - 1 = 0,0266.$

4. $\bar{\xi}$ ist nach $N\left(500; \frac{15^2}{25}\right)$ verteilt (s. „gerahmte" Aussage, S. 131). Damit erhält man y (vgl. Bestimmung von x in 1.) zu $y = 1,645 \cdot \frac{15}{\sqrt{25}} = 4,935$ und zu

Lösungen der Aufgaben 275

5. $W(\bar{\xi} = 500g) = W(499,500... < \bar{\xi} < 500,500) = 2\Phi(0,1667) - 1 = 2 \cdot 0,5662 - 1 = 0,1324$.

Zu Aufgabe 2.10 (S. 132):

1. Auch ohne Normalverteilungsvoraussetzung erhält man:

$$E[z] \stackrel{(2.14)}{=} 24 \quad ; \quad \sigma_z^2 \stackrel{(2.16)}{=} 1,6^2 + 1,9^2 = 6,17$$

und mit Hilfe des **Additiven Modells** der Form (2.22):

2. $E[\tilde{z}] = 100 \cdot 24 = 2400 \quad ; \quad \sigma_{\tilde{z}}^2 = 100 \cdot 6,17 = 617$.

Offensichtlich ist die Bestimmungsgleichung (∗) äquivalent mit $W(\tilde{z} \leq z^*_{95\%}) = 0,95$. Da $\tilde{z}$ eine Summe aus 100 unabhängigen normalverteilten zufälligen Variablen ist (s. Additives Modell), so ist $\tilde{z}$ wegen der Reproduktionseigenschaft der Normalverteilung (Satz 2.6, S. 122) normalverteilt und die letzte Bestimmungsgleichung ist äquivalent mit

$$\Phi\left(\frac{z^*_{95\%} - 2400}{\sqrt{617}}\right) \stackrel{!}{=} 0,95.$$

Hieraus folgt wegen $\Phi(1,645) = 0,95$ sofort: $z^*_{95\%} = 2440,9$.

Bemerkung: $z^*_{95\%}$ läßt sich als Testschranke eines 1-seitigen Tests im Hinblick auf eine empirische Überprüfung der eingangs angegebenen Modellannahmen über ξ und η deuten.

Zu Aufgabe 2.11 (S. 133):

ξ = Anzahl schlechter Stücke unter $n = 500$ herausgegriffenen Stücken; falls das Lager mindestens 5000 Stücke (Faustregel $n \leq N/10$) enthält, so ist ξ ausreichend genau nach der Binomialverteilung $Bi(500; 0,03)$ verteilt; da $np(1-p) = 14,55 > 9$ ist, kann man diese Binomialverteilung ausreichend genau mittels der Normalverteilung approximieren:

$$W(\xi \leq 10) \approx \Phi\left(\frac{10 - 15 + 1/2}{\sqrt{14,55}}\right) = \Phi(-1,18) = 1 - 0,8810 = 0,1190.$$

Die Wahrscheinlichkeit, daß die Lieferung höchstens 2% Ausschuß enthält, beträgt also 0,119 (vgl. das Ergebnis von Aufgabe 2.7).

Zu Aufgabe 2.12 (S. 133):

Wie in Beispiel 1.10 (S. 35) bezeichne $h_n(E)$ die Anzahl der Versuche unter den n unabhängigen Versuchen, bei denen E eintritt; $h_n(E)$ ist nach der Binomialverteilung $Bi(n; 1/2)$ verteilt. Da für die gegebenen Wert $n = 100$ und $n = 1000$ die Faustregel $np(1-p) = n/4 > 9$ stets erfüllt ist, so kann man $Bi(n; 1/2)$ mittels der Normalverteilung approximieren:

1. Fall: $n = 100$

$$W(0,450 < r_{100}(E) < 0,550) = W(45 < h_{100}(E) < 55) =$$
$$W(h_{100}(E) \leq 54) - W(h_{100}(E) \leq 45) \approx \Phi(0,9) - \Phi(-0,9) = 0,632.$$

Wie man sieht, stimmt dieser Näherungswert (auf drei Stellen nach dem Komma) mit dem exakten Wert aus Beispiel 1.10 (S. 35) überein.

2. Fall: $n = 1000$

$$W(0,450 < r_{1000}(E) < 0,550) \approx 2\Phi\left(\frac{49,5}{\sqrt{250}}\right) - 1 = 2\Phi(3,13) - 1 = 0,998.$$

Zu Aufgabe 2.13 (S. 133):

1. $W(\xi \geq 130,00) = 1 - \Phi(2) = 0,0228$.

2. Mit Hilfe der Definition der bedingten Wahrscheinlichkeit (Definition 1.7, S. 72) erhält man:

$$W(\xi \geq 140,00|\xi \geq 130,00) = \frac{W(\{\xi \geq 140\} \cap \{\xi \geq 130\})}{W(\xi \geq 130,00)} =$$

$$= \frac{W(\xi \geq 140,00)}{0,0228} = \frac{1 - \Phi(2,667)}{0,0228} = \frac{0,0038}{0,0228} = 0,17.$$

Die Definitionsgleichung für den Zentralwert z lautet:

$$W(\xi \leq z|\xi \geq 130,00) \stackrel{!}{=} 0,5. \qquad (*)$$

Für die linke Seite von $(*)$ erhält man:

$$\frac{W(130,00 < \xi \leq z)}{0,0228} = \frac{\Phi\left(\frac{z-100}{15}\right) - 0,9772}{0,0228}.$$

Damit erhält man aus $(*)$:

$$\Phi\left(\frac{z - 100}{15}\right) = 0,9886 \qquad \text{und daraus } z = 134,2.$$

Den Erwartungswert $\tilde{\mu}$ der gestutzten Normalverteilung erhält man mit Hilfe von (2.58) (s.S. 58). Dabei ist für den vorliegenden Fall das Intervall $[a, b]$ der nach der Stutzung verbleibenden Werte das Intervall $[130; +\infty]$, d.h. in (2.58) ist $a = 130, b = +\infty$ zu wählen. Damit erhält man

$$\tilde{\mu} = 100 + \frac{\varphi(2) - \varphi(+\infty)}{\Phi(+\infty) - \Phi(2)} = \frac{0,05399 - 0}{1 - 0,9772} = 135,5.$$

Die Relation $\tilde{\mu} > z$ ist (eventuell erst auf den zweiten Blick!) anschaulich hoch plausibel!!

3. Formt man die linke Seite der Bestimmungsgleichung für den Stutzungsparameter x um so erhält man schließlich:

$$\Phi\left(\frac{x - 100}{15}\right) \stackrel{!}{=} 0,9696 \qquad \text{und daraus } x = 1,875 \cdot 15 + 100 = 128,125.$$

Hiermit ergibt sich – unter den Angaben und Annahmen von Frau Dr. Fleiß – der Prozentsatz der „echt Genialen" unter „den Studenten" zu

$$W(\xi \geq 140,00|\xi \geq 128,125) = \ldots = 0,125.$$

Lösungen der Aufgaben   277

Zu Aufgabe 2.14 (S. 140):

1. Siehe: Lösung zu Testaufgabe 3.3.

2. In der Definitionsformel (2.79) (s.S. 139) für den Korrelationskoeffizienten r von *Bravais* benutzt man bei der numerischen Berechnung zweckmäßigerweise den Hilfssatz (3.2') (s.S. 150). Wählt man in (3.2') gemäß Rechenstrategie 2 (S. 150) $c = 0$, so erhält man:

$$\sum_{i=1}^{6}(x_i - \bar{x})^2 = 7853 - \frac{207^2}{6} = 711,5$$

$$\sum_{i=1}^{6}(y_i - \bar{y})^2 = 6451 - \frac{183^2}{6} = 869,5.$$

Bei der Berechnung des Zählers von r benutzt man zweckmäßigerweise, daß ähnlich wie (3.2') für beliebige reelle Zahlen c_1 und c_2 gilt:

$$\sum_{i=1}^{n}(x_i - \bar{x})(y_i - \bar{y}) = \sum_{i=1}^{n}(x_i - c_1) \cdot (y_i - c_2) \\ -\frac{1}{n}\left(\sum_{i=1}^{n}(x_i - c_1)\right)\left(\sum_{i=1}^{n}(y_i - c_2)\right). \quad (*)$$

Wählt man hierin z.B. $c_1 = c_2 = 0$, so erhält man

$$\sum_{i=1}^{6}(x_i - \bar{x})(y_i - \bar{y}) = 7002 - \frac{207 \cdot 183}{6} = 688,5$$

und damit

$$r = \frac{688,5}{\sqrt{711,5 \cdot 869,5}} = 0,8753.$$

3. Die verlangte empirische Regressionsgerade hat nach (2.83) (s.S. 140) die Gestalt

$$y = \hat{a}_0 x + \bar{y} - \hat{a}_0 \bar{x},$$

mit

$$\hat{a}_0 = \frac{\sum_{i=1}^{6}(x_i - \bar{x})(y_i - \bar{y})}{\sum_{i=1}^{6}(x_i - \bar{x})^2} = \frac{688,5}{711,5} = 0,9677.$$

Wegen $\bar{x} = 34,5, \bar{y} = 30,5$ lautet also die empirische Regressionsgerade

$$y = 0,968 \cdot x - 2,89.$$

Eine Erhöhung der Zwischenprüfungs-Punktzahl um fünf Punkte führt also gemäß dieser Schätzgeraden zu einer Erhöhung der Prüf-den-Prof-Punktzahl um $5 \cdot 0,968 = 4,84$ Punkte.

Anmerkung: Offensichtlich stellen die auf fiktiven Zahlenangaben beruhenden Ergebnisse dieser Aufgabe eine quantifizierte Form einschlägiger Vorurteile des Aufgabenstellers dar.

Zu Aufgabe 3.1 (S. 157):
Der Beweis von (3.2) ist trivial und der zu (3.2') geht so:

$$(n-1)s^2 = \sum_{i=1}^{n}(x_i - \bar{x})^2 = \sum_{i=1}^{n}(x_i - c + c - \bar{x})^2 = \sum_{i=1}^{n}\left(x_i - c - \frac{\sum_{i=1}^{n}(x_i - c)}{n}\right)^2 =$$

$$= \sum_{i=1}^{n}(x_i - c)^2 - \frac{2}{n}\sum_{i=1}^{n}(x_i - c) \cdot \sum_{i=1}^{n}(x_i - c) + n\frac{\left(\sum_{i=1}^{n}(x_i - c)\right)^2}{n^2} =$$

$$= \sum_{i=1}^{n}(x_i - c)^2 - \frac{1}{n}\left(\sum_{i=1}^{n}(x_i - c)\right)^2.$$

Zu Aufgabe 3.2* (S. 157):
Es bezeichne ξ die Zufallsgröße „Gewinn"; es ist $W(\xi = +1) = 1/2$ und $W(\xi = 0) = 1/2$.
Damit ist nach Definition des Erwartungswertes und der Varianz:

$$E[\xi] = (+1) \cdot 1/2 + 0 \cdot 1/2 = 1/2$$

$$\sigma^2 = E\left[(\xi - 1/2)^2\right] = \ldots = 1/4 \quad \text{also } \sigma = 1/2.$$

Es gibt hier die folgenden $2^2 = 4$ möglichen, gleichwahrscheinlichen Stichprobenergebnisse (= Elementarereignisse des Versuchs „Beteiligung an zwei unabhängigen Partien des Spieles"):

Stichprobenergebnis	$x_1 = 1, x_2 = 1$	$x_1 = 1, x_2 = 0$	$x_1 = 0, x_2 = 1$	$x_1 = 0, x_2 = 0$
empirische Varianz s^2	0	1/2	1/2	0
empirische Streuung s	0	$1/\sqrt{2}$	$1/\sqrt{2}$	0

Beispiel für die Berechnung von s^2:

$$x_1 = 1, x_2 = 0: \quad s^2 = \frac{1}{2-1}\left\{\left(1 - \frac{1}{2}\right)^2 + \left(0 - \frac{1}{2}\right)^2\right\} = \frac{1}{2}.$$

Nach der Definition des Erwartungswertes ist:

$$E[s^2] = 0 \cdot \frac{1}{4} + \frac{1}{2} \cdot \frac{1}{4} + \frac{1}{2} \cdot \frac{1}{4} + 0 \cdot \frac{1}{4} = \frac{1}{4}$$

$$E[s] = 0 \cdot \frac{1}{4} + \frac{1}{\sqrt{2}} \cdot \frac{1}{4} + \frac{1}{\sqrt{2}} \cdot \frac{1}{4} + 0 \cdot \frac{1}{4} = \frac{1}{2\sqrt{2}} = 0,354.$$

Wegen $E[s^2] = \sigma^2$ ist also s^2 *eine erwartungstreue Schätzfunktion für* σ^2 (s. 3. Aussage von Satz 3.2, S. 154).
Wegen $E[s] = 0,354 < \sigma = 0,500$ ist aber s *keine erwartungstreue Schätzfunktion für* σ.

Lösungen der Aufgaben 279

Zu Aufgabe 3.3 (S. 260):

1. Aufgrund der vorgelegten *verbundenen Stichprobe* vom Umfang $n = 6$ kann man den verlangten Vergleich von ξ und η sowohl mit Hilfe des Ein-Stichproben-t-Tests als auch mit Hilfe des Vorzeichen-Rangtests von *Wilcoxon* durchführen. Die Testgröße S des im Klausuraufgabentext verlangten Vorzeichen-Rangtests erhält man zu
$$S = S_- - \frac{n(n+1)}{4} = 3 - 10,5 = -7,5.$$

Wegen $|S| = 7,5 \not\geq c_{95\%} = 10,5$ kann also die formulierte Nullhypothese nicht abgelehnt werden bei Zugrundelegung einer Sicherheitswahrscheinlichkeit von 95%.

Führt man den verlangten Vergleich mit dem zweifellos auch sachadäquaten Ein-Stichproben-t-Test durch, indem man die Nullhypothese $H_0 : E[\xi - \eta] = 0$ testet, so erhält man die Testgröße $t = \frac{\bar{x}-0}{s}\sqrt{n} = 1,53$ und wegen $|t| \not\geq t_{95\%} = 2,57$ das gleiche Testergebnis wie beim Rangtest.

2. Führt man den verlangten Unabhängigkeitstest mit Hilfe des in Aufgabe 2.14 berechneten Korrelationskoeffizienten von *Bravais* als t-Test durch, so erhält man mit $r = +0,8753$
$$t = \frac{r}{\sqrt{1-r^2}}\sqrt{n-2} = +3,62.$$

Wegen $t = +3,62 > +t^*_{95\%} = +2,13$ ist damit bei Zugrundelegung einer Sicherheitswahrscheinlichkeit von 95% statistisch nachgewiesen, daß die Zwischenprüfungs-Punktzahl ξ und die Prüf-den-Prof-Punktzahl η positiv korreliert sind.

Für den Rang-Korrelationskoeffizienten von *Spearman* erhält man den Wert $\rho_S = +0,9286$. Da die zugehörige Testschranke $\rho^*_{95\%}$ den Wert 0,829 hat, so erhält man wieder das gleiche Testergebnis wie zuvor.

Wichtiger Hinweis zum logischen Verhältnis der Fragestellungen zu 1. („Vergleich") und zu 2. („Unabhängigkeitsfrage"): Die beiden Nullhypothesen

$H_0 : E[\xi - \eta] = 0$ und $H_0^* : \xi, \eta$ unabhängig oder negativ korreliert

sind in dem Sinne „logisch windschief" zueinander, daß weder $H_0 \Longrightarrow H_0^*$ gilt noch $H_0^* \Longrightarrow H_0$ gilt.

Gegenbeispiele dazu: Seien etwa ξ und η die Punktzahlen, mit denen zwei Prüfer dieselbe Diplomarbeit bewerten. Die Denkmöglichkeit, daß der zweite Prüfer generell die Punktzahl des ersten Prüfers übernimmt, d.h. daß $\xi \equiv \eta$ ist, ist Gegenbeispiel zu $H_0 \Longrightarrow H_0^*$. Die weitere Denkmöglichkeit, daß ξ und η statistisch unabhängig sind (weil die Prüfer sich nicht gegenseitig beeinflussen), aber ein Prüfer eine Skala von z.B. 0 bis 10 Punkten verwendet, während der andere 0 bis 100 Punkte vergibt, ist Gegenbeispiel zu $H_0^* \Longrightarrow H_0$.

Zu Aufgabe 3.4 (S. 260):

Die verlangten Schätzwerte für μ und σ^2 lauten: $\bar{x} = 151,75$ und $s^2 = 5,16$.

Unter der Annahme, daß die in Ohm gemessene Größe der Widerstände in der Grundgesamtheit ausreichend genau normalverteilt ist (diese Annahme ist im vorliegenden Fall sicher berechtigt), erhält man das gesuchte Konfidenzintervall zu:

$$\left(151,75 - 2,23 \cdot \sqrt{\frac{5,16}{11}};\ 151,75 + 2,23 \cdot \sqrt{\frac{5,16}{11}}\right).$$

Das Intervall (150,2 ; 153,3) ist ein Konfidenzintervall für den wahren Mittelwert μ der Größe der von der betreffenden Maschine produzierten Widerstände zur Vertrauenswahrscheinlichkeit von 95%.

Zu Aufgabe 3.5 (S. 260):

1. *Konfidenzintervall für den Anteil der Befürworter der Wahlrechtsmodifikation in der Berliner Studentenschaft.*

   Stichprobenumfang: $n = 75$

   Anzahl der Befürworter: $x = 7$

   (Da $75/10 = 7,5$ ist, ist nicht erkennbar, ob die Anzahl der Befürworter sieben oder acht betrug. Es wurde $x = 7$ gewählt, da dann der vom „Spiegel" behauptete Unterschied zwischen den Berliner und den übrigen Studenten sich jedenfalls noch eher statistisch sichern läßt, als bei $x = 8$.)

   Man überzeugt sich zunächst davon, daß im vorliegenden Fall die für die Näherungslösung ausreichende Genauigkeit sichernde Faustregel nicht erfüllt ist.

   Das erforderliche „exakte" Konfidenzintervall wurde bereits als Beispiel für die exakte Lösung zu (4%; 18%) berechnet (s.S. 164).

2. *Konfidenzintervall für den Anteil der Befürworter der Wahlrechtsmodifikation der Studentenschaft der Bundesrepublik (ohne Berlin).*

   Stichprobenumfang: $n = 450$

   Anzahl der Befürworter: $x = 75$

   In diesem Fall ist die Näherungslösung ausreichend genau; sie lautet:

   Das Intervall (13% ; 20%) ist ein Konfidenzintervall zur Vertrauenswahrscheinlichkeit von 95% für den Anteil der Befürworter der angegebenen Wahlrechtsmodifikation in der Studentenschaft der Bundesrepublik (ohne Berlin).

   Die zu testende Nullhypothese lautet: $H_0 : p_1 = p_2$, wobei p_1 und p_2 die unbekannten Anteile der Befürworter der Wahlrechtsmodifikation in den beiden Grundgesamtheiten sind.

   Man erhält für die Testgröße des χ^2-Tests für den Vergleich mehrerer unbekannter Wahrscheinlichkeiten nach (3.113) oder (3.114) oder (3.115) jedesmal den Wert

   $$V = 2,62.$$

   Wegen $V = 2,62 < \chi^2_{95\%} = 3,84$ kann H_0 bei Zugrundelegung der Sicherheitswahrscheinlichkeit 95% nicht abgelehnt werden. (Die erforderliche Faustregel „alle erwarteten Besetzungszahlen > 5" ist erfüllt.)

Lösungen der Aufgaben

Zu Aufgabe 3.6 (S. 260):
$\bar\xi_A$ = durchschnittliche Lidschlagfrequenz bei Plakat A,
ξ_B = durchschnittliche Lidschlagfrequenz bei Plakat B.
Da eine *verbundene Stichprobe* vorliegt, d.h. da die Meßwerte für ξ_A und ξ_B jeweils an derselben Person ermittelt wurden, so kann man die Differenz

$$\xi = \xi_B - \xi_A$$

bilden und die in der Aufgabenstellung formulierte Nullhypothese dadurch testen, daß man über die Zufallsgröße ξ die Nullhypothese

$$H_0 : E[\xi] = 0$$

mit Hilfe des Ein-Stichproben-t-Tests testet. Man erhält

$$t = \frac{\bar x - 0}{s}\sqrt{n} = \frac{1,01 \cdot 3}{\sqrt{12,97}} \cdot \sqrt{10} = 2,66.$$

Wegen $t_{95\%} = 2,26$ kann also die Nullhypothese, daß sich die beiden Werbeplakate hinsichtlich der Lidschlagfrequenz des Betrachters nicht unterscheiden, bei Zugrundelegung einer Sicherheitswahrscheinlichkeit von 95% abgelehnt werden.
Bei Anwendung des *Vorzeichen-Rangtest von Wilcoxon* auf die vorgelegte verbundene Stichprobe erhält man die Testgröße (3.81) zu

$$S = S_- - \frac{n(n+1)}{4} = 47,5 - 27,5 = +20.$$

Wegen $|S| \geq c_{95\%} = 19,5$ kann also die Nullhypothese der Gleichheit der beiden „Behandlungs"-Methoden A und B auch mit Hilfe dieses Rangverfahrens bei Zugrundelegung einer Sicherheitswahrscheinlichkeit von 95% abgelehnt werden.

Zu Aufgabe 3.7 (S. 261): *Zwei-Stichprobentest von Wilcoxon*
Umfang der Stichprobe aus der ersten Grundgesamtheit: $n_1 = 21$;
Umfang der Stichprobe aus der zweiten Grundgesamtheit: $n_2 = 22$.
Man erhält $\sum_{i=1}^{21} r_i = 530,5$ und damit die Testgröße zu:

$$R = \sum_{i=1}^{n_1} r_i - \frac{n_1(n_1 + n_2 + 1)}{2} = 530,5 - \frac{21 \cdot 44}{2} = +68,5.$$

Bestimmung der Testschranke $c_{95\%}$:
Da $n_1 \geq 4, n_2 \geq 4$ und $n_1 + n_2 \geq 30$ erfüllt ist, ist ausreichend genau

$$c_{95\%} = 1,96 \cdot \sqrt{\frac{n_1 \cdot n_2 \cdot (n_1 + n_2 + 1)}{12}} = 80,5.$$

Da $|R| < c_{95\%}$ ausgefallen ist, *so kann aufgrund des vorgelegten Stichprobenmaterials die Nullhypothese, daß sich die Studentenschaften der Naturwissenschaftlichen und der Rechts- und Staatswissenschaftlichen Fakultät der Universität Würzburg hinsichtlich ihrer nach Amthauer gemessenen Intelligenz nicht unterscheiden, bei Zugrundelegung einer Sicherheitswahrscheinlichkeit von 95% nicht abgelehnt werden.*

Tabellen

Zehnerlogarithmen der Fakultäten $n!$ für $n = 1, 2, \ldots, 100$

n	$\lg n!$	n	$\lg n!$	n	$\lg n!$
1	0,0000	41	49,5244	81	120,7632
2	0,3010	42	51,1477	82	122,6770
3	0,7782	43	52,7811	83	124,5961
4	1,3802	44	54,4246	84	126,5204
5	2,0792	45	56,0778	85	128,4498
6	2,8573	46	57,7406	86	130,3843
7	3,7024	47	59,4127	87	132,3238
8	4,6055	48	61,0939	88	134,2683
9	5,5598	49	62,7841	89	136,2177
10	6,5598	50	64,4831	90	138,1719
11	7,6012	51	66,1906	91	140,1310
12	8,6803	52	67,9066	92	142,0948
13	9,7943	53	69,6309	93	144,0632
14	10,9404	54	71,3633	94	146,0364
15	12,1165	55	73,1037	95	148,0141
16	13,3206	56	74,8519	96	149,9964
17	14,5511	57	76,6077	97	151,9831
18	15,8063	58	78,3712	98	153,9744
19	17,0851	59	80,1420	99	155,9700
20	18,3861	60	81,9202	100	157,9700
21	19,7083	61	83,7055		
22	21,0508	62	85,4979		
23	22,4125	63	87,2972		
24	23,7927	64	89,1034		
25	25,1906	65	90,9163		
26	26,6056	66	92,7359		
27	28,0370	67	94,5620		
28	29,4841	68	96,3945		
29	30,9465	69	98,2333		
30	32,4237	70	100,0784		
31	33,9150	71	101,9297		
32	35,4202	72	103,7870		
33	36,9387	73	105,6503		
34	38,4702	74	107,5196		
35	40,0142	75	109,3946		
36	41,5705	76	111,2754		
37	43,1387	77	113,1619		
38	44,7185	78	115,0540		
39	46,3096	79	116,9516		
40	47,9116	80	118,8547		

Tabellen

Tabelle der Verteilungsfunktion Φ der normierten Normalverteilung $N(0,1)$

$$\Phi(x) = \int_{-\infty}^{x} \frac{1}{\sqrt{2\pi}} e^{-\frac{y^2}{2}} dy$$

x	0,00	0,01	0,02	0,03	0,04	0,05	0,06	0,07	0,08	0,09
0,0	0,5000	5040	5080	5120	5160	5199	5239	5279	5319	5359
0,1	5398	5438	5478	5517	5557	5596	5636	5675	5714	5753
0,2	5793	5832	5871	5910	5948	5987	6026	6064	6103	6141
0,3	6179	6217	6255	6293	6331	6368	6406	6443	6480	6517
0,4	6554	6591	6628	6664	6700	6736	6772	6808	6844	6879
0,5	6915	6950	6985	7019	7054	7088	7123	7157	7190	7224
0,6	7257	7291	7324	7357	7389	7422	7454	7486	7517	7549
0,7	7580	7611	7642	7673	7703	7734	7764	7794	7823	7852
0,8	7881	7910	7939	7967	7995	8023	8051	8078	8106	8133
0,9	8159	8186	8212	8238	8264	8289	8315	8340	8365	8389
1,0	8413	8438	8461	8485	8508	8531	8554	8577	8599	8621
1,1	8643	8665	8686	8708	8729	8749	8770	8790	8810	8830
1,2	8849	8869	8888	8907	8925	8944	8962	8980	8997	9015
1,3	9032	9049	9066	9082	9099	9115	9131	9147	9162	9177
1,4	9192	9207	9222	9236	9251	9265	9279	9292	9306	9319
1,5	9332	9345	9357	9370	9382	9394	9406	9418	9429	9441
1,6	9452	9463	9474	9484	9495	9505	9515	9525	9535	9545
1,7	9554	9564	9573	9582	9591	9599	9608	9616	9625	9633
1,8	9641	9649	9656	9664	9671	9678	9686	9693	9699	9706
1,9	9713	9719	9726	9732	9738	9744	9750	9756	9761	9767
2,0	9772	9778	9783	9788	9793	9798	9803	9808	9812	9817
2,1	9821	9826	9830	9834	9838	9842	9846	9850	9854	9857
2,2	9861	9864	9868	9871	9875	9878	9881	9884	9887	9890
2,3	9893	9896	9898	9901	9904	9906	9909	9911	9913	9916
2,4	9918	9920	9922	9925	9927	9929	9931	9932	9934	9936
2,5	9938	9940	9941	9943	9945	9946	9948	9949	9951	9952
2,6	9953	9955	9956	9957	9959	9960	9961	9962	9963	9964
2,7	9965	9966	9967	9968	9969	9970	9971	9972	9973	9974
2,8	9974	9975	9976	9977	9977	9978	9979	9979	9980	9981
2,9	9981	9982	9982	9983	9984	9984	9985	9985	9986	9986
3,0	9987	9987	9987	9988	9988	9989	9989	9989	9990	9990
3,1	9990	9991	9991	9991	9992	9992	9992	9992	9993	9993
3,2	9993	9993	9994	9994	9994	9994	9994	9995	9995	9995
3,3	9995	9995	9996	9996	9996	9996	9996	9996	9996	9997

Einige besonders häufig benötigte Werte:

Φ (1,282) = 0,9000   Φ (2,326) = 0,9900
Φ (1,645) = 0,9500   Φ (2,576) = 0,9950
Φ (1,960) = 0,9750   Φ (3,090) = 0,9990
                       Φ (3,291) = 0,9995

Tabelle der zweiseitigen und einseitigen (mit Stern) Schranken der t-Verteilung

Schranken der t-Verteilung

Freiheitsgrad	$t_{95\%}$	$t^*_{95\%}$	$t_{99\%}$	$t^*_{99\%}$
1	12,71	6,31	63,66	31,82
2	4,30	2,92	9,92	6,96
3	3,18	2,35	5,84	4,54
4	2,78	2,13	4,60	3,75
5	2,57	2,01	4,03	3,36
6	2,45	1,94	3,71	3,14
7	2,36	1,89	3,50	3,00
8	2,31	1,86	3,36	2,90
9	2,26	1,83	3,25	2,82
10	2,23	1,81	3,17	2,76
11	2,20	1,80	3,11	2,72
12	2,18	1,78	3,05	2,68
13	2,16	1,77	3,01	2,65
14	2,14	1,76	2,98	2,62
15	2,13	1,75	2,95	2,60
16	2,12	1,75	2,92	2,58
17	2,11	1,74	2,90	2,57
18	2,10	1,73	2,88	2,55
19	2,09	1,73	2,86	2,54
20	2,09	1,72	2,85	2,53
21	2,08	1,72	2,83	2,52
22	2,07	1,72	2,82	2,51
23	2,07	1,71	2,81	2,50
24	2,06	1,71	2,80	2,49
25	2,06	1,71	2,79	2,49
26	2,06	1,71	2,78	2,48
27	2,05	1,70	2,77	2,47
28	2,05	1,70	2,76	2,47
29	2,05	1,70	2,76	2,46
30	2,04	1,70	2,75	2,46
35	2,03	1,69	2,72	2,44
40	2,02	1,68	2,70	2,42
45	2,01	1,68	2,69	2,41
50	2,01	1,68	2,68	2,40
60	2,00	1,67	2,66	2,39
70	1,99	1,67	2,65	2,38
80	1,99	1,66	2,64	2,37
90	1,99	1,66	2,63	2,37
100	1,98	1,66	2,63	2,36
⋮	⋮	⋮	⋮	⋮
∞	1,96	1,64	2,58	2,33

Beispiel: Für eine nach der t-Verteilung mit Freiheitsgrad 6 verteilte Zufallsgröße t liest man aus der Tabelle ab:
$W(-2,45 < t \leq +2,45) = W(|t| \leq 2,45) = 0,95$
und
$W(-\infty < t \leq +1,94) = 0,95$.

Tabelle der zweiseitigen und einseitigen Testschranken c_β und c_β^* des Vorzeichen-Rangtests von Wilcoxon

n	$c_{99\%}$	$c_{99\%}^*$	$c_{95\%}$	$c_{95\%}^* = c_{90\%}$
4	–	–	–	–
5	–	–	–	7,5
6	–	–	10,5	8,5
7	–	14,0	12,0	11,0
8	18,0	17,0	15,0	13,0
9	21,5	19,5	17,5	14,5
10	24,5	22,5	19,5	17,5
11	28,0	26,0	23,0	20,0
12	32,0	30,0	26,0	22,0
13	36,5	33,5	28,5	24,5
14	40,5	37,5	31,5	27,5
15	45,0	41,0	35,0	30,0
16	49,0	45,0	39,0	33,0
17	53,5	49,5	42,5	35,5
18	58,5	53,5	45,5	38,5
19	63,0	58,0	49,0	42,0
20	68,0	62,0	53,0	45,0
21	73,5	66,5	57,5	48,5
22	78,5	71,5	61,5	51,5
23	84,0	76,0	65,0	55,0
24	89,0	81,0	69,0	59,0
25	94,5	86,5	73,5	62,5

Für $n > 25$ benutze man die im Text angegebenen approximativen Schranken.

Tabelle der zweiseitigen und einseitigen Testschranken ρ_β und ρ_β^* für den Rang-Korrelationskoeffizienten von Spearman

n	$\rho_{99\%}$	$\rho_{99\%}^*$	$\rho_{95\%}$	$\rho_{95\%}^* = \rho_{90\%}$
4	–	–	–	1,000
5	–	–	–	0,900
6	–	0,943	0,886	0,829
7	0,929	0,893	0,786	0,714
8	0,881	0,833	0,738	0,643
9	0,833	0,783	0,700	0,600
10	0,794	0,745	0,648	0,564
11	0,818	0,709	0,618	0,536
12	0,780	0,703	0,591	0,497
13	0,745	0,673	0,566	0,475
14	0,716	0,646	0,545	0,457
15	0,689	0,623	0,525	0,441
16	0,666	0,601	0,507	0,425
17	0,645	0,582	0,490	0,412
18	0,625	0,564	0,476	0,399
19	0,608	0,549	0,462	0,388
20	0,591	0,534	0,450	0,377

Für $n > 20$ benutze man die Approximation (3.97), d. h.

$$\rho_{99\%} = \frac{2{,}576}{\sqrt{n-1}}, \quad \rho_{99\%}^* = \frac{2{,}326}{\sqrt{n-1}},$$

$$\rho_{95\%} = \frac{1{,}960}{\sqrt{n-1}}, \quad \rho_{95\%}^* = \frac{1{,}645}{\sqrt{n-1}}.$$

Schranken χ^2_β der Chi-Quadrat-Verteilung

Freiheitsgrad	$\chi^2_{99,9\%}$	$\chi^2_{99\%}$	$\chi^2_{95\%}$
1	10,83	6,63	3,84
2	13,82	9,21	5,99
3	16,27	11,35	7,81
4	18,47	13,28	9,49
5	20,52	15,09	11,07
6	22,46	16,81	12,59
7	24,32	18,48	14,07
8	26,13	20,09	15,51
9	27,88	21,67	16,92
10	29,59	23,21	18,31
11	31,26	24,72	19,68
12	32,91	26,22	21,03
13	34,53	27,69	22,36
14	36,12	29,14	23,68
15	37,70	30,58	25,00
16	39,25	32,00	26,30
17	40,79	33,41	27,59
18	42,31	34,81	28,87
19	43,82	36,19	30,14
20	45,31	37,57	31,41
21	46,80	38,93	32,67
22	48,27	40,29	33,92
23	49,73	41,64	35,17
24	51,18	42,98	36,42
25	52,62	44,31	37,65
26	54,05	45,64	38,89
27	55,48	46,96	40,11
28	56,89	48,28	41,34
29	58,30	49,59	42,56
30	59,70	50,89	43,77

Literaturverzeichnis

1. Einige Lehrbücher zur Ergänzung:

Bamberg, G., F. Baur: Statistik, 2. Auflage, München-Wien 1982.

Bamberg, G., F. Baur: Statistik-Arbeitsbuch, München 1989.

Basler, H.: Aufgabensammlung zur statistischen Methodenlehre und Wahrscheinlichkeitsrechnung, 4. Auflage, Heidelberg 1991.

Bortz, J.: Lehrbuch der Statistik für Sozialwissenschaftler, 2. Auflage, Heidelberg-New York-Tokyo 1985.

Bosch, K.: Statistik-Taschenbuch, München-Wien 1992.

Fisz, M.: Wahrscheinlichkeitsrechnung und mathematische Statistik, 11. Auflage, Berlin 1988.

Hartung, J., B. Elpelt, K.-H. Klösener: Lehr- und Handbuch der angewandten Statistik, 4. Auflage, München-Wien 1985.

Lehmann, E. L.: Nonparametrics, Statistical Methods Based on Ranks, New York 1975.

Müller, P. H.: Lexikon der Stochastik, 4. Auflage, Berlin 1983.

Pfanzagl, J.: Allgemeine Methodenlehre der Statistik II, 6. Auflage, Berlin 1983.

Rasch, D., G. Herrendörfer, J. Bock, K. Busch: Verfahrensbibliothek, Versuchsplanung und -auswertung Bd. 1 und Bd. 2, Berlin 1978.

Stenger, H.: Stichproben, Heidelberg 1986.

Uhlmann, W.: Statistische Qualitätskontrolle, 2. Auflage, Stuttgart 1982.

Vogt, H.: Methoden der Statistischen Qualitätskontrolle, Stuttgart 1988.

van der Waerden, B. L.: Mathematische Statistik, 3. Auflage, Berlin-Göttingen-Heidelberg 1971.

Witting, H.: Mathematische Statistik I, Stuttgart 1985.

2. Einige Tafelwerke:

Hald, A.: Statistical Tables and Formulas, New York-London 1962.

Owen, D. B.: Handbook of Statistical Tables, London 1962.

Wetzel, W., M. O. Jöhnk, P. Naeve: Statistische Tabellen, Berlin 1967.

Namen- und Sachverzeichnis

Ablehnregion, *siehe* Kritische Region
abzählbar, 5
Abzählverfahren, 14
additives Modell, 101
Alternativtest, *siehe* Test
Annahme von *Laplace*, 12, 13
Anpassungstest, *siehe* Test
Approximation der Binomialverteilung, *siehe* Binomialverteilung
Approximation der hypergeometrischen Verteilung, *siehe* hypergeometrische Verteilung
Apriori-Wahrscheinlichkeit, 81, 82, 192
Ausreißer, 212
Axiomensystem, 8

Basler, H., 42, 50, 236, 245, 255
*Bayes*ianismus, 82
*Bayes*sche Formel, 77, 81
Bernoulli-Kette, 63
*Bernoulli*sches Gesetz der großen Zahlen, *siehe* Gesetz der großen Zahlen
Binomialkoeffizient, 25
Binomialverteilung, 31, 107
  Approximation der, 47, 113, 126
binomischer Satz, 24
Borel-Mengen, 8
  Sigma-Algebra der, 8, 92
Bortz, J., 226

Chi-Quadrat-Tests, *siehe* Test

Dichtefunktion, 89, 90
diskreter Typ, *siehe* Verteilungsfunktion
Doppel-Blind-Versuch, 214
Drei-Türen-Problem, 267, 268
Durchschnitt, 6

durchschnittlicher Wert, 94, 153

Elementarereignis, 2, 3
Ereignis, 4
  sicheres, 4
  unmögliches, 4
Ereignisse
  sich ausschließende, 60
  System der, 6
  unabhängige, *siehe* Unabhängigkeit
Ereignissystem, vollständiges, 29, 57, 237
Erwartungstreue, 154, 155
Erwartungswert, 92–94, 97
  Additivität, 99
  Interpretation, 96

FABER, Firma, 43
Fehler 1. Art, 169
Fehler 2. Art, 169
Fortsetzungssatz, 92, 107

*Galton*sches Brett, 129
*Gauß*sches Fehlerintegral, 117
Gauß, C. F., 122
Gauß-Test, *siehe* Test
Gauß-Verteilung, *siehe* Normalverteilung
Gesetz der großen Zahlen, 1, 35
  *Bernoulli*sches, 65–70
  empirisches, 1, 37, 67
  schwaches, 152
Glück, auf gut, 10, 16
Grenzwertsatz, *siehe* Zentraler Grenzwertsatz
Grundaufgabe, 17, 19
Grundaufgaben für Urnenmodelle, 14–16, 26–31

Grundaufgabenlösung, 29, 31
Grundgesamtheit, 44, 105
    Mittelwert der, 103, 104
    Streuung der, 103, 104
    Verteilungsfunktion der, 104
Gütefunktion, 185

Hartung, J., 212
Hochrechnung, 44, 108
hypergeometrische Verteilung, 30, 52, 110
    Approximation der, 32, 112

Irrtumswahrscheinlichkeit, 47, 48, 166, 187
    zu akzeptierende, 207, 250

Kaffeesatz-Deuten, 258
Kant, I., 174
Kartoffel-Theorem, 182
Kolmogoroff, 5, 8
    Axiomensystem von, 8, 9
Kombinationen von n Elementen, 21
kombinatorische Hilfsmittel, 19–22
Komplement, 6
Konfidenzintervall, 157, 161
    für eine Wahrscheinlichkeit, 162
    für den Mittelwert, 160
Konsistenz, 152, 153, 155
Kontingenztafel, 246
Konvergenz, stochastische, 68
Korrelation, 134
Korrelationskoeffizient, 135, 136
    als Testgröße, 226
    empirischer, 139
    von *Spearman*, 228
    von *Bravais*, 139
Kovarianz, 134
Kritische Region, 46, 166

Lageparameter, 95
Laplace, 10
    -Annahme, 12, 13
    -Bedingung, 50
    -Maß, 12
    -Versuch, 13

    -Wahrscheinlichkeit, 12, 26
    Satz von, 10
*Laplace*sche Formel, 11
Lehmann, E. L., 205, 207–209, 212, 220, 222, 231, 233
Lindeberg-Bedingung, 123
LOTTO, 33, 34, 39–43, 74, 102, 147
Lotto-Barometer, 266
Lotto-Insider-Wissen, 43

Maßtheorie, 92, 107
meßbare Funktion, 86
Meßgenauigkeit, 120
Median, 94
metrische Skala, 95
Mischverteilung, 124
Mises, R. v., 68
Mittelwert
    einer Grundgesamtheit, *siehe* Grundgesamtheit
    einer zufälligen Variablen, *siehe* Erwartungswert
    empirischer, 93, 131, 149, 152
Modell
    additives, 101
    multiplikatives, 101
Müller, P.-H., 105
multiplikatives Modell, 101

Normalverteilung, 115, 116
    gestutzte, 124, 125
    normierte, 118, 119
Normierungstransformation, 100
Nullhypothese, 165
Nullverteilung, 210

Omnibus-Alternative, 172
Operationscharakteristik, 109
ordinale Skala, 95

Parameterschätzung, 152
*Pascal*sches Dreieck, 23
Permutation, 20
Poisson-Verteilung, 113
Prognosefunktion, 138, 139
Prognosewert, 140

Namen- und Sachverzeichnis

Rangverfahren, 212
Realisation, 18, 85
Regressionsgerade
   empirische, 140
   wahre, 138, 140
Regressionsmodell, 139, 140
Reproduktionseigenschaft
   der Normalverteilung, 122
   der *Poisson*-Verteilung, 114
Robustheit, 179

Satz von *Laplace*, 10
Satz, Multiplikations-, 74
Schätz-
   Funktion, 152
   Verfahren, 45
   Wert, 45
Scheinkorrelation, 230
Sicherheitswahrscheinlichkeit, 172
   Interpretation der, 173, 193
Siebformel, 56, 57
Sigma-Algebra, 7
   der *Borel*-Mengen, 8, 92
Sigma-Intervalle, 121
Signifikanztest, 166, 167, 169
*Spearman*scher Korrelationskoeffizient, 228
Sprunghöhe, 88
Sprungstelle, 88
Standardabweichung, *siehe* Streuung
Statistik
   Aufgabe der, 13, 69, 70
   deskriptive, 44
   schließende, 44
Statistische Methodenlehre, 70, 142
statistischer Prüfplan, 109
Stegmüller, W., 69
Stenger, H., 147
stetiger Typ, *siehe* Verteilungsfunktion
Stetigkeit, 89
   rechtsseitige, 90
Stichprobe
   repräsentative, 44
   verbundene, 180, 208

Stichprobe, *siehe* Zufallsstichprobe
Stichprobenbedingung, 50
   zugwiese, 76
Stichprobenmittelwert
   Verteilung des, 130, 131
Stichprobenumfang, erforderlicher, 187
Streuung, 95, 97
   Bedeutung der, 121
   einer Grundgesamtheit, *siehe* Grundgesamtheit
   empirische, 149
   Maßstabstreue der, 100
Subjektivisten, 69
System
   aller Teilmengen, 8
   der Ereignisse, 5, 6

t-Test, *siehe* Test
t-Verteilung, 159, 160
Teilmengen, Anzahl der, 25
Test
   Alternativ-, 169, 188
   Anpassungs-, 240
   Chi-Quadrat-, 236
   Differenzen-, 180
   Fisher 2-, 253, 255
   für hypothetische Wahrscheinlichkeiten, 237
   Gauß-, 175
   gleichmäßig bester unverfälschter, 254
   in einer Kontingenztafel, 246
   randomisierter, 202, 203, 254
   Signifikanz-, 167
   Symmetrie-, 209
   t-, 178
   UMP-, 188
   UMPU-, 191
   Unabhängigkeits-, 226
   unverfälschter, 190, 193
   Vergleich unbekannter Wahrscheinlichkeiten, 241
   von *Fisher*, 249
   von *Friedman*, 209
   von *Kolmogoroff-Smirnow*, 241

von *Kruskal und Wallis*, 218
von *Welch*, 225
Vorzeichen-Rangtest, 203
Zeichen-, 194
Zwei-Stichproben-, 213
Zwei-Stichproben-*t*-, 224
Tie-Korrekturformel, 233
Ties, 205
    Berücksichtigung von, 212, 222, 231, 233
Tippstrategien, gewinnsteigernde, 41

Uhlmann, W., 110, 124
UMPU-Test, *siehe* Test
unabhängige Wiederholung, 62, 63
Unabhängigkeit
    als Modellannahme, 61
    der Züge, 60, 72, 98
    von Ereignissen, 58, 59, 73
    von zufälligen Variablen, 97
unkorreliert, 135
Urnenmodelle
    Bedeutung der, 44–49
    Grundaufgaben für, 14–16, 26–31

Varianz, 95
    Additivität, 99
    empirische, 149, 153
Varianzanalyse, 226
Vereinigung, 6
Verschiebungssatz, 100
Versuch, 2
    Laplace-, 13
Versuchsausgänge, mögliche, 3
Versuchsplanungsregel, 174, 258
Verteilung, 107
verteilungsfrei, 212
Verteilungsfunktion, 86, 88, 107
    Charakterisierungssatz für eine, 90, 91
    der Grundgesamtheit, *siehe* Grundgesamtheit
    gemeinsame, 97
    vom diskreten Typ, 88, 89
    vom stetigen Typ, 88, 89

Vier-Felder-Tafel, 244
Vogt, H., 110
Vorzeichen-Rangtest, *siehe* Test

Wahrscheinlichkeit, 9
    Laplace-, 12, 26
    bedingte, 70, 72
    Interpretation der, 55, 67, 82
    sog. statistische Definition, 68
    totale, 76
Wahrscheinlichkeitsmaß, 4, 9
    wahres, 69
Wahrscheinlichkeitsraum, 9, 69
Wirksamkeit, 207
    eines Tests, 200
Witting, H., 251
Wünschelruten-Phänomene, 259

Yates, Korrektur von, 244

Zentraler Grenzwertsatz, 123, 125, 130
Zentralwert, 94
zufällig herausgreifen, 10
zufällige Variable, 16, 18, 85, 86
zufällige Variable, unabhängige, *siehe* Unabhängigkeit
zufälliges Geschehen, 2
Zufallsgesetz, 30, 69
Zufallsgröße, *siehe* zufällige Variable
Zufallsspieler-Modell, 39, 42, 52, 53
Zufallsstichprobe, 16, 17, 32, 33, 131, 145, 146
    Rechtfertigung der Definition, 50
Zufallszahlen, 144
Zwei-Stichprobentest, *siehe* Test

MIX
Papier aus verantwortungsvollen Quellen
Paper from responsible sources
FSC® C105338

If you have any concerns about our products,
you can contact us on
ProductSafety@springernature.com

In case Publisher is established outside the EU,
the EU authorized representative is:
**Springer Nature Customer Service Center GmbH
Europaplatz 3, 69115 Heidelberg, Germany**

Printed by Libri Plureos GmbH
in Hamburg, Germany